GESCHÄFTE MIT GESCHICHTE

TRADITIONSREICHE EINZELHANDELSUNTERNEHMEN IN WESTSACHSEN

Handelsverband
Sachsen e.V.

Herausgeber:
Handelsverband Sachsen e.V.
Internet: www.handel-sachsen.de

Recherche und Text:
Dr. Ronald Pschierer

Idee und Konzept:
Gunter Engelmann-Merkel

Leipziger Messe Verlag und
Vertriebsgesellschaft mbH

Gefördert mit Mitteln der Bundesanstalt für Arbeit

Titelbild: Gustav Robert Linke und Frau Ende der 30er Jahre (S. 68)

Inhaltsverzeichnis

Inhaltsverzeichnis

Inhaltsverzeichnis

Inhaltsverzeichnis

Zum Projekt

Vor Ihnen liegt eine Dokumentation, in der traditionsreiche Einzelhandelsunternehmen aus der Region Westsachsen gewürdigt werden. Diese Geschäfte blicken auf eine mehr als 50jährige Geschichte und die Lebensleistungen mehrerer Händlergenerationen zurück, die mit viel Mut, Fleiß, Tatkraft und Flexibilität ihre Firmen bis in die Gegenwart zu führen vermochten. Wie verschieden das individuell Erlebte sein mag, zeitgeschichtliche Ereignisse haben sich in die Erinnerung aller fest eingegraben.

Zur Aufarbeitung ihrer Historie haben die Unternehmerinnen und Unternehmer selbst beigetragen: Sie standen uns als Interview-Partner zur Verfügung und überließen uns ihre Fotos und Dokumente zur Reproduktion. Die Auswahl aus dem im Rahmen unseres Projektes erschlossenen umfangreichen Material fiel uns nicht leicht. An dieser Stelle möchten wir all denen herzlich danken, die zur Entstehung des Buches beigetragen haben: Der Bundesanstalt für Arbeit, dem Verlag, den Sponsoren und allen, die uns mit ihrem Rat und ihrer Unterstützung bis zum Ziel begleiteten.

Bernd Werner
Vorsitzender

Gunter Engelmann-Merkel
Geschäftsführer

Handelsverband Sachsen e.V., Bezirk Westsachsen

P.S. Wir haben großen Wert darauf gelegt, alle in Frage kommenden Unternehmen des Einzelhandels der Region in die Betrachtung einzubeziehen. Bewusst nicht untersucht wurden Firmen, die i.d.R. über ein Ladengeschäft verfügen, jedoch bisher weit überwiegend dem Handwerk zuzurechnen sind, wie Bäcker, Fleischer und Optiker. Dennoch möchten wir nicht vollends ausschließen, dass es noch Unternehmen gibt, deren Geschichte Eingang in diese Publikation hätte finden können. Für Hinweise der Leser sind wir jederzeit dankbar.

Vorwort

Zehn Jahre nach der Wiedervereinigung Deutschlands befindet sich der Regierungsbezirk Leipzig auf gutem Wege, die tiefgreifenden und für viele Menschen oft schmerzlichen Veränderungen in fast allen Bereichen des gesellschaftlichen Lebens zu bewältigen. Dazu hat in nicht unwesentlicher Weise auch der gesamte Handelsbereich unserer Region seinen Beitrag leisten können. So vergrößerte sich u.a. der Anteil der im Handel beschäftigten Arbeitnehmer seit 1990 von 8 % auf 12 % und stieg die Zahl der Handelsunternehmen um 33 % auf über 13.000. Dabei waren es insbesondere die Betriebe und Einrichtungen des Einzelhandels, die diese erfreuliche Entwicklung begünstigt und Entwicklungsdynamik sowie -niveau maßgeblich mitbestimmt haben. Als zweitgrößter Arbeitgeber hat sich der sächsische Einzelhandel insgesamt als bedeutender Wirtschaftszweig und wachsender Wirtschaftsfaktor etabliert und bietet im zunehmenden Maße jungen Menschen Lebenschancen durch eine qualifizierte Berufsausbildung. Darüber hinaus prägen die Einzelhandelsunternehmen das Bild unserer Städte und tragen mit ihren Investitionen, ihrem Marktauftritt und dem Leben von Handelskultur zur Vitalität unserer Städte bei. Somit hat der Einzelhandel, wie fast kein anderer Zweig der Wirtschaft, eine herausragende Bedeutung im Alltagsleben der Menschen.

Mit der vorliegenden Publikation wird erstmals das Ziel verfolgt, die Geschichte von Einzelhandelsunternehmen einer ganzen Region darzustellen. Dem Herausgeber ist es gelungen, die lange Tradition des Einzelhandels in der Leipziger Region in anschaulicher Weise zu präsentieren und zugleich auf die Perspektiven dieses bedeutsamen Wirtschaftszweiges und seinen Beitrag für eine zukunftssichernde Entwicklung der gesamten Region hinzuweisen. Somit bietet das vorliegende Buch Kunden und Händlern des Regierungsbezirkes Leipzig gleichermaßen Gelegenheit, Rückschau auf bewahrenswertes Vergangenes zu halten, anerkennende Feststellung von Erreichtem zu treffen und Ausblick auf weitere Ziele vorzunehmen.

Mein besonderer Dank gilt dem Handelsverband Sachsen e.V., dessen Initiative das Zustandekommen dieser interessanten Veröffentlichung ermöglicht hat.

Walter Christian Steinbach
Regierungspräsident

Leipzig im Februar 2001

Abel & Garten

Leipzig · Roßplatz 12

Inh. Ute Mielsch

Geschäft in der Nikolaistraße Anfang der 50er Jahre

Die Vertreter für Registrierkassen Herr Paul Garten und Herr Abel machten sich 1919 mit einem eigenen Laden selbstständig. In der Windmühlenstraße 51 eröffneten die Freunde ein Geschäft, das mit Registrierkassen, Schreibmaschinen, Waagen, Ersatzteilen und sämtlichem Zubehör, wie Kassenrollen, Blöcken und Schreibwaren handelte. Der Handel mit Kassen florierte, da nach dem Ersten Weltkrieg amerikanische Firmen keine Registrierkassen mehr nach Deutschland lieferten. Abel stieg 1921 jedoch aus dem Geschäft aus. Der eingetragene Name "Abel & Garten" wurde beibehalten. Die Windmühlenstraße erwies sich als ausgezeichneter Handelsstandort, da auf dem Weg zum Schlachthof Fleischer aus Leipzig und Umgebung täglich am Geschäft vorbeikamen. So ist es kaum verwunderlich, dass sich unter der Kundschaft eine große Zahl von Fleischern oder Reisenden, die vom Bayerischen Bahnhof ins Stadtzentrum unterwegs waren, befanden. Im Zweiten Weltkrieg wurde das Geschäft ausgebombt und musste den Standort verlassen. Es zog in die Nikolaistraße 28, in Steibs Hof. Anfang der 50er Jahre trat Alfred Garten die Nachfolge seines Vaters im Geschäft an. Auch seine Welt war der Umgang mit Kunden. Alfred war Speditionskaufmann und ein absoluter Fachmann auf seinem Gebiet. Die Kundenberatung beherrschte er, wie sein Vater, perfekt. Alfred Garten war der 99. Kommissionshändler in Leipzig. Bis Mitte der 50er Jahre fungierte er noch als Vertreter für TURA-Registrierkassen. Als in der DDR Kassen fast nur noch für den Export produziert wurden, stellte Alfred den Handel damit ein. Er konzentrierte sich auf Bürobedarf und Schreibwaren. Tochter Ute Mielsch hatte ihre ersten Verkaufserfahrungen im väterlichen Geschäft gesammelt. Nach dem Tod des Vaters musste das Geschäft Mitte der 70er Jahre aufgegeben werden. Ute Mielsch ging zur HO.

Registrierkasse Mitte der 50er Jahre

1990 wollte es die Handelskauffrau noch einmal wissen, sie begann wieder mit Büro- und Schreibwaren zu handeln. Bald gesellten sich im Laden in der Prager Straße Geschenkartikel dazu.
Ute Mielsch bietet seit Juli 1999 am Roßplatz ein äußerst vielseitiges Sortiment an nützlichen, überraschenden oder einfach schönen Dingen an.

uno Beyreuther Ende der 30er Jahre

Foto Angelstein

Leipzig · Gorkistraße 114

Ladenfront in den 30er Jahren

Das Ehepaar Fritz und Eva Angelstein übernahm 1935 an der Ecke Gorkistraße/Taubestraße eine Drogerie und baute diese zu einem gut gehenden Drogerie- und Kolonialwarenhandel aus. Fritz war Drogist und Eva stammte aus einem Feinkost- und Delikatessengeschäft. Sie wohnten über der Drogerie. Wohnung und Laden waren durch eine Wendeltreppe miteinander verbunden. Das Geschäft stach durch seine liebevoll selbst gefertigten Schaufensterdekorationen ins Auge. Anfang der 40er Jahre fertigten Angelsteins erste Schwarz-Weiß-Abzüge und Vergrößerungen an. Während des Zweiten Weltkrieges führte Eva das Geschäft allein weiter. In der Notzeit wurde vorwiegend Seife verkauft. Aber schon 1948 liefen im Schaufenster die ersten Filmvorführungen, die immer Schaulustige anzogen. Angelsteins produzierten Trickfilme sowie Filme über Schönefeld und Umgebung selbst. Ende der 50er Jahre wurden erste Colorfilme in einer Kleinanlage per Hand entwickelt und Sohn Gert baute eine Colorfilmentwicklungsanlage auf. Gert hatte nach einer Drogistenlehre noch eine Fotografenlehre beendet. Der Fotografenmeister fertigte Werbe- und Messeaufnahmen an und eröffnete 1969 eine Filmannahmestelle in der Gorkistraße 114. Im Hofgebäude in der Taubestraße 29 wurde ein Colorlabor betrieben. Unter dem Motto "Leipzigs schnellstes Fotolabor" warben Angelsteins 1970. Sie druckten Karten mit Werbesprüchen und Angeboten und verteilten sie im Leipziger Zentralstadion. Colorentwicklungsarbeiten dauerten nur noch ein bis zwei Tage. Sonst betrug die Wartezeit bei Urlaubsfilmen durchschnittlich ein Vierteljahr. Als Fritz und Eva 1972 in Rente gingen, wurde der Gewerbeschein für die Drogerie nicht verlängert. Weder Gert noch seine Frau Christa hatten eine Chance, obwohl sie aus der alten Leipziger Drogistenfamilie Hartmann stammte. Die Drogerie wurde geschlossen und das Geschäft zwangsläufig an die HO abgegeben. Mit dem Fotohandel war es vorbei. Das Labor hingegen konnte unbehelligt weiterarbeiten. Die alten Geschäftsstrukturen der Firma Angelstein und ihre gewachsenen Kundenbeziehungen waren zerstört. Dafür bauten Angelsteins die Colorfilmentwicklung für das gesamte Gebiet der DDR aus. Aus allen Bezirken wurden Diafilme zur Reproduktion und zum Duplizieren eingesandt. Außer für Privatkunden entwickelten sie auch Filme für medizinische Zwecke. Im Jahre 1980 wurde die Entwicklungsanlage mit einer Tagesleistung von 1.500 Filmen neugebaut und das Labor war das einzige, das in dieser Qualität, Quantität und Schnelligkeit produzieren konnte. Im Sommer waren bis zu 20 Angestellte beschäftigt. Angelsteins erweiterten 1989 den Geschäftsbereich mit einem umfangreichen Fotofachhandel aller Marken. Ein Jahr später bauten sie das Ladengeschäft in der Gorkistraße 114 um und vergrößerten es. Das vielfältige Angebot konnte ansprechend präsentiert werden. Seit 1991 leitet der Enkel des Firmengründers, Gunter Angelstein, die Geschäfte. Der gelernte Elektroniker war 1989 über Ungarn in die BRD geflüchtet. Dort machte er das Abitur nach, das ihm in der DDR verwehrt geblieben war.

Nach der Wende kehrte er zurück und profilierte sich als selbstständiger Fotohändler. Zielstrebig setzt Gunter seine Konzepte um. Ständig sucht er nach neuen Ideen oder Nischen. Im Einkaufszentrum Schönefeld betrieb Gunter 1993 eine Filiale und 1994 ein Portraitstudio. Seit 1997 existiert eine Filiale im EKZ Moritzhof. Lehrlinge bildet die Firma Angelstein auch wieder aus. Bei Angelsteins gibt es "Bilder..., die Blicke auf sich ziehen."

Fritz Angelstein beim Anfertigen von Schaufensterdekoration

Möbel Beck

Rückmarsdorf · Kastanienweg 13

Geschäft mit Lieferfahrzeug

Am 1. Juni 1919 eröffnete Thilo Beck am Roßplatz ein ca. 110 qm großes Möbelgeschäft. Der Umsatz entwickelte sich recht gut, obwohl die Jahre vom Tauschhandel geprägt waren. Bald bezog die Firma einen größeren Laden in der Riemannstraße, wo das Angebot auf drei Etagen präsentiert wurde. Während des Krieges stand für den Verkauf kaum Ware zur Verfügung. Die Lieferwagen waren eingezogen und die Geschäfte wurden von der Wohnung aus geführt. Als Sohn Wolfgang Beck aus der Kriegsgefangenschaft heimkehrte, fand er das Möbelhaus in der Riemannstraße ausgebombt. Vater und Sohn resignierten nicht. Sie retteten, was zu retten war und lebten von Reparaturen sowie der Produktion von Kleinmöbeln. Verkaufte Stücke fuhren sie mit dem Leiterwagen aus. Bald konnten sie Möbel wieder im Laden anbieten. Der Senior öffnete in der Schletterstraße ein Geschäft, das er 1958 in die Karl-Liebknecht-Straße verlegte. Der Junior eröffnete 1948 in der Könneritzstraße 76 ein Geschäft mit nur 6 qm "großer" Ladenfläche. Ein Tempo-Dreirad diente als erstes Lieferfahrzeug. Ab 1952 konnte sich die Firma in der Ecke Stieglitzstraße in weitaus größeren Räumlichkeiten ausdehnen. Dieses Geschäft blieb bis 1994 das Stammhaus. Im Jahr 1960 schloss Thilo Beck aus Altersgründen sein Geschäft. Zur gleichen Zeit eröffnete sein Sohn Wolfgang einen Küchen-Spezial-Laden in der Karl-Liebknecht-Straße. Becks boten das volle Möbelsortiment, wenngleich in unterschiedlichen Häusern, an. Ab 1965 existierte in der Merseburger Straße noch ein drittes Beck-Möbelgeschäft, das 1973 wegen Mangel an Waren geschlossen wurde. Wolfgang Beck war der erste Kommissionshändler der HO in Leipzig. Ende der 70er Jahre stieg die dritte Generation in das Familienunternehmen ein: Antje und Thorsten Beck. Anfang 1979 übergab Wolfgang Beck den Küchen-Laden an seine Tochter. Das Geschäft in der Karl-Liebknecht-Straße leitet sie gemeinsam mit ihrem Mann Christian Martan. Tochter Susann Martan sammelte in vierter Generation in der Möbelbranche bereits Erfahrungen. Im Alter von 65 Jahren übergab Wolfgang Beck 1983 das Stammhaus – das sich auf Wohnraummöbel spezialisiert hatte – an Sohn Thorsten. In dieser Zeit prägte sich das Servicebewusstsein des Unternehmens weiter aus. Reklamationen sind bis heute "Chefsache" geblieben. Im Januar 1990 knüpfte Thorsten Beck auf der Internationalen Möbelmesse in Köln die ersten Kontakte mit westdeutschen Möbelherstellern und dem Möbeleinkaufsverbund GfM (Gesellschaft fortschrittlicher Möbelhandelsunternehmen im Einkauf und Marketing). Wurde der ostdeutsche Besucher mit seinem selbstgefertigten Flugblatt auf der Messe noch als Exot bestaunt, so traf am 5. März der erste Sattelschlepper mit westdeutschen Qualitätsmöbeln bei Möbel Beck ein. Becks setzten auf Expansion. Ende 1994 begrüßte das neue Stammhaus in Rückmarsdorf mit einer Ausstellungsfläche von 2.600 qm seine Kundschaft. Die angebotene Kollektion besteht zu einem Großteil aus exklusiver Ware. Mit der Eröffnung einer Filiale des Möbelhauses in Delitzsch wurde 1998 erstmals der Schritt ins Leipziger Umland gewagt. Sohn Björn, gleichfalls Vertreter der vierten Generation, will sich nach einer Tischlerlehre mit einem Studium der Betriebswirtschaft auf künftige Aufgaben im Familienbetrieb vorbereiten.

Tankstelle Ost / Shell-Station

Inh. Gerhard Beyreuther

Leipzig · Eilenburger Straße 21a

Die Herren Schönberg & Büttner betrieben in der Eilenburger Straße in den 20er Jahren eine Großgarage. Etwa hundert Garagen standen bereit und da die Wagen auch betankt werden mussten, wurde 1928 die erste Zapfsäule in Betrieb genommen. Die Einfahrt auf das Gelände war Tag und Nacht von einem Garagenmeister besetzt und so konnte auch rund um die Uhr getankt werden. Die Tag- und Nachttankstelle war geboren. In einem Waschhaus wuschen Automobilbesitzer ihre Wagen für 1 Mark selbst. Autopflege war auf einer Hebebühne möglich. Ein Wagenpfleger besorgte auch die Unter- oder Oberwäsche. Das funktionierte bis 1972, dann gab es nur noch Selbstwäsche. Nachdem Bruno Beyreuther seine Karriere als Seefahrer beendet hatte, heiratete er 1936 seine Irmgard, widmete sich fortan dem Landleben und nahm eine Anstellung an der Tankstelle in der Eilenburger Straße an. Die Deutsch-Amerikanische-Petroleum-Gesellschaft hatte Ende der 20er Jahre eine Aral-Zapfsäule genehmigt. Seit 1931 galt die Losung von BV-Aral "Besser fahren und sparen". Im Folgejahr wurde mit Aral ein Vertrag unterzeichnet, der bis 1936 lief. Danach wurde der erste Vertrag mit Shell geschlossen. Dieser überdauerte Kriegsjahre und Nachkriegswirren und wurde erst 1948 durch die Deutsch-Russische NAPHTA AG (DERUNAPHT) abgelöst. Von 1951 bis 1956 folgte die Deutsche-Kraftstoff-Mineralölzentrale (DKMZ) und der dann mit Minol geschlossene Vertrag bestand bis Ende Dezember 1991. Seit dieser Zeit ist die Tankstelle Ost wieder eine Shell-Station.

Die Kunden dürften die Wechsel der Petroleumgesellschaften kaum gespürt haben. Bruno Beyreuther kümmerte sich in all den Jahren um ihre Belange. Er hatte 1958 die Tankstelle abgekauft und betrieb sie bis zu seinem Tode 1972 als Vertragstankstelle. Als seine Witwe den Betrieb an ihren Sohn Gerhard übergeben wollte, erhielt der studierte Fernmeldetechniker keinen Gewerbeschein. Seiner Frau Dorette, einer Verkaufsstellenleiterin, wurde die Erlaubnis 1975 gewährt. So arbeitete Gerhard hauptberuflich als Dispatcher bei Robotron und nebenberuflich half er bei seiner Ehefrau aus. Beyreuthers gehörten zu den wenigen Tankstellen der Kategorie 1 in Leipzig, die rund um die Uhr geöffnet hatten und vorrangig mit Benzin beliefert wurden. An anderen Tankstellen konnten die "Vergaserkraftstoffe" und die Gemische 1:33 oder 1:50 schon mal knapp werden. Bei Beyreuthers kam es nur zu den üblichen Unterbrechungen, wenn die Tankstelle "wegen Befüllung geschlossen" war. Endlose Wartezeiten mussten die Autofahrer zu Wendezeiten auf sich nehmen. Die Autoschlangen nahmen kein Ende. In eisiger Kälte schenkte Dorette heißen Kaffee an die Wartenden aus. Beyreuthers waren auch die ersten, die in ihrem kleinem Shop Blumen im Angebot hatten. Das übliche Tankstellenangebot wurde um Farbtupfer bereichert. Bislang gab es "nur" Öle, Autopflegemittel, Ersatzteile, Zündkerzen, Glühbirnen – als Mangelware abgezählt, dafür aber vorhanden. Der Schritt in die neue Zeit war getan. Silvester 1991 wurde die alte Tankstelle geschlossen. Im Frühjahr 1992 begann der Abriss und nach sechs Monaten wurde die neue Tankstelle Ost eröffnet. Wenn Gerhard und Dorette in Rente gehen, wird Tochter Cornelia Till dann das Geschäft übernehmen. Sie hat es seit über zehn Jahren schon mitbewegt.

Reformhaus Blicke

Leipzig · Ritterstraße 5

Das Reformhaus Blicke vereint die Geschichte dreier Leipziger Drogerien. Dabei handelt es sich um die Viktoria Drogerie, die Drogerie Mohr und die Andreas Drogerie. Otto Mohr hatte als Drogist in Königsberg eine Apotheke geleitet, kehrte in seine Heimatstadt zurück und kaufte 1909 die Viktoria Drogerie Otto Meißner jun. in der heutigen Jahnallee.

Diesen Fakt wird der Schlagerstar Frank Schöbel, der dort schon als Kind einkaufte, wohl nicht kennen. Sicher erinnert er sich an Werner und Helga Mohr, die nach Otto Mohr die Drogerie führten. Der Drogist Werner Mohr hatte das Geschäft 1954 von seinem Vater übernommen. Seine Frau Helga, ebenfalls Drogistin, leitete die Andreas Drogerie in der Karl-Liebknecht-Straße 103 von 1953 bis zu deren Verkauf 1968. Ihr Stiefvater Adolf Wendt hatte diese 1910 erworben.

Der Zweite Weltkrieg ging an beiden Drogerien nicht spurlos vorüber. Werner durchlebte Kriegseinsatz und Gefangenschaft, während Otto das Geschäft in der Jahnallee allein weiter führte. Vor dem Eingang der Andreas Drogerie explodierte eine Bombe, deren Druckwelle alle Möbel, Wertgegenstände und Waren zerstörte. Später hatte die Familie Mohr mit Problemen ganz anderer Art fertig zu werden. Als selbstständige Geschäftsleute mit kirchlicher Bindung und einem Vater, der mit seiner politischen Meinung nicht hinter dem Berg hielt, führten sie ein Leben, in dem Angst und Unzufriedenheit ihre ständigen Begleiter waren. Beim abnehmenden Warenangebot erwies sich die Viktoria Drogerie bald als zu groß. Zudem ging Werner in Rente und so entschlossen sich die Kommissionshändler, nach einem neuen Geschäft im Zentrum zu suchen. In Specks Hof stand ein kleiner Laden, eine Art "Krautergewölbe" mit steiler Treppe, leer. Er war "für die HO nicht zumutbar" – für Mohrs aber genau richtig. Sie öffneten dort im September 1979 die Drogerie Mohr. Hier übernahm auch Tochter Christina Blicke 1990 die Geschäftsführung. Als sie ihre Drogerie in Specks Hof Ende 1992 wegen Sanierungs- und Umbauarbeiten aufgeben musste, nutzte Christina die Zeit bis zum Neubeginn in Räumlichkeiten der Nikolaikirchgemeinde in der Ritterstraße zur eigenen Qualifizierung. Die gelernte Drogistin ist mittlerweile Reformhausfachberaterin und hat zusätzlich noch eine Kosmetikausbildung absolviert. Die Tatsache, dass für Frau Blicke der Dienst am Kunden an erster Stelle steht, hat eigentlich zur Umwandlung der Drogerie in ein Reformhaus geführt. Nach der Wende verlangte ein älterer Herr, der seit Jahren seinen "Grünen Hafertee" aus dem "Westen" geschickt bekam, diese Sorte in ihrem Geschäft. Die Drogistin schrieb daraufhin die Tee-Firma an, die schickte einen Vertreter und Frau Blicke qualifizierte sich schließlich für den Verkauf spezieller Reformhausprodukte.

Heute betreibt Christina Blicke im Leipziger Allee-Center Grünau und im Paunsdorf-Center Filialen. Tochter Jaqueline wird die Geschäfte einmal in vierter Generation übernehmen. Dort kann es passieren, dass man von Vertretern anderer traditionsreicher Leipziger Drogerien bedient wird. Im Reformhaus Blicke arbeiten nämlich Peter Hülse, der letzte Inhaber der Drogerie Hülse sowie Fräulein Mitschke, die Tochter der Inhaberin der Luther-Drogerie. So bündeln sich bei Blickes nun wiederum verschiedene Leipziger Drogisten-Traditionen.

Reformhaus Blicke

Leipzig · Ritterstraße 5

Andreas Drogerie in den 30er Jahren

Walter Blume

Leipzig · Eisenbahnstraße 88

Inh. Günther Blume

Kinowerbung in den 60er Jahren

Am 26. August 1911 eröffnete Walter Blume mit seiner Frau Rosa einen knapp 20 qm großen Laden in der Eisenbahnstraße Nr. 88. Es gab nur einen Vordereingang. Erst später kamen links und rechts noch zwei Schaufenster hinzu. Rosa hatte bei der Saatzuchtfirma Otto Mann in Leipzig gearbeitet. Schon bald war das Fachgeschäft in Gärtner- und Kleingärtnerkreisen bestens bekannt. In großer Auswahl wurden Sämereien, Blumenzwiebeln, Düngemittel, Gartenbedarfsartikel, Vogel- und Tierfutter, Vogelschutzartikel u. v. m. im Geschäft und per Versand angeboten. Walter holte seine Pflanzen mit dem Handwagen aus den Leipziger Großmarkthallen. Als sportbegeisterter junger Mann erledigte er das im Laufschritt. Schließlich war Walter Deutscher Meister im Faustball. Waren bekam die Firma auch im Direktbezug aus Holland. Eine bereits bezahlte Schiffsladung kam jedoch nie an. Sie wurde im Zweiten Weltkrieg versenkt.

Der 1914 geborene Sohn Robert erlernte den Gärtnerberuf. Jedoch nach Abschluss der Lehrzeit musste er in den Krieg ziehen. Für die Front wurde auch ein Firmenfahrzeug konfisziert. Lena Blume, Großvaters zweite Ehefrau, führte das Geschäft durch die Kriegsjahre. In den schweren Nachkriegsjahren war Gemüse rar. Besonders beim Saatgut herrschten Kontingentierung und Mangel. Kriegsschäden, schlechte Ernte, Transport- und andere Schwierigkeiten verzögerten den Eingang der Sämereien häufig. Die Zuteilung der Gemüsesamen erfolgte nur im Rahmen des tatsächlichen Bedarfs entsprechend der Größe des bewirtschafteten Landes. Aus einer Preisliste vom Frühjahr 1945 geht hervor, dass Sellerie-, Majoran- und Thymiansamen sowie Blumenkohl, Früh-, Weiß-, Rot- und Welschkraut dem Erwerbsanbau vorbehalten blieben. Die Verbraucher wurden auf den Bezug von Pflanzen verwiesen. Beschlagnahmt waren damals Samen von Treib- und Spät-Kohlrabi sowie Landgurken. "Saatgut von Erbsen" durfte "erst ab 1. März, von Bohnen ab 1. Mai eines jeden Jahres verkauft werden". Diese Regelung bestand bis in die 50er Jahre hinein.

Kinowerbung in den 60er Jahren

Walter Blume

Inh. Günther Blume

Leipzig · Eisenbahnstraße 88

Geschäft 1936 (links Großvater Walter Blume)

Als Robert 1948 aus der Kriegsgefangenschaft heimkehrte, stieg er in den Familienbetrieb ein. Etwa ein Dutzend Beschäftigte waren im Verkauf, als Kraftfahrer und als Lagerarbeiter tätig. Mitte der 50er Jahre erweiterten Robert und Walter das Sortiment um Kunstblumen und Zubehör. Geholt und geliefert wurde noch mit dem Lkw. Ab 1975 wurde dies dann mit Pkw und Hänger erledigt. Nach dem Tod von Walter Blume im Jahre 1962 hatte Robert das Geschäft allein weitergeführt.
Bis Anfang der 70er Jahre durfte Saatgut noch im Geschäft abgefüllt werden. Dann wurde dies verboten. Saatgut wurde fortan in kleinen Tüten geliefert – eine gewisse Arbeitserleichterung. Dennoch blieb die Tätigkeit auch weiterhin mit harter Arbeit verbunden. Erst ab Mitte der 70er Jahre wurden den Händlern die Waren förmlich aus den Händen gerissen. Besonders Blumen und Stauden waren bei den Garten- und Balkonbesitzern beliebt. In den 80er Jahren ging man wieder dazu über, sein Gemüse selbst anzubauen.
Seit 1984 leitet Roberts Sohn Günther Blume, der sich in Erfurt in seiner Lehrzeit mit Zierpflanzen beschäftigte, die Geschicke des Familienunternehmens. Den Service, Blumenkästen für die Kunden zu bepflanzen, behielt er bei. Bis heute blieb neben dem traditionellen Firmensitz in der Eisenbahnstraße Nr. 88 auch die alte Telefonnummer des Unternehmens 6 09 48 erhalten. Eigentlich wurde sie nur um die Hausnummer 88 ergänzt. Heute lautet sie 6 88 09 48!

Schmuckkästchen

Leipzig · Jahnallee / Ecke Thomasiusstraße 2

Juwelier Deim

Neonreklame in den 50er Jahren

Im Jahre 1948 kaufte Hans-Joachim Schubert eine Goldschmiedewerkstatt. Zum Betreiben dieses Handwerksberufes benötigte der Abiturient aber einen Meisterbrief und fand im Goldschmiede- und Uhrmachermeister Walter Funke einen Geschäftspartner. Beide eröffneten am 25. August 1948 in der Elisabethstraße/ Ecke Konradstraße ein Schmuck- und Uhrengeschäft. Anfang 1949 fanden sie in der Frankfurter Straße 6, der heutigen Jahnallee, einen besseren Standort. Hans-Joachim Schubert schulte intensiv zum Goldschmied um. Als Partner und Lehrmeister Walter Funke starb, fehlte dem Unternehmen der notwendige Meister. Das Witwenjahr wurde beantragt und Hans-Joachims Meisterprüfung am 10. Mai 1954 verhinderte die drohende Betriebsschließung. Der Uhrenbereich musste allerdings aufgegeben werden, da dafür kein Meisterbrief vorhanden war. Das Geschäft wurde zügig aus- und umgebaut. Der Namenszug "Schmuckkästchen" strahlte als eine der ersten Neonreklamen Leipzigs. Das "Schmuckkästchen" gehörte zu den drei Geschäften der Stadt, die Edelmetalle von Kunden ankaufen durften. Über den An- und Verkauf von Schmuck und Uhren wurden Kundenwünsche erfüllt. Sonst wurden vorrangig Reparaturen ausgeführt. Neben den traditionellen Handwerksarbeiten begann die Produktion von Besteckteilen und Andenkenartikeln in Silber. Die Löffelproduktion erlebte von 1966 bis 1974 ihren Höhepunkt. Großstädte und Ferienorte orderten Mokkalöffel, Zuckerschaufeln und Konfektgabeln mit ihren emaillierten Stadtwappen. Mit dem Tod von Schubert sen. 1974 wurde diese Produktion eingestellt. Tochter Marion kennt das Geschäft noch aus der Zeit, als der Goldstaub an des Meisters Kleidung aufgefangen wurde, um für schlechte Zeiten ein "Polster" zu haben. Als Zwölfjährige fertigte sie einen silbernen Bernsteinring an und als Zwanzigjährige legte sie Ende 1966 die Meisterprüfung als jüngste Meisterin der DDR ab. Am 14. April 1980 führte der Staat die Aktion "Rudi", eine Umbewertung des Edelmetalls, bei der der Goldpreis von ca. 30 auf 245 Mark pro Gramm angehoben wurde, durch. Den Differenzbetrag musste der Geschäftsinhaber an den Staat entrichten. Diese Preiserhöhung führte zum sprunghaften Anstieg des Edelmetallankaufs und lange Schlangen bildeten sich vor dem Geschäft. Das Geschäft ging 1983 an Tochter Marion und Ehemann Peter Deim über. Zeitweilig arbeiteten bis zu sechs Goldschmiede in der Werkstatt. Inzwischen durften Deims aufgekauftes Gold und Edelsteine auch für Neuanfertigungen verwenden. Bislang mussten die angekauften Edelmetalle an die staatliche Ankaufstelle in Halsbrücke verkauft werden. Im Dezember 1989 sah sich die Inhaberin nach Geschäftspartnern in den alten Bundesländern um. Deims verkauften die Schmuckstücke für DDR-Mark. Schmuck konnte endlich ohne Goldabgabe erworben werden und die Kunden dankten es. Die Bezahlung des Partners lief über ein Sonderkonto. Er erhielt sein Geld erst nach der Währungsunion am 1. Juli 1990. Höhere Warenbestände, Edelmetalle und Edelsteine im Überfluss erforderten Umbauten im Sicherheitsbereich und die Umstellung auf ein neues Computersystem. Uhren ergänzten wieder das Schmucksortiment. Baumaßnahmen erzwangen einen Umzug ins sanierte Gebäude Jahnallee/Ecke Thomasiusstraße 2. Die alte Ladeneinrichtung konnte nach Umgestaltungen wieder verwendet werden.

Seit März 1998 präsentiert sich das "Schmuckkästchen" am neuen Ort mit gewohntem Ambiente. Auf Kundenwunsch wird auch eine eigene Schmuckkollektion, der sogenannte "Nuggetschmuck", aus dem Altgold der Kunden angefertigt. Gespannt kann man auch sein, was wohl der Nachfolger in dritter Generation für seine Kunden kreieren wird.

Boot-Shop Herold, Steuermann Julius Hermann Seifert (S. 40)

Uhren-Eckert

Leipzig · Könneritzstraße 68 **Inh. Yvonne Eckert**

In Crossen bei Mittweida gründete der Uhrmacher Arno Eckert 1898 ein Geschäft für Uhren, Schmuck und Tafelbestecke. Arno war nach Leipzig gezogen und rief am 13. Januar 1904 sein Gewerbe ins Leben. Er war Mitbegründer der Fa. Gebr. Loesch in der Weststraße, die en gros mit Uhren und Uhrenzubehör handelte. Nachdem Arno als Gesellschafter aus dem Unternehmen ausgetreten war, eröffnete er 1907 sein eigenes Uhrmachergeschäft in der Könneritzstraße 56. Diese Straße blieb von nun an das Firmendomizil, auch wenn man im Jahre 1914 noch einmal in die Nr. 68 umsiedelte. Der jüngste der drei Söhne, Herbert Eckert, lernte das Uhrmacherhandwerk beim Vater und nach einer Ausbildung in der Glashütter bzw. Schweizer Schule legte er 1936 in Leipzig die Meisterprüfung ab. Herbert trat anschließend als Teilhaber ins Geschäft ein und übernahm es nach dem Tode seines Vaters 1958 ganz.

Das Geschäft florierte mit dem Verkauf hochwertiger Markenuhren und Tafelsilberbestecke. Durch den hohen Beamtenanteil an der Schleußiger Bevölkerung avancierten Taschenuhren aller Art bald zum Verkaufsschlager. Angeboten wurden auch Optikerwaren, wie Kneifer, Klemmer, Monokel und Ferngläser. Arno musste aber auch schwere Zeiten durchleben. So verlor er nach der Inflation große Teile seines Vermögens. Er gab auch nicht auf, als sein Haus am 6. April 1945 dem letzten Luftangriff auf Leipzig zum Opfer fiel. Eine Fünf-Zentner-Bombe ließ gegen 10:45 Uhr alle Uhren stillstehen. Das Geschäft konnte danach nur provisorisch betrieben werden. Aus eigenen Mitteln und mit großem persönlichen Einsatz hatte Arno Eckert das Gebäude bereits 1946 wieder bewohnbar gemacht.

Auch für Rolf Eckert war es selbstverständlich, dass er das Uhrmachergeschäft in dritter Generation weiterführte. Er absolvierte bis 1952 eine Uhrmacherlehre in der vom Großvater begründeten Firma und legte im März 1967 seine Meisterprüfung ab. 1968 übernahm Rolf die Geschäftsführung, nachdem er ein Jahr zuvor Yvonne Rudolph geehelicht hatte. Yvonne Eckert ging bis 1959 bei der Fa. Günther in die Uhrmacherlehre und erhielt 1967 den Meisterbrief. Im Betrieb wurden ab 1980 ausschließlich Reparaturarbeiten durchgeführt und die Verkaufstätigkeiten eingestellt. Im Jahre 1985 ereilte Yvonne Eckert ein schwerer Schicksalsschlag: Plötzlich und viel zu früh starb ihr Mann Rolf. Yvonne war ab Oktober in der Firmenleitung auf sich allein gestellt. Die Schwiegermutter unterstützte sie im täglichen Geschäftsbetrieb. Im Jahre 1989 hatte ihr Sohn Volker seine Uhrmacherlehre bei der Firma Schlegel beendet und steht seiner Mutter seit dieser Zeit tatkräftig zur Seite. Seit 1990 wird auch wieder verkauft. Uhren-Eckert präsentiert heute ein umfangreiches Sortiment an Uhren und Schmuck. Reparaturleistungen sowie Haus-zu-Haus-Belieferung werden als Service weiterhin gern genutzt. Volker wird eines Tages als Chef die Traditionen des Familienunternehmens in vierter Generation fortführen.

Diverse Briefköpfe der Firma

Expert Fortagne, Errichtung von UKW-Antennen Ende der 50er Jahre (S. 29)

Edeka in Leipzig und Westsachsen

Die Edeka, als genossenschaftlicher Zusammenschluss mittelständischer Lebensmitteleinzelhändler, spielte auch für die Einzelhändler in Leipzig und Westsachsen eine fördernde Rolle. Der Vorläufer der Edeka, der "Verband deutscher kaufmännischer Genossenschaften e.V.", wurde am 21. Oktober 1907 im Hotel de Pologne in Leipzig durch 13 örtliche Einkaufsgenossenschaften und Einkaufsvereine ins Leben gerufen. Dr. Karl Biller war der erste Direktor. Seit 1892 existierte die "Leipziger Einkaufskommission", die überregional die günstigsten Bezugsquellen finden und praktische Hilfe durch die Bündelung des einzelnen Bedarfs in größeren Aufträgen erweisen sollte. Bislang konnten die Kleinbetriebe nur in kleinen Mengen ordern und mussten daher einen höheren Preis zahlen, als die bereits entstandenen großen Kauf- und Warenhäuser wie Tietz und Karstadt bzw. Filialbetriebe wie Kaiser's und Tengelmann. Geldknappheit gehörte bei den Kolonialwarenhändlern zur Tagesordnung, da sie ihre Kunden oft "anschreiben" ließen und so ihrerseits auch selten die Vorteile eines Skontos durch Barzahlung nutzen konnten. Der in Leipzig entstandene "Verband deutscher kaufmännischer Genossenschaften" durfte sich als ideeller Verein jedoch nicht wirtschaftlich betätigen und so gründeten am 27. November 1907 acht Mitglieder aus den Reihen der Verbandsgründer die "Zentraleinkaufsgenossenschaft des Verbandes deutscher kaufmännischer Genossenschaften eGmbH" – die heutige Edeka-Zentrale. Die Zentraleinkaufsgenossenschaft verfügte über ein Startkapital von 800 Mark. Im Jahre 1911 übernahm die Gesamtorganisation das Wort- und Bildzeichen der Einkaufszentrale der Kolonialwarenhändler, Berlin

Hauptkontor in der Berliner Straße 79-81 im Jahre 1939

"E.D.K." – gesprochen Edeka. Ein einheitliches Werbe- und Warenzeichen war geschaffen. Es folgten erste Abschlüsse von Lieferverträgen mit Vorzugsbedingungen und Rabatten, die Gründung der Genossenschaftsbank Edeka und der Edeka Importstelle Hamburg. Die Einkaufsgenossenschaft begann mit der Produktion von Eigenmarken, wie Malzkaffee, Backpulver, Tafelsalz, Haferflocken, Vanillezucker, Kernseife, Bohnerwachs und Kerzen. Damit war der Konsolidierungsprozess der Edeka formal abgeschlossen. Seit 1924 wird das Kennwort Edeka einheitlich verwendet und das Edeka-Schild an jedem Geschäft angebracht. Die "Kluge Hausfrau", die Kundenzeitschrift der Edeka, gab neben Verbraucherempfehlungen, manch gute Tipps und Rezepte. In den 30er Jahren gab es in Leipzig und Umgebung 360 Edeka-Geschäfte, die Nahrungs- und Genussmittel sowie Artikel des täglichen Bedarfs anboten. Der "Edeka Waren-Einkaufsverein Leipziger Kaufleute eGmbH" mit Hauptkontor, Hauptlager, Kaffee-Großrösterei und Weinkellereien hatte seinen Sitz in der Berliner Straße 79-81. In Leipzig engagierte sich der Kolonialwarenhändler Gerhard Jahnke seit den 30er Jahren aktiv in der Händlergenossenschaft Edeka. Die Edeka bekam nach dem Krieg jedoch nie eine echte Chance zu einer erfolgreichen Entwicklung. Das Leipziger Stammhaus in der Berliner Straße wurde enteignet und an das Staatliche Großhandelskontor übergeben. Die Edeka musste mit ihren einigen wenigen verbliebenen Mitgliedern in die Wolfgang-Heinze-Straße umziehen. Für ihre Lebensmittelhändler und Drogisten konnte die Genossenschaft mit aller Mühe einen kleinen Großhandel aufrecht erhalten. Über Produkte wie Mehl, Milch und Zucker oder gewinnbringende Artikel verfügte der Staat. Restwaren oder unrentable Posten wie Reinigungsmittel, Bohnerwachs, Schuhcreme oder Kerzen durften über die Edeka vertrieben werden. Aus reiner Sympathie oder aus Abneigung gegenüber dem staatlichen Großhandel hielten doch einige Kaufleute der Edeka die Treue. Als Aufsichtsratsvorsitzender der Edeka-Genossenschaft Stadt Leipzig fungierte der Lebensmittelhändler Gerhard Jahnke bis zu ihrer Liquidierung Ende der 50er Jahre. Erst die deutsche Wiedervereinigung beförderte das Wiedererstehen der Edeka in Sachsen. Edeka-Geschäfte öffneten und an einigen Standorten, wie in Borna und Hof/Staucha wurden Läger positioniert, die eine komplette und schnelle Belieferung sichern.

Sport-Eule, Mitglieder des „Leipziger Bicycle Clubs" 1882 (S. 28)

Sport-Eule

Leipzig · Otto-Schill-Straße 2

Im Jahre 1879 gründete Otto Felix Eule das Sport- und Sportbekleidungsgeschäft der Familie Eule. Heute würde man diesen Mann mit seinen unkonventionellen Ansichten wohl einen Allround-Sportsmann nennen. Er versuchte, das Skilaufen in Mitteldeutschland populär zu machen und war vom gerade aufkommenden Radsport mehr als begeistert. Seine zahlreichen Rennerfolge machten ihn weit über die Stadtgrenzen hinaus bekannt. Als Begründer des Leipziger Bicycleclubs baute er die erste Halle zum Erlernen des Radfahrens in Leipzig. Die Einweihung der ersten Rennbahn für Hochräder ließ nicht lange auf sich warten. Otto Felix fuhr mit Frau und beiden Töchtern mit dem Rad durch Leipzigs Straßen. Das verursachte einen regelrechten Pressekrieg. Bürger verklagten ihn wegen Unmenschlichkeit, konnten aber das Radfahren auch für Frauen und Kinder nicht verhindern. Vor dem Ersten Weltkrieg fanden jedes Jahr zwischen den Vereinigten Generalstäben Österreichs und Deutschlands vergleichende Parforceritte von Berlin nach Wien statt. Otto Felix Eule, inzwischen Präsident des Königlich-Sächsischen-Radfahrbundes, durfte mit allerhöchster kaiserlicher Erlaubnis an diesem Ereignis teilnehmen, und zwar per Rad! Er wollte die Überlegenheit menschlicher Technik gegenüber dem Pferd beweisen. Eule traf nach 2 Tagen, 22 Stunden und 17 Minuten noch vor den "Herrenreitern" in Wien ein! Nach dem Krieg wurde das Geschäft für Kleinkrafträder erweitert und ein Reparaturservice aufgebaut. Die Platzvertretung für die Firma "Fichtel & Sachs" wurde übernommen. Am 4. Dezember 1943 zerstörten Bomben das Drei-Etagen-Geschäft mit Werkstatt und Wohnung

Schaufenster Mitte der 60er Jahre

vollkommen. Ein kleines Blumengeschäft diente zunächst als Anlaufpunkt für Überlebensartikel, die mit Rad und Rucksack herbeigeschafft wurden. Bald galten Dienstleistungen und Reparaturen wieder als Markenzeichen für die Firma. Der Kommissionshändler der HO besaß mit seinem Werbespruch "Sport-Eule bietet immer etwas" eine magische Anziehungskraft. Besonders für Betriebe und Vereine war Eules Allerweltssortiment von Kraftfahrzeugzubehör, Sport- und Campingartikeln mit dem legendären Stempel "Für gesellschaftliche Bedarfsträger zugelassen" von großem Interesse. Patricia Esser trat 1977 in die Firma ein. Sie unterstützte ihre Mutter, da der Vater gesundheitsbedingt ausscheiden musste. Nach ihrer Hochzeit mit Michael Schumer kam auch ihr Ehemann 1980 mit ins Familiengeschäft. Seit 1987 leitete er es. Wichtig für das Sportgeschäft war noch in der Vorwendezeit ein Liefervertrag mit der Firma adidas. Das brachte für Sport-Eule die Kundennummer 003 ein. Aufgrund der gewachsenen Kundenbeziehungen und der Wünsche der Stammkunden aus allen Sportsegmenten und -disziplinen fällt Sport-Eule eine Spezialisierung schwer. Reparaturen, Qualitätsmontagen und Skiservice runden das Angebot ab. Im Zeitalter der weltweiten Kommunikation wird Beratungsservice auch via Internet gepflegt.

Inh. J. Frank

Ende des 19. Jahrhund
Leipzig zahlreiche Eisen
Meist waren dies Gro
wiegend Fabriken belie
lierten sich als Zuliefe
und mittleren metallver
be. Zu diesen gehörte
in der Josephstraße er
Eisenwarenhandlung v
Vorfahren des Firmen
einst aus der Bretagn
Sachsen verschlagen.
mann beschäftigte in s
zehn Arbeiter, die oft
Blechen hantierten u
kräftig zupacken kon
industriellen Bedarf w
vate. Mehr und meh
wurden angeboten. Es
setten in großer Aus
Waagen, Fleischwölf
Walzen und auch mech
Während des Ersten
ten sogenannte "Eise
zugsscheine für Metal
Zweiten Weltkrieg w
und Bleche angekauf
Ofenrohre herstellen u
Stabeisen und Eisen
Fedor Groß noch bis
Sohn des Geschäftsgr
absolvierte eine Leh
besuchte in Leipzig e
Schule. Im Jahre 195
Firma, die er bis 1984
Seitdem führt Jürgen
sohn von Alfred Groß
gelernte Möbeltischl
einen Verkaufssteller
Einzelhandelskaufma
im Geschäft von seine
einer gelernten Han
stützt. Das Unternehm

Expert Fortagne

Leipzig · Wolfgang-Heinze-Straße 14

"Wenn der Fernseher streikt, ist guter Rat nicht teuer!" Dieses Motto der Firma galt schon, als der Fernseher noch nicht in fast jeder Wohnstube stand. Seit über 50 Jahren bürgt der Name Fortagne in Leipzig für Qualität. Mit einer Werkstatt in der Stephanstraße begann Erich Fortagne im Herbst 1945. Der gelernte Metallbauer hatte zunächst in der Industrie gearbeitet. Die Radiotechnik begeisterte ihn so sehr, dass er in den Radioarbeiterbund eintrat und 1936 seine Prüfung als Rundfunkmechanikermeister ablegte. Erich Fortagne zählte zu den Leipziger Rundfunkpionieren mit Meisterprüfung. Im Krieg war er Fernmeldetechniker. Danach sah er in einer Rundfunkwerkstatt eine reale Chance, seine Familie zu ernähren sowie für einen zukunftsträchtigen Broterwerb. Radios reparierte der Geschäftsmann auch auf den Dörfern. Der Tauschhandel mit Radios, Ersatzteilen und Lebensmitteln blühte.
Ende der 40er Jahre musste die Firma in die Arthur-Hoffmann-Straße umziehen. 1954 bezog sie in der Wolfgang-Heinze-Straße 14 eine größere Werkstatt mit Ladengeschäft. In den 50er Jahren wurde von "oben" eine Monopolisierung des Rundfunksektors betrieben. Material reichte wie überall kaum aus. Da es sich bei der Firma Fortagne um einen Betrieb handelte, der damals vorrangig als Reparatur- und Dienstleistungsbetrieb und weniger als Handelsbetrieb agierte, war der Druck zur Bildung einer Produktionsgenossenschaft permanent vorhanden. Verstärkt wurde dieser Druck 1975, als es um die Geschäftsnachfolge für den verstorbenen Vater ging. Erst nach dem sog. Witwenjahr konnte schließlich Sohn Lutz die Nachfolge antreten. Lutz ist einer von fünf Brüdern, von denen vier in der Elektronikbranche arbeiten. Seit 1989 führt sein Bruder Thilo das Geschäft. Er ist Meister der Informationstechnik, hat seine Ausbildung im Familienbetrieb erhalten und war als Werkstattleiter tätig. Fortagnes passten sich stets konsequent an die Erfordernisse der Zeit an. So war es, als sie in den 50er Jahren Geräte für UKW-Bereiche nachrüsteten. So blieb es in den 60er und 70er Jahren, als sie die Dienstleistungen ausbauten und den Handel einschränkten. Anfangs wurden neue TV-Programme eingerichtet. "Selbstbauer" erhielten technische Unterstützung, und das nicht nur beim Antennenbau. Der Antennenwald auf Leipzigs Dächern ist nicht unwesentlich durch Fortagnes Arbeit gewachsen. Später spezialisierte sich die Firma auf die Reparatur von "Importgeräten", die überwiegend aus dem Westen kamen bzw. im Intershop gekauft worden waren. Seit der Wende wird von den Kunden das komplette Angebot geschätzt. Das beginnt beim Verkauf von Fernsehgeräten, HiFi-Anlagen, Telefonen, Handys, Funktelefonen, SAT-Anlagen, Zubehörteilen und reicht über die kompetente Fachberatung bis hin zu Installation und Reparaturservice. Fortagne ist eines der Fachgeschäfte der expert-Einkaufskooperation. Derzeit sind in Werkstatt und Verkauf acht Mitarbeiter beschäftigt. Bei Fortagnes schlägt das Herz für junge Leute. Das zeigt sich besonders in der Heranbildung des Fachkräftenachwuchses. Seit der Wende wurden bereits neun Jugendliche ausgebildet, die alle einen Arbeitsplatz fanden. Vielleicht kann auch auf diesem Gebiet eine Tradition fortgeführt werden. Ende der 90er Jahre ging ein Mitarbeiter in Rente, der im Herbst 1945 als Lehrling in der Stephanstraße angefangen hatte.

Gluch H

Leipzig · Seumestra

Seit dem 1. April 18
kleeberger in der Se
mittel ein. Richard W
kleinen Kolonialwar
gelernte Buchbinde
Bücher und Schulhe
Holzschuhe waren
Mitte der 20er Jahr
schäft an seinen S
sam mit Ehefrau H
den kleinen Famili
Seumestraße zu eta
und großem Geschi
ren Platz unter den
ten in der Straße. \
Waren zogen Kun
Korbflaschen wurd
in die gebräuchlich
abgefüllt. Diese ver
Korkmaschine und
nen Etiketten. Rudo
seine Hausschlach
Geschäftshaus wa
haus. Die oberen Et
besserung des spä
haltes vermietet. W
sehr beengt. Hinte
sich die fünfköpfige
gen Küche. Webe
Motto: "Unser Lade
be!" Ende 1944 ve
lene führte den La
1984 weiter. Sie st
hinter der Ladenthe
ter, Ruth Voigt und
halfen ihr tatkräftig
und den Umgang n
sie von Kindheit ar
schon 1937, als Sieb
prüfung gemacht,
tralen Schlachthof
den Leuten waren
sehr beliebt. Ab

Radio Fernsehen Güldemann

Leipzig · Wurzner Straße 11

Inh. Marlis Wilhelm

Kinowerbung Mitte der 50er Jahre

Der Schlosser Kurt Güldemann erfüllte sich als begeisterter Funk- und Radioliebhaber einen Traum und eröffnete im November 1930 in der Ungerstraße 20 sein eigenes Geschäft. Er absolvierte 1935 eine funktechnische Ausbildung beim Reichsverband Deutscher Funkhändler in Berlin. Drei Jahre darauf legte er die Meisterprüfung im Elektromechanikerhandwerk als Rundfunkmechaniker ab und gehörte zu den ersten Rundfunkmechanikermeistern in Leipzig. Zunächst hatte Kurt Geschäft und Werkstatt in seiner Wohnung untergebracht. Den Verkauf organisierte er über Vertreter. 1941 erhielt Kurt Güldemann vom Kartellverband des Deutschen Rundfunkeinzelhandels den Titel "Anerkannte Rundfunk Instandsetzungswerkstatt". An Familie und Geschäft ging der Krieg ohne größere Spuren vorüber. 1949 zog die Firma "Kurt Güldemann. Rundfunk-Geräte, Reparaturen und Entstörungen" in die heutige Wurzner Straße 11. Güldemanns bauten vorwiegend aus Wehrmachtsteilen kleine Radios. Sohn Hartmut erinnert sich da-

Radio Fernsehen Güldemann

Inh. Marlis Wilhelm

Leipzig · Wurzner Straße 11

ran, dass Vater "wie ein kleiner Grundig Radios baute – nur leider im falschen Staat". Mutter Erna stand von früh bis spät im Geschäft. Mit zehn Mitarbeitern hatte Kurt Güldemann bald die vom Staat gesetzten Grenzen erreicht. Material und neue Geräte gab es kaum. Reparaturen wurden fast nur noch an Vorkriegsgeräten durchgeführt. Güldemanns erschlossen ein neues Spezialgebiet: Modelleisenbahnen. Der Betrieb wurde zur PICO-Vertragswerkstatt. Modelleisenbahnen wurden hergestellt, gehandelt und repariert. Mit elektromagnetischen Zubehörteilen, Bastelteilen und jeglichen modellgerechten Stücken wurde gehandelt. Technische Lehrmodelle wurden angefertigt, wie der originalgetreue Nachbau des Bahnhofs der Lutherstadt Wittenberg. Hartmut Güldemann absolvierte 1955 eine Ausbildung als Werkzeugmacher, damit er die notwendigen Werkzeuge für den Modellbahnbau selbst herstellen konnte. Ende der 50er Jahre war das Kapitel Eisenbahn für Güldemanns abgeschlossen. Mit der Verbreitung des Fernsehens entwickelte sich die Firma zum reinen Fernseh- und Rundfunkladen. Hartmut schulte zum Rundfunkmechaniker um. Er legte 1958 seine Prüfungen ab und im September 1963 unterzog er sich der Meisterprüfung im Rundfunkmechaniker-Handwerk. Vater Kurt erkrankte schwer und Sohn Hartmut übernahm 1964 mit seiner Ehefrau Katrin das Geschäft. Zwei Jahre später musste er einen Kommissionshändlervertrag abschließen, damit der Handel weitergeführt werden konnte. Das Aufspüren von Nischen gehörte weiterhin zum Geschäftsalltag. Besonders im Fernsehbereich war die Entwicklung westlich der Elbe von maßgeblicher Bedeutung. Der Sendebeginn des ZDF bescherte auch den Güldemanns neue Betätigungsfelder. Antennenbau war angesagt! Neben Sohn Sven-Hartmut hatten drei Mitarbeiter im Außendienst alle Hände voll zu tun, die anstehenden Aufträge abzuarbeiten. Der Trabi, Baujahr 1961, leistete dabei zuverlässige Dienste. Er wurde erst nach der Wende schweren Herzens verschrottet. Heute sind Antennen und Zubehör nicht mehr gefragt. Neugeräte der Unterhaltungselektronik sind angesagt und die kann man bei Tochter Marlis im Geschäft erwerben. Marlis Wilhelm führt seit 1997 mit ihrem Mann Gerhard die Geschäfte und bedient heute noch Kunden, die damals als Fernsehpioniere ihr erstes und alle späteren Geräte bei Güldemanns kauften.

Vitrine mit Modelleisenbahnen Anfang der 50er Jahre

J. C. Hanisch

Damaliges Blumengeschäft im Hauptbahnhof Leipzig

Johann Christian Hanisch d. J. eröffnete am 12. Dezember 1836 auf eigenem Grund und Boden an der Dresdner Straße die selbstständige Kunstgärtnerei, Samen-, Pflanzen- und Blumenhandlung J.C. Hanisch. Gemeinsam mit Sohn Carl Julius schufen Johann und Johanna Hanisch eine kleine mustergültige Gärtnerei mit Gewächshäusern und Frühbeetkästen. Den eigenen Blumenbedarf deckte die Firma selbst. Versandpflanzen, Samen und Knollen wurden per Pferdefuhrwerk quer durch Deutschland und ins Ausland befördert. Carl Julius übernahm 1857 die Gärtnerei. Er kaufte 1877 an der Zweinaundorfer Straße ein großes Ackerstück. Im Jahre 1882 verlieh König Albert von Sachsen Carl Julius Hanisch den Titel eines Hoflieferanten. Mit der Eröffnung des Stadtgeschäfts 1885 in der Grimmaischen Straße vollzog die Firma eine Wandlung.

Das moderne Geschäft mit künstlerischer Dekoration und ständiger Vorratshaltung von Schnittblumen und Pflanzen entwickelte sich zum Herz des Unternehmens. Darauf nahm Elisabeth Erdmann, die spätere Frau von Carl Wilhelm Hanisch, die das Geschäft viele Jahrzehnte leitete, großen Einfluss. Carl Wilhelm Hanisch hatte an der Zweinaundorfer Straße eine der modernsten Gärtnereien seiner Zeit geschaffen. Er kultivierte Orchideen und Palmen, die vor allem in St. Petersburg Absatz fanden. Planmäßig baute er den Versandhandel aus. Hanischs wurden auf internationalen Ausstellungen mit zahlreichen Staats- und Ehrenpreisen ausgezeichnet. Mittlerweile war das Stadtgeschäft in der Grimmaischen Straße zum Begriff geworden. Im 1912 eingeweihten Leipziger Hauptbahnhof begründete Elisabeth mit einem Blumenkiosk in der Westhalle, dem 1916 ein zweiter in

J. C. Hanisch

der Osthalle folgte, die Tradition als Pächter bei der Deutschen Bahn. An Reisende wurden Blumen, Obst und Südfrüchte verkauft. Elisabeth musste den Betrieb durch schwierige Zeiten führen. Sohn Alfred übernahm 1921 die Firma und baute das Geschäft in der Grimmaischen Straße 29 großzügig aus.

Während des Zweiten Weltkrieges wurde die Gärtnerei in Holzhausen aus dem Boden gestampft. Sie belieferte die eigenen Blumengeschäfte. Im Dezember 1943 ließen Brand- und Sprengbomben Geschäfte und Gärtnerei in Rauch und Trümmern aufgehen. Getreu dem Motto "Omnia vincit labor" – Arbeit überwindet alles – machte sich Alfred Hanisch an den Neuanfang. Trotz quälender Bedrängnisse und wirtschaftlicher Schwierigkeiten begann Alfred 1947 mit dem Bau eines größeren Blumenhauses. Die Beschaffung des nötigen Baumaterials war unvorstellbar kompliziert, die Währungsreform zwang fast zur Kapitulation, doch im Juli 1949 öffnete das neue Haus am Augustusplatz. Elf Schaufenster strahlten im Glanz der modernen Beleuchtung. Der florierende private Betrieb mit 150 Mitarbeitern und über 2.000 qm Arbeitsräumen passte den Funktionären nicht ins sozialistische Bild. Ständig gab es Versuche, ihn zu verstaatlichen. Die Schwierigkeit, einen so großen und komplizierten Spezialbetrieb zu lenken, hielt die amtlichen Stellen von einer sofortigen Übernahme ab. Alfred Hanisch floh schließlich 1955 in den Westen. Anfang 1956 wurde das Blumenhaus Hanisch von der HO übernommen. Der staatliche Handel bemühte sich, die Firma sozialistisch weiterzuführen. Der Name "Hanisch" war nicht auszulöschen. Alfred Hanisch übernahm in Frankfurt am Main 1956 einen Blumenstand mit 3 qm Ladenfläche. 1961 hatten wieder 130 Mitarbeiter Lohn und Brot im Unternehmen. 1971 nahm Alfred seinen Sohn Carl als Teilhaber in die Firma und sicherte damit eine reibungslose Pachtnachfolge im Frankfurter Hauptbahnhof.

Carl J. Hanisch, 1935 in Leipzig geboren, war als junger Mann in den Westen geflüchtet, da die sozialistische Gesellschaftsform ihm keine berufliche Perspektive bot. Als sein Vater 1956 neu begann, stand er ihm zur Seite. Carl besuchte die Handelsschule und machte seine Meisterprüfung als Florist. 1961 gründete er seine eigene Firma – Blumen-Hanisch in Düsseldorf. Seit Vaters Tod 1976 ist er Alleininhaber des Bahnhofsgeschäftes J. C. Hanisch. Für Carl J. Hanisch begann im Herbst 1989 eine aufregende Zeit. Gab es doch die Chance, den Familienbetrieb wieder zurückzuerhalten. Es folgten jahrelange zähe Verhandlungen mit Altbetreibern, Neuvermietern, Treuhand, Vermögensamt, Kommunen usw. Am 12. September 1993 konnte das Blumengeschäft im Hauptbahnhof Leipzig öffnen. Schon 1991 hatten die Entsorgungs- und Aufbauarbeiten in der Gärtnerei in Holzhausen begonnen. Gewächshäuser wurden renoviert und es entstand ein Mehrzweckhaus mit Wohn-, Aufenthalts- und Arbeitsräumen. Das Leipziger Unternehmen Hanisch war in seine Heimat zurückgekehrt. Hier begannen auch Stephan Hanisch und seine Frau Jeanette, beide Meister ihres Fachs, ihre Arbeit im elterlichen Betrieb. Sie werden die Familientradition mit Gewissheit fortführen.

Transporträderpark im Jahre 1935

Eisenhandlung Heilmann

Leipzig · Eisenbahnstraße 136

Inh. Beate Kirsten

Die Eisenhandlung Heilmann wurde am 1. Oktober 1911 vom Kaufmann Johannes Heilmann sen. in Leipzig-Volkmarsdorf Eisenbahnstraße 136/Ecke Torgauer Straße gegründet. Neben dem damals üblichem Handelsangebot wie Werkzeuge, Beschläge, Polstermaterial, Wringmaschinen, Öfen und Herde spielten in den 30er Jahren die sogenannten „HASAG-Lampen" (Benzinleuchten mit Glühstumpf), deren Ersatzteile und ihre Reparatur eine wichtige Rolle. Die Firma Heilmann hatte elf Angestellte. Ende der 30er Jahre traten die Eisenhandlung Heilmann und Hugo Moritz – Lindenau als Leipziger Unternehmen dem Einkaufsverband Nordwest der Eisenhändler in Hagen bei. Diese Entscheidung, die von Hans Heilmann, dem Sohn und Nachfolger des Firmengründers getroffen wurde, sicherte dem Geschäft einen schnellen Zugriff auf viele Hersteller in ganz Deutschland. Im Zweiten Weltkrieg mussten die männlichen Mitarbeiter an die Front, die Handelstätigkeit unterlag der Zwangsregulierung und der Seniorchef übernahm erneut die Geschäftsleitung.

Auch unter den sozialistischen Verhältnissen wurde das Geschäft als private Einrichtung fortgeführt. Nach dem plötzlichen Tod des Juniorchefs im Jahre 1965 übernahm die damals 18-jährige Tochter Beate Heilmann den Betrieb. Ihre Mutter unterstützte sie im Geschäft tatkräftig.

Mit dem Konsum wurde ein Kommissionshändlervertrag vereinbart, um die Warenbeschaffung zu erleichtern. Die Handelstätigkeit bestand zu dieser Zeit im Verteilen von Artikeln zu Einheitspreisen. Als Nischengeschäft überlebte das kleine Unternehmen am Torgauer Platz und blieb als fairer und freundlicher Partner bekannt.

Mit der Wende sprang man in die völlige Selbstständigkeit. Die alten Verbindungen zum Einkaufsverband Nordwest wurden wieder aufgenommen und die Firma trat der EK Bielefeld bei.

Außenansicht des Ladens 1936

Heute beschäftigt die Eisenwarenhandlung Heilmann zwei Verkäuferinnen. Die Hauptgewichte im Verkauf haben sich in Richtung Haushaltswaren und Geschenkartikel verschoben. Das Grundsortiment Werkzeuge und Kleineisenwaren wird aber weiterhin angeboten. Die Warenpalette liegt bei 3.000 Artikeln. Gern nimmt die Kundschaft das Angebot nicht abgepackter Mengen bei Schrauben, Dübeln, Muttern und Unterlegscheiben an. Auch die kostenlose Freihauslieferung von Leitern wird in Anspruch genommen. Sollte ein Artikel nicht am Lager sein, dann besorgt ihn die Chefin prompt. Dichtungsringe für FORON-Schnellkochtöpfe gehören nach wie vor zum Sortiment. Auch Ofenrohre kann man hier noch haben. So hat Beate Kirsten manchen Mieter einer ofenbeheizten Altbauwohnung im Leipziger Osten gut über den Winter gebracht.

Möbel Heinemann

Inh. Edith Wust

Leipzig · Wasserturmstraße 52 (ehemals)

Der Tischlermeister Georg Heinemann kaufte den Tischlereibetrieb Paul Schlabe in der Wasserturmstraße 52 und meldete am 14. September 1939 sein Gewerbe für ein Tischler- und Möbelhandwerk an. Dafür hatten Georg und seine Frau jahrelang hart gearbeitet und gespart. Das Glück der eigenen Firma währte nicht lange. Als die Werkstatt vollständig eingerichtet war, wurde Georg zum Wehrdienst eingezogen. Die Tischlerei musste wieder schließen. Als Georg Heinemann zurückkehrte, fand er einen Trümmerhaufen vor. Der Betrieb war total ausgebombt. Nur ein Leimofen und die Furnierpresse waren erhalten geblieben. Georg borgte sich eine Hobelbank und begann, in einem Hausflur wieder zu arbeiten. Er entwarf und baute zunächst Einrichtungsgegenstände für die ausgebombte Bevölkerung. Beim Wiederaufbau der Leipziger Wirtschaft hatten die fünf Gesellen und der eine Lehrling der Bau- und Möbeltischlerei alle Hände voll zu tun. Großbetriebe und Messeamt erteilten Aufträge für Innenausbauten in Kulturhäusern und Messehallen. Daneben erledigten sie für Privatkundschaft Bestellungen von kompletten Zimmereinrichtungen. Die Werkstatt lief auf vollen Touren und war kaum noch in der Lage, alle Wünsche der Kunden zu erfüllen. Lieferfahrzeuge wurden benötigt. Dafür mussten immer alte Modelle herhalten. Erst ein dreirädriges Gefährt, dann ein alter Framo, ein Barkas und später kam nach langem Papierkrieg ein ausgedienter Armeelastkraftwagen dazu. Die Wartung und das Auftreiben von Ersatzteilen für die Fahrzeuge waren nicht einfach. Aus den Teilen, die "für alle Fälle" gehortet wurden, hätte der Barkas bequem ein zweites Mal gebaut werden können. Die Lieferwagen konnten in der eigenen Firma repariert werden. In der Wasserturmstraße 17 wurde im Oktober 1953 ein Laden gemietet und endlich hatte man ein "Geschäft mit ordentlichen Öffnungszeiten". In der Tischlerei fertigte man Wohn- und Ladeneinrichtungen an, die man dann verkaufte. Die Wasserturmstraße 12 diente derweil als Ausstellungsraum für Küchen. 1958 wurde Möbel Heinemann aus der Handwerkskammer ausgegliedert, da er überwiegend Möbeleinzelhandel betrieb und mehr als drei Beschäftigte hatte. Sein Rückantrag wurde zwei Jahre später bewilligt. Im Oktober 1974 übergab Georg Heinemann die Geschäftsführung an seine Tochter Edith. Gemeinsam mit ihrem Mann, dem Werkzeugmachermeister Günter Wust, schloss die Industriekauffrau und Verkaufsstellenleiterin einen Kommissionshandelsvertrag ab. Im August 1990 verloren sie den Laden in der Wasserturmstraße 12 wegen Eigenbedarf des Vermieters.

Anfang 1992 wurde die Tischlerwerkstatt in der Wasserturmstraße 52 um- und ausgebaut. Aus dem Lagerraum in der ersten Etage entstand ein Küchenstudio. Im Ladengeschäft mit den "richtigen Öffnungszeiten" wurden bis 31. Januar 2000 Polstermöbel, Wohnzimmer und Kleinmöbel angeboten. Dann offerierte man das gesamte Sortiment in der Wasserturmstraße 52. Seit 1994 hielt Sohn Karsten, als gelernter Handelsfachwirt, gemeinsam mit Edith Wust die Stellung. Freude bereitete es beiden stets, wenn sie Kunden bedienen durften, die ihre Möbel noch beim Vater gekauft hatten oder wenn sich ehemalige Angestellte des RFT-Werkes, die in anderen Stadtteilen wohnen, noch bei ihnen beraten ließen. Möbel-Heinemann gehörte bis zur Geschäftsabgabe 2000 einfach "irgendwie zu Stötteritz dazu".

Blumengeschäft Heinrich

Leipzig · Dieskaustraße 20

Gerhard Heinrich war mit seiner Familie nach dem Zweiten Weltkrieg in eine Ruine in der Dieskaustraße 20 gezogen und hatte gemeinsam mit anderen Mietern das Haus nach und nach bewohnbar gemacht und ausgebaut. Im Frühjahr 1948 eröffnete er seinen Laden. Gerhard stammte aus einer Selbstständigenfamilie, deren Angehörige als Gärtner oder Baumschulisten tätig waren. Sein Bruder besaß in Leipzig-Großzschocher eine eigene Gärtnerei. Gerhard Heinrich hatte eine Lehre als Landwirt beendet und war als Gutsverwalter angestellt. Auch seine Ehefrau Hildegard, die Bürokauffrau gelernt hatte, qualifizierte sich während ihrer Arbeit in einem Gartenbaubetrieb zur Gärtnerin. In jener Zeit wurde in Leipzig vorwiegend Gemüse benötigt und angebaut. Sämereien waren geradezu lebens- und überlebenswichtig. Allmählich jedoch wandelte die künstlerisch talentierte Hildegard die Sämereienhandlung in ein reines Blumengeschäft um.

Per 1. Mai 1982 übernahm der Sohn des Firmengründers, Hans-Jürgen Heinrich, den Laden und baute das Schnittblumen- und Zimmerpflanzengeschäft weiter aus.

Möbel Heinemann, Leimofen in der zerstörten Werkstatt, 1945 (S. 37)

Die berufliche Entwicklung des neuen Inhabers und seiner Ehefrau ähnelt sich. So ist Hans-Jürgen Heinrich im Erstberuf Maschinenbauer. Eine zweite Facharbeiterausbildung beendete er als Florist. Seine Ehefrau Julia-Kathrin hängte an ihre Ausbildung als Facharbeiterin für Schreibtechnik ebenfalls eine Floristenausbildung an. Früher war sie als mithelfende Familienangehörige beschäftigt. Jetzt ist sie Angestellte in der Firma Heinrich.

Seit 1990 erweiterte das Ehepaar Heinrich ihr Sortiment im pflanzlichen und blumenbinderischen Bereich stark. Zum Dienstleistungsangebot zählen vor allem Fleurop-Blumendienst, Anfertigungsarbeiten, die sogenannten Anlassbindereien, Kranzbinderei und Einzelaufträge zum Ausschmücken. Trotz einer Verschlechterung des Standortes aufgrund des großen Wohnungsleerstandes und desolater Infrastrukturbedingungen im Wohngebiet baute der Inhaber den Laden um. Die Verkaufsfläche wurde 1991/1992 um 30 % vergrößert und ein zweites Schaufenster eingebaut. Investiert wurde in Mobiliar, Sonnenschutzeinrichtungen, Beleuchtung und eine notwendige Kühlzelle. Fremdmittel mussten dafür nicht in Anspruch genommen werden. Während das Blumengeschäft Heinrich Schnittblumen und Zimmerpflanzen vom Großhandel bezieht, verlässt sich der Inhaber bei Beet- und Balkonpflanzen traditionell auf die gute Qualität hiesiger Privatgärtnereien. All dies wissen die Stammkunden der Firma Heinrich zu schätzen, denn der Blumenladen ist laut Heinrichs Handelsphilosophie, ihr Zuhause.

Frischmarkt

Leipzig · Zschochersche Straße 37

Inh. Edgar Heinrich
ehemals Fa. Gebr. Würker

Die Brüder Oskar und Kurt Würker wuchsen in Borna auf, wo ihre Eltern sich den Lebensunterhalt in der Landwirtschaft verdienten. Oskar wurde Fotograf und Kurt ein Kaufmann. Beide zog es nach Leipzig und nachdem sie in Plagwitz ein Haus mit Einzelhandelsgeschäft gekauft hatten, eröffneten sie am 1. Oktober 1921 in der Zschocherschen Straße 37 ihren "Gemischtwarenladen". Der Laden profitierte vom wirtschaftlichen Aufschwung des Stadtteils. Täglich wurden frisches Gemüse und Obst sowie Bier direkt von der Brauerei angeboten. Nach dem Ableben von Kurt Würker 1944 wurde der Laden von dessen Witwe Lina und ihrem Schwager Oskar gemeinschaftlich betrieben. Der Bruder von Lina Würker, Artur Pahlig, war Direktor der 1925 in Leipzig gegründeten "Einkaufsgenossenschaft der Leipziger Lebensmittelhändler e. G.m.b.H." (Edleb). Ab 1948 wurde das Lebensmittelgeschäft von Horst Vetterlein und seiner Frau Gertrud weitergeführt, den Eltern der späteren Inhaberin, Frau Gisela Linke. Die Enkelin von Kurt Würker, Gisela Linke, schloss 1956 eine Lehre als Textilverkäuferin bei der Firma Krock & Pohling ab und arbeitete in den 60er Jahren als Sparkassenangestellte. Sie trat 1970 in den Familienbetrieb ein. Das HO-Kommissionsgeschäft hielt sich mit Kohl, Kartoffeln, Schwarzwurzeln, Äpfeln und Konserven sowie den Zuteilungen während der Messe über Wasser. Die Leute standen Schlange und die Südfrüchte wurden verteilt. Mit dem Tod ihres Vaters 1974 veränderte sich plötzlich die Situation für Gisela. Jetzt musste sie den Familienbetrieb übernehmen. Obwohl es für sie ein "Sprung ins kalte Wasser" war, ist es ihr gelungen, mit allen Versorgungsengpässen und bürokratischen

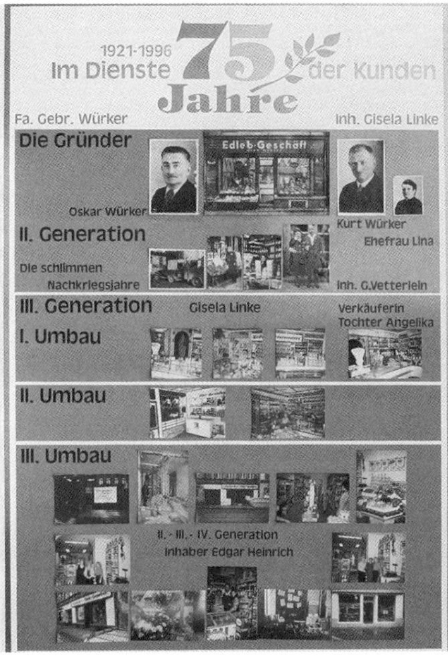

Zeittafel zum Jubiläum 1996

Ärgernissen fertig zu werden. Gisela überstand sowohl die Phase der „Vollendung der entwickelten sozialistischen Gesellschaft", als auch die Phase der Ernüchterung nach dem Kaufrausch im „Frühkapitalismus". Gisela Linke baute eigene Lieferantenbeziehungen zur Naumann-Brauerei, später Sachsenbräu, und zu Miltitzer und Markranstädter Gartenbaubetrieben auf. Sächsische Produkte, wie Pegauer Wurst oder Wurzner Obstsäfte, werden heute wieder gern gekauft. Einheimische Erzeugnisse, exotische Früchte und beste Kundenpflege können aber die Probleme der kleinen Lebensmitteleinzelhändler nur etwas mindern. Seit dem 1. März 1996 setzt eine neue Generation auf das Familienunternehmen. Edgar Heinrich und seine Frau Angelika, geb. Linke, führen das Geschäft.

Boot-Shop Herold

Leipzig · Antonienstraße 2

Der Bootsbauer und Bootsverleiher Julius Hermann Seifert pachtete 1888 das Flurstück 826, ein Wassergrundstück an der Elster in der Antonienstraße 2. Seiferts waren auf jede Art von Nebenverdiensten angewiesen. So wurde auch gehandelt. Auf sonntäglichen Flussfahrten wurde Fassbier ausgeschenkt.
Unbedenklich konnte aus der Weißen Elster direkt neben den Bootsstegen Sand entnommen und als Vogelsand verkauft werden. In der Wintersaison handelten Seiferts auch mit Christbäumen. Seiferts Sohn Otto übernahm als Bootsbaumeister 1926 die Geschäftsleitung des mittlerweile angesehenen und gut florierenden Familienbetriebes in Leipzig. Otto spezialisierte sich auf den Bau von Paddel- und Ruderbooten. Nach 1933 wurde die Firma für den Bau des Marinekutters K 10, eines kompakten Kutters, ausgelegt für zehn Ruderer mit Steuermann, verpflichtet. Er diente der seemännischen Grundausbildung junger Matrosen. Mit bis zu achtzehn Beschäftigten konnte wöchentlich ein Exemplar dieses Typs vom Stapel gelassen werden. Am 20. Februar 1944 wurden durch einen verheerenden Brand Wohnhaus und Werkstattgebäude zerstört. Die vierzig ausgelagerten Ruderboote der Bootsausleihe fielen dem Luftangriff ebenfalls zum Opfer. Bis 1947 ruhte in Leipzig jegliche betriebliche Aktivität. Die Existenz schien zerstört und die Familie siedelte nach Luxemburg über, wo der Vater eine kleine Bootswerft leitete. Nach Leipzig zurückgekehrt, begannen Seiferts mit dem Wiederaufbau. Mit dem Bau von Holzbooten wurde begonnen. Der heutige Inhaber, Jürgen Herold, begann 1950 eine Lehre bei Otto Seifert. Im Jahre 1957 heirateten Jürgen Herold und Eva-Maria Dagmar Schwager.
Eva-Maria ist die Urenkelin von Hermann Seifert und ebenfalls Bootsbauerin. Vier Jahre später übernahm der Bootsbaumeister Jürgen Herold die Firmenleitung. Das Unternehmen belieferte in den 50er und 60er Jahren alle großen Ausleihstationen an sächsischen Gewässern mit ihren Wasserfahrzeugen. Marinekutter kamen auch wieder ins Programm – diesmal im Reparaturauftrag der GST. Der eigene Bootsverleih musste 1963 aus wirtschaftlichen Gründen eingestellt werden. Ab 1972 wurden hauptsächlich Polyesterboote für den Wasserwander-, Freizeit- und Jugendsportbereich als Ein- und Zweisitzer gefertigt. Mitte der 70er Jahre hatten die Herold-Sportboote internationalen Standard erreicht. Eine Spezialität waren die sogenannten seetauglichen "Eskimo"-Boote für den Export nach Holland. Herolds hatten im westlichen Ausland devisenträchtige Abnehmer für ihre Wasserfahrzeuge. Diese Stellung im Exportbereich half der Firma bei der Überwindung von Materialengpässen und sorgte manchmal für Sonderzuteilungen zur Aufrechterhaltung der Produktion. Pro Jahr wurden etwa 300 Boote produziert. Insgesamt waren es über 4.000.
Mit der Marktwirtschaft brachen alte Strukturen weg und neue Möglichkeiten taten sich auf. Im August 1990 eröffnete der "1. Leipziger Kanuservice". Der kleine Laden handelte mit Bootszubehör und erwies sich, bei dem riesigen Sortiment, bald als zu klein und 1993 wurde ein geräumiger Pavillon errichtet. In Herolds Boot-Shop findet der Kunde nunmehr alles, was mit Wasser, Sport und Freizeit zu tun hat. Seit 1996 betreibt die Firma Herold den Bootsverleih wieder, der sich wachsender Beliebtheit erfreut.

Leder Herrlich

Leipzig · Karl-Liebknecht-Straße 56 a

Am 8. Dezember 1865 erschien Karl Herrlich auf einem Gericht in Oschatz und ließ sich den Kauf einer Lederhandlung beurkunden. Den Kaufvertrag besiegelte Karl mit drei kleinen Kreuzen. Der Firmengründer hatte zunächst Schuhe produziert. Als sich große Schuhfabriken formierten, orientierte er sich am reinen Ledergeschäft und eröffnete in Oschatz seine kleine Lederhandlung. Das Geschäft lief gut an und bald zog es Karl Herrlich nach Leipzig, wo er sich in der Königsstraße niederließ. Auch hier wurden die Räume bald zu klein und zum neuen Firmendomizil wurde ein Laden in der Hospitalstraße gewählt. Karl und sein Nachfolger Paul Herrlich standen im Wettbewerb mit noch 25 klassischen Lederhandlungen. Im Jahre 1930 übernahm Georg Herrlich das Geschäft von seinem Vater. Im Zweiten Weltkrieg zerstörten Bomben den Laden in der Hospitalstraße. Das Adressbuch von 1949 weist als neuen Sitz der Firma "Paul Herrlich Leder- und Schuhmacherbedarf - Handlung" die Goldschmidtstraße Nr. 14 aus. Die mageren Nachkriegsjahre erforderten großen Erfindergeist. Gemeinsam mit zwei Mitarbeitern, die bei Georg ihre Lehre begannen und dem Familienunternehmen bis zur Rente treu blieben, versuchte die Firma wenigstens die Schuhmacher mit Gummi und Poro-Krepp zu versorgen. Leder besorgte Georg von den Russen. Er durfte auf Flugplätzen alte Militärflieger ausschlachten. Das Leder der Sitze verarbeitete er zu Stiefeln. Die Aufwärtsentwicklung des Geschäfts war für Herrlichs wieder mit einem Umzug verbunden. Von 1965 bis 1992 befand sich der Laden in der Arthur-Hoffmann-Straße 60. Qualität blieb immer oberstes Gebot des Familienbetriebes, der seit 1971 von Renate Herrlich geleitet wurde. Den Gewerbeschein erhielt die Vermessungsingenieurin und Verkaufsstellenleiterin erst 1975 mit den Worten: "Machen Sie mal weiter!" Das Geschäft hieß von nun an "Leder Herrlich". Zu den besten Kunden zählten neben Betrieben und Behörden auch die vietnamesischen "Jeansproduzenten", die für ihre Heimarbeit jede Menge Druckknöpfe benötigten. In jener Zeit wurde das Angebot zusätzlich auf den "Bevölkerungsbedarf" ausgerichtet. Kindergärten und Krankenhäuser wurden nebenbei mit Lederresten für Bastelstunden und Arbeitstherapien beliefert. Das Sortiment erweiterte sich um Ersatzteile für alle möglichen Lederprodukte, auch von Kunst- bis Schaumleder. Noch heute sind aus allen DDR-Epochen Ösen, Schlösser, Schnallen, Niete, Knöpfe usw. zu finden.

Nach der Wende wurden ehemalige Geschäftsbeziehungen wiederhergestellt, der Warenbestand wuchs auf das Doppelte. Renate Herrlich führt das Geschäft als reines Privatgeschäft in der vierten Generation, während ihr Ehemann als Wissenschaftler die Deutsche Erfinder-Akademie und als Unternehmer innovative Bauunternehmen leitet. Sanierungsarbeiten zwangen 1993 erneut zum Umzug. Leder-Herrlich landete in der Hermann-Liebmann-Straße. Im Oktober 1999 zog Leder-Herrlich wieder zurück in den Leipziger Süden. Die Firma bietet ihre Taschen, Koffer und Rucksäcke, ihre vielen Lederarten, Lederriemen, Ersatzteile, Lederreste zum Basteln und Ausbessern sowie ein breites Kurzwarensortiment seither in der Karl-Liebknecht-Straße 56a in größeren neuen Räumlichkeiten an.

Drogerie Reinhold Hülse

Leipzig · Georg-Schumann-Straße 61 (ehemals) **Inh. Peter Hülse**

Die Wurzeln der Familie Hülse liegen im Raum Köthen. Die Vorfahren waren meist Bauern. Es gab auch einige Geistliche. Während viele der Vorfahren nach Amerika ausgewandert waren, kam Friedrich Reinhold Hülse, ein Spross einer Kantoren- und Pastorendynastie, aus Großradegast nach Leipzig. Der Großvater des letzten Inhabers der Drogerie bebaute das Grundstück in der Hallischen Straße Nr. 24 (heute: Georg-Schumann-Straße 61) und eröffnete am 1. Oktober 1878 sein Geschäft darin. Im Gohliser Adressbuch aus dem Jahre 1888 findet man Friedrich Hülse als „Kaufmann und Productenhändler" im Parterre des Grundstückes Nr. 24 eingetragen. Sein Sohn Reinhold Hülse beendete eine Lehre als Tapezierer und Raumausstatter sowie eine Drogistenlehre. Die Firma wurde zwischenzeitlich von Brüdern des Friedrich Reinhold Hülse betrieben. Einer der Brüder fiel im Weltkrieg. Der andere starb bei einem Unfall. Im Jahre 1926 übernahm dann Sohn Reinhold Hülse die Firmenleitung. Seine Ehefrau Charlotte Hülse war als gelernte Drogistin eine wichtige Stütze des Geschäfts. Sohn Peter Hülse wurde 1940 in der Berggartenstraße geboren. Nach einem kurzen Intermezzo im väterlichen Betrieb ging der gelernte Drogist zunächst in die kosmetische Industrie. Peter Hülse qualifizierte sich zum Chemielaboranten und erwarb 1965 die Berufsbefähigung eines Lehrfachdrogisten, d.h. den Lehrausbilderstatus. Mittlerweile war er in den elterlichen Betrieb zurückgekehrt. Am 1. Januar 1967 übernahm er das Geschäft von seinem Vater. Bis 1989 betrieb er die Drogerie auf Grundlage eines Kommissionshändlervertrages mit der HO. Im Jahre 1967 betrug der Umsatz 260.000 Mark. Mitte der 70er Jahre wurde die Drogerie als eine der ersten in Leipzig auf Selbstbedienung umgestellt. Der Umsatz konnte um 290.000 Mark gesteigert werden. 1989 erreichte die Drogerie Hülse einen Jahresumsatz von anderthalb Millionen Mark. Hinter diesen Zahlen stecken jede Menge Fleiß, Beweglichkeit, persönliche Kontakte und Verhandlungsgeschick. Die Umsatzerhöhungen waren damals stets mit der wachsenden Sorge um die Warenbeschaffung und die steigenden Steuern verbunden.

Ladenansicht 1928

Aus Platzgründen nahm Peter Hülse 1990 Farben und Lacke aus dem Sortiment. Zwischen 1991 und 1993 besuchte er Lehrgänge bei Neuform und erhielt die Berechtigung, als Reformhausfachberater tätig werden zu können. Nachdem mehrere, gemeinsam mit den Firmen Pinder, Streubel und Kirchhoff, geplante Bauprojekte von Banken abgelehnt worden waren und sich der Standort Georg-Schumann-Straße zunehmend verschlechterte, entschloss sich Peter Hülse schweren Herzens zur Geschäftsaufgabe. Am 28. Dezember 1998 schloss die Drogerie nach 120 Jahren für immer ihre Pforten. Seinen Stammkunden ging Peter Hülse nicht verloren. Sie finden ihn im Reformhaus Blicke.

Feinkost Jahnke

Leipzig · Karl-Liebknecht-Straße 105

Großvater Jahnke verdiente seinen Lebensunterhalt in Leipzig als Musiker. Die Existenz seiner Familie schien in den „Goldenen Zwanzigern" gesichert. Die Zukunft seiner Kinder konnte er sich jedoch auf musikalischem Gebiet nur schwer vorstellen. Einträglicher als die Kunst erschien ihm da schon der Handel. Deshalb kaufte er für seinen Sohn Gerhard ein Geschäft. So konnte Gerhard Jahnke, der gelernte Einzelhandelskaufmann, am 12. November 1929 in der Leipziger Südstraße 105 einen Kolonialwarenladen eröffnen. Das Feinkost-Geschäft wurde bald Mitglied im „EDEKA Waren-Einkaufsverein Leipziger Kaufleute eGmbH". Gerhard Jahnke engagierte sich auch aktiv in der Händlergenossenschaft. Bis zur Liquidierung der EDEKA-Genossenschaft Stadt Leipzig im Jahre 1959 war er ihr Aufsichtsratsvorsitzender. Das sauber und freundlich geführte Lebensmittelgeschäft mit seinem breitgefächerten Angebot entwickelte sich schnell zu einer bekannten Adresse im Leipziger Süden. Gerhard und seine Frau Gertrud hatten alle Hände voll zu tun. Für sie begannen 1941 schwere Zeiten. Gerhard wurde in den Krieg eingezogen. Zwei Söhne mussten erzogen und das Geschäft allein weitergeführt werden. Die Bomben hatten den Laden verschont. Gerhard kehrte jedoch schwer verwundet heim. Neben den allgemeinen Nöten und Sorgen in der Nachkriegszeit stellten sich bei Jahnkes noch Probleme anderer Art ein. Bei ihnen gingen staatliche Benachteiligungen bis in den privaten Bereich. Sohn Günter Jahnke, der heutige Geschäftsinhaber, Jahrgang 1938, durfte 1952 keine Oberschule besuchen. So erlernte er wie sein Vater den Beruf des Einzelhandelskaufmanns. 1967 übernahm er als Kommissionshändler der HO den väterlichen Laden. Der kleine Familienbetrieb an der Kreuzung Karl-Liebknecht-Straße/ Kurt-Eisner-Straße wurde weit über den Leipziger Süden hinaus bekannt. An diesem Knotenpunkt kreuzten sich Straßenbahn- und Buslinien aus allen vier Himmelsrichtungen. Viele Berufstätige, die hier umsteigen mussten, zog es in Jahnkes Laden. Hier gab es nicht nur manches delikate Angebot oder die eine oder andere lang gesuchte Bier- oder Weinsorte. Hier wurde man auch stets freundlich, höflich und korrekt bedient. Bei Jahnkes war der Kunde auch zu Zeiten König, in denen dies durchaus nicht überall üblich war. So irrt derjenige, der meint, Jahnkes haben in puncto Verkaufskultur nach der Wende schnell gelernt. Diesbezüglich konnte alles beim Alten bleiben. Die Verkaufsfläche wurde jedoch mit einem erheblichen Eigenmittelaufwand vergrößert. Heute hat zwar die Kreuzung ihre Bedeutung als Arbeitnehmerumsteigepunkt verloren. Liebhaber von Frisch- und Feinkost, erlesenen Weinen, direkt vom Winzer, oder von exquisiten Spirituosen finden immer noch ihren Weg zu Jahnkes. Wer nicht kommen kann, wird auch frei Haus beliefert. Dafür will auch Tochter Annett als gelernte Handelsfachwirtin sorgen.

Schaufenster Anfang der 30er Jahre

Uhren Schmuck

Leipzig · Kuhturmstraße 2

Bernd Junghähnel
Uhrmachermeister

Firmengründer Bruno Junghähnel 1930

Bruno Junghähnel, der Sohn einer Dölziger Bäckerfamilie, eröffnete am 2. Juni 1905 in der Kuhturmstraße 27 sein eigenes Uhrmachergeschäft. Sein älterer Bruder Franz war auch Uhrmacher und hatte 1876 die Uhrmacher-Zwangsinnung in Leipzig ins Leben gerufen. Bruno Junghähnel übernahm damals das Ladengeschäft von Hermann Hauch, der dort bereits seit 1857 Uhren und Schmuck verkauft hatte. Bruno baute das Geschäft aus und führte es mit seinem Sohn Franz über die schweren Jahre der Inflation und Wirtschaftskrise. Kurz vor Ende des Zweiten Weltkrieges verstarb der Firmengründer an einer Herzattacke, die er infolge eines Bombenangriffs auf Leipzig erlitten hatte. Nach seinem Tod übernahm Sohn Franz Junghähnel die Leitung des Geschäfts. Er war ebenfalls Uhrmachermeister geworden und konnte auch seinen Sohn Bernd, den heutigen Inhaber, für dieses Handwerk begeistern. Im Jahre 1969 erfolgte die Übergabe des Geschäftes an Bernd Junghähnel, wobei dieser zunächst für die Reparaturen zuständig war, während seine Eltern im Verkauf tätig blieben. Seit dem Jahre 1975 ist Bernd der alleinige Geschäftsinhaber. Den ehemaligen Konsum-Kommissionshändler unterstützte seine Ehefrau Ursula im Verkauf anfangs als mithelfende Familienangehörige und heute als Angestellte.

In den 90er Jahren konnten und mussten neue Lieferantenbeziehungen gesucht werden, das Angebot wurde erweitert, neue technische Geräte trugen zur Erhöhung und Verbesserung des Reparaturservices bei. Im Gegensatz zu früher mussten auch große Summen in eine neue Sicherheits- und Alarmanlage investiert werden. Heute bietet die Firma Junghähnel ein Uhren- und Schmucksortiment in allen Preisklassen an. Der Schwerpunkt liegt dabei weiterhin im Uhrenbereich. Die Stammkundschaft weiß die Dienstleistungen des Unternehmens zu schätzen. Dabei kann Bernd Junghähnel seine handwerklich-technischen Fertigkeiten voll zur Geltung bringen. Als stellvertretender Landesinnungsmeister der Uhrmacherinnung Sachsen setzt er sich vehement für eine Förderung der Lehrlingsausbildung im Uhrmacherhandwerk ein. Sohn Ralph Junghähnel ist als Uhrmachermeister in Mittelfranken tätig. Bei seiner Meisterprüfung lieferte er gleich ein Uhren-Patent ab. Der Apfel fällt eben nicht weit vom Stamm!

Blumen-Kaiser

Leipzig · Friedhofsweg 1

Im kältesten Winter des Jahrhunderts eröffnete am 1. Dezember 1946 die Kauffrau und Blumenbindemeisterin Hildegard Kaiser am Leipziger Südfriedhof ihr Blumengeschäft. Gemeinsam mit ihrem Mann Heinz Kaiser, der zum Floristen umgeschult hatte, baute Hildegard aus dem Nichts ihr kleines Geschäft auf. Eisblumen gab es reichlich an den Fenstern. An Schnittblumen war im Winter jedoch nicht zu denken. Über die Wintermonate fertigten sie deshalb Grabschmuck oder boten „nur" Tannenreisig an. Persönlicher Ehrgeiz, der Wille, etwas anderes als andere zu machen, ihre offene menschliche Art, aber auch ihre Fähigkeit zur realistischen Einschätzung der Lage und zur kritischen Beurteilung des Geleisteten zeichneten Hildegard Kaiser aus. Handwerkliche und künstlerische Fähigkeiten machten das Geschäft bald bekannt. Anfangs hatten Kaisers zwei Mitarbeiter beschäftigt.

Hildegard Kaiser (links) Ende der 40er Jahre

Ab 1960 bis zur Wende waren es vier. 1965 musste Hildegard Kaiser die Geschäftsleitung aus gesundheitlichen Gründen an ihren Ehemann Heinz abgeben. Im Jahre 1971 übernahm der jetzige Inhaber, Horst Kaiser, die Verantwortung für die Firma. Zusammen mit seiner Frau Antje Kaiser überstand er den 1972 einsetzenden Druck staatlicher Organe. Das private Unternehmen sollte sich dem genossenschaftlichen Sektor anschließen. In den 70er Jahren wurden auch die Söhne Frank und Peter geboren. Wie ihr Vater stiegen sie nach Abitur, Gärtner- und Floristenlehre ins Unternehmen ein. Sie sollen künftig den Fortbestand des Unternehmens sichern.

Seit 1990 nutzt auch die Firma Kaiser die neuen Möglichkeiten. Ein eigener Stammlieferantenkreis wurde aufgebaut, das Geschäft im Friedhofsweg wurde 1992 umgebaut und seit 1994 existiert eine Filiale im Paunsdorf-Center. Neben dem Handel mit Schnittblumen und Topfpflanzen widmet sich die Firma Blumen-Kaiser immer noch der Kranzbinderei. Für den Kranzschleifendruck steht eine eigene Druckerei zur Verfügung. Blumendekorationsaufträge, Hydropflege und floristische Gestaltungen werden für viele Hotels und Gaststätten, Banken und Versicherungen in der Stadt erledigt. Weitere Serviceleistungen sind Fleurop-Dienst, Grabpflegearbeiten, auch die Dauergrabpflege, Haus-zu-Haus-Belieferung in Leipzig und floristische Arbeiten für Bestattungsunternehmen. Zwölf Mitarbeiter sind bei Kaisers beschäftigt, von denen einige seit mehr als 20 Jahren im Betrieb tätig sind. Horst Kaiser stellt an Ausbildung und Können hohe Anforderungen. Erfolg wurde und wird ihm nicht geschenkt, denn in seinem Fall kommen auf dreißig Meter Ladenfront fünf konkurrierende Blumenfachgeschäfte. Für Kaisers sind Arbeits- und Warenqualität oberstes Prinzip.

Karstadt AG

Leipzig · Neumarkt 38

Schaufensterfront in der Petersstraße im Dezember 1939

Am 14. Dezember 1914 wurde das Kaufhaus Theodor Althoff am Neumarkt eröffnet. Die Leipziger strömten in die hohen Einkaufshallen mit den hellen Lichthöfen. Alle Verkaufsräume erstrahlten im Weihnachtsschmuck und entrückten die Besucher in eine Fantasiewelt. Mit der Firma Theodor Althoff kam ein Unternehmen nach Leipzig, das bereits Waren- und Kaufhäuser unterhielt. 1885 hatte Theodor Althoff in Dülmen das Kurzwarengeschäft seiner Mutter übernommen. In Zeitungsanzeigen bot er vorteilhafte Waren zu festen Preisen an. Der Grundsatz niedriger, aber streng festgesetzter Preise und der Barzahlung sicherte ihm einen ständig wachsenden Kundenstamm. Für den Geschäftsmann waren die Voraussetzungen für eine genaue Kalkulation und die für die günstigen Einkaufskonditionen notwendige Liquidität gegeben. Elf Zweigstellen des Unternehmens entstanden. Das erste Kaufhaus eröffnete Theodor Althoff 1904 in Dortmund. 1920 erfolgte der Zusammenschluss mit der Rudolph Karstadt AG, die die gleiche Geschäftspolitik verfolgte. Der Einzelhandelskaufmann Rudolph Karstadt hatte 1881 in Wismar mit 1.000 Talern und einem Möbelwagen voll Ware sowie einem Angestellten das "Tuch-, Manufactur- und Confectionsgeschäft C. Karstadt" eröffnet. Im Jahre 1906 betrieb Rudolph Karstadt bereits 24 Kaufhäuser. Zum Zeitpunkt der Fusion beider Unternehmen zählten 44 Verkaufshäuser zum gemeinsamen Besitz. Der bisherige Name Theodor Althoff blieb erhalten. Das Kaufhaus hielt auch elegante und edle Kleidung bereit. Eine eigene Pelzabteilung zog die betuchten Kundinnen magisch an. Die Teppichabteilung verzauberte die Kundschaft wie ein Märchen aus Tausendundeiner Nacht. Ein Restaurant lud die Kunden zum Verweilen ein. Im Jahre 1939 sorgten sich 1.500 Mitarbeiter im Kaufhaus um das Wohl der Kundschaft und um einen reibungslosen Arbeitsablauf. Mit dem Krieg kamen zunächst die "kriegsmäßig organisierte Warenbeschaffung", die Kleiderkarten und die Lebensmittelkarten. Im Dezember 1943 wurde das Kaufhaus durch einen Luftangriff zerstört. Die Bomben verschonten zwar das Gebäude. Das Feuer der Nachbarhäuser griff jedoch auf das Kaufhaus über. Die wenigen Feuerwehrmannschaften kamen gegen die Flammen nicht an. Der Stahlgerüstbau gab der Hitze nach und sank in sich zusammen. Nur die Außenmauern standen noch. Vom Warenbestand wurde gerettet, was zu retten war. Umgehend organisierte man einen Notverkauf. Mühsam wurden die Trümmer geborgen. Nacheinander konnten einzelne Verkaufsabteile vom Schutt geräumt, wiederhergestellt und zum Verkaufen genutzt werden. Der komplette Neuaufbau wurde erst von den neuen Machthabern 1949 beschlossen. Am 18. November 1948 eröffnete das erste HO-Geschäft in der Messestadt, zunächst im Erdgeschoss des Hauses Petersstraße. Der Neuaufbau des Warenhauses erfolgte etappenweise von 1950 bis 1956, ohne den Verkauf zu unterbrechen. Ende der 50er Jahre wurde die Selbstbedienung eingeführt. Ab Anfang 1965 war das Warenhaus Leipzig Mitglied der Vereinigung volkseigener Warenhäuser CENTRUM. Das CENTRUM-Warenhaus erfüllte bei gesellschaftlichen Höhepunkten in der Messestadt umfangreiche Versorgungsaufgaben. Die vielbesuchte Exquisit-Boutique öffnete 1984 als neuer Bereich des Kaufhauses.

Ein "Einkaufszentrum für junge Leute" zog die Jugendlichen in Scharen an. Das CENTRUM-Warenhaus unterhielt Ende der 80er Jahre mit 31 Kombinaten und Betrieben Kooperationsbeziehungen. Das Werkzeugkombinat Schmalkalden, das Kombinat Haushaltgeräte FORON, das Kombinat Plast- und Elastverarbeitung "Pneumant" Berlin, das Kombinat Feinkeramik Kahla, das Strumpfkombinat der DDR und andere hatten Kooperationsstände. Das Kombinat Leunawerke "Walter Ulbricht" präsentierte sich unter der Losung: "Kleben - Kitten - Dichten".

Weihnachtsdekoration im Dezember 1939

Das Warenhaus verfügte in vier Geschossen über rd. 9.600 qm Verkaufsfläche. Nach der Auflösung der CENTRUM-Warenhausgruppe im Frühjahr 1990 schloss Karstadt mit dem als GmbH geführten CENTRUM-Warenhaus Leipzig einen Kooperationsvertrag ab und sicherte die Warenversorgung. Know-how-Transfer unterstützte bei der Überleitung in die Marktwirtschaft. Leitende Mitarbeiter und Führungskräfte wurden in Karstadt-Seminaren geschult und auf ihre neuen Aufgaben vorbereitet. Am 1. Januar 1991 übernahm die Karstadt AG, Essen das CENTRUM-Warenhaus in Leipzig wieder.

Spitzen & Handarbeiten Detlef Wahlich

Leipzig · Thomaskirchhof 11

vorm. Alw. Kießling Nachf.

Im Jahre 1855 wurde von Alwine Kießling ein Handelsunternehmen gegründet, welches vorrangig mit Spitzen aller Art und aus aller Welt, vor allem aber aus dem Erzgebirge, handelte. Ende des 19. Jahrhunderts wurde in Plauen, dem Zentrum der deutschen Spitzenindustrie, die maschinengestickte Spitze geboren. Plauener Spitze zählt seither zu den erlesenen Kostbarkeiten anspruchsvoller Raumkultur. Das von Alwine Kießling gegründete Handelsunternehmen entwickelte sich bald zu einem international bekannten Fachgeschäft für hochwertige Spitzen, Weißwaren und Stickereien, in welchem sogar europäische Fürsten- und Königshäuser einkaufen ließen. Selbst der Zarenhof orderte hier Spitze aus Brüssel und später aus dem Erzgebirge. Das Geschäft in Hohmanns Hof, der heutigen Messehofpassage, war dementsprechend repräsentativ eingerichtet. Es umfasste auch die erste Etage und lud mit sechs Schaufenstern die staunende Kundschaft zum Besuch ein.

Die Zerstörung von Hohmanns Hof im Zweiten Weltkrieg setzte all dem ein Ende. Das Geschäft musste umziehen und konnte in den Folgejahren nur als ein kleiner Laden am Brühl 54 geführt werden. Die Firma wurde über alle Höhen und Tiefen geleitet und hat, Dank der Beharrlichkeit ihrer Inhaber, auch die Zeit bis nach der Wiedervereinigung Deutschlands überstanden.

Großen Anteil daran hatte Hans Böhme, der das Unternehmen vierzig Jahre lang führte. Im Jahre 1991 übergab der 72-jährige Hans Böhme das Fachgeschäft mit der fast 100-jährigen Ladeneinrichtung an den damals 30-jährigen Leipziger Detlef Wahlich. Der neue Geschäftsinhaber investierte viel Fleiß und Mühe, damit das traditionsreiche Handelshaus mit dem besonderen Flair weitergeführt werden konnte. Er richtete seine Bestrebungen besonders darauf, die Firma Alw. Kießling Nachf. zu einem modernen Handelsunternehmen mit alter Tradition zu entwickeln und dazu beizutragen, die Kultur der Spitzenherstellung wieder zu beleben. Das Geschäft am Brühl musste verlassen werden, da das Grundstück zum Verkauf stand. Der Laden zog in das Handelshaus in der Messehofpassage. An der Leipziger Thomaskirche, im ehemaligen "Teehaus", und im Europa-Center in Berlin ist das Unternehmen heute mit weiteren Geschäften vertreten.

Das gesamte Angebot der Fa. Alw. Kießling umfasst eine Vielzahl von Kostbarkeiten der Spitzenherstellung aller Art. Außer Spitzenprodukten aus dem Erzgebirge werden durch die jahrzehntelangen internationalen Handelsverbindungen ausgewählte und hochwertige kunstvolle Waren angeboten.

Samen-Koch (S. 56)

Peterssteinweg Ende des 19. Jahrhunderts mit altem „Seilerhaus“ in Nr. 13

Blumenhaus Hanisch – Neues Geschäftsgebäude (rechts) Anfang der 50er Jahre

Leder Kleemann

Leipzig · Nikolaistraße 57

Brühl in den 30er Jahren

Im Jahre 1842 gründete der Sattlermeister Johann Friedrich Carl Kleemann mit seiner Frau Therese am Brühl eine Sattlerwerkstatt mit Verkauf. Er spezialisierte sich auf die Herstellung von Koffern. Qualität war für "Koffer-Kleemann" oberstes Gebot und er präsentierte seine Muster-, Reise-, Schrank- und Artistenkoffer auf der Pariser Weltausstellung. Sohn August Kleemann eröffnete ein Ladengeschäft Ecke Brühl/Hallisches Tor und Friedrich Carl Robert Kleemann, der Urgroßvater des heutigen Geschäftsinhabers Kristoff Kleemann, übernahm die väterliche Firma. Im Haus Brühl Nr. 27 befand sich der Laden und im Hof die Räume der Kofferfabrik, wo Tischler, Sattler und Kofferbauer arbeiteten. Ende der 30er Jahre wurde Tochter Paula alleinige Eigentümerin. Paula war mit dem Sattlermeister Walter Böttiger verheiratet. Als Vater Böttiger starb, übernahm Sohn Hermann die Führung der Kofferfabrik und Sohn Horst leitete das Ladengeschäft. Hermann kehrte aus dem Zweiten Weltkrieg nicht heim. Seine Geschäftsräume im Brühl 27 wurden im Dezember 1943 vollständig ausgebombt. Im Februar 1939 eröffnete Horst die Firma Horst Kleemann in der Hainstraße 14 und bot qualitativ hochwertige, praktische und preiswerte Lederwaren an. Seine Frau Annelore führte die Bücher, kümmerte sich um den Einkauf und war ein Organisations- und Verkaufstalent. Gegen Ende des Krieges blieben Importe aus und Ersatzmaterialien kamen auf den Markt. Während der nächtlich geflogenen Bombenangriffe schlief Horst oft im Laden, da Fenster und Türen beschädigt waren. In der Nachkriegszeit wurden auf Bezugsscheine Munitionsbehälter, primitive Kisten und Kasten und dergleichen verkauft. Kleemanns fertigten aus Kundenmaterial Taschen und Beutel an. Langsam ging es wieder aufwärts.

In der Planwirtschaft übten sich Kleemanns im unablässigen Heranschaffen von begehrten Artikeln aus dem vom staatlichen Großhandel bereitgestellten Warenfond. Für die Söhne Kristoff und Stefan sahen die Chancen, den väterlichen Betrieb einmal weiterzuführen, zunächst schlecht aus. So erlernten sie Berufe, die nichts mit dem Einzelhandel zu tun hatten. Kristoff lernte Bohrwerksdreher. 1961 schlossen die Eltern einen Vertrag mit staatlicher Beteiligung ab, der die Möglichkeit zuließ, den Familienbetrieb durch die Erben weiterzuführen. Damit war Horst Kleemann der erste in der Branche, der als Komplementär tätig war. Im Mai 1965 trat Kristoff ins Unternehmen ein. Er qualifizierte sich zum Handelskaufmann und schloss ein Fernstudium als Handelsökonom ab. Bis zum Tode des Vaters 1978 steigerte er den Umsatz auf 1,5 Millionen Mark. Dann folgten bange Monate, denn es gab einen Ministerratsbeschluss, der unter anderem die Fortführung von Betrieben mit staatlicher Beteiligung nicht vorsah. Schließlich bekam Kristoff Kleemann ab Januar

Leder Kleemann

Leipzig · Nikolaistraße 57

in den 30er Jahren

1979 die Gewerbeerlaubnis und wurde Kommissionshändler. Mit dieser kommerziellen Grundlage zur Weiterführung der Familientradition konnte man leben. Einen Verkaufshit landete der geschickte Geschäftsmann mit dem Alleinvertrieb sogenannter "Trampertaschen". Wie der Vater, hatte sich auch der Sohn einer stets ansprechenden Schaufensterwerbung und Dekoration verschrieben. Der Laden hatte immer etwas Besonderes. Bestaunt wurden Exponate, die vom Hobby des Geschäftsinhabers zeugten. Sein Interesse gilt der Heimatgeschichte, besonders der Völkerschlacht 1813, er sammelt und stellt historische Waffen und Uniformen aus. Kristoff ist auch als Hornist bei den "Preußen von Möckern 1813" aktiv. Seit dem Umzug des Geschäftes in die Nikolaistraße Mitte der 90er Jahre kann man in einem zweiten Laden neben Lederwaren auch ein Kabinett mit historischen Miniaturen bestaunen. Der umtriebige Geschäftsmann lebt nur "durch die und mit der Firma". So setzt er alles daran, dass er "mal nicht das Licht ausmachen" muss. Seine Hoffnungen für die Zukunft ruhen auf seiner Tochter, einer gelernten Kauffrau.

Ladenansicht Hainstraße 14 in den 40er Jahren

Gummi Klose

Leipzig · Georg-Schumann-Straße 257

Messehaus Jägerhof (Hainstraße 17-19) nach der Eröffnung 1900, Bild von Carl Klose

"Hast Du Probleme in Hemd oder Hose, dann hilft Dir Gummi Klose" – und das schon seit über 100 Jahren. Das erste Geschäft für Gummiwaren und Sanitätsartikel in der Hainstraße 17-19 wurde nach den Angaben des Gründers Carl Klose erbaut und am 1. April 1900 eröffnet. Der Laden kannte keine Umsatzsorgen. Das Sortiment war breit und die Fachberatung fast einmalig. Über zwei Generationen hinweg wurde hier der Name Gummi Klose zum Begriff. Kloses eingetragenes Markenzeichen - der Storch - geht auf die Verpackung der besonders nach dem Ersten Weltkrieg stark gefragten Präservative zurück. Auch über die Kriegszeit hinweg hielt die Firma die Versorgung mit Krankenpflegemitteln aufrecht. Das Geschäft florierte unter der Leitung seiner italienischen Schwiegertochter Stella bis 1968. Am 1. Juli übernahm dann ihre 28-jährige Tochter Viola das Geschäft. Nach der Schulzeit hatte sie Kauffrau gelernt. Großvater Carl war für sie stets ein großes Vorbild. Hier erlebte sie Disziplin, Kreativität, Durchsetzungs- und Stehvermögen und vor allem Spaß an der Arbeit und am Leben. Viola hatte es bis zur Verkaufsstellenleiterin gebracht. Als die Hainstraße 1968 zur "sozialistischen Straße" mit sozialistischen Handelseinrichtungen gemacht werden sollte, musste sich Viola an Großvaters einstige Worte: "Lass mir den Laden nicht eingehen, mein Violchen.", erinnern. Gummi Klose wurde gezwungen, umzuziehen oder aufzugeben. Die Aushändigung des Gewerbescheins an Frau Schäfer wurde vom Umzug abhängig gemacht. So zog sie, im achten Monat schwanger, mit dem

Handwagen in einen kleinen verwahrlosten Laden in der Reichsstraße 1-9. Dieses Geschäft grenzte unmittelbar an die Fachgeschäfte "Samen-Koch" und "Waffen-Moritz". Violas Tochter Lucia fühlte sich hier recht wohl, denn sie verbrachte einen Großteil ihrer Kindheit mit im Geschäft. Mit viel Engagement und Geschick baute Viola Schäfer einen für DDR-Verhältnisse außergewöhnlichen Service auf. Gerade als es seit 1975 mit dem Angebot durch die Planwirtschaft immer mehr bergab ging, war "Gummi Klose" mit Geschäftsbeziehungen zu 60 Lieferanten oftmals die einzige Rettung für Kunden aus der ganzen DDR. Ein Sortiment stets auf der Höhe der Zeit, freundliche, kompetente Beratung, Einfühlungsvermögen, Fingerspitzengefühl und viel Erfahrung sicherten der Firma bis heute ihren treuen Kundenstamm. Das war nicht immer leicht, denn die Odyssee durch die Stadt ging noch weiter. Das Messeamt meldete neue Baupläne für das Messehaus in der Reichsstraße an und Viola Schäfer ließ ein 120 qm großes Geschäft im Erdgeschoss des Städtischen Kaufhauses in der Kupfergasse ausbauen. 1993 entstand ein Musterobjekt mit behindertengerechten Verkaufsräumen, liebevoller Innengestaltung, einem erweiterten Angebot an Sanitätsartikeln und Reha-Mitteln. Zentral gelegen, setzte sich der neue Standort auch erfolgreich durch. Ein neuer Eigentümer des Gebäudes legte ein Umbaukonzept vor, in dem die Firma Gummi Klose in dieser Größenordnung nicht vorgesehen war. „Da haben wir mit unseren Nachttöpfen nicht mehr reingepasst", meint Viola Schäfer resigniert. Finanziell schwer geschädigt, zog die Firma 1995 ins eigene Haus in der Toskastraße um. Gummi Klose hatte hier bereits eine Filiale eingerichtet, um das Durcheinander des Geschäftsumzuges für seine Kunden überbrücken zu können. Für viele Stammkunden war es zunächst ein beschwerlicher Weg, aber der neue Standort wurde angenommen. Im Mai 1998 wagte Viola Schäfer den 5. Neuanfang. In der Georg-Schumann-Straße 257 eröffnete sie ein 130 qm großes Sanitätshaus. Sie hofft, nun ihr endgültiges Domizil gefunden zu haben und das Geschäft dort noch mindestens zehn Jahre führen zu können. Dann möchte sie es ihrer Tochter Lucia anvertrauen. Dass sie sich dann jedoch voll und ganz ihren Hobbys widmen kann, glaubt sie aber selbst nicht richtig. Gummi Klose ohne Viola wäre ja eigentlich wie Gummi Klose ohne Storch.

Schutzmarke Carl Klose nach dem Ersten Weltkrieg

Erich Knobloch

Leipzig · Karl-Liebknecht-Straße 84

Farbenfachgeschäft

Am 24. Januar 1934 machte sich Erich Knobloch mit dem Farbengeschäft in der Karl-Liebknecht-Straße 84 selbstständig, indem er es als eigenständiges Unternehmen aus der bestehenden Malerei Gustav Knobloch herauslöste. Erich Knobloch hatte schon immer „eine Vorliebe fürs Verkaufen". Nun konnte er seinen Traum vom eigenen Geschäft wahr machen und sich mit dem Verkauf von Malerartikeln „Farben – Lacke – Pinsel" verwirklichen. Bis heute blieb das Firmenlogo unverändert. Das farbenmischende Männlein auf der Farbtube lacht die Kunden noch immer an. Als „Vollblutverkäufer" bediente Erich Knobloch seine Kunden stets freundlich und beriet sie ausführlich, auch wenn sie nichts kaufen konnten oder wollten. Diese Maxime galt für ihn sowohl in Zeiten, als es fast nichts gab, als auch in Zeiten, da man nicht verkaufen, sondern nur zu verteilen brauchte. In den 30er Jahren wurden hauptsächlich Farben angeboten. Sie wurden lose geliefert und mussten umgefüllt werden. Erich Knobloch blieb vom Kriegsdienst nicht verschont. In dieser Zeit führten Familienmitglieder den Geschäftsbetrieb weiter. Nach seiner Heimkehr waren besonders die Anfangsjahre ein Überlebenskampf. Für den Privatbetrieb stellte sich die Warenbeschaffung eigentlich immer als das Hauptproblem dar. Ein großes Lager brauchte er nie. Entweder gab es nicht genügend Ware oder sie war sofort ausverkauft. Wenn es in der DDR Rauhfasertapeten gab, dann waren sie meist längst vorbestellt und damit verkauft, bevor sie im Geschäft erschienen oder der Kunde kam zufällig bei der Lieferung von Tapeten oder PUR-Farben dazu. Da wurde selbstverständlich sofort zugegriffen. Wenn man sie aber nicht selbst oder im Verwandtschaftskreis benötigte, eigneten sich Rauhfasertapeten doch in der DDR-Mangelwirtschaft als Top-Tauschobjekt für andere Produkte bzw. Leistungen. Seit 1974 waren Knoblochs Kommissionshändler bei der HO. Probleme bereitete allerdings die Geschäftsübergabe an den Sohn Thomas. Fast sechs Jahre bemühte sich der gelernte Dekorationsmaler um den Gewerbeschein. 1976 schließlich erhielt er ihn. Thomas Knobloch hatte mittlerweile geheiratet und seine Frau Renate musste für den erkrankten Firmengründer im Geschäft einspringen. Im privaten Handel waren Arbeitskräfte zu DDR-Zeiten kaum zu bekommen. So gab sie ihren erlernten Beruf auf und steht seitdem ihrem Ehemann im Geschäft zur Seite. Renate Knobloch arbeitete sich schnell und so perfekt ein, dass kein Kunde je auf die Idee kommen würde, von einer ehemaligen Lehrerin bedient zu werden. In jener Zeit wurde das Sortiment um Waschmittel und Seife erweitert. Ende der 80er Jahre kehrte man aber zum typischen Angebot an Malereibedarf „Farben – Lacke – Pinsel " zurück.

Heute kann man im Geschäft alles rund ums Renovieren von Haus und Wohnung bekommen. Neu ist ein Farbmischsystem per Computer. Der Kunde kann sich den gewünschten Farbton aussuchen. Vom Mischen bis zum Mitnehmen vergehen ca. fünf Minuten. Beraten wird er wie eh und je von freundlichen und sachkundigen „Vollblutverkäufern".

Ladenansicht Mitte der 30er Jahre

Fa. Brigitte Köhler

Raumausstatter

Leipzig · Wurzner Straße 89

Am 16. April 1936 gründete der Tapezierermeister Kurt Köhler in der Wurzner Straße 106 seine Raumausstatterfirma. Im Laden bot seine Frau Anneliese außer Tapeten, Gardinen und Rollos auch Spielsachen und Wäschekörbe an. In der Wurzner Straße 114 wurde die Polsterei betrieben, in der stets zwei Mann beschäftigt waren. Noch bis Anfang der 70er Jahre belieferte Kurt seine Kundschaft oder holte seine Polsterstoffe mit dem Tafelwagen. Zuverlässigkeit, Pünktlichkeit und Qualität waren seine Markenzeichen. Daran änderte auch Sohn Rainer nichts, der nach seiner Meisterprüfung 1971 das Geschäft übernahm. Brigitte stand ihm als mithelfende Ehefrau seit 1970 zur Seite. Sie hatte im Druckgewerbe gelernt, als Chemigraf gearbeitet und schmiss nun den Laden. Faltrollos und Wäschetruhen reichten nie aus. Rainer Köhler und seine sieben Mitarbeiter hatten alle Hände voll zu tun. Die Firma kümmerte sich vorwiegend um Polsterarbeiten für Privatkunden, um gastronomische Einrichtungen und den Messebetrieb. Für die DEWAG war sie auf zahlreichen Messen in Ungarn, der Tschechoslowakei und der Sowjetunion tätig. Mit handwerklichem Geschick wurden Teppiche verlegt, Wände und Fußböden bespannt und Fahnen genäht und montiert. Zu den Großkunden gehörten auch die Staatliche Versicherung und Robotron. Gaststätten wurden mit Gardinen, Dekostoffen und mit modisch ausgefransten Platzdeckchen versorgt. Gastronomen ließen ihre Gardinen und Vorhänge von Köhlers waschen, pflegen und wieder aufhängen. Die Kunden standen Schlange, wenn die Nummern für die Polsteraufträge vergeben wurden. Seit Anfang der 90er Jahre gehört die Ausstattung von Arztpraxen und Anwaltskanzleien, Läden und Gaststätten, Einfamilienhäusern und Wohnanlagen zum Unternehmensprofil. Stammkunden lassen noch immer ihre Polsterarbeiten bei Köhlers durchführen. Ein interessantes Projekt für die Firma waren die Arbeiten am Industriepalast, unweit vom Leipziger Hauptbahnhof. In dem Geschäftshaus verlegte die Firma bislang 25.000 qm Teppich. Rainer Köhler hatte 1991 den Auftrag dafür erhalten. Es war ihm jedoch nicht vergönnt, diesen zu Ende zu führen. 1994 verstarb er für alle unerwartet. Brigitte musste den Auftrag allein abarbeiten. Ihr fiel der Einstieg in die Firmenleitung nicht leicht, denn bisher brauchte sie sich nicht um Geschäftsführung oder Buchhaltung zu kümmern. Spontane Hilfe erhielt sie von Meister Silvio Burghardt, einem ehemaligen Lehrling der Firma Köhler. Er bot seine Unterstützung bei Kalkulationen und Angeboten an. Heute beherrscht Brigitte nicht nur ihr Handwerk souverän, sondern meistert auch alle Tücken der Buchhaltung. Die jüngste Tochter Kerstin ist als Raumausstatterin in Bielefeld tätig und Jeannette Köhler tritt in die Fußstapfen ihrer Mutter. Sie „schmeißt" den Laden und erledigt alle Näharbeiten. Qualität und Zuverlässigkeit sowie Kundennähe werden weiterhin groß geschrieben. Nur eines änderte sich ab Oktober 2000 – der Firmensitz. Das Geschäft zog auf die gegenüberliegende Straßenseite. Betriebswirtschaftliche Gründe machten den Wechsel erforderlich. In den neuen Räumen erwarten den Kunden ein breiteres Sortiment, eine größere Übersichtlichkeit und bessere Möglichkeiten für die Beratung.

Samen-Koch · Fach-Samenhandlung

Leipzig · Reichsstraße 1-9 im Handelshof **Inh. K. Manfred Koch**

Am 1. Februar 1892 eröffnete Christian Julius Koch eine Blumen-Pflanzen-Samen-Handlung in Leipzig in der Dresdner Straße im Haus Nr. 51 und legte den Grundstein für den weithin bekannten "Samen-Koch". Der gebürtige Württemberger hatte in Stuttgart den Gärtnerberuf erlernt, eine Leipzigerin geheiratet und war von nun an nicht mehr aus dem Leipziger Geschäftsleben wegzudenken. Er errichtete 1896 eine Handelsgärtnerei, die im Laufe der folgenden Jahre auf 10.000 qm erweitert wurde. Das Einzelhandelsgeschäft wurde 1920 im eigenen Grundstück in der Breite Straße 8 angesiedelt. Eine Engros- und Versandabteilung in Rabet 14 erweiterte ab 1924 den Betrieb. Sechs Jahre später verlegte man diese Abteilung in die Holzhäuser Str. 110. Die Gärtnerei befand sich derweil in Holzhausen. Am 1. Dezember 1934 wurde die Firma "Samen-Koch" geteilt, der Seniorchef behielt die Gärtnerei. Der älteste Sohn Adolf übernahm das Engrosgeschäft in Leipzig-Stötteritz und Kurt Koch das Engros- & Einzelhandelsgeschäft in der Breite Str. 8. Loses Saatgut wurde in der Nachkriegszeit selbst portioniert und jährlich in fast zwei Millionen Tüten abgepackt. Der Lohn wurde Mitarbeitern manchmal in Bohnen ausbezahlt. In der Innenstadt war Samen-Koch ab 1950 mit einer Filiale in der Untergrundmessehalle am Markt vertreten. Dort begann auch die Händlerkarriere von Manfred Koch, dem heutigen Inhaber. Als 7-Jähriger öffnete er, zur Freude seines Vaters Kurt, den Kunden die Ladentür. Dafür gab es zu Juniors Freude meistens zehn Pfennige Trinkgeld. Auf Drängen der Eltern erlernte Manfred den Beruf des Landwirts und absolvierte bei der Saatgutzuchtfirma F.C. Heinemann in Erfurt eine Gärtnerlehre. In Leipzig ging das bewegte Geschäftsleben derweil weiter. Nach vier Jahren wurde der Familie der Laden am Markt gekündigt und die Firma zog in die Nikolaistraße. Schon bald ergab sich die Gelegenheit, ein eigenes Geschäft in der Reichsstraße 12 zu bauen. Dieser Flachbau musste nach zehn Jahren, als die Innenstadt "sozialistisch" wurde, innerhalb kurzer Zeit geräumt werden, weil dort ein Gebäude von Interpelz entstand. Kurt Koch hatte zudem die Lust am reglementierten Handel verloren. Er zog sich enttäuscht aus dem Geschäftsleben zurück. Sohn Manfred übernahm am 1. Januar 1965 die Firmenleitung. Ein Jahr später wurde im Handelshof ein 25 qm großes Blumengeschäft frei. In der Folgezeit betrieb die Firma in Leipzig vier Geschäfte mit 15 Angestellten. Heute ist Samen-Koch noch in der Weißestraße 5 zu finden. Seit dem 1. Januar 1972 leitet Manfred Koch die Firma als Alleininhaber. Für ihn sind Beruf und Hobby eins. Zu DDR-Zeiten konnte man im Laden stets Dinge kaufen, die es nicht überall gab. Bis zu 40.000 km war er pro Jahr mit dem Auto unterwegs, um Sämereien, Pflanzen und Keramik direkt beim Hersteller abzuholen. Als rekordverdächtig bleibt ihm ein Verkauf aus Honeckers Zeiten in Erinnerung. In nur 13 Minuten verkaufte er über eine Tonne Keramikblumentöpfe für 6.000 Mark, direkt von seinem Lieferfahrzeug aus, vor dem Laden. Selbst den, für sich reservierten, letzten Topf musste er noch hergeben. Treu zur Seite steht ihm bis heute seine Ehefrau Lore.

Uhren und Schmuck

Wolfgang Koitzsch

Leipzig · Zschochersche Straße 38

Am 1. Juli 1896 öffnete der Uhrmacher, Juwelier und Optiker Theodor Sonntag gemeinsam mit seiner Ehefrau Paula in der Zschocherschen Straße 38 eine „Reparaturwerkstatt für Uhren", in der sie auch Schmuck und optische Hilfsmittel anboten. Uhrmacher Sonntag beschäftigte sich hauptsächlich mit Taschenuhren, Weckern oder Regulatoren.

Paula Sonntag Ende der 40er Jahre

Heute wird das Geschäft von Wolfgang Koitzsch, einem Enkel des Firmengründers Theodor Sonntag geleitet. Wolfgang Koitzsch entstammt einer Uhrmacherfamilie aus Grimma, wo sein Vater Alfred ein Ladengeschäft unterhielt. Während er sich als Uhrmachermeister auf Uhren- und Schmuckreparaturen konzentriert, übernimmt seine Ehefrau Ursula Koitzsch, eine gelernte Verkäuferin, den Laden. An der Abendschule hat Ursula ihre Gehilfenprüfung als Uhrmacher abgelegt. Unterstützt werden beide von einer Mitarbeiterin, die nunmehr seit zwanzig Jahren im Geschäft mitwirkt. Ebenfalls zwanzig Jahre lang wurde das Unternehmen bis 1990 als HO-Kommissionshandelsgeschäft geführt. Während der DDR-Mangelwirtschaft konnte Goldschmuck nur gegen Materialabgabe verkauft werden. Kunden standen oftmals bis zu einer Stunde lang Schlange, wenn Wolfgang Koitzsch aller zwei Monate Uhrenreparaturen annahm. Heute hingegen bringen die Kunden kaum noch Uhren zur Instandsetzung. Auf dem Schmucksektor hat der Inhaber ein neues Sortiment der mittleren und der gehobenen Preisklasse aufgebaut. Alte Lieferantenbeziehungen, wie nach Weimar oder zum Kuckucksuhrenbau Gernrode, werden weiter gepflegt, wobei sich ehemalige Messekontakte noch heute als nützlich erweisen. Wolfgang Koitzsch hat sich in der Vergangenheit oft als Improvisationstalent beweisen müssen. So im September 1991, als ein Ladenumbau unabdingbar geworden war.

Der Verkauf ging trotzdem weiter – „über den Hof". Uhren und Schmuck wurden in seiner Garage gehandelt. Die Pflege der gewachsenen Kundenbeziehungen wird bei Familie Koitzsch groß geschrieben. Viele der älteren Stammkunden sind mittlerweile in Neubaugebiete verzogen, um endlich den schlechten Wohnbedingungen in Plagwitz zu entfliehen. Einige von ihnen lassen noch immer zweimal im Jahr ihre Armbanduhren im Geschäft eine Stunde vor- bzw. nachstellen – je nach Sommer- oder Winterzeit.

Wolfgang Koitzsch 1967

Konsumgenossenschaft Leipzig eG

Leipzig · Industriestraße 85-95

Am 8. Mai 1884 wurde der "Consum-Verein für Plagwitz und Umgegend" gegründet. Der erste Konsum-Laden öffnete am 3. August 1884 in der Bahnhofstraße 33 (heute Weißenfelser Straße) mit einem Grundsortiment aus Pfeffer, Heringen, Öl, Vogelfutter, Soda, Seife, Rauch- und Kautabak, Butter, Käse sowie Suppenpulver. Die Zahl der Vereinsmitglieder, Verkaufsstellen und Produktionsstätten wuchs rasch an. Bald entstanden eine Bäckerei, Dampfmühle, Kaffeerösterei, Käserei, Butterei und eine Tischlerei. Den Grundstein für den Fuhrpark des Consum-Vereins legte ein Pferdegespann. Aus der Konsumgenossenschaft war auch eine "Produktivgenossenschaft" geworden. Im Jahre 1900 eröffnete das erste Warenhaus am Lindenauer Markt und eine Sparkasse. Zehn Jahre später hatte der Leipziger Konsumverein bereits 50.000 Mitglieder. Die 1933 fertiggestellte neue Unternehmenszentrale in der Plagwitzer Jahnstraße diente der Verwaltung, der Produktion, dem Bearbeiten, Portionieren, Abfüllen und Lagern von Waren aller Art. Es existierten Verwaltungsgebäude, weitläufige Werkstatt- und Lagergebäude sowie eine Tiefgarage. Während des Nationalsozialismus wurden die Konsumgenossenschaften gleichgeschaltet. Im Jahre 1941 wurde die Verbrauchergenossenschaft Leipzig in das Gemeinschaftswerk der Deutschen Arbeitsfront eingegliedert und faktisch aufgelöst. Mit dem SMAD-Befehl-Nr. 176 vom 18. Dezember 1945 gründete sich die Konsumgenossenschaft Leipzig wieder. Sie blieb auch in der DDR ein privatrechtlicher und ins Genossenschaftsregister eingetragener

Innenansicht eines Konsum-Geschäfts 1922

Konsumgenossenschaft Leipzig eG

Leipzig · Industriestraße 85-95

Handels- und in gewissem Umfang produzierender Betrieb mit breit gestreutem Eigenkapital. Der Konsum trug wesentlich zur Erfüllung des „Versorgungsauftrages" der Bevölkerung bei, wobei er sich stark dem Land annahm. In den Städten sollte vor allem die staatliche Handelsorganisation HO wirksam werden. Die Konsumgenossenschaft erfüllte viele Sonderaufgaben und sicherte jährlich die Versorgung der Messen sowie der "Leipziger Markttage". Neben Kaufhallen allerorts betrieb der Konsum in der Innenstadt und den Leipziger Stadtteilen Spezialverkaufsstellen, so z. B. in den Arkaden des Alten Rathauses und in städtischen Passagen, wie die Läden für Gewürze, Schreibwaren u. a. oder das "Modehaus Topas". Die Umstellung auf die Marktwirtschaft war für den Konsum eine große Herausforderung. Zum 1. Januar 1991 fusionierten die Konsumgenossenschaft Stadt Leipzig, Kreis Leipzig und Delitzsch zur heutigen Konsumgenossenschaft Leipzig eG. Es bestanden noch 597 Geschäfte, 71 gastronomische Einrichtungen und 15 Verwaltungsstellen. Am 1. September 1991 übernahm Stephan Abend als Vorstandsvorsitzender die Leitung der Konsumgenossenschaft. Im Wettlauf mit der Zeit wurde das Unternehmen saniert und umgestaltet. Fehlende rechtliche Rahmenbedingungen und unklare Eigentumsverhältnisse wirkten besonders hemmend. Zahlreiche ostdeutsche Konsumgenossenschaften mussten aufgeben. Der Leipziger Genossenschaft gelang es, nach herben Verlusten, bereits ab 1992 gute wirtschaftliche Ergebnisse zu erzielen und jährlich eine stattliche Dividende auf die Geschäftsguthaben der Mitglieder zu gewähren. Die Genossenschaft konzentrierte ihre Geschäftstätigkeit auf den Lebensmitteleinzelhandel. 1993 begann die Modernisierung der vorhandenen Verkaufsstellen sowie die Erschließung neuer Standorte. Dafür wurden bis Ende 1999 über 60 Millionen DM investiert. 1994 unterhielt der Konsum noch 86 Lebensmittelgeschäfte in Leipzig und Umgebung. Die Zahl der Mitglieder belief sich auf 186.000. Die Mitarbeiterzahl war von 4.600 auf 900 gesunken. Heute betreibt die Genossenschaft 81 Filialen und beschäftigt 850 Mitarbeiter, darunter über 100 Auszubildende. Der Konsum ist eng mit einheimischen Unternehmen und der Bevölkerung verbunden. Unter dem Motto "Lieber zu Konsum" werden Vertrauen, nachbarliche Wärme und gegenseitiges Interesse sowie Service und Frische groß geschrieben. Die Konsumgenossenschaft Leipzig eG präsentiert sich heute als dynamisches Unternehmen, das die Bereiche KONSUM SUPERMÄRKTE, KONSUM NEBENAN und KONSUM LIEFERSERVICE umfasst.

Kunth Hüte in der Zschocherschen Straße, 1985 (S. 63)

FOTO-KORZER

Leipzig · Zweinaundorfer Straße 11

Die Geschichte von Foto-Korzer beginnt mit einem Herrn Wauri im Jahre 1930. Dieser war zwar kein Fotograf, aber als Radiotechniker reparierte er auch Fotoapparate und führte Fotoarbeiten durch. Erst Herr Grammel machte ab 1950 die Firma zum reinen Fotogeschäft. Werner Grammel stammte aus einer Fotografenfamilie in Breslau. In Leipzig hatte er seinen Meister gemacht und bei Wauri eine Anstellung gefunden. Als Grammel 1950 eines Morgens zur Arbeit kam, stand er vor verschlossener Ladentür. Herr Wauri war über Nacht verschwunden. In Hamburg soll er ein neues Geschäft eröffnet haben. Den Laden in der Zweinaundorfer Straße übernahm Werner Grammel. Gemeinsam mit seiner österreichischen Frau Aenne baute er das Geschäft zu einem Fotofachgeschäft mit Atelierbetrieb aus. Die stets freundlichen Geschäftsleute lebten nur für ihren Laden. Sie arbeiteten präzise und unter rein handwerklichen Bedingungen. Investitionen in technische Neuerungen oder Hilfsmittel tätigten die Geschäftsleute nie. Das änderte sich erst ab dem 1. Juli 1979, als Manfred Korzer den Laden übernahm. Präzision und handwerkliches Können blieben, aber die technische Ausstattung wurde schrittweise erneuert. Eine neue Heizung und Warmwasser wurden installiert, die Kraftstromversorgung gesichert und eine Trockenmaschine angeschafft. Für Manfred Korzer war der Fotoladen im Leipziger Osten ein Glücksfall. Schon lange hatte er nach einem passenden Geschäft Ausschau gehalten, in dem er sich als Fotograf endlich selbstständig machen konnte. Eigentlich ist Manfred Schlosser. Dann war er DRK-Fürsorger im Krankenhaus. Bei der Nationalen Volksarmee der DDR war er Sanitätsfahrer und als Hobbyfotograf im Fotolabor tätig. Er brachte es über den „Regimentsfotolaboranten" bis zum „Regimentsfotografen". Der Spaß an der Fotografie ließ ihn nicht mehr los. Manfred machte eine Fotografenausbildung, arbeitete als Betriebsfotograf bei Orsta-Hydraulik und in der Materialwirtschaft bei der Gebäudewirtschaft Leipzig. Nebenbei fotografierte er Brautpaare, die sich in den Rathäusern Leipzig-West und -Nordost das Ja-Wort gaben. Die Trauungs-Reportagen waren eine zeitaufwändige Sache und eine Möglichkeit zur Aufbesserung des Monatsbudgets. Als Manfred Korzer davon hörte, dass in Reudnitz ein Fotogeschäft aus Altersgründen aufgegeben werden soll, schlug für ihn die Stunde der Selbstständigkeit. Die vier Mitarbeiter wurden übernommen. Später stieg die Zahl der Angestellten bis auf zwölf an. Arbeit gab es genug. Neben Kameras und Filmen, Fotopapier und Märchen-Diafilmen verkauften sie auch Fotofachzeitschriften. Ein Colorlabor wurde betrieben. Für die Kunden fertigten die Fachleute von Negativfilmen Dias, damit die Farben besser zur Geltung kamen und länger hielten. Bis heute unterhält Foto-Korzer in Leipzig das größte private Colorlabor und zählt zu den größten Stundenbildanbietern. Auch Foto-Korzer ist bei den Reudnitzern als „freundlicher Laden, der alles macht, was er kann", bekannt. Nicht umsonst heißt der Firmenslogan: „Sie knipsen..., den Rest machen wir!"

Möbel Krabbes

Leipzig · Nürnberger Straße 18

Wohnberatung
Leipzig Krabbes GmbH

"Möbel Krabbes" gibt es seit 1908 und fast immer am selben Fleck. Damals eröffnete Marta Krabbes in der Goldschmidtstraße 23 ihren Laden. Später zog man in die Nürnberger Straße 27 und seit 1997 ist das Geschäft in der Nummer 18 zu finden. Marta stammte aus Beerendorf bei Delitzsch und führte nun in Leipzig ein Trödelgeschäft. Sie handelte mit gebrauchten Möbeln. Die Kundschaft bestand meist aus Arbeiterfamilien aus dem Leipziger Osten. Mit Ausnahme der Zeit des Ersten Weltkrieges liefen Krabbes Geschäfte gut. Bei ihnen konnte der "kleine Mann" mit knappem Geldbeutel seine Wohnung mit Möbeln ausstatten. Nach und nach wurden auch neue Möbelstücke angeboten und verkauft. Weitergeführt wurde das Geschäft von Martas Tochter, Ilse Maute, die in den 50er Jahren auch Kommissionshändlerin wurde. In den 70er Jahren wollte sie das Geschäft aufgeben. Das konnte der Schwiegersohn, Karl-Heinz Zuschlag, nicht zulassen. Als Absolvent der Fachschule für Maschinenbau kam er von Gotha an die Pleiße. Acht Jahre lang arbeitete er als Projektleiter im VEB Gießerei- und Anlagenbau (GISAG). Sein Ingenieurdiplom erwarb er durch ein Fernstudium an der TU Dresden und bis er sich entschloss, den Laden seiner Schwiegermutter zu retten, arbeitete er fünf Jahre lang in der Anlagenrealisierung der GISAG. Im Jahre 1977 stieg Karl-Heinz bei "Möbel Krabbes" ein. Er beantragte den Gewerbeschein und übernahm am 1. Juli 1978 das Geschäft. Jetzt kamen ihm seine, bei der Projektierung gesammelten, Erfahrungen und Kenntnisse zugute. Er verkaufte nicht nur einfach Möbel, sondern ließ sich stets vom "Projektierungsgedanken" leiten. Die Einrichtung einer Wohnung betrachtet Karl-Heinz Zuschlag als Komplex. Bedarfsermittlung, Planung und Beratung sind für ihn ein Muss. Schließlich soll sich der Kunde ja keine "aneinandergereihten Kompromisse" anschaffen. Den daraus resultierenden Service: Beratung – Planung – Verkauf – Lieferung behielt er bei und erweiterte ihn. Nach der Geschäftsübernahme baute er das Unternehmen aufwändig aus und um. Durch ein höheres Verkaufsniveau und eine konzentrierte Lagerhaltung konnte er den Geschäftsumsatz bis gegen Ende der 80er Jahre mehr als verdreifachen. Eine verbesserte Verkaufskultur war ohne Ware nichts wert. Die Möbelzuteilungen vom Großhandel machten die Hälfte des Angebotes aus. Um den Rest kümmerte sich der Chef selbst. Mit viel Geschick, Humor und den nötigen Beziehungen zu den „richtigen" Möbelproduzenten und -lieferanten gelang es ihm, die von den Kunden begehrten Einrichtungsgegenstände aufzutreiben. Bis heute kann sich "Möbel Krabbes" auf seinen treuen Kundenstamm verlassen. Die Mitarbeiterzahl stieg von vier – vor der Wende – auf gegenwärtig dreizehn an.

Seit Juli 1990 ist der Möbelhändler Mitglied in einem Fachhändlerverband, mit Konditionen, wie sie sonst nur die ganz großen Möbelhäuser haben. Seit Ende der 90er Jahre ist das Angebot der Firma Krabbes um einen Farbtupfer bunter. Sie eröffnete exklusiv in Leipzig ein Rolf Benz-Studio. Den individuellen und auch außergewöhnlichen Wohnfantasien der Leipziger sind nun keine Grenzen mehr gesetzt.

Blumenhaus Kunadt

Leipzig · Franz-Mehring-Straße 20

Im Jahre 1923 erwarb der Postangestellte Alwin Kunadt das Grundstück in der heutigen Franz-Mehring-Straße 20. Sohn Werner besserte sich sein Taschengeld dadurch auf, dass er sich Rosen auf dem Großmarkt besorgte und abends in Leipziger Gaststätten verkaufte. Dank Mutter Linas gärtnerischen Fähigkeiten kamen zu den Rosen bald Blumen aus dem eigenen Garten hinzu und der Verkauf entwickelte sich stürmisch. Die Mutter setzte die Idee des Sohnes um, der meinte: "Wenn man den Blumenhandel hauptberuflich betreibt, kann man ja davon leben!" Am 1. Oktober 1927 wurde der Laden eröffnet. Die Blumen wurden zunächst mit dem Handwagen, später per Fahrrad mit Hänger, dann mit einem Motorrad transportiert. Langsam wuchs ein kleiner Fuhrpark. Im Jahre 1934 übernahm der Elektriker Werner Kunadt die Geschäfte, der sich ehrgeizig in den gärtnerischen Beruf einarbeitete. Seinen Blumenbindemeister machte er 1939 und 1952 legte er die Gärtnermeisterprüfung ab. In der Gärtnerei dominierten Tomatenpflanzen, Gurken sowie Blumen. Ehefrau Ilse stand fast die ganze Kriegszeit allein mit der Wirtschaft da. Nach der Beseitigung der Kriegsschäden wurde die Gärtnerei intensiv entwickelt und geeignete gärtnerische Flächen gesucht. Bis Anfang der 50er Jahre kamen rund 3.000 qm Neuland hinzu. Die Bezeichnungen der Landstücke als "Plage", "Sorge" oder "Trichter" verweisen auf deren damaligen Zustand. Das Motto: "Man muss es nur wollen, dann gelingt es auch" trug Früchte. Für Kunadts Chrysanthemenzucht gab es 1950 einen 1. Preis. Im Jahre 1972 wurde der große Privatbetrieb von Werner Kunadt geteilt. Die Deko-Gärtnerei mit Blumengeschäft führte der Vater weiter und die Erwerbsgärtnerei bekam der älteste Sohn Peter, der als Gärtnermeister seinen Betrieb bis 1992 erfolgreich leitete. Am 1. Mai 1981 übergab Werner den Stammbetrieb an seinen Sohn Thomas. Der sportbegeisterte Diplom-Pädagoge hatte auch seinen Facharbeiter für Zierpflanzenbau in der Tasche. Die Blumen "organisierte" er mittlerweile in Eisleben, Gera, Berlin und Crimmitschau. Thomas forcierte und perfektionierte das Messegeschäft und machte die Firma als Messegärtnerei zu einem führenden Betrieb in der Branche. Für die Herbstmesse 1987 arrangierte man 550 Pflanzschalen, 200 Hängepflanzen, 250 Pflanzkästen und 20 Bodenkübel. Der Vier-Mann-Betrieb erzielte einen Jahresumsatz von einer knappen halben Million Mark. Im Jahre 1987 wurde ein Ladenneubau in der Franz-Mehring-Straße 20 und ein Jahr darauf ein weiteres Geschäft in der Stadt eröffnet. Anfang der 90er Jahre orientierte sich der Betrieb neu, da mit dem Wegbrechen des Messegeschäftes auch 3/4 des Umsatzes fehlten. Als Kompensation werden heute Tankstellen im 24-Stunden-Service mit Schnittblumen beliefert. Auf einem Teil des Geländes der Franz-Mehring-Straße 20 wurde ein Wohn- und Geschäftshaus errichtet, wo der Blumenladen in neuem Glanz erstrahlte. Der Laden wird heute von Ehefrau Gisela geleitet, die seit 1984 im Kunadtschen Geschäft tätig ist und der letzte "Lehrling" von Mutter Ilse war. Die vierte Generation will das Geschäft zur 75-Jahr-Feier übernehmen und im alten Sinne sowie mit neuen Initiativen weiterführen. Kunadts Tochter, Michaela Albrecht, beliefert gewerblich eigenständig z.Zt. vier Tankstellen mit selbstgefertigten Blumengebinden.

Inh. Regine und Dieter Kunth

Kunth Hüte

Leipzig · Strohsack-Passage, Nikolaistraße 6-10

"Kommt der Herbst früh, verkaufst du Hüte wie nie!", sagt Dieter Kunth. Da wird wohl was dran sein, denn Herbst und Kunden kamen nicht nur früh, sondern auch schon früher. Früher kamen sie aber noch nicht in den Strohsack oder ins Leipziger Mockau-Center, wo sich Werkstatt und Geschäft heute etabliert haben. Ursprünglich befand sich das Hutgeschäft, samt Laden, Werkstatt und Büro, in der Zschocherschen Straße 99. Das Unternehmen hatte Frau Kummer 1928 gegründet. Die Putzmacherin fertigte ihre Ware zu 80 bis 90 % selbst und verkaufte sie dann. Hüte waren chic und die Geschäfte gingen gut. Einbußen brachte der Zweite Weltkrieg. An der Front trug man Stahlhelm und zu Hause lieber noch mal den "Alten". Der Laden hatte nur selten geöffnet, da es wenig zu verkaufen gab. Der eisige Winter 1946 brachte für die Leipziger viele Entbehrungen. Warme Kopfbedeckungen waren rar. Nachfolger für ihr Geschäft hatte Frau Kummer keine und so übernahm in den 50er Jahren Frau Kindler, die im Hause Kummer gelernt hatte und stets ihre einzige Mitarbeiterin war, das Unternehmen. Hüte blieben gefragt und so war es keine Seltenheit, dass die Kunden in Dreierreihen vor dem Geschäft Schlange nach der begehrten Ware standen. Der Laden hatte nur dienstags und donnerstags geöffnet, an den restlichen Tagen wurde produziert. Das Schicksal wollte es, dass auch Frau Kindler keine Nachkommen für das Geschäft hatte und so kam es, dass 1985 Regine Kunth die Nachfolge antrat. Regine hatte Putzmacherin gelernt und sich 1972 den Titel Putzmachermeisterin erarbeitet. Auf Anregung von Obermeisterin Ursula Bräuer, einer der namhaften Modistinnen Leipzigs, wagte Regine Kunth den Schritt in die Selbstständigkeit und übernahm den Laden. Sie wollte die Traditionen des alten Handwerks weiterführen. Auch die Jugendstileinrichtung des Geschäfts wurde gerettet und gepflegt. Sie gibt heute dem Lädchen im Strohsack sein besonderes Flair. Anfangs wurde das Geschäft fast nur als Damenhutsalon betrieben. Seit 1993 wird in der Mockauer Werkstatt auf Bestellung gearbeitet. Gefertigt werden Hüte und Mützen aus edlen Filzmaterialien, hochwertigen und seltenen Strohqualitäten und exotischen Materialien. Geboten werden Hutlegenden wie Florentiner, die schon seit Jahrzehnten nicht mehr hergestellt wurden, Sisol und Parasisol, Buntal, Balibuntal, Baku und sogar ein echter Ecuador-Panama, der "Montecristi fino".

Im Juli 1993 hat sie den Laden am Adler aufgegeben. Seit April 1997 "behütet" ihr Ehemann Dieter die Leipziger in der Strohsack-Passage. Für den "Strohsack" – eine Kombination aus Design, Kunst, Kultur und Handel – wurden damals noch "Exoten" gesucht. Seitdem ist der Hutmann aus der Passage nicht mehr wegzudenken. Als einziges Fachgeschäft seiner Art in der City bietet Dieter Kunth wirklich etwas Besonderes. Hier findet der Kunde neben Modellen weltbekannter Marken wie Barsolino und HTB auch Damen- und Herrenhüte für den kleinen Geldbeutel. Also, nur Mut zum Hut!

Zoo-West

Leipzig · Georg-Schwarz-Straße 24

Inh. A. Lehmann

Die Zoo-Handlung West geht auf die Familie Hübner zurück. Richard Hübner reiste als Begleiter des Spanischen Botschafters durch die USA und heiratete 1904 sogar in Washington D.C. Sein Sohn Dr. Richard Hübner schrieb Anfang der 30er Jahre ein Buch über "Die Organisation des Futtermittelhandels und ihre Wandlungen in der Kriegs- und Nachkriegszeit". Richards Tochter Elly betrieb in Plauen/Sachsen ein Zoo-Fachgeschäft. Ihr Eingetragenes Warenzeichen war bis 1961 "Der Vogeldoktor". Elly Hübner heiratete den Leipziger Paul Steiger und eröffnete 1931 mit ihm das Geschäft "Zoo West" in der Gundorfer Straße 9, der späteren Georg-Schwarz-Straße, in Leipzig. Das Spezialgeschäft bot Vögel und Zierfische, Affen und Reptilien, Vogelkäfige und Zubehör, gemischtes Vogelfutter sowie landwirtschaftliche Artikel an. Der Laden hatte auch sonntags bis zum Kirchgang geöffnet. Wenn Filme im Lichtspieltheater Lindenau vorgeführt wurden, blieb die Dekoration bis nach der Spätvorstellung ausgestellt und erhellt. Das Geschäft wurde stets rein privat betrieben. Am 27. Oktober 1970 erhielt Sohn Rolf Steiger die Gewerbeerlaubnis für den Laden. "Rolli", Jahrgang 1930, ist ein echtes enfant terrible. Alles, was man in jenen bewegten Kriegs- und Nachkriegsjahren erleben konnte, hat der Ingenieur für Kraftfahrzeugwesen erlebt. Neben dem Handel gilt seine große Liebe bis heute dem Automobil. Heute hat der Vorruheständler Zeit, mit seiner Frau Brigitta, die seit 1979 im Laden verkauft hatte, seiner eigentlich wahren Berufung – Spontanfahrten mit dem Auto – nachzugehen. Als Inhaber eines Privatgeschäftes plagten ihn lange Jahre ganz andere Sorgen. Der Umsatz lief prächtig, aber die Ware musste stets ausreichend, in guter Qualität und termingerecht besorgt werden. Oft halfen nur Beziehungen oder der Zufall. Aus Quartiervermietungen während der Messen entwickelte sich da schon mal eine Lieferantenbeziehung. Mit der Firma Heim aus Kaltensundheim, bekannt für ihre Hundesportartikel, begann damals eine lange Freundschaft. Aquarien lieferte Rolf selbstverständlich kostenlos nach Hause, wobei er sich noch heute wundert, dass die meisten Kunden in der vierten Etage wohnten. Tierfreunde wurden aber nicht nur im Geschäft bedient. Die Zoohandlung West war auch auf Märkten anzutreffen. Angelgeräte, Vogelbauer, Hundegeschirr und Schutzarme für das Hundetraining wurden so während des "zehnjährigen Markthelfergymnasiums" verkauft. Rolf Steiger sah 1992 seine Chance, sich den "beschaulichen" Dingen des Lebens zuzuwenden. Im Mai verkaufte er sein Geschäft an Axel Lehmann, einen begeisterten Seewasseraquarianer und Schlangenfan, der sich für die Führung des Fachgeschäftes die notwendige Qualifikation erworben hatte. Baufälligkeit des Hauses in der Nr. 9 zwang Axel zu einem Umzug in die Nr. 24. Die Stammkundschaft blieb erhalten und zahlreiche Neukunden kamen hinzu. Auch wenn Artenschutz und Einfuhrbeschränkungen heute dafür sorgen, dass keine Affen und vom Aussterben bedrohte Reptilien angeboten werden dürfen, so lohnt sich ein Besuch allemal.

Richard Hübner sen. und Frau 1905

Schuhhaus Leibnitz

Leipzig · Neutzscher Straße 20

Am 2. Juli 1900 gründete der 30-jährige Hermann Leibnitz in der Hauptstraße an der heutigen Straßenbahnwendeschleife Thekla eine Schuhmacherei mit Schuhhandel. In seiner Werkstatt nahm er Reparaturen an und führte sie aus und im kleinen Laden wurden Schuhe für Herren, Damen und Kinder verkauft. Nach überstandener Inflationszeit konnte Familie Leibnitz 1929 ein Grundstück erwerben. Im gleichen Jahr erfolgte der Umzug in die Neutzscher Straße 20. Von nun an befand sich der Familienbetrieb auf eigenem Grund und Boden. Im September 1936 übernahm Sohn Alfred Leibnitz mit seiner Frau Erna die Geschäfte. Alfred hatte 1927 seine Meisterprüfung abgelegt und kümmerte sich um die Werkstatt. Erna verkaufte im Laden Straßen- und Hausschuhe. In den Wirren des Zweiten Weltkriegs verscholl Alfred Leibnitz. Er wurde als vermisst gemeldet und schließlich 1955 für tot erklärt. Erna Leibnitz führte ab 1943 den Verkauf im Familienbetrieb allein weiter. Die Werkstatt musste jedoch verpachtet werden. Im Juni 1955 übernahm sie der Schuhmacher Paul Lempke. Ende der 50er Jahre stieg auch Tochter Heidi mit in den Verkauf ein. Ihr Ehemann Martin Krüger legte 1966 seine Schuhmachermeisterprüfung ab und die Werkstatt ging wieder in Familienbesitz über. Martin reparierte Schuhe und Taschen, während Heidi Krüger, gelernte Kauffrau, im Geschäft alle Hände voll zu tun hatte. Seit Januar 1972 leitet sie es eigenständig. Heidi Krüger ist mit dem Geschäft und ihren Kunden groß geworden. Noch heute bedient sie überwiegend Stammkundschaft, die ihren Weg zu „Leibnitzens" findet.

Kurz vor der Einführung der D-Mark verkauften Krügers alle vorrätigen Schuhe zu Spottpreisen. Die Nachfrage war so groß, dass nur ein einziges Paar übrig blieb. Die Regale wurden leergeräumt. Alles war für einen Neustart bereit. Das Geschäft wurde mehrfach erweitert und umgebaut. Neben Schuhen nahm die Inhaberin auch Kleinlederwaren, Schirme und Strümpfe ins Sortiment auf. Heute hat sich das Schuhhaus auf den Bereich „Bequemschuhe" spezialisiert. Durch die Konkurrenz der neu entstandenen Einkaufscenter konnte das Schuhhaus Leibnitz mit normalen Schuhen keine ausreichenden Umsätze mehr erzielen. Die Lösung fanden Krügers in fußgerechtem Schuhwerk für besondere Fußgrößen und -weiten. Seit Januar 1999 leitet Heidi Krüger Geschäft und Werkstatt. Mittlerweile wird sie dabei von ihrem Sohn André Krüger unterstützt. Als bester Lehrling seines Jahrgangs machte er gleich nach seiner Ausbildung im Jahre 1989 seinen Schuhmachermeister. Er wird dafür sorgen, dass das Schuhhaus Leibnitz in Thekla weiterhin seinem guten Namen alle Ehre macht.

Alfred Leibnitz (rechts) vor seinem Geschäft in der Hauptstraße, 1924

Shell Station Schönau

Leipzig · Lützner Straße 396

Inh. Gerd Linka

Tankstelle 1959

Das Grundstück in der Lützner Straße/ Ecke Schönauer Straße gehörte einst Kurt Schenke. Um 1927/28 errichtete die Gemeinde Schönau dort ein Doppelhaus mit 14 Wohnungen. Etwa zeitgleich entstand eine Tankstelle mit Wagenpflege, die an die britische Petroleumfirma OLEX verpachtet wurde. In den 50er Jahren verschwand ihr letzter Pächter Richtung Westen und die Tankstelle stand einige Jahre leer. Das Gelände verfiel und die Pachteinnahmen blieben aus. Anfang Juli 1957 erwarb die kaufmännische Angestellte Gerda Linka, geb. Schenke, die Ruine von der ausländischen Vermögensverwaltung und ihr Mann, der Architekt August Linka, übernahm die Bauleitung und passte die Tankstelle den Erfordernissen an. Damals verkauften Linkas etwa 400 Liter Kraftstoff am Tag. Sohn Gerd Linka hatte Bau- und Möbeltischler gelernt und fing 1957 als Wagenpfleger und Tankwart an. In den 70er Jahren wurde er Betriebsleiter der Tankstelle und im Februar 1978 übernahm er sie. Im Gewerbeschein wurde ihm die Auflage erteilt, die „Bevölkerung mit Kraftstoffen zu versorgen". Die Tankstelle gehörte zur Kategorie II und hatte täglich von 6:00 bis 20:00 Uhr geöffnet. Gerd Linka baute 1978 den Betrieb zur Großtankstelle Schönau aus und führte mit 16 Zapfsäulen die größte private Tankstelle in der DDR. Mit dem VEB Minol hatte er einen Kraftstoffliefervertrag abgeschlossen. Gemeinsam mit seiner Frau, Christa Linka, verkaufte der Geschäftsmann Ersatzteile, destilliertes Wasser, Schwämme, Zündkerzen, Pflege- sowie Waschmittel u.v.m. Autopflege per Hand war ebenfalls möglich. Die Kunden kamen aus einem großen Umkreis zu ihrer zuverlässigen und freundlichen Tankstelle. Besonders großer Andrang herrschte im Reisejahr 1990. Wartezeiten bis zu vier Stunden waren keine Seltenheit. Nachts wurden Autos in der Einfahrt geparkt, damit sie früh um 6:00 Uhr als „Erstes" betankt werden konnten. Linkas suchten sich 1991 einen neuen Partner und schlossen einen Agenturvertrag über Kraftstoffe und Öle mit Shell ab. Ihr heutiges Antlitz erhielt die Schönauer Tankstelle während eines Umbaus 1992. Seit dieser Zeit bis August 2000 wurde auch eine Werkstatt betrieben. Die Wagenpflege kann nach wie vor per Hand vorgenommen werden. Bequemer geht es mit der Waschanlage. Obwohl das Tankstellennetz heute dicht geknüpft ist, zieht das reichhaltige Verkaufs- und Serviceangebot immer noch Kundschaft aus dem Umland an. Die Kunden waren und sind die wichtigsten Personen im Unternehmen. Dafür wird auch Tochter Ines Jäschke künftig an der Shell Station Schönau sorgen.

Gerd Linka an der Benzinzapfsäule 1959

Alt-Connewitzer Blumenhaus

Leipzig · Meusdorfer Straße 18

Wilhelm Rischer fand in Leipzig Arbeit beim Gärtner Hildebrandt in der Arndtstraße. Dieser hatte 1864 dort eine Gärtnerei gegründet. Der Gärtner verstarb nach kurzer Zeit und hinterließ eine junge Witwe. Diese heiratete Wilhelm Rischer und nach ihrem Tod zog er 1882 in die Meusdorfer Straße 16. Bald verheiratete er sich erneut. Wilhelm übernahm später die Gärtnerei in der Meusdorfer Straße und verlegte den gesamten Betrieb dorthin. Es wurden 20 Gewächshäuser errichtet. Farne und Palmen bildeten die Hauptkultur. Weltberühmt wurden Wilhelm Rischers Dracaenen. Er züchtete ein Sortiment von 70 Sorten und beschickte damit Ausstellungen. Die Gärtnerei war außerordentlich spezialisiert. Gardenien und Asparagus plumosus wurden gezogen und sogar nach Japan versandt. Bald gehörte der große Garten des St. Elisabeth-Krankenhauses als Pachtland zur Gärtnerei. Fast die gesamte Freifläche wurde für Erdbeerkulturen verwendet. Im Ersten Weltkrieg wurden durch Kohlenmangel und das Fehlen von gelernten Gärtnern große Pflanzenbestände vernichtet. Das Pachtland musste aufgegeben werden. Auch die Zahl der Gewächshäuser wurde reduziert. Mit den Spezialkulturen war es vorbei. Gemischte Kulturen und viel Gemüse wurden im Krieg angebaut. In der Zeitzer Straße eröffneten Rischers ein Blumengeschäft. Helene Rischer, die spätere Frau Linke, musste die Gärtnerei allein versorgen. Bisher war sie im Stadtgeschäft tätig gewesen. Die Familie übernahm Gartenarbeiten und pflegte Anlagen. Im Jahre 1920 wurde die Gärtnerei an die Kinder Willy und Helene übergeben. Langsam stabilisierte sich das wirtschaftliche Leben auch für den Familienbetrieb „Rischer & Linke" wieder. Anfang der 30er Jahre wurde am Hotel "Astoria" ein zweites Blumengeschäft eröffnet. Die Söhne mussten in den Krieg ziehen. Eine Bombe beschädigte Wohnhaus und Gewächshäuser stark. Alle Gewächshausscheiben zerbarsten und splitterfreie Pflanzenerde gab es nicht mehr. Beide Stadtgeschäfte gingen verloren. Die Familie war auf den Verkauf in der Gärtnerei angewiesen. Der Mut, wieder ein Geschäft in der Stadt aufzumachen, fehlte. In der Meusdorfer Straße wurde 1948 ein Verkaufsraum eröffnet. In der Gärtnerei baute man hauptsächlich Gemüse an. Ab 1953 lebten dort vier Familien unter einem Dach. Der Verkauf lief nur noch über den Ladenpavillon in der Meusdorfer Straße. Gefragt waren Gemüse- und Tomatenpflanzen, die in der Gärtnerei selbst gezogen wurden. Kalkulierbare und regelmäßige Einkünfte brachte die Belieferung von Gaststätten und Hotels mit frischen Blumen. Bei der Vorbereitung von Messen, Konferenzen und Feiertagen halfen alle Familienangehörigen mit. In den 60er Jahren wurde die Fleurop-Dienstleistung wiederbelebt. Die Gärtnerei "Rischer & Linke" war eines der ältesten Fleuropmitglieder und in Connewitz zudem noch das einzige. 1987 übergab Eleonore Linke das Geschäft an ihre Tochter Gaby. Anfang der 90er Jahre verkauften Linkes Land, vermieteten Garagen und gaben 1992 die Gärtnerei ab. Sie errichteten 1995 einen Neubau mit drei Geschäften und Eigentumswohnungen. Gaby Linke bedient ihre Kunden heute im „Alt-Connewitzer Blumenhaus", d. h. in einem der drei Geschäfte.

Drogerie Linke

Leipzig · Peterssteinweg 13

Die Geschichte des Grundstücks im Peterssteinweg 13 reicht bis ins Jahr 1640 zurück. Dort wurde um 1780 eine Seilerei erbaut. Das bekannte "alte Seilerhaus" wurde am 30. Mai 1842 von Friedrich Wilhelm Wagner begründet. Der Seilermeister führte einen Handwerksbetrieb mit Geschäft. Die Seilerbahn befand sich auf einem dahinter gelegenen Platz und auch in dem langgestreckten Hintergebäude. Die Einführung von Maschinen veränderte den Betrieb wesentlich und das moderne Geschäft führte neben Seilerwaren auch Artikel wie Bürsten, Besen, Pinsel usw. Im "alten Seilerhaus" arbeitete auch Gustav Robert Linke als Geselle. Er siedelte 1881 nach Leipzig über und machte sich am 1. Oktober 1885 mit der Übernahme des Geschäfts selbstständig. Die Firma hieß nun "G. Robert Linke, vormals W. Wagner, Seiler- u. Bürstenwaren". Gustav Robert wurde mit zahlreichen Auszeichnungen und Goldmedaillen für sein Wirken geehrt. Seit 1918 war er Obermeister bzw. Ehrenobermeister der Leipziger Seiler-Innung. Ein wichtiges Ereignis war für ihn der Abbruch des "Römischen Hauses" und der damit verbundene Abriss des stadtbekannten Seilerhauses, das er 1891 gekauft hatte. Die Gebäude fielen 1905 dem Durchbruch der Härtelstraße zum Opfer. Für zusätzliches Aufsehen, neben der Diskussion um die Umgestaltung des beliebten grünen Areals und des Römischen Hauses, sorgte am 1. April 1905 ein in der Presse veröffentlichter Aprilscherz. Die Baugrube war ausgehoben und es war zu lesen, dass auf der Gemarkung Peterssteinweg Nr. 13 eine Quecksilberquelle gefunden worden sei. Das sorgte für einen Massenauflauf von Schaulustigen. Mit dem Umbau ging auch die Zeit des Handwerksbetriebes zu Ende. Im neuen Haus eröffnete nur noch das Fachgeschäft für Seiler-, Bürstenwaren und "Toilette-Artikel". Mitte der 30er Jahre kam der einzige Sohn, Walther Linke, ins Geschäft. Der gelernte Maschinenbauingenieur übernahm Anfang 1940 das Geschäft von seinem 80-jährigen Vater.

Seit September 1965 führt nun Sohn Peter Linke das Geschäft. Drogist wurde er nur auf Drängen seiner Eltern. Peter war auch noch Kraftfahrzeugschlosser und als Berufskraftfahrer tätig. Als seine Eltern in Rente gingen, beantragte er 1966 den Gewerbeschein für die Drogerie: "Robert Linke, Inhaber Peter Linke, Fachdrogerie, Seiler-Bürstenwaren-Toilette-Artikel". Im gleichen Jahr schloss er einen Kommissionsvertrag mit der HO ab. Gemeinsam mit seiner Frau Gabriela baute er den Laden weiter aus und machte das Geschäft zur Fachdrogerie. Noch heute werden in traditioneller Ladeneinrichtung klassische Drogerieartikel angeboten und das älteste Fachgeschäft im Peterssteinweg erhielt seinen unverwechselbaren Charakter und den Charme seiner sachkundigen und stets individuellen Bedienung. Traditionen allein sind jedoch kein Garant für die Zukunft. Die Rezession der kleinen Läden macht auch vor der Drogerie Linke nicht halt. Für Tochter Martina ist die Übernahme der elterlichen Drogerie kein Thema. Peter und Gabriela möchten noch bis zum 31. Dezember 2001 "durchhalten". Wenn bis dahin kein Wunder geschieht, geht die kleine Drogerie, wenn der Euro kommt.

Textil-Lippelt

Inh. Silke Nikolow

Leipzig · Weißestraße 32

Kurt Lippelt stammte aus einer angesehenen Gastronomen- und Kaufmannsfamilie. Sein Vater betrieb ein Restaurant und seine ältere Schwester besaß in Erfurt ein eigenes großes Kaufhaus. Dort erlernte Kurt den Beruf des Kaufmanns. Die Schwester lebte das Leben einer unabhängigen selbstständigen Geschäftsfrau und Kurt fasste den Entschluss, sich ebenfalls auf eigene Füße zu stellen. Kurt Lippelt öffnete einen kleinen Laden in Erfurt. Den jungen Geschäftsmann zog es jedoch nach Leipzig, wo er seine Thea heiratete und mit ihr 1932 ein Textilgeschäft eröffnete. Textilien, Strümpfe und Kurzwaren sowie Änderungen und Reparaturen bot er zunächst in der Bayerschen Straße an. 1943 zerstörten Luftangriffe das Geschäft vollständig. Erst 1946 wagten Lippelts in Stötteritz in der Weißestraße 32 einen neuen Start. Der Anfang in den Nachkriegsjahren war nicht einfach, doch mit Reparaturaufträgen, wie Kragen- und Bettwäscheausbessern sowie Hosen und Jacken mit Knöpfen zu versorgen, wurde das Geschäft in kurzer Zeit zu einer beliebten Adresse. Bis in die 50er Jahre gab es für den kleinen Laden eine direkte Konkurrenz. Nur 10 m von Lippelts Eingang entfernt befand sich ein großes Textilgeschäft. Als das Geschäft altershalber geschlossen wurde, boten sich für Kurt Lippelt optimale Entfaltungsmöglichkeiten. Seine Frau und freundliches Personal hatten alle Hände voll zu tun. Die Dia-Werbung in Kinos unter dem Slogan: "Alles tippelt auf Strümpfen von Lippelt!" tat ihr Übriges. Ordnung bedeutete für Kurt das ganze Leben. Liebevoll gestaltete er Schaufenster und Etiketten. Nach dem Tod seiner Frau 1963 machte er mit dem Personal allein weiter. 1966 heiratete er Gertraude, die ihn ebenfalls im Geschäft unterstützte. Anfang der 70er Jahre kam zu den Dienstleistungen noch die Laufmaschenreparatur hinzu. Dieser Service war sehr gefragt, da neue Strümpfe teuer waren. Gern nahmen die Kunden an den Annahmetagen die langen Wartezeiten in Kauf. Als Kurt 1973 verstarb,

Diverse Geschäftsdrucksachen

setzte Gertraude sich für den Erhalt des Geschäftes ein und führte es als Kommissionshändlerin bis 1989 weiter. Im Jahre 1990 privatisierte sie das Unternehmen vollständig und betrieb es freundlich und kompetent bis 1997, dann übergab sie es aus Altersgründen an ihre Tochter Silke Nikolow. Die Textilkauffrau hat im elterlichen Geschäft gelernt und seit 1983 gearbeitet. 1995 erhielt der Laden außen eine neue Schaufensteranlage. Innen wurde nichts verändert. Untertrikotagen und Miederwaren liegen nach wie vor in einer Glasvitrine und sind somit vor Verschmutzungen geschützt. Textil-Lippelt präsentiert sich weiterhin mit dem gewohnten Charme und der Kunde bleibt König.

Kristall Lorenz Porzellan OHG

Leipzig · Grimmaische Straße 1-7 (Handelshof)

Die Eheleute Albin und Johanna Lorenz machten sich am 15. Januar 1924 am Dorotheenplatz selbstständig. In der "großen Etage" verkauften sie Kristall, Porzellan, Silberwaren und Kunstgewerbe. Als im Dezember 1943 Bomben große Teile Leipzigs in Schutt und Asche legten, blieb auch ihr Geschäft nicht verschont. In der Albertstraße boten die Geschäftsleute nach kurzer Zeit wieder Waren an, die sie nur mühsam auftreiben konnten. Vater Albin starb 1946 und die Firma ruhte auf den Schultern der Mutter, die noch für vier Kinder zu sorgen hatte. Zwei von ihnen, Werner A. R. Lorenz und Christian Lorenz, sind heute die tätigen Gesellschafter des Geschäftes. Die Konten waren eingefroren und der Verkauf lief nur auf Bezugsscheine, die in den letzten Kriegsjahren eingeführt worden waren. Für "Punkte" gab es auch die rationierten Milchtöpfe. Gute Ware fehlte. Erst Mitte der 50er Jahre erreichten die Erzeugnisse die Qualität der Vorkriegszeit wieder. "Kristall Lorenz" war in die Untergrund-Messehalle auf den Markt gezogen, die ausgebombten Einzelhändlern in der Nachkriegszeit als Handelsplatz diente. 1948 brannte die Halle samt Ladenstraße aus. Wieder hatte das Unternehmen alles verloren. Ein kompletter Neuanfang erfolgte am Hallischen Tor. Dort blieb die Firma bis 1968. Diesmal musste das Geschäft der sozialistischen städtebaulichen Planung weichen. Ein erneuter Umzug stand an. Seither können die Auslagen mit Kristall- und Porzellanartikeln im Handelshof in der Grimmaischen Straße bewundert werden. Bei der Belieferung durch den Großhandel wurde die Firma "Kristall Lorenz" gegenüber den staatlichen Geschäften benachteiligt, da sie wie seit jeher auf ihrer völligen wirtschaftlichen Selbstständigkeit beharrte. Das altbekannte Geschäft stellte sich immer in den Dienst des Kunden. Die Seniorchefin und auch ihre beiden Söhne, die im elterlichen Geschäft ihre Ausbildung erhalten hatten, verfügten über gute Beziehungen zu Produzenten und Künstlern. Sie brachten eigene Ideen zur Entwicklung verschiedener Dekore ein und gaben Anregungen für neue Kreationen. Sie wollten immer "schöne Dinge verkaufen, die auch selbst gefallen". Die Brüder hatten 1977 als Kaufleute das Geschäft übernommen und waren ständig bei Lieferanten und Produzenten unterwegs, um ihr Geschäft mit einem möglichst breiten Angebot zu versorgen. Selbstständige Maler ermöglichten es, dass auch individuelle Wünsche berücksichtigt werden konnten. Senior- und Juniorchefs waren stets darauf bedacht, den Kunden etwas Besonderes zu bieten. Sie stellten im letzten Jahrzehnt die traditionellen Beziehungen zu den sächsischen und thüringischen Porzellanmanufakturen wieder her. Das ermöglicht ihnen heute, wo Artikel aller führenden Porzellanmanufakturen angeboten werden, auch ausgefallenen Vorstellungen der Kundschaft zu entsprechen. Der Familientradition folgt bereits die nächste Generation, die ihre Ausbildung im Geschäft erhalten hat. Yvonne und Andreas sorgen gemeinsam mit den Seniorchefs dafür, dass jeder Kunde seine Wünsche in puncto Kristall und Porzellan erfüllt bekommt.

Zweite und dritte Generation Mitte der 80er Jahre

Luther - Drogerie

Leipzig · Arthur-Hoffmann-Straße 53

Innenansicht Anfang der 70er Jahre

Bei der Krähenhütte 11-13 in Dölitz öffnete am 1. Oktober 1946 eine Drogerie ihre Pforten. Voraussetzung für die Eröffnung eines Drogeriegeschäfts war neben ausreichendem Geld und guten kaufmännischen Kenntnissen selbstverständlich das Vorhandensein eines ausgebildeten Drogisten. Heinrich Luther war dieser Drogist. Er gab dem kleinen Geschäft seinen Namen. Über kaufmännische Fähigkeiten, gutes Geld und vor allem über viele Beziehungen und Ideen verfügte Helmut Votteler. Als Seemann kannte sich Votteler in der Welt aus. Eigeninitiative und Durchsetzungsvermögen gehörten zu seinen Stärken und so versuchte er sein Glück in Leipzig mit dem Verkauf von Farben, Drogerie- und Parfümerieartikeln. Es funktionierte so gut, dass er und seine zweite Ehefrau, Elfride Votteler, sich zu Drogisten ausbilden ließen. Nach drei Jahren zogen sie in die Arthur-Hoffmann-Straße 53. Dort wurden die Räumlichkeiten einer Bäckerei umgebaut und dienten fortan dem Verkauf von Drogerieartikeln. Seither sind "Luthers" unter dieser Adresse zu finden. Hier verbrachte auch Tochter Christiane einen Großteil ihrer Kindheit. Frühzeitig wurde sie im Umgang mit Chemikalien, Bleichlaugen, Kreide und Gips vertraut. Damals musste Helmut die Farbe aus großen Fässern in kleine Gläser und Dosen abfüllen. Tochter Christiane klebte dann Etiketten drauf und fuhr sie auch schon mal mit dem Handwagen zum Kunden.

Zu DDR-Zeiten blieben Farben und Lacke stets gefragt. Dennoch suchte Helmut Votteler immer nach neuen Geschäftsideen und Marktlücken. Er pflegte seine Beziehungen zu den verschiedenen Handelsvertretern. Ende der 60er Jahre erschloss er sich so ein neues Angebotssortiment. Aus dem Erzgebirge bezog er Holzschnitzereien: Weihnachtspyramiden, Engel, "Raachermännl" usw. In den 80er Jahren war das Angebot jedoch rückläufig, da die begehrten kleinen Figuren vom Staat für den Export benötigt wurden. Großer Beliebtheit erfreute sich auch weiterhin der alljährlich angebotene Weihnachtsbaumschmuck. Wurden diese Weihnachtsengel oder -kugeln noch gemütlich über oder unter dem Ladentisch gehandelt, so entwickelte sich der Verkauf von Silvesterknallern und -raketen jeweils zu einem Akkordverkauf. Die Kunden standen Schlange und rissen sich um ihr Silvestervergnügen. Binnen weniger Stunden wurden gewaltige Mengen pyrotechnischer Erzeugnisse umgesetzt. In zwei Tagen gab es manchmal Einnahmen bis zu 20.000 Mark. Bis Ende der 80er Jahre konnten in der Luther-Drogerie sieben Mitarbeiter beschäftigt werden. Dann waren es noch fünf. Heute steht die Chefin allein im Geschäft. Helmut Votteler führte die Drogerie bis 1976 rein privat. Elfride wandelte sie dann in einen Kommissionshandel um. Die Geschäfte wurden berechenbarer. Ende 1979 übernahm Tochter Christiane Mitschke die Leitung. Sie führt den Laden auch bis heute. Außer Drogerieartikeln, Pharmazeutika und Kosmetika kann man hier direkt neben einer Haltestelle seine LVB-Fahrscheine kaufen, sich die Wartezeit mit dem Ausfüllen eines Lotto-Scheines verkürzen oder gleich die Urlaubsfotos zum Entwickeln abgeben. Eine Zeitung oder Zeitschrift für die Bahnfahrt findet man sicherlich auch noch.

Franz-Mehring-Haus

Leipzig · Goethestraße 3-5

Buchhandlung

Das am 18. August 1945 in der Goethestraße 3-5 gegründete Unternehmen war jahrzehntelang größte Buchhandlung der DDR und blieb auch nach der Wende eines der größten seiner Art. Heute ist das Geschäft aus der großen Kuppelhalle und den nördlichen Räumen ausgezogen. Die Buchhandlung befindet sich wie in ihren früheren Jahren im geräumigen südlichen Teil mit umfangreicher Galerie und Untergeschoss. Im Jahre 1945 als Partei-Buchhandlung gegründet, betrieb das Unternehmen neben dem Buchhandel eine Leihbücherei mit Büchern im Wert von ca. 3.000 Reichsmark. Schnell erreichten „Mehrings" den Umsatz eines buchhändlerischen Großbetriebs (Gesamtumsatz für 1946: Reichsmark 1.349.693). Während sich am Anfang der Umsatz aus dem Verkauf von Altbeständen zusammensetzte, wurde er im zweiten Halbjahr 1946 hauptsächlich mit Neuproduktionen erzielt. Die Kunden rekrutierten sich aus allen Bevölkerungsschichten. „Mehrings" galten im deutschen Buchhandel als „Musterbetrieb einer erfolgreichen Neugründung". Einer starken Nachfrage erfreuten sich die Kinderzeitschriften „ABC" und „Schulpost" sowie die Lehrerzeitschrift „Die neue Schule". Rückläufig war lediglich der Bezug der Zeitschrift „Einheit", einer politischen Zeitschrift des Verlages Dietz. Das meistgefragte Buch war seinerzeit "Mehring: Preussische Geschichte". Bevor es eine Universitätsbuchhandlung gab, wurden die Kongresse der Universität immer von „Mehrings" betreut. Auf der Landwirtschaftsausstellung agra verkaufte man Bücher in einem Pavillon, hatte Filialen für Fachbereiche und ein klassisches Antiquariat. Eine wichtige Aufgabe war, das Buch zum Leser zu bringen. Hunderte von ehrenamtlichen Mitarbeitern erbrachten im Außendienst einen großen Teil vom Gesamtumsatz der Buchhandlung. „Mehrings" hatten auch berühmte Kunden wie Hans Mayer, Max Frisch oder Ove Sporgoe, alias Egon Olsen. In den 80er Jahren erweiterte sich die Buchhandlung Franz-Mehring-Haus um die Kuppelhalle, die bislang als Lesesaal für Studenten diente. Die Bücher konnten in ungewöhnlicher Großzügigkeit präsentiert werden und die Halle wurde Mittelpunkt des Hauses. „Mehrings" waren zu einer der gefragtesten Buchhandlungen des ganzen Landes geworden. Dafür gab es zahlreiche Gründe. Sicherlich gehörte die einzigartige Stellung Leipzigs als Buchstadt ebenso dazu, wie die günstige Lage zwischen Bahnhof und Universität. In der Messestadt hatten die meisten Verlage ihren Sitz. Hier gingen sie mit Neuheiten an die Öffentlichkeit und nutzten Lage sowie Bekanntheit des Franz-Mehring-Hauses und das entwickelte geistig-kulturelle Klima der Stadt. Nicht zuletzt ist dies auch ein Verdienst des langjährig erfolgreich agierenden Mitarbeiter- und Leitungsteams unter dem früheren Leiter und heutigen Geschäftsführer Wolf-Diethelm Zastrutzki und der Verkaufsleiterin Gerty Funk, die seit fast 20 Jahren die rechte Hand vom Chef ist.

Buchmarkt auf dem Leipziger Marktplatz 1981

Ronny Messall

Haushaltwaren – Elektrokleingeräte

Leipzig · Könneritzstr. 58

Edwin Höschler war einst Verkäufer bei Koffer Mädler in Leipzig und heiratete 1902 die Verkäuferin Clara Leschke. Mit einer Abfindung der Firma Koffer Mädler in der Tasche gründete Höschler im Frühjahr 1903 in der Könneritzstraße 58 das Unternehmen “Eisenwaren, Werkzeuge und Wirtschaftsmagazin Edwin Höschler”. Begünstigt durch den Standort entwickelte sich die Handelsbilanz ausgezeichnet. Als Mitglied im Eisenwarenhändlerverband Leipzig-West nahm er Lieferungen en gros als Sammelbestellung für die anderen Händler entgegen. Glas- und Porzellanwaren wurden nach dem Ersten Weltkrieg zusätzlich angeboten. Tochter Marianne Höschler hatte 1936 eine kaufmännische Lehre abgeschlossen und trat in das väterliche Geschäft ein. Sie besuchte 1944 die Eisenhändlerschule in Bad Düben und ein Jahr darauf musste sie bereits die alleinige Verantwortung für die Eisenwarenhandlung übernehmen. Das Unternehmen wurde 1956 aus verschiedensten Gründen zahlungsunfähig und der Großhändler und angestellte Vertreter Ernst Werner kaufte sich als neuer Inhaber ein. Da er keinen Nachfolger hatte, verkaufte er 1984 die Firma an den jetzigen Inhaber Ronny Messall und dessen Ehefrau Margit. Sie ist von Beruf Handelskauffrau und Ronny Messall absolvierte eine Druckerlehre bei “Interdruck”. Von 1979 bis 1984 arbeitete er als Vertreter der GHG (Großhandelsgesellschaft) Haushaltswaren (Fachrichtung Werkzeuge und Eisenwaren) und erlangte an der Betriebsakademie den Abschluss als Handelskaufmann.

Nach der Wende stieg der Warenbestand enorm und 1994 erfolgte die Trennung in zwei Verkaufsbereiche: Einerseits Glas und Porzellan sowie andererseits

Schaufensterwerbung Mitte der 30er Jahre

Eisenwaren, Werkzeuge und Elektroartikel. Das übersichtlichere Angebot wurde von der Kundschaft positiv angenommen. Gegenwärtig beschäftigt das Inhaberehepaar drei Verkäuferinnen. Einen leichten Stand hat das Unternehmen indes nicht. In Schleußig ist die Einwohnerzahl stark zurückgegangen. Das Ehepaar Messall ist ständig darum bemüht, durch Fachberatung, Reparatur von Fremdwaren oder vierzehntägigen Schaufensterauslagenwechsel die Attraktivität ihres Einzelhandelsgeschäftes zu erhöhen. Apropos Ausgestaltung: In der Glas- und Porzellanabteilung der Firma Messall können sich Innendekorations- und Schauwerbegestalter noch manche kreative Anregung holen.

Fa. Hugo Moritz

Leipzig · Ludwigsburger Straße 9 (ehemals)

Gründer mit Enkel im Frühjahr 1954

Hugo Moritz stammte aus einer Eisenwarenhandlung im schlesischen Löwenberg. Er ging nach einer Handelsgehilfenlehre auf Wanderschaft, die ihn nach Leipzig führte. Dort erwarb er in der Gundorfer Straße (heute Georg-Schwarz-Straße) ein Haus und gründete am 1. September 1909 die Fa. Hugo Moritz. Die erste Tageseinnahme der Eisenwarenhandlung belief sich auf siebenunddreißig Goldmark und fünfzig Pfennige. Zum Anfangssortiment auf der 60 qm großen Verkaufsfläche gehörten u. a. Waschhauskessel, Öfen, Kleinkaliberwaffen, Anglerbedarf, Glas, Porzellan, Scheuersand, Kohlenanzünder, Eisenspielwaren (u.a. Märklin- und Trix-Eisenbahnen), Schlittschuhe und Rollschuhe. Nach dem Ersten Weltkrieg kauften viele Betriebe bei Hugo Moritz ein. Die Firma gewann Großabnehmer hinzu und 1933 betrug die Gesamtverkaufsfläche bereits 140 qm. Der dazu erforderliche Umbau hatte 5.000 Reichsmark gekostet. Das gesamte Haus wurde auf Pfähle gesetzt, um im Erdgeschoss Fläche für den Verkauf zu gewinnen. Bis in die 40er Jahre wurden durchschnittlich dreizehn Mitarbeiter beschäftigt. Hugo Moritz übertrug 1956 die Firmenleitung auf seinen Sohn Horst. Dieser übergab am 1. April 1979 dem Enkel des Gründers, Hans-Dieter Moritz, die Nachfolge. Hans-Dieter erlangte die mittlere Reife und schloss eine Fachhändlerlehre ab. Als Verkaufsstellenleiter war er in einer Büro- und Künstlerbedarfsfirma tätig. Mit viel Geschick und Fingerspitzengefühl führte er den Familienbetrieb durch die sozialistische Planwirtschaft und die stürmischen Wendezeiten. Das Sortiment der Fa. Hugo Moritz stand unter dem Motto: "Alles rund um Tisch und Küche". Neben all den praktischen Dingen für den Haushalt gab es auch Haushaltwaren, die höchsten Qualitätsansprüchen genügten. Flankiert wurde dieses Angebot von Dienstleistungen wie Reparaturen, Gravur- und Schleifdienst, Katalogbestellungen, Ausrichtung von Hochzeitstischen, kostenloser Auslieferung oder Geschenkverpackung. Mit der Entscheidung, das Sortiment zu spezifizieren, ging auch ein Standortwechsel einher. Die zunehmende Kriminalität im Leipziger Westen zwang zur Aufgabe des traditionellen Firmensitzes. Das Geschäft ging in das Allee-Center in Grünau. Aufgrund des starken Kosten- und Konkurrenzdrucks entschied sich der Inhaber im Frühjahr 2000 zur Aufgabe.

Laden in der Gundorfer Straße

Messer Müller

Inh. Rolf Müller

Leipzig · Eisenbahnstraße 23

Der Handwerksmeister I.C. Müller gründete Mitte März 1902 im Romanushaus am Brühl das Stammhaus der Firma Messer Müller. In der Hainstraße wurde 1936 ein zweites Geschäft eröffnet. Dieses Geschäft wurde im Zweiten Weltkrieg ausgebombt. Eine wahre Odyssee begann im April 1955 mit dem Geschäftsumzug seines Sohnes Rudolph in die damalige Ernst-Thälmann-Straße, heute Eisenbahnstraße 32. Von da ging es in die Nr. 36, dann 1978/79 über die Straße in die 21 und wieder zurück auf die andere Seite in die 16/18. Seit Mai 1996 ist nun die Nr. 23 das Domizil der Firma. Mit diesem Wechsel ging eine Profilerweiterung des Geschäfts einher. Das bislang als reines Fachgeschäft für Schneidwaren (Messer, Scheren und Bestecke) sowie für freie Waffen (Luftdruck- und Schreckschusswaffen) geführte Handelsgeschäft hält seither ein sehr umfangreiches Angebot an Porzellan, Glas, Kristall und Keramik bereit. Untrennbar mit dem Geschäft Messer Müller verbunden ist die eigene Schleiferei in der Lindenthaler Straße in Gohlis. Seit der Gründung deckt sie einen wichtigen Servicebereich des Unternehmens ab. Rolf, der Enkel des Firmengründers, hatte sie im Oktober 1976 übernommen und sich damit selbstständig gemacht. 1982 übergaben die Eltern Rudolph und Lisbeth aus Altersgründen das Geschäft an Rolf und seine Frau Annelies. Rolf Müller hat seinen Beruf von der Pieke auf gelernt. Seinen Meister als Instrumenten- und Messerschmied hat er am 4. Juni 1964 mit einer exzellenten Prüfung erreicht und ein Meisterstück „Aller Ehren Wert" angefertigt. Unvergessen wird seinen Freunden hingegen die anschließende Feier bleiben. „MM" – Messer Müller hatte in den Ratskeller zum Fest geladen. In aller Eile hatte er jedoch telefonisch in Auerbachs Keller bestellt. Der Abend konnte gerettet werden und von Freunden wurde ein neuer Beiname kreiert: „Keller Müller". Unermüdlich war Rolf mit seiner Wartburg-Limousine samt Hänger unterwegs, um Waren heranzuschaffen. Wenn er fündig wurde, kam es schon mal vor, dass die Ladefläche nicht ausreichte und so 20 bis 30 Pakete mit Waren per Post nach Leipzig geschickt wurden. Im Gepäck befanden sich hin und wieder Geweihe und Abwurfstangen von Rehwild, welche er unterwegs gekauft hatte und dann zur Herstellung von Kunstgewerbeartikeln weiter veräußerte. Aus Rohlingen von Messern und Gabeln wurden in der Werkstatt Bestecke hergestellt. „MMM" war für seine Kunden nicht nur offizielles Kürzel für die DDR-Jungerfinderausstellung „Messe der Meister von Morgen". Sie interpretierten es auf ganz eigene Weise: „Müller macht´s möglich"!

Geschäft im Romanushaus Mitte der 30er Jahre

Jüngeren Kollegen seiner Zunft ist Rolf Müller mit Sicherheit noch als Dozent an der Betriebsakademie in Zwickau bekannt. Bei der Meisterausbildung von 1985 bis 1990 war er schließlich Mitglied der Prüfungskommission.

Nagelschmidt Elektrowaren

Leipzig · Eisenbahnstraße 136

Torgauer Platz mit den Firmen Nagelschmidt und Heilmann

Im Mai 1946 legte der Feinmechaniker Erwin Nagelschmidt in Leipzig den Grundstein für sein Elektrowarengeschäft. Schon in seiner Geburtsstadt Berlin hatte er mit Elektrotechnik und Messwerkzeugen gehandelt. In den Nachkriegswirren kam Erwin mit seiner Frau nach Leipzig und fand in der Eisenbahnstraße Nr. 136 Räume, in denen er Elektroarbeiten durchführen konnte. Von Vorteil waren seine Verbindungen zum Osram-Werk in Berlin. Glühlampen, Heizspiralen und anderes Kleinmaterial wurden in Berlin beschafft, von seinen Eltern in Heimarbeit zu Heizungen und Lampen zusammengebaut und anschließend auf recht abenteuerliche Weise nach Leipzig transportiert, z. T. befestigt an verabredeten Puffern der Züge, die von Berlin nach Leipzig fuhren. Die Leipziger Kunden waren dankbar. Erwin fuhr auch aufs Land. Bei den Bauern waren besonders elektrische Zigarettenanzünder gefragt. Rauchverzehrer verschiedenster Größe und Form kamen in Mode und verkauften sich gut. Die Beschaffung der Exemplare wurde jedoch von Jahr zu Jahr beschwerlicher. Der Weg führte schließlich nur über private Großhändler. Die letzten dieser Rauchverzehrer wurden nach der Wende noch an Angehörige der abziehenden Sowjetarmee verkauft – zum alten Preis von 10 bis 15 Mark pro Stück. Mit viel Geschick, Experimentierfreude und Beharrlichkeit gelang es Erwin Nagelschmidt, seine Firma im Leipziger Osten zu etablieren. Handwerk und Handel kombinierte er zunächst. Später verselbstständigte sich dann das Handwerk. Schließlich wurde 1961 eine Produktionsgenossenschaft gegründet. Vater leitete die PGH und Mutter führte als Kommissionshändlerin den Laden. Die experimentierfreudige Firma machte sich bald einen Namen mit allerlei Nach- und Umbauten sowie der Erledigung komplizierter Reklamationsarbeiten an Importprodukten. Handwerkliches Können allein reichte Erwin Nagelschmidt nicht aus. Mit 50 Jahren qualifizierte er sich 1966 noch zusätzlich zum Ingenieur-Ökonomen, damit er mit seiner kleinen PGH auch Großprojekte bearbeiten konnte. Jetzt beteiligte sich die Firma auch an Kabelerdverlegungen, an der Konstruktion von Luftverteilungen an Bauwagen, an der Projektierung der Beleuchtungsanlage des Leipziger Schwimmstadions sowie an den elektrischen Anlagen im sog. "Kohlrabizirkus"- der Großmarkthalle. Mit solchen Projekten war 1972 Schluss. Die Vergabe von Projektierungsaufträgen erfolgte fast ausschließlich an „volkseigene" Betriebe. Jetzt zahlte sich das Ladengeschäft aus. Begehrte Artikel wie Tiefkühltruhen, Kaffeemaschinen oder Umlufthauben konnte der geduldige Kunde im Geschäft "erstehen".

Im Jahre 1981 erkrankte Erwin Nagelschmidt schwer. Sein Sohn Detlef sprang in die Bresche. Der Diplom-Ingenieur für Elektrotechnik übernahm 1982 die Geschäfte. Dem rührigen Sohn gelang es, bis Ende der 80er Jahre den Umsatz zu verdoppeln. Neben dem Handel mit Elektrowaren bildet der Kundendienst mit Hausbesuchen, Reparaturen, Anschlüssen und Umbauten eine stabile Säule des Unternehmens. Getreu seinem Slogan: "Wir reparieren alles – außer Glühbirnen!", stellt das Geschäft einen wichtigen Nahversorger am Torgauer Platz dar.

Fa. A. Nitsche Modelleisenbahnen

Inh. Michael Puschner

Leipzig · Altranstädter Straße 44

In Leipzig Kleinzschocher, in der Nähe des Adlers, genauer in der Altranstädter Straße steht die Wiege des Modelleisenbahnfachgeschäftes A. Nitsche.

Begonnen hat alles mit Fahrrädern. Laut Gewerbeschein gründete Alfred Nitsche am 26. Februar 1924 ein Einzelhandelsgeschäft für Fahrräder und Zubehör sowie eine eigene Werkstatt für Fahrradreparaturen. Später kam der Handel mit Nähmaschinen, Grammophonen, Schallplatten, Rundfunkgeräten und Spielwaren hinzu. In der Altranstädter Straße 16 mietete er zwei Lagerräume als Verkaufsraum und Werkstatt. Alfred Nitsche, Jahrgang 1891, stammte aus einer Arbeiterfamilie und absolvierte eine Lehre als Buchdrucker und Schriftsetzer. Nach seiner Rückkehr aus dem Ersten Weltkrieg herrschten überall wirtschaftliche Unsicherheit, Inflation und Arbeitslosigkeit. Alfred wagte den Schritt in die Selbstständigkeit. Die ersten beiden Fahrräder, die er von einem Schulfreund in Kommission erhielt, verkaufte er noch in seiner Wohnung. Anfangskapital besaß er keins. Im Jahre 1927 baute und eröffnete er in der Dieskaustraße 23 einen kleinen Laden, der später erweitert wurde. Das Geschäfts- und Wohnhaus in der Altranstädter Straße 44 entstand 1933. Ostern 1934 begann Sohn Werner im Geschäft seines Vaters eine kaufmännische Lehre und besuchte gleichzeitig die Öffentliche Höhere Handelslehranstalt in Leipzig, die er als Kaufmannsgehilfe erfolgreich abschloss. Vater Alfred hatte 1935 die Meisterprüfung im Mechanikerhandwerk absolviert und gründete 1945 mit seinem Sohn eine OHG. Alfred Nitsche starb 1946 im 55. Lebensjahr an den Folgen eines Unfalls. Zeit für einen Urlaub mit der Familie hatte er nie gefunden. Seine Witwe Elisabeth trat als Komplementärin in die OHG ein. Die Firma wurde von Werner und Gertrud Nitsche weitergeführt. Gertrud unterstützte ihren Mann jederzeit tatkräftig, so dass oftmals Familie und Haushalt zu kurz kamen. Hans Thiele übernahm 1983 die Abteilung Fahrrad und Spielwaren in den Geschäftsräumen Dieskaustraße 23. Nitsches spezialisierten sich auf Modellbau, Bastelbedarf und Modelleisenbahnen. Nach Beseitigung der Schäden einer Brandkatastrophe und Wiedereröffnung suchte Werner Nitsche im 70. Lebensjahr einen würdigen Nachfolger. Ein bis dato guter Kunde ergriff die Gelegenheit und besprach mit Werner Nitsche die Übernahme der Firma.

Besagter Kunde, Michael Puschner, ist nun seit zehn Jahren Inhaber und führt die Firma im Sinne des Gründers und des Nachfolgers fort. Der Start in die Selbstständigkeit für den Elektrosignalmechaniker der Deutschen Reichsbahn war sehr schwer. Michael Puschner und seiner Frau Marina wurde nichts geschenkt. Der Wille war da, jedoch die finanziellen Mittel, bürotechnischen und logistischen Voraussetzungen ließen zu wünschen übrig. Ein modernes Warenwirtschaftssystem für 50.000 DM hilft nun die Artikelvielfalt zu managen. In den letzten Jahren wurden Schaufensterfront und Hausfassade sowie die Ladeneinrichtung komplett neu gestaltet. Das Fachgeschäft für Modelleisenbahnen beschäftigt heute drei Mitarbeiter und hat einen großen Kundenstamm, der weit über die Stadtgrenzen hinaus reicht.

Altranstädter Straße, 1933

Blumen-Nitzschke

Leipzig · Könneritzstraße 51

Am 1. Mai 1933 stand Otto Nitzschke das erste Mal mit einem Korb voller Blumen beim Bäcker Wagner an der Ecke Rochlitzstraße/Könneritzstraße. Der gelernte Zimmermann fand zwischen 1930 und 1933 nur ab und zu Arbeit und tat schließlich den Schritt in die Selbstständigkeit. Ottos älterer Bruder war Blumengroßhändler und seine Ehefrau Charlotte eine gelernte Blumenbinderin. Was lag da für Otto Nitzschke näher, als sich dem Geschäft mit den Blumen zu widmen. Beim Bäcker gingen täglich Leute ein und aus, die bei Nitzschke auch ein paar Sträußchen kauften. Bäcker Wagner war dem jungen Blumenverkäufer zugetan und so bot er ihm 1934 den Hof an seinem Bäckerhaus zum Aufstellen eines Straßenwagens und im Keller Platz für zwei Körbe mit frischen Blüten und Grünem. Im Jahre 1936 gab die Inhaberin der Kurzwarenhandlung an der Ecke Könneritzstraße 61 aus Altersgründen ihr Geschäft auf. Kurzerhand zog das Blumengeschäft um. All das brachte jede Menge neuer Arbeit für das Ehepaar Nitzschke mit ihren zwei Angestellten. Otto fuhr früh um sechs Uhr in die Kleine Markthalle in der Brüderstraße. Dann wurde das Tagesangebot ausgepreist und aufgebaut. Zwei Stunden später schloss Charlotte die Ladentür auf. Der Konsum in der Nachbarschaft vergrößerte 1958 seine Verkaufsstelle und der Blumenladen musste weichen. In der Könneritzstraße 57 wurden neue Geschäftsräume bezogen. Sohn Hans-Joachim Nitzschke wuchs im und mit dem Blumenladen auf. Er absolvierte 1962/1963 die Fachschule für Gartenbau in Werder/Havel und machte seinen Blumenbindermeister. Am 1. April 1972 übernahm er von seinem Vater die Firmenleitung, welche er bis 1995 innehatte. Gemeinsam mit seiner Ehefrau Marion und durchschnittlich drei bis fünf Angestellten „versorgte er die Bevölkerung mit Blumen und Zierpflanzen". Darüber hinaus übernahm Hans-Joachim Nitzschke Ausstattungsaufträge für Messeaussteller, wie z.B. TAKRAF oder den Schiffbau und belieferte im „Verbund Leipziger Blumen" „gesellschaftliche Bedarfsträger". Seine Blumen und Pflanzen bezog er hauptsächlich von der Zwischenbetrieblichen Einrichtung (ZBE) Leipziger Blumen sowie aus Gärtnereien in Döbeln, Hartha und Leisnig.

Am 25. November 1995 übergab Hans-Joachim Nitzschke das Familienunternehmen an seinen Sohn Michael. Mit der Geschäftsübergabe erfolgte ein erneuter Umzug und Michael eröffnete das Geschäft Ende 1995 in einem Neubau zwischen Industrie- und Stieglitzstraße. Zunächst hatte Michael Nitzschke Stuckateur gelernt. Ab November 1981 arbeitete er jedoch als Einkäufer im elterlichen Unternehmen. Ende der 80er Jahre erwarb er einen zweiten Berufsabschluss als Blumenbinder. Einen ähnlichen beruflichen Werdegang durchlief seine Ehefrau Andrea. Als gelernte Kauffrau bildete sie sich ebenfalls zur Floristin weiter und arbeitet seit Ende 1999 als Fachverkäuferin im Familienbetrieb. Heute dreht sich im Geschäft alles um floristische Arbeiten und die Kranzbinderei, sprich um "Blumen für Freud und Leid". Fleurop-Dienst und Extraauslieferungen im Stadtgebiet runden das Angebot ab. Blumen waren und sind für Nitzschkes, genauso wie der Anlass, sie zu verschenken – stets etwas Besonderes.

M. Oelsner

Leipzig · Schillerstraße 5

Musikalienhandlung
Inh. M. Rosenthal

Die Musikalienhandlung M. Oelsner ist fest im Leipziger Kunst- und Kulturleben verwurzelt. Die Firma wurde am 21. Februar 1860 im “Kramerhaus”, dem Sitz der Kramerinnung, am Neumarkt gegründet und wird nunmehr in der vierten Generation der Familie Oelsner noch immer im Zentrum Leipzigs geführt. Aus der ursprünglichen Antiquariatsbuchhandlung wurde eine Sortimentsbuchhandlung, die 1880 der Buchhändler Maximilian Oelsner übernahm und ein Jahr später „M. Oelsner” benannte. Als das damalige “Neue Gewandhaus” 1884 eingeweiht wurde, gliederte er ein Musikaliensortiment und Musikantiquariat an. Der Aufschwung des Musiklebens zur vorigen Jahrhundertwende wirkte befördernd auf das Musikverlagswesen und auf den Musikalienhandel, wenngleich damit auch ein starker Konkurrenzkampf verbunden war. Wegen des Neubaus vom Kaufhaus „Althoff” musste 1912 umgezogen werden. Der Musikalienhändler und Diplom-Kaufmann Curt Oelsner war nach dem Tod seines Vaters Maximilian Inhaber geworden. Der neue Standort in der Reichsstraße erwies sich aber als ungünstig. So verlegte man 1915 den Firmensitz zurück an den Neumarkt in das neu erbaute Messehaus “Dresdner Hof”. Curt Oelsner verstarb 1936 und seine Witwe Johanna Oelsner (ab 1947 Schulze-Oelsner) führte das Geschäft weiter. Sie war eigentlich Malerin, musste aber ihren Beruf für das Geschäft aufgeben. Mit Geschick, Sachkenntnis und Tatkraft führte sie die Firma in schweren Zeiten und übergab sie 1969 ihrem Enkel, dem Musikalienhändler und Musikwissenschaftler Michael Rosenthal. Der gute Ruf der Musikalienhandlung als zuverlässiger Partner ihrer Kunden und dazu die Einbindung in das Kulturleben der Stadt durch den umfangreichen Konzertkartenverkauf waren Voraussetzungen für ihre weitere Existenz. Im Jahre 1976 musste in die Schillerstraße umgezogen werden. Als ein „Relikt der kapitalistischen Wirtschaftsform” überstand das Geschäft in privatem Eigentum den „Realen Sozialismus”. Die Jahre 1989/90 waren für die eigentliche Tätigkeit der Musikalienhandlung keine „Wende”. Selbstverständlich öffnete sich der Wirtschaftsraum und in die weltweiten Möglichkeiten der Notenbeschaffung musste sowohl wirtschaftlich als auch inhaltlich erst hineingewachsen werden. Vorerst blieb die Musikalienhandlung im nun schon wieder traditionsreichen Ladenlokal und meisterte unter z.T. recht beengten räumlichen Bedingungen die wieder wachsende Geschäftstätigkeit. Der Umzug 1998 in die Schillerstraße 5 wurde schließlich notwendig. Im stattlichen Gebäude der Sparkasse konnte die Musikalienhandlung nun Geschäftsräume einrichten, die den heutigen Anforderungen Rechnung tragen, trotzdem aber ein besonderes Flair vermitteln. Ausstellungsraum und Antiquariatsangebot im Zwischengeschoss präsentieren sich als stilvolle und funktionsmäßige Geschäftsräume. Die Musikalienhandlung M. Oelsner setzt weiter auf ein aktives und kulturvolles Umfeld und auf einen nach wie vor treuen Kundenkreis. Sie sieht auch künftig ihre Verpflichtung als einer der Kulturträger der Stadt und als ein zuverlässiger Partner ihrer Kunden.

Reichsstraße 16, 1912-1915

Pauling Eisenwaren

Leipzig · Arthur-Hoffmann-Straße 88

Inh. Klaus Weber

"Ich war schon bei Pauling und in anderen Läden – nirgends gibt's die Dinger. Dabei hätte Herrn S. als alteingesessenen Leipziger klar sein müssen, dass, wenn es die Schrauben bei Pauling nicht gibt, jedes weitere Fragen in staatlichen Läden die reine Zeitverschwendung ist!", schrieb Bernd-Lutz Lange 1988 im Leipziger Journal "Der kleine Drache". Paulings galten als das Einkaufsmekka für Heimwerker, Bastler und Handwerker. Am 30. November 1900 ist das Geschäft von Rudolf Albert Otto Pauling gegründet worden. Im Jahre 1938 erwarb es der Händler Josef Weber, der ein Emballagengeschäft betrieben und Verpackungsmaterial, Fässer, Büchsen und Isolierungen verkauft hatte. In der damaligen Bayerschen Straße Nr. 88 bot er nun Eisen- und Haushaltswaren an. Er hatte stets ein möglichst vielseitiges Angebot für seine Kunden parat. Lange währte seine Freude am Geschäft nicht. Bereits 1939 musste Josef in den Krieg. Seine Frau Ilse führte den Laden weiter. Gesundheitlich schwer angeschlagen kehrte Josef Weber heim und erlag ein Jahr nach Kriegsende einer Lungenentzündung. Ilse Weber musste sich in jenen Jahren nicht nur um das Geschäft kümmern, auch die Söhne Klaus und Peter waren zu versorgen. Webers kümmerten sich darum, dass sie wenigstens die notwendigsten Gebrauchsgegenstände im Geschäft hatten. Jeder Tag war ein neuer Kampf um die "Organisation von Notprodukten". Nägel, Schrauben, Draht, Schaufeln, Zangen, Löffel, Messer, Tassen usw. wurden beschafft. Improvisieren wurde gelernt. Damals ließen Webers auch noch Töpfe emaillieren. Klaus war von Kind an mit im Geschäft. Mit dem Leiterwagen brachte er die Töpfe zum Topfmarkt auf die Kleinmesse. Das Geschäft hatte er von der Pieke auf gelernt. Sicherheitshalber qualifizierte er sich später zum "Sozialistischen Verkaufsstellenleiter". Als Mutter Ilse 1981 in Rente ging, übernahm der Eisenwarenhändler Klaus das Geschäft. Unterstützt wird er dabei von seiner Frau Christel. Aus der Ingenieurin für Polygraphie wurde eine Geschäftsfrau. Heute erledigt sie die Buchhaltung der Firma. Anfang der 80er Jahre nahmen Webers die Haushaltswaren aus dem Angebot. Sie spezialisierten sich auf den Fachhandel mit Werkzeugen, Eisenwaren, Werkstatteinrichtungen, Elektromaschinen, Dachrinnen, Leitern u.ä. Geliefert wurde zu 70 bis 80 % an die Industrie bzw. an „gesellschaftliche Bedarfsträger". Flexibel waren Webers immer. Einmal gestaltete sich in Leipzig der Wintereinbruch drastischer als "geplant". Schneeschieber fehlten und der sozialistische Handel zeigte sich nicht in der Lage, kurzfristig zu reagieren. Webers stellten ihr Improvisationstalent unter Beweis. In einer "Aktion Winterfest" bauten sie Schneeschieber. Schaufelstiele wurden angeschrägt, Kuchenbretter halbiert und an die Stiele geschraubt. Gefertigt wurden 300 Stück pro Nacht. Binnen zweier Tage waren diese ausverkauft .

Heute bilden Werkzeuge speziell für Handwerk und Gewerbe eine Spezialstrecke. Webers investierten auch in eine kaufmännische Ausbildung ihrer Tochter Katrin. Von ihr kann man heute im Hauptgeschäft oder seit 1997 auch in der neuen Filiale an der Ecke Kurt-Eisner-Straße/ Bernhard-Göring-Straße bedient werden.

Pauling Eisenwaren, Blick auf die Arthur-Hoffmann-Straße 88 in den 70er Jahren

Korb-Werner, unterwegs mit dem Wagen (S. 106)

Elektromechanik Pinder

Markkleeberg · An der Harth 6

Schaufenster Schuhmachergäßchen 1955

Am 4. April 1950 legte Rainer Pinder im Schuhmachergäßchen Nr. 5 den Grundstein für das Familienunternehmen Elektromechanik-Pinder. Rainer, Jahrgang 1929, hatte schon mit sieben Jahren seinen eigenen Detektor-Empfänger gebaut. Nach dem Abitur folgten eine Elektromonteurslehre sowie eine Anstellung in einem Volkseigenen Betrieb als Starkstrommonteur für einen Stundenlohn von 1,01 Mark. Der junge Rainer suchte einen Weg in die Selbstständigkeit und begann ab 1950 "mit allem Möglichen" zu handeln. Zunächst war er unter dem Firmennamen eines in Rente gegangenen Elektromeisters tätig. Seine Elektroartikel und Ersatzteile bezog er von privaten Großhändlern. Ladengeschäft und Werkstatt wurden parallel betrieben. Der Fachmann reparierte Elektrogeräte und elektrische Spielzeugeisenbahnen selbst. Modelleisenbahnfans wissen diese Dienste bis heute zu schätzen. Rainer legte 1955 seine Prüfung als Elektromeister ab und heiratete die Bankkauffrau Brigitte Krafft. Brigitte wurde ins Geschäft integriert. Ihr Ressort waren Finanzen und Buchhaltung. Ende der 50er Jahre hatte das Einzelhandelsgeschäft einen Umsatz von über einer Million Mark erreicht, und das bei den geringen Preisen, die für Elektroartikel zu zahlen waren. Ab 1974 war die Firma Pinder als Kommissionshändler tätig. Das Unternehmen entwickelte sich zum "Haus- und Hoflieferanten" der Universität, von Verwaltungen und Behörden sowie namhaften Unternehmen. Zu den Stammkunden gehörte u.a. der ehemalige Gewandhaus-Kapellmeister Kurt Masur, der selbst ein gelernter Elektromonteur ist. Bei Pinder konnte auch "Otto Normalverbraucher" geholfen werden, wenn nicht immer mit dem gesuchten Artikel, so doch stets mit fachmänni-

Elektromechanik Pinder

Markkleeberg · An der Harth 6

schem Rat. Sehr gefragt waren z.B. Spannungsregler (150 Mark), die für den Empfang des Westfernsehens unerlässlich waren. Die sozialistische Zuteilungswirtschaft machte der Firma schwer zu schaffen, handelte es sich dabei um die 20 Kaffeemaschinen pro Jahr, die Dreifarbtaschenlampen für Polizei und Feuerwehr oder um Weihnachtsbaumbeleuchtung. Das Geschäft war dafür bekannt, dass der Dienst am Kunden immer mit gleicher Sorgfalt, Ehrlichkeit, Fairness und Pfiffigkeit geleistet wurde. Beratung und Diagnose kosten bei Pinder keinen Pfennig. Zum Kundendienst gehörte auch, dass, wenn sich über die Mittagspause vor dem Geschäft die Kunden in „sozialistischer Wartegemeinschaft" sammelten, der Chef hinausging und jeden Einzelnen fragte: „Was wünschen Sie?" Die Antwort lautete entweder: "Haben wir!" oder "Versuchen wir zu besorgen!" Dadurch wurde manch unnötige Wartezeit verkürzt. Der Service blieb konstant. Die Geschäftsadresse wechselte einige Male. Vom Schuhmachergäßchen ging's in die Schillerstraße.

Rainer Pinder übertrug 1987 das Geschäft seinem Schwager Volker Krafft,

Schuhmachergäßchen, 1960

der mit dem Elektrogeschäft in die Gottschedstraße zog. Heute ist der Laden in der Käthe-Kollwitz-Straße ansässig und wird von Sohn Tobias Krafft geleitet.

Auslage Schillerstraße, 1970

Sohn Olaf Pinder startete 1989 in einem 6 qm großen Hinterzimmer den Versuch, einen Elektro- und Elektronik-Großhandel in Leipzig aufzuziehen. Olaf Pinder baute von 1990 bis 1993 die "Erste Leipziger Elektro- und Elektronik-Großhandlung Elektromechanik Pinder" an den Standorten Huygensstraße und Blücherstraße auf. Seit Herbst 1993 werden am Hauptfirmensitz in Markkleeberg Elektroinstallationsmaterialien, industriell-technische Beleuchtungen, Kabel und Leitungen, Schaltgeräte sowie Elektro-Kleinteile angeboten.

Rainer Pinder ist Ehrenvorsitzender des Handelsverbandes Sachsen, Bezirk Westsachsen, den er 1989 gemeinsam mit anderen Leipziger Händlern zum Schutze ihrer Interessen ins Leben gerufen hatte.

Gerhard Pinkes

Leipzig · Wurzner Straße 141

Weiß-, Woll- und Kurzwaren

Für 12 Pfennige pro genähtes Herrenhemd wollte die Gründerin des Familienbetriebes Pinkes, Anna Schlemmer, nicht länger tätig sein. Als Schneiderdirektrice und Weißnäherin war sie in einem führenden Leipziger Warenhaus tätig, bevor sie am 12. November 1912 ihr Weiß-, Woll- und Kurzwarengeschäft in der Wurzner Straße 141 öffnete. Die Ladeneinrichtung übernahm sie von ihrer Vorgängerin. Ballenweise schnitt sie vom Militärbarchent Hemden zu und nähte sie an der Nähmaschine zusammen. Die Hemden "gingen zum vernünftigen Preis über die Ladentafel". Ihre Kunden waren meistens Kutscher. Anna verkaufte auch „auf Pump". Oftmals ließen sich die Kunden Ware zurücklegen. Besonders extrem wirkten sich die sogenannte „Kohlrübenzeit", die Geldentwertung und die Massenarbeitslosigkeit auf das kleine Geschäft aus. Bescheiden, wie Anna Schlemmer war, überstand sie auch diese Jahre. Trotz aller Sparsamkeit war Anna immer für andere da. Kinderreiche Familien bekamen schnell einmal eine Rolle Zwirn umsonst. Bettler gingen nie ohne eine Scheibe Brot aus dem Laden. Im Jahre 1937 begann ihr Enkel, Gerhard Pinkes, Jahrgang 1923, eine Lehre im Textilgroßhandel und besuchte gleichzeitig die Handelsschule. Zielstrebig sollte Gerhard das Geschäft einmal fortführen. Am 1. September 1939 war seine Abschlussprüfung und drei Tage später musste Gerhard Pinkes in den Krieg. Seine Großmutter versprach ihm: „Ich halte den Laden offen, bis du wiederkommst!" Das geschah erst Ende 1946. Gerhard hatte in den Kriegsjahren eine Odyssee hinter sich, die ihn auf die verschiedensten Kriegsschauplätze führte.

Bei seiner Heimkehr musste Gerhard miterleben, wie das gesamte Warenlager seiner Großmutter entschädigungslos enteignet wurde. Infolge der Kriegsleiden war sie erkrankt und hatte keine Warenbestandsmeldung abgeben können. Damit der Enkel den Gewerbeschein bekam, musste er auch die „Beschlagnahme und deren Folgen" übernehmen. Auf der Gewerbeerlaubnis wurden "bewirtschaftete Waren" ausgeschlossen. Gerhard Pinkes blieb nichts weiter übrig, als vorwiegend Dienstleistungen auszuführen. Strümpfe wurden angesohlt, Hemdkragen aus dem Rückenteil erneuert, Laufmaschen gehoben und Reißverschlüsse repariert. Alles hatte der neue Inhaber im Griff. Er besuchte Submissionen und kaufte sogenannte "Überhangware" auf. Nähgarn wurde manchmal mit der Elle von großen Industrierollen abgemessen. Die ergatterte Ware wurde gemeldet und unterlag der Abgabe auf Bezugsschein. Abends klebte dann Familie Pinkes die Punkte. Seit dem Tod seiner Ehefrau Waltraud vor zehn Jahren steht Gerhard Pinkes allein hinter dem vollbepackten Verkaufstisch in seinem kleinen Laden. Der Familienbetrieb blieb immer ein kleines, ehrliches und freundliches Geschäft. Über all die Jahre hat sich Gerhard, immer allein auf sich gestellt, durchgeschlagen. Nur für sein Hobby nahm er sich Zeit. Schon sein Vater war Vorturner im Leipziger Turnverein und Gerhard ist seit 1927 in der Turnbewegung aktiv. Beim DTSB war er als Protokollmeister bei Sportschauen und internationalen Turnwettkämpfen für die gesamte Organisation verantwortlich. Auch heute noch ist Gerhard Pinkes als Geschäftsführer im Turngau Leipzig tätig.

Gerhard Pinkes

Weiß-, Woll- und Kurzwaren

Leipzig · Wurzner Straße 141

Gerhard Pinkes mit Familie, 1947

arko GmbH, Kaffee Richter

Leipzig · Petersstraße 43

Stadtgeschäft im Reichsbankgebäude

Der Kaufmann Max Richter eröffnete am 11. Februar 1879 ein Kolonialwarengeschäft im Klingerhaus. Max Richter machte Kaffee zum bevorzugten Handelsartikel eines Spezialgeschäfts. Sorgfältig kaufte er die Rohware ein, röstete und mischte sie. Qualität und eine solide Preisberechnung sorgten für eine wachsende Kundschaft. 1885 richtete Max Richter in Leipzig-Plagwitz eine Großrösterei ein. Das Geschäft verlegte er 1887 in die hohen und lichtdurchfluteten Verkaufsräume im neuen Reichsbankgebäude. Der Firmenname Max Richter wurde 1892 durch den Titel eines K.S. Hoflieferanten bereichert. Im Volksmund galt die Fassung "Kaffee Richter" weiter. Max sicherte sich die Lizenz im Bezirk Leipzig für den neuen Kaffeeschnellröster "Patent Salomon", der es ermöglichte, Kaffee in zehn Minuten zu rösten. Auch die Abkühlung dauerte nur vier statt fünfundzwanzig Minuten! Geschmack und Aroma des Kaffees wurden ebenfalls verfeinert. Um die Jahrhundertwende war Max Richter an allen See- und Kaffeehandels-Plätzen hoch angesehen. In riesigen Lagerräumen in Plagwitz stapelten sich manchmal mehr als elftausend Sack Kaffee. Das Personal war auf 138 Mitarbeiter angewachsen. Im Geschäft bedienten meist zehn Herren. Das Wort "Nein" kam in ihrem Sprachgebrauch nicht vor. Auch 20-Gramm-Tütchen für den kleinen Geldbeutel wogen sie sorgsam ab. Max Richter stand selbst hinter einer Ladenkasse. Nach dem Tod des Firmengründers 1914 wurde sein Neffe, Curt Marthaus, zum Nachfolger berufen. Der Erste Weltkrieg hielt Curt Marthaus von seiner Firma fern. Die Schwestern Max Richters übernahmen die Firma in Erbengemeinschaft. Der Krieg hatte katastrophale Folgen für das Geschäft. Fast das gesamte Personal war zu den Waffen gerufen worden. Die Regierung beschlagnahmte 1916 sämtliche Kaffeevorräte für Heereszwecke. Neueinkäufe wurden erschwert und gänzlich unterbunden. Der Nerv des Geschäfts war getroffen. Ersatzmittel fanden Verwendung. Aber selbst die Versorgung mit Getreide stieß auf Schwierigkeiten. Als

Stadtversand-Wagen, 30er Jahre

Zusätze dienten so Möhren, Rübenschnitzel o. Ä. In dieser Situation übernahm Curt Marthaus das Geschäft. Mit der allmählichen Grenzöffnung gab es den lang ersehnten Kaffee wieder. Dieser musste mit Devisen bezahlt werden. Seine Abgabe erfolgte gegen entwertete Papiermark. Riesige Verluste entstanden.

Kaffee Richter handelte mit Kaffee und Tee, Kakao, Schokolade usw. Der Grundsatz, beste Waren preisgünstig anzubieten, wurde konsequent befolgt. Die Mit-

arko GmbH, Kaffee Richter

Leipzig · Petersstraße 43

Zweitgeschäft in der Erdmannstraße 12

arbeiterzahl stieg Anfang der 30er Jahre auf 150 Angestellte an. Ein riesiger Wagenpark stand zur Verfügung, um die Waren im Stadtgebiet zu verteilen. Eine Post- und Bahnversandabteilung verschickte die bestellten Waren. In den 40er Jahren verliert sich die Spur der Familie Richter. Ein Neffe, Herr Fröhlich, führte das Geschäft über den Zweiten Weltkrieg. Familie Richter, samt Verwandtschaft, soll nach Amerika ausgewandert sein. Herr Gersten wurde nach dem Krieg Geschäftsführer und betrieb die Firma erst privat und später als HO-Kommissionsgeschäft. 1972 übernahm die HO das Geschäft. Herr Gersten wurde Filialleiter. Aus "Kaffee Richter" wurde Ende der 70er Jahre ein Delikat-Geschäft, das Kaffee, Tee, Süßwaren und Gebäck verkaufte. Bis zur Wende wurde im Laden noch Kaffee geröstet, obwohl die Rösterei nach der Verstaatlichung abgeschafft worden war. Kaffee Richter blieb auch als Delikat-Geschäft eine feine Adresse in der Messestadt und bekannt über die DDR hinaus. Kaffee Richter war das erste Geschäft in der DDR, welches schwarzen Tee eingeführt und mit der Firma Milford einen Vertrag hatte. Nach der Wende wurde das Geschäft aufwändig renoviert. Von 1991 bis 1992 führte es die Firma Schirmer Kaffee Dortmund. Seit 1992 gehört es zur arko GmbH. Heute präsentiert sich Kaffee Richter im alten Glanz mit Originaltapete und Wendeltreppe. Auf dem Gemälde "Kaffeetrinkerin" ist die erste Dame, die bei Max Richter den Kaffee verkostete, abgebildet.

Alte Peterskirche vor Errichtung der Reichsbank

Blumen-Richter

Leipzig · Petersstraße 12

Die Firma Blumen-Richter wurde 1902 von Felix und Liddy Richter in der Bosestraße gegründet. Beide gelten als Begründer der Floristenschule in der Messestadt. Ebenso waren Sie Gründungsmitglieder der FLEUROP Leipzig im Jahre 1908. Durch die Verarbeitung qualitativ hochwertigen Blumen- und Pflanzenmaterials und die ausgezeichnete künstlerische Gestaltung der Gestecke avancierte Blumen-Richter 1909 zum Königlich Sächsischen Hoflieferanten. Richters betrieben im Leipziger Zentraltheater einen Blumenstand und boten während der Aufführungspausen den Besuchern Blumen an. Vor dem Zweiten Weltkrieg übernahm mit Sohn Werner Richter und seiner Ehefrau Rosl die zweite Generation die Geschäfte in der heutigen Jahnallee und in der Gottschedstraße. Ab Mitte 1953 führte Sohn Manfred Richter die Geschäfte. Am Naschmarkt öffnete der Geschäftsmann 1971 eine Blumenboutique, die 1989 zum Markt an die Ecke Petersstraße zog. In der Boutique waren Rosen der absolute Renner. Dem unentwegten und kreativen Wirken von Manfred und Gisela ist es zu verdanken, dass die Firma erfolgreich durch die DDR-Zeit geführt wurde.

Mit Sohn Jens und Kerstin Richter übernahm die vierte Generation 1993 den Familienbetrieb. Seit April 1998 präsentiert sich die Firma Blumen-Richter in der Petersstraße 12-14 mit einem attraktiven, freundlichen Blumengeschäft seinen Kunden und Besuchern. Noch immer gilt: „Richters Rosen sind die rötesten!"

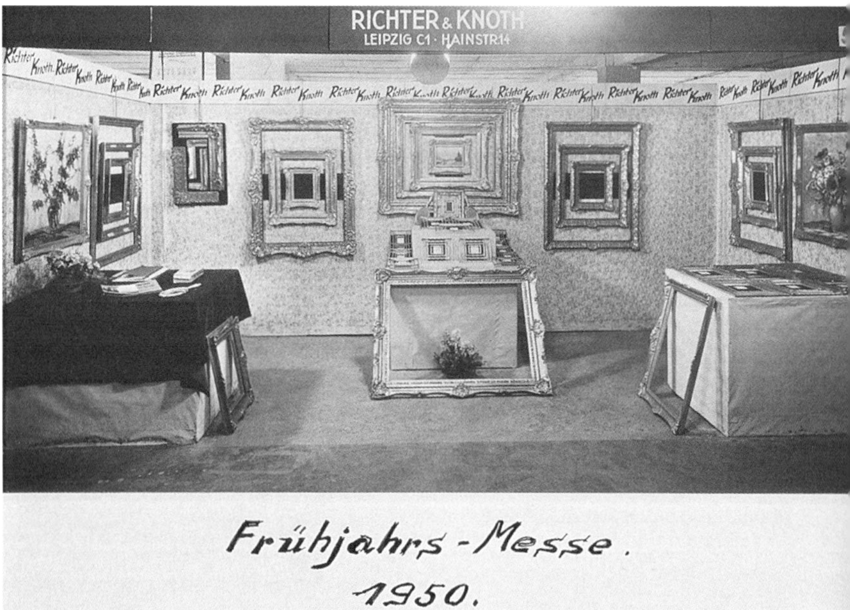

Richter & Knoth (S. 89)

Richter & Knoth

Leipzig · Hainstraße 14

Am 1. April 1897 gründete Moritz Richter in der Hainstraße 14 eine Rahmenfabrik, die später unter dem Namen „Rahmen Richter" bekannt wurde. Sein Sohn, Ernst Richter, errang nach der Jahrhundertwende auf zahlreichen Baufach-, Buchgewerbe- und fotografischen Ausstellungen als Rahmen-, Leisten-, Spiegelfabrik "Richter & Knoth" mehrere Gold- und Silbermedaillen. Mitte der 50er Jahre übernahm seine Ehefrau die Firma. Nach deren Tod leitete ihr Sohn, Johannes Richter, das Geschäft, bis er es 1986 an seinen Schwiegersohn, Dietmar Kukielka, übergab. Eigentlich wollte sich der Kupferschmied und Heizungsingenieur Kukielka als Kupferschmied wirtschaftlich unabhängig machen. Das war nicht möglich und so arbeitete er als Technischer Direktor in einem VEB. Sein Drang nach individueller und selbstbestimmter Arbeit war so groß, dass er kündigte und für zwei Jahre als Arbeiter ging. Der Staat entließ ihn endlich in die lang ersehnte Selbstständigkeit. Die Firma "Rahmen Richter" ist ihrem Standort über all die Zeit treu geblieben. Es gab zwar Verkleinerungen, die sowohl mit veränderten Produktionsbedingungen, als auch mit geänderten Mietverhältnissen des Hauses in der Hainstraße einhergingen. Ende der 60er Jahre wurden in den oberen Räumlichkeiten Wohnungen und Büros eingerichtet, die von der großen "Schneiderpleite" Mitte der 90er Jahre nicht verschont blieben. Das Haus wurde abgerissen und ein Flachbau diente für zwei Jahre als Notbehelf für die Firma. Seit 1998 befindet sich das Geschäft wieder an alter Stelle. Einst war die Rahmenfabrik ein großer Betrieb mit bis zu 65 Angestellten. In fast allen Räumen des Hauses, bis unters Dach, arbeiteten ausgebildete Tischler. Im Jahre 1900 zahlte die Firma 17.000 Reichsmark Miete. Mit Fotografieständern in allen Größen, Spiegel- und Tafelglas, Kronen, Staffeleien und Kartons wurde gehandelt. Man fertigte für spezielle Abnehmer. Barockrahmen wurden bis Österreich/Ungarn exportiert. Bis zum Zweiten Weltkrieg arbeitete eine eigene Vergolderei im Haus. Nach dem Krieg veränderte sich für den Betrieb vieles. Zunächst wurden überlebens- und lebenswichtige Dinge aus Holz, wie Holzschuhe, Löffel usw. gefertigt. Ab Anfang der 50er Jahre wurden gefertigte Leisten für Rahmungen staatlicherseits zugeteilt. Die besten Kontingente gingen in den Export und die Firma Richter & Knoth musste nehmen, was übrig blieb – unrentabel für den Kleinbetrieb mit zehn Mitarbeitern. Auch die Eigenproduktion von Leisten wurde eingestellt. Die notwendige Lagerhaltung führte dazu, dass der damals angelegte Vorrat an hochwertigen Kiefernleisten bis heute reicht. Die Firma arbeitete für öffentliche Auftraggeber wie Schulen, die sich für Flure und Klassenzimmer Bilder rahmen ließen. Über den Leipziger Kommissionsbuchhandel wurden Künstler mit Bilderrahmen versorgt. Private Kunden konnten jeweils von 9:00 bis 13:00 Uhr ihre Aufträge abgeben. Manchmal warteten bis zu 1.500 Aufträge auf ihre Abarbeitung. Wartezeiten von einem halben Jahr waren keine Seltenheit. Schließlich wurde nicht nur exakt gearbeitet. Die Materialbeschaffung gestaltete sich als der schwierigste Teil. Kein Vergleich mit den heutigen Zeiten, wo alles zur Verfügung steht. Wie gewohnt kann man Bilder oder Spiegel individuell rahmen lassen. Ölbilder werden gereinigt oder restauriert. „Richter & Knoth" berät seine Kunden auch zu Hause.

Eberhard Rohde

Leipzig · Georg-Schumann-Straße 104

Goldschmiedemeister

Seit dem 1. Mai 1947 wird in der Georg-Schumann-Straße 104 Gold geschmolzen, geschmiedet, gelötet, gefeilt und poliert. Der Gründer der Goldschmiede, Paul Rohde, stammte aus einer Brandenburger Postbeamtenfamilie und war in den 30er Jahren nach Leipzig gekommen, wo er als Angestellter arbeitete. Er fühlte sich von der Schönheit und vom Glanz des Goldes angezogen und legte im August 1936 seine Meisterprüfung im Goldschmiedehandwerk ab. Mit seiner Frau Johanna wohnte er in Gohlis in der heutigen Georg-Schumann-Straße 104. Der Familie gehörte das Haus. Johanna entwickelte sich später zur „Seele" des Geschäfts. Kein Wunder, handelte doch ihre Oma mit Weißwaren und Wolle und ihr Opa versorgte die Kundschaft mit Zigarren und Tabak. Als 1947 der Laden frei wurde, machte sich Paul mit seiner eigenen Goldschmiede selbstständig. Als achtjähriger Junge erlebte Sohn Eberhard die schweren Anfänge der Eltern. Mit silbernen Fünf-Mark-Münzen, die zu Schmuckstücken umgearbeitet wurden und der Wiederaufbereitung fing alles an. So machten die Eltern die ersten Gehversuche. Nach dem Krieg wurde die Lust, sich zu schmücken, immer größer. Die Kinowerbung im „Golipa" sorgte auch für großen Zuspruch. Der Kundenkreis wuchs. Die kleine Werkstatt, oft mit drei Mitarbeitern besetzt, platzte fast aus allen Nähten. Die gute und saubere Arbeit sprach sich herum. Der Name Rohde wurde in Gohlis zu einem Begriff. Die Eltern führten das Geschäft bis zu ihrem Renteneintritt 1976. Von da an versuchte der Goldschmiedemeister Eberhard mit seiner Frau Christa, dem Ansturm der Kunden gerecht zu werden. Das Gesamtsortiment wurde beibehalten, nur Modeschmuck wurde nicht mehr angeboten. Der Meister führte hauptsächlich Reparaturen durch und arbeitete dabei meist bis spät abends. Als Alleinmeister und mit immer geringerer Goldzuteilung waren die Geschäftsleute oft gezwungen, diesen oder jenen liebgewonnenen Kunden vor den Kopf zu stoßen. Wartezeiten blieben unvermeidlich. Ende der 80er Jahre war es so, dass Termine für die Neuanfertigung von Schmuck als Weihnachtsgeschenk schon im Januar vergeben wurden. In all den Jahren hat sich an den Praktiken der Goldschmiedearbeit nicht viel verändert.

Kinowerbung in den 50er Jahren

Sie ist pure Handarbeit geblieben, wobei sich handwerkliches Geschick und Kreativität auszahlen. Eberhard ist es gelungen, die vom Vater vorgelebte Qualitätsarbeit, Sauberkeit und Zuverlässigkeit zu bewahren. Die angefertigten Schmuckstücke erfreuten wie eh und je die künftigen Besitzer und die Stammkunden sind dem Geschäft treu geblieben. Nach der Wende, wo mehrere Anbieter im Umkreis dazu kamen, bekommen es die Geschäftsleute im positiven Sinne zu spüren. Noch immer führt Eberhard Rohde Reparaturen aus, die fast aussichtslos erscheinen. Was er verspricht, das hält er! Im Geschäft wird auch eine Auswahl an Schmuckstücken angeboten, die nicht ganz so preiswert, dafür aber von einzigartiger Qualität und langer Lebensdauer sind.

Foto Rohr

Inh. Thomas Schwerdtfeger

Leipzig · Karl-Liebknecht-Straße 53

Der Handelsvertreter für Agfa, Willy Lenke, kaufte nach dem Zweiten Weltkrieg die „Photohandlung Clara Rohr Nachf. KG". Clara Rohr hatte das Fotogeschäft Mitte der 20er Jahre in der Südstraße 53 gegründet. Ab 1946 hieß das Geschäft „Fotohandlung Clara Rohr Inh. Willy Lenke" und die Straße Karl-Liebknecht-Straße. Der 1900 geborene Geschäftsmann führte das Geschäft bis zum Oktober 1977. Seither steht Thomas Schwerdtfeger dem Geschäft vor. Seine Mutter hatte in einem Textilwarengeschäft in der Stadt gearbeitet und später für Willy Lenkes Fotogeschäft die Buchhaltung erledigt. Stiefsohn Thomas absolvierte eine Lehre als Fotolaborant. Für das Fotofachgeschäft erhielt er den Gewerbeschein erst, nachdem er einen dreijährigen Armeedienst absolviert hatte. Noch 1977 schloss er für sein Geschäft einen Kommissionsvertrag mit der HO. Das Labor für Schwarz-Weiß-Arbeiten wurde aber weiterhin privat betrieben. Mitte der 80er Jahre wurde ein völlig neuer Laborbereich geschaffen. Heute jedoch geht diese Dienstleistung nicht mehr und das Fotolabor bleibt geschlossen. Ehefrau Angelica, ebenfalls gelernte Fotolaborantin, kam 1980 als „mithelfende Ehefrau" in die Firma. Die Eheleute führten das Geschäft stets dienstleistungsorientiert und konnten den Umsatz seit der Geschäftsübernahme bis Ende der 80er Jahre verdreifachen. Gearbeitet wurde schnell, sauber und zuverlässig. Manchmal entwickelten sie bis zu 700 Bilder am Tag pro Laborantin. Drei Laborantinnen waren es meist. Der FDGB war für solche mitunter Spätschicht-Aktionen bekannt, besonders wenn ausländische Gäste der internationalen Kinderferienlager ihre Bilder schnell mit nach Hause nehmen sollten. So bildete sich bald ein Kern von Stamm- und Spezialkunden. Der Rat der Stadt, die Verkehrsbetriebe, die Technische Hochschule sowie andere Betriebe und Behörden brachten Filme zum Entwickeln oder kauften Filme ein. Das Sanitätshaus Briel von nebenan ließ Werbepostkarten anfertigen. Aber echte Spezialkunden waren Stomatologen mit ihren Zahnfilmen oder die Bergakademie Freiberg mit ihren geologischen Forschungs- und Erkundungsfilmen.

Die Zahl der Großkunden hat sich seit Anfang der 90er Jahre beträchtlich verringert. Oftmals gibt es sie gar nicht mehr. Auch sind viele der privaten Stammkunden aus der Karl-Liebknecht-Straße weggezogen. Das macht es für den kleinen Fotoladen nicht gerade leichter. Aber Schwerdtfegers setzen weiterhin auf ihr bewährtes Rezept: Kundenfreundlichkeit. Hier bekommt der Kunde auch die, im Markt auf der „grünen Wiese" erstandene, hochwertige Kamera noch zuvorkommend erklärt.

Geschäft von Gustav Roll in Letschin 1918 (S. 92)

Juwelier Roll

Leipzig · Offenburger Straße 9

Rolls Vorfahren stammen aus der Schweiz. Im Laufe der Jahrhunderte zog es sie immer weiter nach Norden. Rolls wirkten in der zweiten Hälfte des 16. Jahrhunderts u.a. in Friedberg und Augsburg. Im 18. Jahrhundert kamen Sie ins Oderbruch nach Letschin. Dort begründete der Urgroßvater, Uhrmachermeister Gustav Roll, das Familienunternehmen. Sohn Richard Roll heiratete, zog nach Troisdorf und betrieb bis zu seinem Tod ein Geschäft. Sein Bruder Johannes war in Spandau als Einzelhandelskaufmann und später in Danzig als Im- und Exportkaufmann selbstständig tätig. Von ihm wird wohl der 1929 geborene Eberhard Roll sein Kaufmannsblut geerbt haben. Eberhard war vom Handel und vom Uhrmacherhandwerk gleichermaßen fasziniert. Leipzig schien ihm für seine Zukunft bestens geeignet. 1951 legte er die Prüfung als Uhrmachermeister ab und war der jüngste Meister seiner Zunft. Eberhard Roll machte sich am 18. Oktober 1952 mit Werkstatt und Geschäft nach der Devise: "Der Erste Uhrmacher von Leipzig" in Knautkleeberg selbstständig. Wenn man aus Richtung Zwenkau nach Leipzig kam, war es auch das erste Uhrmachergeschäft.

Das Eröffnungsangebot bestand aus zehn Weckern und einigen Armbanduhren. Das Firmenkapital betrug 12,80 Mark und der erste Verkauf war ein Wecker. Auf einem Leiterwagen wurde das erste Sicherheitssystem der Firma – ein Tresor – vom Zoo nach Knautkleeberg transportiert. Der Geschäftsmann war ständig auf der Suche nach dem günstigsten Standort für seinen Laden. Aus der Seumestraße, in der Verkauf und Reparatur noch in einem Raum stattfanden, zog er in die Dieskaustraße, wo Werkstatt und Verkaufsraum getrennt und größer waren. Jetzt kam auch Schmuck ins Angebot. Silberne Münzen, Zwei- und Fünf-Reichsmark-Stücke wurden angenommen und verarbeitet. Als ein Kollege sein Geschäft in der Gohliser Straße aufgab, borgte sich Roll die notwendigen 10.000 Mark Ablöse und zog 1969 ins neue Geschäft. Mit der HO schloss er einen Kommissionshändlervertrag ab. Die Kundschaft war gut betucht und anspruchsvoll. Leider verfiel das Haus zunehmend und der Betrieb zog in die Karl-Heine-Straße 40. Die Firma hielt auch Schalt- und Stechuhren für Betriebe instand. Ende der 70er Jahre stand eine Qualifizierung zum Quarzuhrmacher an. Im Oktober 1984 übernahm Frau Antje Roll den Handel. Sie hängte ihren Beruf als Maschinenbauingenieurin an den Nagel und leitet das Unternehmen seither souverän und mit vielen neuen Ideen, wie den Hochzeitsmessen. Rolls ist der Start in die Marktwirtschaft geglückt. Der Kommissionshändlervertrag wurde gekündigt und die „Ladenhüter" zurückgegeben. Bei Großhändlern im Westen kauften sie Ware zum Kurs 1:3 und 1:2 ein. Kuckucksuhren aus dem Schwarzwald wurden bald in Plagwitz angeboten. Unter dem Motto „Einzelhändler helfen Einzelhändlern" engagierten sich Rolls im entstehenden Handelsverband.

Wachsende Kriminalität und zunehmender Verfall der Wohn- und Verkaufsstraße bewogen die Unternehmer, sich nach anderen Standorten umzusehen. Heute findet man die Geschäfte der Familie Roll in der ganzen Stadt – vom Hauptbahnhof bis nach Grünau. Eberhard Roll, Sohn und Tochter setzen in Leipzig erfolgreich die Familientradition fort. Übrigens, Brautpaare können sich an ihrem Hochzeitstag von Rolls in einem echten Rolls Royce Silver Cloud I von 1957 chauffieren lassen.

Porzellan Roth

George Roth jun.

Leipzig · Nikolaistraße 38

George Roth gründete 1871 am Neumarkt 1 ein Geschäft für Kristall- und Glaswaren, das 1895 George Roth jun. übernahm. Im letzten Kriegsjahr 1918 fiel er und Rudolf Kipp kam an die Spitze der Firma. Er war ein hervorragender Fachmann und galt als umsichtiger und rühriger Unternehmer. Rudolf eröffnete 1920 in der Universitätsstraße ein zweites Geschäft für Porzellan, Steingut, Glas und Kristall. Er erwarb 1935 im Städtischen Kaufhaus am Neumarkt Verkaufsräume und zog mit seinem Spezialgeschäft dort ein. Die Eröffnung wurde in der Fachpresse stark beachtet. Rudolf Kipp hatte in puncto Werbung, Schaufenstergestaltung oder Inneneinrichtung Maßstäbe gesetzt. Im Eckhaus verfügte das führende Spezialgeschäft für Kristall und Porzellan mit sechs Schaufenstern und neun Schaukästen über eine nicht alltägliche Ausstellungs- und Werbefläche. Im Jahre 1936 ging die Firma an seinen Sohn, Herbert Kipp, über. Im Dezember 1943 wurde der Laden total ausgebombt und 1945 starb Herbert. Witwe Gerda leitete jetzt das Geschäft allein. In der Klostergasse fand man eine Notunterkunft. Vier Jahre wurde dort mit Porzellan, Glas, Kristall, Bronzen und Marmor gehandelt. Glasnachttöpfe waren besonders gefragt. Gerdas zweiter Mann, Paul Müller, übernahm später das Unternehmen. Die Firma zog 1950 in das Messehaus „Drei Könige" in die Petersstraße. Später wechselten sie in der Nikolaistraße mehrfach die Standorte. Immer galt die Devise: "Im Falle eines Falles, bei Roth bekommst du alles!" In eigener Kellerwerkstatt wurden Widmungen und Texte auf Pokale, Vasen, Schalen und Figuren, speziell für Sportpreise und Jubiläumsgeschenke, eingraviert oder aufgemalt. Preise und Delegationsgeschenke vertrieb der Kommissionshändler in den 70er Jahren im großen Maßstab. Sportvereine, DTSB- und FDGB-Bezirksverbände, die NVA, das Ministerium des Inneren wurden mit wertvollen Bleikristallvasen oder Schalen mit entsprechender Gravur und Etui beliefert. Als die Firma VEB Henneberg-Porzellan die Produktion von Zierporzellan einstellte, spürte die Firma Roth die sozialistische Mangelwirtschaft. Die Direktverträge für Bleikristall und Kobaltporzellan wurden 1977 gestrichen. Bitt- und Bettelbriefe oder Beschwerden halfen nichts. „Die Bereitstellung von mundgeblasenem Bleikristall" war nicht möglich, da „das gesamte Aufkommen zur Sicherung der Exportausgaben benötigt" wurde. Für den „Binnenmarkt" wurde „lt. zentraler Entscheidung ein begrenztes Volumen bereitgestellt, das in ausgewählten Fachgeschäften verkauft" werden sollte. Die Firma ging 1984 an Stefan Müller über, der sie bis zu seinem frühen Tod 1987 führte. Seine Frau Steffi Müller leitete sie bis 1990 allein weiter. Mit dem Ingenieur für Keramik, Hartmut Knauer, spezialisierte sich das Geschäft wieder auf Porzellan und Kristall. Seit den 90er Jahren betreibt Familie Knauer die Firma. Das Angebot reicht wieder vom angestammten Sortiment über moderne und antike Kunst bis zu Antiquitäten. Besonders gefragt ist das Thüringer und Sächsische Porzellan. Im An- und Verkaufsbereich kann man seine „Meißner Sammlung" vervollständigen. Ein Zweitgeschäft leitet Hartmuts Ehefrau, Maja Polland, im Leipziger Paunsdorf-Center.

E. J. Rutschka Fischwaren

Leipzig · Lindenthaler Straße 39

Inh. Edith Röthig

Im Oktober 1914 eröffnete Elisabeth Rutschka in Leipzig-Möckern ein Fischgeschäft. Sie stammte aus Belgershain und erlernte bei dem Leipziger Fischgroßhändler Eberhard Schmitt den Beruf Kontoristin. Ihr Ehemann Johann Rutschka kam aus einer gutsituierten Bauernfamilie in der Oberlausitz, die neben größerem Landbesitz auch über eine Mühle verfügte und eine Teichwirtschaft betrieb. Johann Rutschka absolvierte nach dem Abitur eine Kaufmannslehre. Trotz Kriegs- und Nachkriegswirren soll es in den Anfangsjahren kaum Beeinträchtigungen bei der Bereitstellung von Fisch gegeben haben, mitunter seien die Lieferfristen sogar kürzer als heute gewesen. Das lag wohl vorrangig an der stark ausgeprägten Konkurrenz unter den Fischgroßhändlern. Das Ladengeschäft der Familie Rutschka wurde von Leipzig-Möckern später in Zentrumsnähe, die Wintergartenstraße 9, verlegt, wo es viele Jahre erfolgreich bestand. Hauptsächlich Angestellte aus dem "Graphischen Viertel" und Pendler zum Hauptbahnhof versorgten sich hier mit Frischfisch.

Anfang der 70er Jahre entschieden städtische Stellen, dass das rein private Unternehmen einem Fischgeschäft der HO weichen müsse, obwohl seitens der HO-Leitung dies gar nicht gewünscht wurde. Seit fünfundzwanzig Jahren befindet sich die Firma am jetzigen Standort in der Lindenthaler Straße 39. Ähnlich dramatisch gestaltete sich auch die Übertragung des Gewerbescheins von Johann Rutschka auf seine Tochter Edith Röthig, die eine Lehre als Verkäuferin absolvierte. Dennoch erfolgte am 8. September 1970 die Geschäftsübergabe an Edith Röthig, deren Tochter Isolde Wiesner seit 1962 im Unternehmen angestellt ist. Isolde schloss nach dem Abitur eine Ausbildung als Verkaufsstellenleiterin ab, nachdem ihr Ökonomiestudium an ihrer Weigerung, der Aufforderung zum Verlassen des elterlichen Betriebes nachzukommen und sich von einer staatlichen Verkaufseinrichtung zum Studium delegieren zu lassen, gescheitert war. Momentan ist außer ihr noch eine Teilzeitangestellte beschäftigt, während ihre Großeltern meist vier Angestellte hatten. Der Hauptlieferant der Firma ist das Großhandelsunternehmen Deutsche See (früher Nordsee). Traditionell steht zwar der Verkauf von Meeresfischen im Vordergrund, doch hat Johann Rutschka seinerzeit viel dafür getan, die Forelle und insbesondere den Rotbarsch als Speisefisch in Leipzig bekannt zu machen. Gerade der Rotbarsch erweckte durch seine ungewöhnliche Farbe die Skepsis der Kunden. Ab den 50er Jahren wurde auch Fleisch vom Haifisch und vom Wal verkauft. Es kam aus Kanada und später aus der Sowjetunion. Eine weitere Spezialität ist die Anfertigung von Fischplatten sowie die Bereitstellung von Silvesterkarpfen. All dies bindet Stammkunden, welche ca. 3/4 der Kundschaft ausmachen, und nicht selten nehmen sie lange Fahrten durch die ganze Stadt in Kauf. Bei der plötzlichen Sortimentserweiterung ab 1990 kam der Firma ihre eigene Tradition zugute. Während andere Fischeinzelhändler ihre Mitarbeiter zu Warenkundeseminaren schicken mussten, konnte man auf die Kenntnisse früherer Jahre zurückgreifen und mitunter sogar auf deren Werkzeuge, wie auf ein Spezialmesser, mit dem man fachgerecht Lachs zerlegen kann.

Geschäft Wintergartenstraße, Ende der 60er Jahre

Heinrich Schneider Juwelier

Inh. Cornelia Thoss-Dreyer

Leipzig · Markt 1

Jubiläumsteller, 1909

Seit 1888 hat Juwelier Schneider seinen Firmensitz im Eckgeschäft unter den Arkaden des Leipziger Alten Rathauses. Adel und Bürgertum schätzten die „hohe Gold-, Silber- und Juwelierkunst" von Heinrich Schneider. Er war ehemaliger „Hofjuwelier Seiner Königlichen Hoheit des Großherzog Ernst Ludwig von Hessen und bei Rhein". Der gebürtige Hesse erlangte in Leipzig nicht nur wegen seiner Juwelierarbeiten Ehre und Anerkennung. Er galt auch als Freund und Förderer des Sports und der Luftfahrt. Um die Jahrhundertwende florierte das Geschäft mit seiner Goldschmiedewerkstatt vor allem während der Wochenmärkte. Besonders zu Fest- und Feiertagen wies der Juwelier auf sein außerordentlich reichhaltiges Angebot mit Musterblättern hin. Die Stücke sind im „eigenen Atelier gefertigt" und „deshalb so preiswert, und die verwendeten Steine in bekannter vorzüglicher Qualität". „Auswahlen geschehen gern" und der „Umtausch nach dem Feste" ist „bereitwilligst gestattet". Außerdem waren die Stücke mit einem eigenen patentrechtlich geschützten Kollierverschluss versehen. Als weiteren Service bot Heinrich Schneider bei dieser Gelegenheit seine „großen diebes- und feuersicheren Schrankschließfächer" für seine Kundschaft zur kostenlosen Nutzung an. Im Jahre 1919 übernahm sein Sohn, Heinrich (der Zweite) Schneider, die Leitung der Firma. Der Sohn musste sich als Kaufmann und Goldschmied jedoch in schwereren Zeiten als der Firmengründer bewähren. Sein Schwiegersohn Walter Dreyer trat 1948 in das Geschäft ein. Er hatte in Hannover eine kaufmännische Lehre absolviert und 1947 nach Leipzig geheiratet. Im Jahre 1955 übernahm er die Nachfolge von Heinrich Schneider. Edelmetalle konnten seit dem Krieg fast nur noch gegen Abgabe und Verrechnung von Altgold und -silber geliefert und mit vorgeschriebenen niedrigen Gewinnspannen verkauft werden. Dennoch gestaltete sich der Umsatz recht gut. Die im Keller stets betriebene Werkstatt gestattete es, auf Kundenwünsche unmittelbar einzugehen. Um immer ein möglichst großes Warenangebot im Geschäft parat zu haben, waren Spürsinn, Geschick und Initiative gefragt. Walter Dreyer gelang es, gute Beziehungen zu Privatwerkstätten und volkseigenen Betrieben aufzubauen, die ihr Qualitätsniveau über die Jahre bewahren konnten. Unter diesen Werkstätten befand sich auch der Betrieb seines späteren Schwiegersohnes Herbert Thoss. Er ist heute der einzige Gold- und Silberschmiedemeister Leipzigs. Bestimmte Waren konnte man nur beim Juwelier Schneider finden. Nach der Wende waren diese speziellen Angebote von außerordentlichem Vorteil. Walter Dreyer übergab 1994 seiner Tochter Cornelia Thoss-Dreyer das Geschäft. Die Goldschmiedemeisterin führt die Firma seither in vierter Generation. Dem traditionellen umfangreichen Silberwarenhandel blieb sie treu. Mit einem Angebot namhafter Firmen, die schon für den Großvater geliefert haben, und dem junger Unternehmen sowie den Einzelanfertigungen von Herbert Thoss ist Juwelier Schneider das einzige Fachgeschäft für Silberwaren in Leipzig. Wer einmal ein silbernes Teil beim Juwelier Schneider erworben hat, den zieht es immer wieder ins Geschäft.

Uhren-Schmuck

Leipzig · Georg-Schwarz-Straße 9

Siegfried Schöbel

Ansicht „Gerhard Schöbel" und „Zoo-West",
50er Jahre

Der Firmengründer Gerhard Schöbel wurde 1894 in einer Lehrer- und Kantorenfamilie im schlesischen Woitsdorf geboren. Aus seiner Heimat zog er nach Leipzig und öffnete 1920 sein Uhren- und Schmuckgeschäft in der damaligen Gundorfer Straße 9 in Lindenau. Der Uhrmachermeister Gerhard Schöbel bot eine breite Palette von Uhren sowie Gold- und Silberwaren an. Sein Geschäft war als größtes Standuhrenlager im Leipziger Westen bekannt. Neben dem breiten Sortiment und der ausgezeichneten Reparaturqualität war es besonders Gerhard Schöbels „charmante Art", die die Kunden schätzten. Gerhard war Uhrmacher und Geschäftsmann mit Leib und Seele. Sein Herz schlug bis zuletzt für sein Geschäft. Als er im Oktober 1989 starb, ging mit ihm ein Stück Alt-Lindenauer Handelsgeschichte.

Getreu der Familientradition unternimmt sein Sohn Siegfried Schöbel alles, um die Kunden zufriedenzustellen. Er erlernte den Uhrmacherberuf und erhielt 1952 den Meisterbrief. Am 1. Oktober 1971 übernahm er das väterliche Geschäft. Die Firma Schöbel war immer ein reines Privatunternehmen. In der Werkstatt arbeiteten stets zwei bis drei Uhrmachergesellen, die z.T. bei Schöbels ihre Lehre absolviert hatten. Einige führen heute als Meister eigene Kleinbetriebe. Im Jahre 1990 schloss Tochter Dagmar ihre Lehre im väterlichen Unternehmen erfolgreich ab. Die gesellschaftlichen Veränderungen nach der Wende hinterließen auch in Lindenau ihre Spuren. Der einstige „Boulevard" des Stadtteils – die Georg-Schwarz-Straße – verlor sein Flair. Viele langjährige Kunden zogen weg oder tätigen ihre Einkäufe in den neu entstandenen Einkaufszentren. Doch Schöbels ließen sich nicht entmutigen. Sie versuchen, den Kunden ein breites Angebot an Uhren und Schmuck für jeden Geldbeutel zu offerieren und durch eine Vielzahl von Dienstleistungen, sorgfältigste Ausführung von Reparaturen in eigener Werkstatt und Fachkompetenz auf dem schwierigen Markt zu bestehen. Gerade die Symbiose von Verkauf und Reparatur macht das Geschäft bei seinen Stammkunden so beliebt. Das Uhren- und Schmuckgeschäft Schöbel als Teil von Alt-Lindenau soll auch weiterhin existieren. So wie Gerhard Schöbel Höhen und Tiefen gemeistert hat, wollen es auch seine Nachfahren halten.

Klaus Siebeneichler

Elektrohandwerker und Einzelhandel

Leipzig · Delitzscher Straße 32 (ehemals)

Geschäft in der Kurt-Eisner-Straße, 1976

Zu Beginn des 20. Jahrhunderts zog es auch den dreißigjährigen Herrmann Pfannenschmidt aus Thüringen an die Pleiße. Als Klempner wirkte er bei der Kupfereindeckung des Daches auf dem Neuen Rathaus mit. Sein Arbeitseifer zahlte sich aus, und am 5. Juni 1909 gründete er in Connewitz die Klempnerfirma Herrmann Pfannenschmidt. Im April 1911 zog die Firma in die Kronprinzstraße 20 (heute Kurt-Eisner-Straße 44) und neben der Klempnerei wurde ein Einzelhandelsgeschäft für Haus- und Küchengeräte sowie Sanitärinstallationen eröffnet.

Anfang Juni 1955 übernahm Herbert Siebeneichler den Gewerbebetrieb. Der Elektromeister aus Zwickau war mit der Tochter des Firmengründers, Charlotte Pfannenschmidt, verheiratet. Unter seiner Regie wurde der Haushaltwarenhandel durch den Verkauf von Elektrowaren und -ersatzteilen erweitert. Die Klempnerei löste er auf. Im Jahre 1964 schloss Herbert, der fünf bis sieben Mitarbeiter beschäftigte, mit der HO einen Kommissionshändlervertrag ab. Sein Sohn Klaus leitete das Geschäft seit März 1967. Auch er ist von Beruf Elektromeister und hat sich im Laufe der Zeit auf elektrische Haushaltklein- und -großgeräte sowie Elektrobedarf spezialisiert. Außer Heimelektronik bot Klaus Siebeneichler das komplette Spektrum an. Seine Frau kümmerte sich um den Verkauf, während er die Servicewerkstatt betrieb und den Elektroanlagenbau für gewerbliche Kunden durchführte. Voller Erfolgs- und Aufbauwillen entschlossen sich Siebeneichlers, im Juli 1993 eine Filiale in der Delitzscher Straße 32 – früher Damm und Wittig – zu eröffnen. Genau ein Jahr später führten Sanierungsmaßnahmen des Vermieters am Haus dazu, dass das Hauptgeschäft in der Kurt-Eisner-Straße geschlossen werden musste. Unfreiwillig verließ Klaus Siebeneichler seine „Traumlage" und machte die Filiale zum Hauptsitz. Durch den erzwungenen Umzug in den Leipziger Norden blieb die Stammkundschaft aus. Eine Anschubfinanzierung für einen Umzug ins moderne „Eutritzscher Zentrum" wurde der Firma trotz Schuldenfreiheit nicht gewährt. Längerfristige Straßenbaumaßnahmen in der Delitzscher Straße sowie der Zustand des zum Verkauf stehenden Hauses taten ein Übriges, um bei Herrn Siebeneichler den Gedanken an eine Geschäftsaufgabe bzw. -übergabe aufkommen zu lassen. Am 21. Februar 2000 schloss das Elektrogeschäft Siebeneichler für immer seine Pforten und das Ehepaar Siebeneichler ging vorzeitig in den Ruhestand.

Sonntag & Sohn

Leipzig · Kuhturmstraße 1

Am 27. Juni 1878 lud der Goldmacher Emil Sonntag im Stresemann und mit obligatorischer Fliege zur Eröffnungsfeier des Hauses „Sonntag" in die Kuhturmstraße 1. Auch im Geschäftsleben verwirklichte er seine Maxime, die da hieß: „Stil, Stil und nochmals Stil!" Sein Stil setzte sich durch, und das über den Leipziger Westen hinaus. Nach 40 Jahren erfolgreicher Entwicklung übergab er 1918 die Geschäfte an seinen Sohn Paul. Dieser führte das Haus unter der späteren Bezeichnung „Sonntag & Sohn" durch Inflations- und Kriegszeit. Als der Tod Paul Sonntag 1945 für alle unerwartet dem Leben entriss, ging das Geschäft an seine Tochter Irene über. Irene Sonntag heiratete den Augenoptiker- und Uhrmachermeister Horst Böttcher, der die Geschäfte unter Beibehaltung des inzwischen bekannten Namens Sonntag & Sohn übernahm. Bei aller Liebe zum Verkaufen dominierte doch in der DDR die Reparatur von Uhren und Schmuck. Bis heute gehört eine eigene Uhren-Werkstatt mit hochqualifizierten Fachkräften zum Leistungsangebot. Mitte der 70er Jahre wurde zwischen der Firma Sonntag und der HO ein Kommissionshandelsvertrag abgeschlossen, der bis Anfang ´90 bestehen blieb. Im Jahre 1990 rief auch Vater Horst in dunklem Zweireiher mit der obligatorischen Fliege zum Familienrat. Die Geschäftsübergabe an seinen Sohn Andreas stand an. Der Uhrmachermeister erinnert sich noch heute an die Worte seines Vaters: „Andreas, denk bitte immer daran, was auch im Leben und im Geschäft kommen mag, bewahre Haltung und lass nie zu, dass der „Sonntag-Stil" verloren geht." Horst Böttcher gab seinem Sohn aber noch einen weiteren Rat. „Bleibt auf dem Boden!", sagte er nicht ohne Grund. Böttchers strebsame und bescheidene Lebensart hatte sich ausgezahlt. Sie hatten Laden und Werkstatt durch manch dürre Zeiten gebracht und Sohn Andreas war für die Geschäftsübernahme gut gerüstet. Schon als Schulkind erledigte er seine Hausaufgaben oft im elterlichen Geschäft. Das war für ihn sehr praktisch, denn vom Laden ging es direkt in die Wohnung. Sein Taschengeld besserte er sich in den Schulferien schon mal mit kleineren Uhrreparaturen auf. Geschenkt wurde auch ihm nichts. Nur nach Überwindung von Schwierigkeiten konnte er eine Uhrmacherlehre antreten. Im Jahre 1981 begann er eine dreijährige Meisterausbildung.

Nach der Firmengründung 1878

Der frischgebackene Firmeninhaber Andreas Böttcher machte sich sofort an den Um- und Ausbau des Ladengeschäftes. Später wurde ein komplett elektronisch gesteuertes Kassensystem eingeführt. Individuelle Beratung und Bedienung sowie ein Service ganz im Zeichen des „Sonntag-Stils" blieben unverändertes Markenzeichen, auch wenn der heutige Inhaber nicht mehr mit der bisher obligatorischen Fliege hinter den geschmackvoll gestalteten Auslagen erscheint.

H. G. Wallmann Buchhandlung

Inh. Rena Rühle

Leipzig · Georg-Schumann-Straße 52

Der Buchhändler Heinrich Gerhard Wallmann übernahm am 1. Juli 1885 die "Buchhandlung des Vereinshauses" in Leipzig (gegr. 1873) und firmierte fortan unter eigenem Namen. Zum Unternehmen gehörten auch die Zweige Sortiments-, Verlags- und Antiquariatsbuchhandel, der Schwerpunkt lag auf dem Kommissionsgeschäft. Wallmann entstammte einer Ratsherren- und Theologenfamilie. Sein Vater war Missionsdirektor und die Firma sah ihre Hauptaufgabe vor allem darin, christliche Verlage und Sortimentsbuchhandlungen am "Leipziger Platz" zu betreuen. Mit 28 Kommittentenfirmen wurde begonnen. Als Gerhard Wallmann 1913 starb, waren es bereits 250 Firmen aus dem gesamten deutschsprachigen Raum, die durch die Leipziger Kommissions- und Grossobuchhandlung H. G. Wallmann vertreten wurden. Die Witwe des Firmengründers führte das Unternehmen mit Hilfe eines geschäftsführenden Teilhabers weiter. Im Jahre 1926 trat die jüngste Tochter Anneliese Wallmann – nach Studium und Volontariaten in Buchhandel und Verlagen – in die Firma ein und übernahm diese 1934. Ihrer Standhaftigkeit ist es zu verdanken, dass sich das Unternehmen, welches inzwischen an die dreißig Mitarbeiter beschäftigte, trotz aller Einschränkungen und Behinderungen im Dritten Reich und schließlich der Totalausbombung am 4. Dezember 1943 zu behaupten wusste und auch nach 1945 die Arbeit fortsetzte. Hauptanliegen blieb weiterhin, immer Mittler zu sein zwischen Verlag und Einzelhandel, und dies vor allem im Bereich des konfessionell geprägten Buchwesens. Durch Repressalien und Reglementierungen war die Existenz des Unternehmens in dieser Zeit oft stark gefährdet. Der Eintritt der 71-jährigen Frau Wallmann in den wohlverdienten Ruhestand 1970 hätte das Ende der Familienunternehmung bedeutet. Doch am 1. Juli 1970 übernahm die langjährige Mitarbeiterin Frau Maria Pohle die geschäftliche Verantwortung für das Buchhandelsunternehmen. Sie führte die Kommissions- und Grossobuchhandlung H. G. Wallmann – zuletzt als einzigen noch existierenden privaten Kommissionär des einst legendären "Leipziger Platzes" – durch zwei DDR-Jahrzehnte und die stürmische Wendezeit hindurch. Im Herbst 1990 zeichnete sich ab, dass der Unternehmensschwerpunkt Verlagsauslieferung, Grossobuchhandel und Kommissionsgeschäft für eine ortsansässige Firma kaum noch Chancen ließ. Auch ging das Geschäftshaus in der Lange Str. 29 infolge Restitutionsforderungen verloren; Mitarbeiter mussten entlassen werden. Um das Unternehmen zu erhalten, entschied sich Frau Pohle für die Weiterführung der Firma als Sortimentsbuchhandlung. Seit Oktober 1991 befindet sich die Buchhandlung H. G. Wallmann nun als Einzelhandelsgeschäft in der Georg-Schumann-Straße 52.

Die heutige Besitzerin der kleinen Buchhandlung Wallmann arbeitet seit April 1994 im Laden. Am 1. Juli 1997 wurde die ehemalige Mitarbeiterin und gelernte Buchhändlerin neue Inhaberin des Geschäfts. Zwei zuverlässige und engagierte Verkäuferinnen stehen ihr zur Seite. Frau Rühle ist fasziniert von der Kombination des Umgangs mit Büchern und Menschen. Außerdem lernt sie – besonders von der lesefreudigen Stammkundschaft – fast jeden Tag etwas Neues hinzu, denn schließlich ist eine Buchhandlung der beste Ort für Kommunikation und Wissenserweiterung.

Warenhaus am Brühl

Leipzig · R.-Wagner-Straße 20 Horten Kaufhof Warenhaus AG

Außenansicht Anfang der 50er Jahre

Am 3. Oktober 1908 wurden im Kaufhaus am Brühl die ersten Kunden empfangen. Das Unternehmen "Messow & Waldschmidt" hatte am Brühl 1 bis 3 das modernste Kaufhaus Leipzigs mit einer Nutzfläche von ca. 3.500 qm errichtet. Rund 300 Angestellte sorgten in 50 Spezialabteilungen für das reibungslose Funktionieren des Warenhauses. Die gesamte Innenausstattung des Hauses war vom Feinsten und es gab spezielle Abteilungen für anspruchsvolle Kunden. Ein kleiner Fuhrpark lieferte Waren frei Haus. Das Gebäude verfügte über eine Belüftungsanlage sowie über mehrere Fahrstühle. Das neue Kaufhaus zog die Kundschaft magisch an. Bald schon platzte die Verkaufsfläche aus allen Nähten. Nachbargrundstücke wurden erworben und baulich angeschlossen. Das Haus erhielt 1927 etwa seine heutige Form und Größe. Erstmals führten in einem Leipziger Kaufhaus Fahrtreppen in die nächsten Stockwerke. Die Zahl der Beschäftigten stieg auf 500. Dem systematischem Naziterror gegenüber der jüdischen Bevölkerung fielen auch die Besitzer des Kaufhauses am Brühl zum Opfer. Am 1. April 1933 wurden an Eingänge und Schaufenster des Kaufhauses die berüchtigten roten Plakate mit der Aufforderung, nicht bei Juden zu kaufen, und dem Hinweis, dass dies ein „Jüdisches Geschäft" sei, geklebt. 1935 begann die schrittweise „Arisierung", an deren Ende auch das des Unternehmens „Messow & Waldschmidt GmbH" stand. Die Geschäftsführer Riess, Meiser und Pelz durften ihre Funktionen nicht mehr ausüben. Zu neuen Geschäftsführern wurden der Kaufmann Rudolf Knoop und der Justitiar Dr. Walter Ahlburg bestellt. Mit Beschluss der Gesellschafterversammlung hieß das Kaufhaus ab September 1936 "Rudolf Knoop & Co. GmbH". Der Kaufpreis betrug 10.000 Reichsmark. Am 4. Dezember 1943 wurde das Kaufhaus von abgeworfenen Phosphorkanistern getroffen und brannte vollständig aus. Zehn Tage später begann vor dem Naturkundemuseum in Messebuden ein Ausweichverkauf. Nach Kriegsende glich das Kaufhaus äußerlich einer toten Ruine. Im Inneren säuberten freiwillige Helfer das Erdgeschoss und die erste Etage von Schutt und Asche. Im Winter 1945 konnte im Warenhausgerippe wieder verkauft werden. Der Verkauf erfolgte auf Bezugsscheine und Zuteilungskarten. Das "Kaufhaus Knoop" wurde ein Betrieb der Konsumgenossenschaft. In zwei Jahren wurde das Haus komplett wiederhergestellt. Die Wiedereröffnung als selbstständiges Warenhaus unter dem Namen „Konsum-Warenhaus des Friedens" fand 1952 statt. Wieder strömten die Leipziger in das neue Kaufhaus. 1965 wurden 13 Warenhäuser zum Zentralen Konsum-, Handels- und Produktionsunternehmen „konsument" zusammengeschlossen. Das neue konsument-Warenhaus wurde von Grund auf renoviert.

Warenhaus am Brühl

Horten Kaufhof Warenhaus AG

Leipzig · R.-Wagner-Straße 20

Unter dem Motto: „Der lohnende Weg" lief der Ausweichverkauf auf dem Messegelände. 1968 öffnete das schönste und modernste sowie, mit 11.400 qm Verkaufsfläche, auch größte Warenhaus der DDR. Im Keller des siebengeschossigen Hauses ermöglichten zwei Drehscheiben das Wenden von Lastkraftwagen. Der Flachbau direkt neben dem Kaufhaus wurde zu einer Lebensmittelkaufhalle umgebaut. Der Hochbau bekam eine Vorhangfassade aus veredeltem Leichtmetall. Aufgrund dieser blitzenden Aluminiumfassade wurde das Haus schlicht „Blechbüchse" genannt. Die Kundschaft nahm die „Blechbüchse" sofort an. Dazu trugen auch die gebotenen Dienstleistungen bei. Auf Wunsch nähte man Gardinen und nahm Änderungen an Damen- und Herrenkonfektionen vor. In eigenen Werkstätten wurden Rundfunk- und Fernsehgeräte sowie Uhren repariert. Das Selbstbedienungsrestaurant war immer gut besucht. Mit der Einführung der offenen Verkaufsform und einer attraktiven Gestaltung des Warenangebotes entwickelte sich das "konsument-Warenhaus am Brühl" zum Maßstab aller Handelsbetriebe in der DDR. Für die Versorgung der Stadt und des Bezirkes Leipzig war das konsument-Warenhaus unentbehrlich. Nach der Wende ging das Unternehmen "konsument" für eine kurze Übergangszeit ein Jointventure mit dem Unternehmen Horten ein. Die Horten-konsument-GmbH war entstanden.

Später wurden die Häuser von der Horten Galeria GmbH übernommen. 1995 kaufte die Kaufhof Warenhaus AG die Anteile von Horten und die Horten-Häuser wurden Filialen der Kaufhof AG. Im September 2001 soll das neue Galeria Kaufhof Warenhaus am neuen Standort Ecke Neumarkt/Grimmaische Straße erstrahlen und auch dort die Kunden in seinen Bann ziehen.

Die „Blechbüchse" nach dem Umbau 1968

Zigarrenkiste

Leipzig · Katharinenstraße 23

M. Wartig

Der Gründer, 1933

In der Katharinenstraße gibt es ein kleines Fachgeschäft, das bis an die Decke mit erlesensten Tabakwaren, Weinen und Spirituosen vollgestopft ist. Für fachkundige Bedienung sorgt Margit Wartig, die Tochter eines renommierten Tabakwarenhändlers. Ihr Vater, Martin Tenschert, hatte sich 1933 in der Kreuzstraße 23 mit einem Tabakwarenhandel selbstständig gemacht, nachdem der Schmied durch einen Unfall ein Auge verloren hatte. Die Kreuzstraße war eine belebte Händlerstraße mit einem guten Dutzend Tabakanbietern. Dem pfiffigen Verkäufer gelang es aber schon bald, seinen Laden als gutgehendes Tabakgeschäft mit jeglichem Raucherzubehör zu etablieren. Arbeiter und Angestellte aus grafischen Betrieben und Verlagen waren seine Kunden. Stimmte der Umsatz am Tage nicht, ging Martin abends in die Kneipen der Nachbarschaft und verkaufte Zigaretten und Zigarren in geselliger Runde an die Wirtsleute. "Martin" war eine Institution im Viertel! Der Krieg brachte einen wirtschaftlichen Einbruch. Ehefrau Hilma hielt den Laden zwar offen, zu verkaufen gab es bald fast nichts. Zweimal wurde Tenscherts Wohnung ausgebombt. Martins Gewerbeschein erlaubte auch den Handel mit Kleinstartikeln. So konnte er nach dem Krieg mit Hosenträgern, Geldbörsen, Stiften, Zirkeln, Federn, Radiergummis, Linealen usw. handeln. Auch in den folgenden Jahren ernährte der Handel mit Tabakwaren allein die Familie nicht. 1956 schloss Martin einen Kommissionshandelsvertrag ab und füllte sein Angebot auf. Erst erweiterte er es um Büroartikel und dann um Spielwaren. Der Laden versorgte jetzt auch die umliegenden Betriebe mit Bürobedarf. Tochter Margit war schon als Kind vom Geschäftsleben und den Waren begeistert. Sieben Jahre ging sie beim Vater in die „Lehre", bevor sie 1979 in der Wintergartenstraße 7 ihren eigenen Tabakwarenladen eröffnete. Das Viertel um die Kreuzstraße drohte mehr und mehr zu verfallen. In der Wintergartenstraße führte Margit Wartig eine 110-jährige Tabakhändlertradition fort. Das Geschäft hatte Theodor Ramm 1869 gegründet. Später ging es an die Familie Köhler über und der letzte Inhaber, Erich Köhler, übergab es an die Tochter seines Freundes Martin. Margit Wartig erzielte als Kommissionshändlerin und durch die Reparaturannahme von Feuerzeugen „bis zuletzt Spitzenumsätze". Mit der Wende nahm der Kundenstrom ab, Ladendiebstähle und Einbrüche nahmen zu. Bei der dünnen Kapitaldecke bereitete dies der Inhaberin schlaflose Nächte. Schließlich ging die Geschäftsfrau in die Offensive. Sie erweiterte das Sortiment um Süßwaren, Zeitungen, Glückwunschkarten, bis hin zum Lotto. Voller Tatendrang initiierte Margit Wartig Ende 1991 den ersten Pfeifenraucherclub in den neuen Bundesländern, dessen Leitung sie bis 1998 innehatte. In einem neuen "Pfeifenstudio" präsentierte sie fachgerecht Pfeifen von 7 bis 500 Mark das Stück. 1992 öffnete sie in der Prager Straße 31 eine Filiale mit einem Mischangebot aus Tabakwaren, Spirituosen und Zeitungen und 1994 folgte die Eröffnung von "CIGAR & PIPE" im Gerichtsweg 3 mit einem begehbaren Humidor, einem vielfältigen Sortiment an Zigarren und erlesenen Tabaken. 1998 zog die Zigarrenkiste ins Romanushaus. Übrigens ist die Pfeifenliebhaberin und Zigarrenspezialistin selbst Nichtraucherin!

Möbel Weber

Leipzig · Karl-Liebknecht-Straße 9

In Leipzig/Mockau in der Kieler Straße begannen Erich und sein Bruder Kurt Weber 1935 den Möbelhandel. Sie hatten sich die eigene Tischlerei mit Schwerpunkt Innenausbau, zu der später noch ein Ladengeschäft kam, aus dem Nichts aufgebaut. Die Lehrzeit der beiden legte auch den Grundstein für die spätere Rollenverteilung im Geschäft. Während sich der Kaufmann Erich dem Möbelverkauf widmete, leitete sein Bruder, der Tischlermeister, die Tischlerei. Sofort nach dem Zweiten Weltkrieg, aus dem Kurt nicht zurückkehrte, begann Erich Weber mit dem Wiederaufbau seines Möbelhandels, zunächst in der Kieler Straße 47. Ab 1954 baute Erich in der Wintergartenstraße, im Gebäude des ehemaligen Hotels Stadt Rom, sein zweites Geschäft auf. Es wurde schnell zum Hauptgeschäft. 1969/70 wurde es geschlossen, da das Gebäude dem Neubau des Wintergarten-Hochhauses weichen musste. Der Geschäftsmann zog daraufhin in die Karl-Liebknecht-Straße/Ecke Paul-Gruner-Straße. Von den Räumlichkeiten her eher als Zwerg anmutend, hatte sich Möbel Weber gegen einen Riesen, das Möbelhaus Modern von der HO, als unmittelbaren Konkurrenten auf der gegenüberliegenden Straßenseite zu behaupten. Gefragt waren neben soliden handwerklichen Fähigkeiten und individueller Beratung ständig neue Ideen. So übernahm Erich Weber z.B. die Ausstellungsmuster von Möbelmessen. Wohnideen der Firma Weber, die in den Zeitschriften „Schöner Wohnen" oder „Kultur im Heim" veröffentlicht wurden, machten das Möbelhaus DDR-weit bekannt. Mit über 30 Tischlermeistern aus der gesamten Republik wurde zusammengearbeitet, damit die Wohnträume der Leipziger Kundschaft verwirklicht werden konnten. So, wie sich das Haus Weber bereits in den 60er und 70er Jahren durch individuelle Fertigung von Möbeln, auf jeden Raum zugeschnitten, auszeichnete, ist auch jetzt jede Maßanfertigung wieder zu haben. 1982 übernahm Tochter Christina Spiegel das Einrichtungshaus und arbeitete als Kommissionshändlerin weiter bis 1990. Die Fachverkäuferin für Möbel und Kunstgewerbe und Verkaufsstellenleiterin ist seit 1962 im Familienunternehmen tätig. 1990 entschied sich Familie Spiegel für den Einstieg in die Selbstständigkeit und die rechtliche Wandlung zur GmbH. Die weitere Existenz der Firma konnte gesichert werden. Möbel Weber ist Mitglied im Deutschen Möbelverband und vertritt die Schiene GLOBAL (Möbel vom Fachmann). Besonders seit dem Umzug in die neuen Räumlichkeiten in der Karl-Liebknecht-Straße 9 im Jahre 1993 wird durch das Möbelhaus Weber größter Wert auf den weiteren Ausbau des Geschäfts gelegt. Im Oktober 1994 wurde die neue Küchenabteilung eröffnet und zügig erweitert. Inzwischen wird auf drei Etagen ausgestellt und verkauft. Für ihre Kunden erstellen die Einrichtungsberater Gesamtkonzepte. Der Enkel des Firmengründers, Lars Spiegel, ist Geschäftsführer und wird traditionsgemäß die Firma weiterführen. So werden die Stammkunden, die bereits über Generationen ihre Möbel bei Möbel Weber kaufen, auch weiterhin fachlich kompetent und umfassend beraten.

Geschäft in der Wintergartenstraße, 60er Jahre

Schuhhaus Weber

Lindenthal · Bahnhofstraße 8

Inh. Barbara Pätzold

Vor rund 100 Jahren erwarb Emil Weber ein Wohn- und Geschäftsobjekt in Lindenthal. Der Schuhmachermeister gründete am 1. Juli 1907 in seiner Wohnung in der Bahnhofstraße 14 eine Schuhmacherei. Emil Weber stellte Schuhe her, reparierte sie und handelte mit ihnen. Drei Jahre vor Ausbruch des Ersten Weltkrieges baute er in der Bahnhofstraße 8 eine Wohnung zu Geschäftsräumen um und bezog mit der Familie den heutigen Firmensitz. Emil Weber nannte seine Firma damals zwar "Schuhhaus Lindenthal", die Lindenthaler aber gingen einfach zu "Webers". Der Laden bildete den Mittelpunkt der Familie. Hier wurde auch gewohnt. Das Geld war immer knapp und reichte grundsätzlich nie, und so hatte Emil sein eigenes Haus komplett vermietet. Auch wenn die Geschäfte gut liefen, ließen die Bauern anschreiben und zahlten oder verrechneten ihre Schulden meist erst am Jahresende. Seine Frau schneiderte für die Leute und verdiente so Geld hinzu. Emil betrieb neben dem Schuhhandel seine Schuhmacherei weiter. Dort bildete er bis in die 50er Jahre Lehrlinge aus. Zeitweilig waren bis zu fünf Angestellte im Unternehmen beschäftigt. Im Januar 1923 wurde Sohn Helmut geboren. Er machte 1939 sein Abitur. Aus dem Zweiten Weltkrieg kehrte Helmut als Offizier heim und später wurden ihm jede Menge Steine in seinen beruflichen Entwicklungsweg gelegt. Auch er absolvierte eine Schuhmacherlehre. Am 1. Juli 1953 übernahm er die Geschäftsleitung. Der zunehmende wirtschaftliche Erfolg ermöglichte und erforderte eine stufenweise Vergrößerung der Geschäftsräume. Als Helmut das Rentenalter erreicht hatte, gab er das Geschäft ruhigen Gewissens an seine Tochter ab. Seit dem 1. Januar 1988 führt die Enkelin des Firmengründers, Barbara Pätzold, die Geschicke des Familienunternehmens. Der kleine mittelständische Betrieb hatte damals drei Beschäftigte. Die Diplom-Mathematikerin und ehemalige Leiterin eines Rechenzentrums erlernte noch den Beruf einer Fachverkäuferin. Die Inhaberin ist mit Horst Pätzold, einem Maschinenbauer, verheiratet. Beide qualifizierten sich noch in einem zweiten Beruf für ihr Geschäft. Horst hatte noch einen Abschluss als Schuhmacher gemacht. Somit konnte die traditionelle Verbindung zwischen Schuhhandel und Schuhreparaturbetrieb aufrechterhalten bleiben. Das Unternehmen war zu DDR-Zeiten Kommissionshändler der Konsumgenossenschaft.

Ab 1990 konnten die Geschäftsleute neue Lieferantenbeziehungen aufbauen. Nützlich und erfolgreich waren in dieser Hinsicht die Messebesuche in Düsseldorf. Das Schuhhaus Weber hat sein eigenes Angebotsprofil entwickelt. Es bietet hochwertiges, strapazierfähiges, langlebiges Schuhwerk an. Neben dem vollen Einsatz für das Geschäft gilt das Engagement von Barbara Pätzold ganz der Entwicklung Lindenthals.

Geschäft im Gründungsjahr

Bernd Werner

Leipzig · Delitzscher Straße 72b

Bürohaus und Spielzeugland GmbH

Hermann Werner wuchs bei Lodz auf, absolvierte eine Gärtnerlehre und fand in Leipzig eine Anstellung in der Gärtnerei der Eisenwarenfirma Franz Mosentin. Ehefrau Frieda arbeitete als Zigarrenmacherin. Zu Hermanns Arbeitspflichten gehörten auch Einkäufe und sein Weg führte ihn oft in ein Eutritzscher Papierwarengeschäft, dessen Besitzerin ihm eine Wohnung samt Geschäft zum Kauf anbot. Die jungen Eheleute ließen sich jeweils ihr Erbe auszahlen und beglichen damit die Kaufsumme. Am 1. Juli 1913 ging die Papierwarenhandlung in den Besitz der Familie Werner über. Die Freude währte indes nicht lange. Hermann musste im ersten Kriegsjahr an die Front. Der Kriegsheimkehrer verkaufte nicht nur Papier, Schreibwaren und Spielzeug, sondern setzte sich auch für Berufskollegen ein und beteiligte sich an einer Interessengemeinschaft von Einzelhändlern. 1927 war er als 1. Stellvertretender Vorsitzender der Ortsgruppe Leipzig des Reichsbundes Deutscher Papier- und Schreibwarenhändler e.V. tätig. In den 30er Jahren wurde eine Filiale in der Burgstraße betrieben. Aus dem Zweiten Weltkrieg kehrte Sohn Fritz Werner nicht heim. Dessen 1939 geborener Sohn Bernd verbrachte als Kind viel Zeit bei Großmutter Frieda im Geschäft, die nach dem Tod ihres Mannes 1951 den Laden zehn Jahre führte. Anfang der 50er Jahre entschloss sich der Junge zu einer Lehre in der Landwirtschaft. Aber der Stadtmensch vermisste bald Großstadt und Laden. Er kehrte 1956 zurück und lernte Einzelhandelskaufmann. Anfang der 60er Jahre hätte das Geschäft aufgegeben werden müssen, da Großmutter mittlerweile 72 Jahre alt war. So wurde Enkel Bernd 1961 jüngster Gewerbescheinbesitzer Leipzigs. Bis 1971 führte er den Betrieb rein privat, dann als Kommissionshändler der HO. Unterstützt wurde Bernd ab 1972 von seiner Frau Irma, die als mithelfende Ehefrau fest in den Betrieb eingebunden wurde. Werners belieferten auch "gesellschaftliche Bedarfsträger". Umsichtig arbeitete Bernd Werner am Ausbau seines Geschäftes und erweiterte es im Nebenhaus um Räumlichkeiten für die Waren dieses Kundenkreises. Ab 1985 konnten Spiel- und Schreibwaren getrennt angeboten werden. Seit 1990 führt Bernd Werner wieder ein reines Privatunternehmen. Um das Wohl der Kundschaft sorgten sich Anfang der 90er Jahre 17 Beschäftigte, denn für Bernd Werner ist ein zufriedener Kunde stets das Wichtigste am Geschäft. Seit 1992 ist er Geschäftsführer und Gesellschafter einer GmbH. Neben dem klassischen Bürobedarf handelt die Firma mit Spielwaren, wie Holzbaukästen, Bauserien, Autos und Puppen, Denk- und Strategiespielen, die den Einzelnen und ganze Familien fordern. Auch Bernd Werner engagiert sich für seine Berufskollegen. Gemeinsame Bemühungen alteingesessener Leipziger Händler führten 1990 zur Gründung des Einzelhandelsverbandes Leipzig, dem heutigen Handelsverband Sachsen, Bezirk Westsachsen, dessen Vorsitzender er ist. Nach Ausflügen in andere Branchen und Regionen sind auch zwei seiner drei Kinder wieder zum Familienunternehmen zurückgekehrt. Sohn, Tochter und Schwiegersohn „mischen" in den Geschäften in der Delitzscher Straße 72 und der Karl-Liebknecht-Straße 61 mit.

Familie Werner vor ihrem Laden

Korb-Werner

Leipzig · Karl-Liebknecht-Straße 78

Der Unternehmensgründer, Iwan Werner, wurde als Sohn eines Öbsters und Hausschlächters geboren. Zur Erntezeit hatte man viel mit Körben zu tun und Iwan begann später eine Korbmacherlehre. In Leipzig fand er Arbeit als Korbmacher und Verkäufer. Am 1. April 1913 richtete er mit seiner Frau Marta seine eigene Werkstatt in der Moltkestraße 46 (heute Alfred-Kästner-Straße) ein. Iwan Werner war Mitglied der Korbmacher-Zwangs-Innung und Mitbegründer der ersten Leipziger Liefergenossenschaft für das selbstständige Korbmachergewerbe. Trotz einsetzender Inflation konnte der Korbmachermeister im Nebenhaus eine Wohnung mit Laden übernehmen. Geschäftsbelebend wirkte sich die Verlegung des Ladengeschäfts in die verkehrsgünstigere Südstraße 26 (heute Karl-Liebknecht-Straße) aus. Neben der Herstellung von Körben aller Art für Handel, Gewerbe, Landwirtschaft und Industrie wurde mit Korb- und Haushaltwaren sowie Kinderwagen gehandelt. Eine Spezialität der Firma war ein Wollsortierkorb für Spinnereibetriebe. Die Firma zog 1937 ein letztes Mal um. In der Karl-Liebknecht-Straße 76 richteten Werners sich einen Laden mit fünf Schaufenstern und einer Werkstatt ein. Ihre Kinder wuchsen fast automatisch ins Unternehmen hinein. Tochter Charlotte arbeitete schon mit 15 Jahren im Laden. Das Verkaufen war ihre Erfüllung und nach dem Tod der Eltern führte sie das Geschäft. Sohn Erhard wurde Korbmacher und arbeitete in der Werkstatt seines Vaters. Nebenbei besuchte er die Kunstgewerbeschule in Leipzig und legte 1948 die Meisterprüfung im Korbmacherhandwerk ab. Erhard übernahm 1951 die Werkstatt und kreierte Flechtwerk selbst. Erhard Werner wurde als zweiter "Kunstschaffender Handwerker im Korbmacherhandwerk der DDR" anerkannt. Seine Arbeiten waren vielerorts gefragt. Zur Förderung des Nachwuchses drehte er Anfang der 60er Jahre den Film: „Wie ein Korb entsteht". Jedoch der Beruf des Korbmachers war vom Aussterben bedroht. Hinzu kam die kritische Materiallage. Importflechtstoffe verschwanden völlig vom Markt. Die staatlichen Forstwirtschaftsbetriebe waren nicht in der Lage, Weiden in guter Qualität und in ausreichender Menge zur Verfügung zu stellen. Selbst notwendiges Gebrauchswerkzeug, wie z.B. Messer, waren rar. 1977 gab Charlotte den Laden auf. Es mangelte an Ware und ein Nachfolger war nicht vorhanden. Die Fertigung behielt ihr breites Profil dennoch bei. 1980 machte Sohn Frank seinen Meister im Korbmacherhandwerk und übernahm 1986 den Betrieb. Seine Frau Manuela trat nach einer kaufmännischen Ausbildung ins Familienunternehmen ein und verkauft heute im Geschäft. Bis Ende der 80er Jahre arbeitete der Betrieb mit fünf Mitarbeitern und bildete Lehrlinge aus. Dann kam die Konkurrenz ostasiatischer und osteuropäischer Billiganbieter. Werners überlebten dank ihres stets breiten Sortiments. Korb-Werner arbeitet heute als reiner Familienbetrieb mit noch einem Beschäftigten. Qualitätskorbwaren werden akribisch hergestellt und repariert. Neu ist die Ausführung von Stuhlflechtarbeiten und Binsengeflecht. Im Laden gibt es auch Korbwaren fremder Produktion. Frank Werner vertritt heute die Korbmacher und ist dabei in der Holzinnung der einzige Vertreter seiner einst großen Zunft. Seit der Wende hat Frank Werner schon die verschiedensten Dinge geflochten. Nur ein einfacher Korb war bislang noch nicht wieder darunter.

Zechendorf

Kunsthandwerk & Rattanmöbel
Inh. Petra Frötel

Leipzig · Burgstraße 5

Moritz Ludwig Zechendorf heiratete am 22. April 1862 Caroline Wilhelmine Rudolph und eröffnete das Korbwarengeschäft im Haus Alte Waage an der Ecke Markt/Katharinenstraße 1. Sein Vater besaß eine alte Leipziger Korbmacherei. Es wurde der Schritt vom offenen Marktstand an bestimmten Wochentagen zum ständig geöffneten wettersicheren Ladengeschäft vollzogen. Nach dem Tod von Moritz Zechendorf 1884 ging das Unternehmen an seine Witwe über. Nach 16-jähriger Geschäftstätigkeit übergab sie ihrem Sohn, dem Korbmachermeister Max Ludwig Zechendorf, die Firma. Max war ein tüchtiger und umsichtiger Geschäftsmann, der das Unternehmen zum führenden Fachgeschäft der Branche entwickelte. Beliebt waren um 1900 Korbmöbel aus Peddigrohr. Max Zechendorf starb 1917 im Alter von 42 Jahren. Wieder musste eine Witwe, Auguste Helene Zechendorf, das Geschäft übernehmen. Sie verlegte es 1920 ins eigene Grundstück, Reichsstraße 29/31, ins sogenannte „Zechendorfhaus". Die Inhaberin konnte das Unternehmen wieder stabilisieren. 1928 übergab Helene den Korbwarenhandel an ihren Sohn Ludwig. In wirtschaftlichen Notzeiten, 1932, verlagerte dieser das Unternehmen nach der Petersstraße 28. Später zogen Zechendorfs in Räumlichkeiten am Neumarkt 14 (Mädler-Passage). Ludwig wurde Obermeister der Korbmacherinnung Leipzig. Feinkorbwaren verdrängten Korbmöbel, Holz- und Bastwaren wurden aufgenommen und das Kunstgeschäft war bald als „Bastladen Zechendorf am Neumarkt" bekannt. Im Krieg wurde das Zechendorfhaus in der Reichsstraße Opfer der Flammen. Im Laden am Neumarkt konnte der Handel, zwar eingeschränkt, neu beginnen. In eigener Werkstatt wurde wieder selbst produziert. In den Nachkriegsjahren gab es keine importierten Rohstoffe aus Übersee, wie Rohr, Bast, Palmblatt und Bondoot, oder gar Korbprodukte. Nur verschiedenste Gegenstände aus Weide konnten wieder gefertigt werden. Zechendorfs führten grundsätzlich keine Industrieerzeugnisse. Ausschließlich mit "Werkstätten des Kunsthandwerks und Kunstgewerbes (Drechsler, Holzbildhauer, Schnitzer, Schreiner, Böttcher, Töpfer, Buchbinder, Korbflechter)" knüpften sie Verbindungen. Gesundheitlich angeschlagen, musste Ludwig die Werkstatt aufgeben. Ehefrau Charlotte führte das Handelsunternehmen selbstständig weiter. Sohn Eckard-Lutz lernte derweil das Korbmacherhandwerk. Ludwig erlag seinem Leiden 1956. Im Jahre 1988 verlor die heutige Inhaberin, Petra Frötel-Zechendorf, ihre Eltern durch einen tragischen Autounfall. Sie hatten ab Anfang der 70er Jahre das Unternehmen als HO-Kommissionshandelsgeschäft geführt. Petra Frötel kaufte 1989 das Geschäft zurück. Sie bietet seither Korb- und Rattanmöbel sowie Kunstgewerbeartikel in ihrer großen Bandbreite an. 1992 brachte es ein "Baulöwe" fertig, dass die Firma Zechendorf nach fast 60 Jahren ihren angestammten Platz in der Mädler-Passage aufgeben musste. Petra zog in die Burgstraße 5. Dort werden Produkte aus Korb, Holz, Keramik, Glas oder Stoff angeboten. Alles, was traditionsreiche „Werkstätten des Kunsthandwerks und Kunstgewerbes", besonders die erzgebirgischen, heute auf dem Markt bieten, wird stilvoll im Geschäft präsentiert. Mit der renommierten Firma Wendt & Kühn gibt es vertragliche Beziehungen. Reparaturen und Sonderanfertigungen sind bei Zechendorfs eine Selbstverständlichkeit.

Schuhhaus Zeidler

Leipzig · Delitzscher Straße 66

Otto und Irmgard Zeidler zur Messe 1959

Heinrich Zeidler, der Großvater des heutigen Inhabers, hatte 1895 in der Könneritzstraße ein Textil- und Kurzwarengeschäft gegründet. Gemeinsam mit seinem Sohn Otto Zeidler baute er 1919 die Firma Heinrich Zeidler & Sohn, Großhandel mit Sattler- und Karosseriewarenbedarf auf. Während der Wirtschaftskrise hatte das Unternehmen besonders unter den explodierenden Mietkosten und der Geldknappheit der Handwerker zu leiden. In den Kriegsjahren wurde überwiegend Großhandel betrieben. Gut ging abgefüllter Klebstoff, der in kleinen Gläsern oder Flaschen verkauft wurde. Nach 1945 stellte man aus Restbeständen an Kunstleder, Verdeckstoffen, Planen usw. „Hamster"-Rucksäcke her. Schuhschleifen fertigte man zur modischen Aufwertung alter Schuhe an. Aus diesen Anfängen hatte sich bereits 1950 die Lederwarenfabrik Heinrich Zeidler & Sohn mit über 100 Mitarbeitern entwickelt. Die Zuschneiderei, Täschnerei und Näherei befanden sich seit 1952 auf einer Fläche von 800 qm auf drei Etagen der Petersstraße 22/24. Otto und Irmgard Zeidler machten den Betrieb zu einer der bekanntesten Lederwarenfabriken der DDR. Versuche, den Betrieb 1953 zu verstaatlichen, schlugen fehl, obwohl bereits ein neuer Direktor feststand. Zeidler-Taschen waren sehr begehrt und meist nur unter dem Ladentisch zu haben. Ihr Absatz war nie das Problem. Kopfzerbrechen bereitete die Materialbeschaffung oder die Anschaffung neuer Maschinen. Als Irmgard Zeidler ihren Betrieb ab 1958 als Komplementärin für einen Monatslohn von 900 Mark weiterführte, gewährte der Staat auch Kredite für den Neukauf von Maschinen. Ein Großteil der Produktion wurde in mehr als 20 Länder exportiert, u.a. 5.000 polizeilich zugelassene Pannentaschen für Holland. Ständig wurden die neuesten Modetrends verfolgt. Manchmal war man auch unter DDR-Bedingungen der Zeit voraus, jedenfalls bei bestimmten Kunstledersorten oder -farben, wie Platingrün oder Grünspan. Unter dem Motto: „Zeidler-Taschen, ein Begriff" wurden auch India-Beutel und Knautschkunstledertaschen ein Renner. 1972 wurde der Betrieb, der zu den Branchenführern in der DDR zählte, verstaatlicht. Der Diplomwirtschaftler Wolfgang Zeidler, der im elterlichen Betrieb tätig war und seit 1965 als kaufmännischer Leiter fungierte, war ab 1972 im VEB Modetaschen und VE-Kombinat „Aktuell Lederwaren Leipzig" in verschiedenen Leitungsfunktionen tätig. Liefen bis 1972 in der Produktion zeitweise bis zu 70 verschiedene Modelle, so rückte nach und nach die Stückzahl in den Vordergrund. Die „Tonnenideologie" verdrängte jeglichen modischen Chic. Mit der Wende wurde das Kombinat aufgelöst. Wolfgang Zeidler konnte erst 1991 das HO-Schuhfachgeschäft in der Delitzscher Straße übernehmen. Gemeinsam mit seiner Frau Regina führt Wolfgang heute mehrere Filialen, in der Nikolaistraße 42, der Lindenthaler Straße 22 und in der Ladenpassage „Eutritzscher Zentrum". Die Mitgliedschaft in der Garant-Schuh-AG sichert ein breites, qualitativ gutes Angebot an modischer Schuhbekleidung zu erschwinglichen Preisen. Urenkel Kai-Uwe wird die Tradition des Unternehmens fortsetzen.

Leder-Zelfel

Inh. Martina Schubert

Leipzig · Delitzscher Straße 70

Seit über 50 Jahren ist die Firma Leder-Zelfel mit Taschen, Kleinlederwaren und Reisezubehör in Eutritzsch ansässig. In der Seitengasse eröffnete Werner Zelfel am 10. März 1946 eine Lederwarenhandlung. Werner stammte aus einer Schuhmacherfamilie und blieb der Lederbranche treu. Sein Vater Josef Zelfel hatte in der Haferkornstraße ein Geschäft als Schuhmacher. Der Kaufmann Werner Zelfel bot neben Schuhmacherbedarf, Gummiabsätze, Schnürsenkel, Einlegesohlen und ähnliche kleine Dinge an. Diese „kleinen Dinge" besaßen für die Leute im Nachkriegs-Leipzig eine ungeheure Bedeutung. Nach und nach konnte Werner Zelfel sein Angebot erweitern. Anfang der 50er Jahre wechselte der Kaufmann mit seinem Geschäft in eine bessere Verkaufslage und zog in die Delitzscher Straße Nr. 41. Anfang 1961 sollte das Haus abgerissen werden. Vater Zelfel kämpfte aber darum, dass von den ehemals drei Etagen wenigstens das Erdgeschoss erhalten wurde. Er hatte Glück, sein Geschäft konnte bleiben. Zehn Jahre später schloss die Firma Leder-Zelfel mit dem Konsum einen Kommissionshandelsvertrag ab, damit die Warenversorgung weiterhin gesichert werden konnte. Werner opferte all seine Kraft für sein Geschäft. Urlaub gönnte er sich nie. Frau Herta und Tochter Martina mussten stets alleine reisen.

Ladenansicht Mitte der 50er Jahre

Im Jahre 1975 nahm die Ehefrau das Zepter in die Hand. Herta hörte erst mit 80 Jahren auf zu arbeiten. Am 1. Mai 1983 übergab sie die Firma an ihre Tochter Martina Schubert. Für die meisten Kunden war die studierte Außenhandelskauffrau kein neues Gesicht. Viele kannten sie noch als Kind oder aus den 70er Jahren, als sie ihrer Mutter als Aushilfskraft hinterm Ladentisch zur Seite stand. Martina baute das Ladengeschäft weiter aus. Richtig loslegen konnte die Geschäftsfrau dann ab 1990. Der Laden wurde um- und ausgebaut und dem wesentlich erweiterten Sortiment sowie den Anforderungen an eine entsprechende Warenpräsentation angepasst. Durch ein eingeführtes Bestell- und Liefersystem ist Martina Schubert heute in der Lage, sehr kurzfristig zu reagieren. Ihre Waren ordert die Geschäftsfrau zu 90 % auf Fachmessen, so hat sie immer den neuesten und modischsten Trend parat. Mitte der 90er Jahre machten langfristige Baumaßnahmen in der Delitzscher Straße den Eutritzscher Händlern besonders zu schaffen. Laufkundschaft verirrte sich kaum noch ins Geschäft in der Nummer 41. Nur die Stammkunden hielten dem kleinen Laden die Treue. Land war erst wieder gegen Ende 1998 in Sicht, als sich die Chance zu einem Umzug ergab. Das Geschäft der Firma Leder Bär im „Eutritzscher Zentrum" wurde frei.

Seit dem 1. Februar 1999 bietet Martina Schubert in der Delitzscher Straße Nr. 70 ihre Lederwarenkollektionen auf einer größeren und helleren Verkaufsfläche an. Keine hundert Meter von der alten Stelle entfernt floriert das Geschäft wieder. Das Einkaufs-Center, Straßenbahnhaltestellen sowie ein Ärztehaus ziehen zusätzlich potentielle Kunden an.

Möbel Zinner

Leipzig · Pötzschker Weg 2-4 (ehemals)

Geschäft Mitte der 50er Jahre

Der Ursprung der Firma Möbel Zinner liegt in einem Handwerksbetrieb. Nur begann es nicht, wie so häufig bei Möbelanbietern, mit einer Tischlerei, sondern mit einem Polsterbetrieb. Gerhard Zinner, der Sohn eines Sattlermeisters aus Johanngeorgenstadt, richtete sich am 1. September 1946 eine eigene Werkstatt ein. In der Roßbachstraße 9, in der vierten Etage des Hofgebäudes, bezog der Tapezierermeister von nun an Polstermöbel und fertigte Kleinmöbel an. Beim schwierigen Transport, besonders der großen Möbelstücke, wird Gerhard wohl so manches Teil ans Herz gewachsen sein. Mit der Zeit genügte es ihm jedoch nicht, die Möbelstücke nur auszubessern oder zu reparieren. Warum sollte er nicht Möbel eigenständig verkaufen? Am 1. Juni 1952 gab er die Eröffnung eines Möbelhauses mit angeschlossener Polsterei bekannt. Im Laufe der Zeit wechselten die Standorte der Ladengeschäfte zwischen Bautzmannstraße, Konradstraße, Rosa-Luxemburg-Straße, Wurzner Straße und schließlich dem Pötzschker Weg. Die Polsterei wurde bis 1983 noch betrieben, dann hatte sie sich endgültig wirtschaftlich überlebt. Im Geschäft wurde stets ein Vollsortiment an Wohnraummöbeln angeboten. Gerhard Zinner bezog seine Ware hauptsächlich über die Möbel-Einkaufs-Genossenschaft. Es war bestimmt kein Scherz, als am 1. April 1979 der Sohn des Firmengründers, Ralph Zinner, die Geschäfte übernahm. Vater Gerhard freute sich mit 65 Jahren auf seine wohlverdiente Rente und Freizeit. Seither wurde das Unternehmen von echten „Holzwürmern" geleitet. Ralph beendete 1969 eine Möbelfacharbeiterlehre als Tischler und absolvierte bis 1973 ein Studium an der Technischen Universität Dresden als Diplom-Ingenieur für Holz- und Faserstofftechnik. Seine Ehefrau Petra ist Holzfacharbeiterin und ebenfalls im Familienbetrieb beschäftigt gewesen. Der einstige Anbieter von Wohnraummöbeln wechselte zu Polstergarnituren. Bot früher der Polsterer Gerhard Zinner hauptsächlich Möbel an, so offerierten die Tischler Ralph und Petra Zinner speziell Polstermöbel.

Heute weht ein harter Wind im Wettbewerb um die Gunst des Kunden. Das Familienunternehmen Zinner konnte diesem bis Ende 2000 standhalten.

Werner Jacob

Baalsdorf · Engelsdorfer Straße 2

Auf dem Grundstück in der Leipziger Straße 3 errichtete der aus Belgershain stammende Handwerksmeister Johann Christoph Dietzsch 1846 ein Lehmhaus. Hier baute der Stellmacher bzw. Wagner, und ab 1875 sein Sohn, Johann Carl Friedrich Dietzsch, Pferde-, Leiter- und zeitweilig auch Militärwagen. Hauptsächlich die Bauern der Umgebung ließen sich ihre Gefährte anfertigen oder reparieren.
Friedrich Hermann Jacob heiratete in die Familie Dietzsch ein und erwarb 1877 das Grundstück. Er baute noch eine Werkstatt dazu und erweiterte das Geschäft, das er bis 1910 führte. Sein Sohn Hugo kaufte noch ein Grundstück dazu und unterhielt ein großes Holzlager. Neben der Stellmacherei mit Maschinenbetrieb führte er auch einen Holzhandel. In der Werkstatt wurden Leitern und Handwagen, Waschgefäße, Bottiche, Holzwannen und Körbe verkauft. Jacob handelte auch mit Eisenkurzwaren, Gartengeräten, Zinkwannen und Baustoffen. Im Frühjahr 1929 rutschte die rechte Lehmmauer des Hauses in sich zusammen. Jacobs setzten alles daran, den entstandenen Schaden so schnell wie möglich in Ordnung zu bringen. Sie verbreiterten das Haus um einige Meter und bauten es wieder auf. Im Keller richteten Jacobs einen Verkaufsraum ein. Dieser kleine Kellerladen war 3,50 m breit und 8,00 m tief. Er war bis oben vollgepfropft mit den verschiedensten Waren. Als nach dem Krieg die Bodenreform auf dem Lande in Sachsen für Umbruch und Unruhe sorgte, verlor Hugo Jacob seine gesamten Holzvorräte. Die Behörden beschlagnahmten sie, weil Hugo eine fällige Inventur versäumt hatte. Im Jahre 1952 übergab er das Geschäft an seinen Sohn Rudolf. Mit seiner Frau Helene und zwei Kindern stand Rudolf entbehrungsreiche Jahre durch. Die in Leipzig eingekauften Waren wurden teilweise mit der Straßenbahn und teils mit dem Bus transportiert. Handwagen, die aus Leipzig/Anger-Crottendorf bezogen wurden, mussten zu Fuß bis nach Baalsdorf gebracht werden. Dabei steckten Jacobs fünf bis sechs Handwagen hintereinander und mit der Deichsel des ersten Wagens wurde der gesamte Tross gezogen.
Trotz der teils problematischen Warenbeschaffung und der in der DDR stets knappen Warendecke, gab es bei Rudolf Jacob fast nichts, was es nicht gab. Das Familienunternehmen wurde an die Söhne weitergegeben. Ab dem 1. Januar 1979 übernahm Rainer die Stellmacherei, während Rudolf und Helene den Laden weiterführten. Am 1. Januar 1989 gaben sie ihn an ihren Sohn Werner ab. Schon ein Jahr später musste Werner mit dem neuen, üppigen und vielfältigen Warenangebot der freien Marktwirtschaft zurechtkommen. Etliche Tausend verschiedene Artikel waren bereits in seinem bescheidenem Kellerverkaufsraum gehortet. Es wurde gebaut und seit 1994 wird in neuen großen Geschäftsräumen verkauft. Das Angebot wurde beträchtlich erweitert und schon wieder ist die Verkaufs- und Lagerfläche fast zu klein. Der Kunde findet garantiert die richtigen Nägel, Schrauben, Dübel, Schlösser, Beschläge, Leitern oder Elektrowerkzeuge samt Zubehör.

Holzwarenangebot von 1960

Schuhhaus Littmann

Bad Düben · Friedensstraße 4

Am 4. Februar 1859 stellte der Schuhmachergeselle Rudolph Eduard Littmann sein Meisterstück der Dübener Innungsprüfungskommission vor und erhielt den Meisterbrief. Der 24-jährige war aus Rawitzsch bei Breslau nach Düben gekommen. Sein Bruder war nach Osten gewandert und wurde Hofschuhmacher in St. Petersburg. Nach 27-jähriger Selbstständigkeit verließ Rudolph Littmann im Alter von 51 Jahren die Kleinstadt an der Mulde und zog in die Großstadt an der Pleiße. In Leipzig baute er sich ein neues Unternehmen auf. In Düben übernahm 1886 Sohn Ferdinand Albert die Geschäfte und führte diese 33 Jahre lang. Anfangs beschäftigte er noch sieben Gesellen. Mit der zunehmenden Industrialisierung zogen auch in die Werkstatt in der heutigen Friedensstraße die ersten Maschinen ein. Diese Arbeitserleichterung wirkte sich positiv auf das Geschäft aus. Schlimm waren jedoch die Folgen der maschinellen Großproduktion von Schuhen. Nach der Jahrhundertwende mussten einige Gesellen entlassen werden. Damit die Existenz des Betriebes weiterhin gesichert werden konnte, begannen Littmanns zusätzlich mit Schuhmacherspezialbedarf, wie Teksen, Schnallen, Zwirnen, Lederresten, Absätzen, Absatzeisen usw. zu handeln. Mit dem Pferdewagen fuhren sie nach Leipzig in die Gerbereien und holten Material für die Schuhmacher Dübens ab. Der Erste Weltkrieg und die folgende Inflation verschlechterten die Lage des Schuhmacherhandwerks bedrohlich. Walter Littmann, ein Onkel des heutigen Firmenchefs, hatte den kleinen Laden mit Werkstatt in der Friedensstraße übernommen. Der Betrieb konnte jedoch zwei Familien nicht ernähren und so baute sich sein Bruder Albert Ferdinand Littmann in den 30er Jahren am Markt 3 eine neue Werkstatt aus. In seinem Ladengeschäft bot er auch industriell gefertigte Schuhe an. Der Maßanfertigung von Schuhen blieb Meister Albert weiterhin treu. Im Jahre 1958 übernahm der junge Schuhmachermeister Horst Littmann die Werkstatt von seinem Vater. Den Handel führte Albert weiter und übergab das Ladengeschäft schließlich an Tochter Ursula. Arbeit gab es für den privaten Handwerksbetrieb stets genug. Im Verkauf hatten sich Littmanns auf Kinderschuhe spezialisiert.

Postkartenwerbung

Auch nach der Wende sind die Dübener der Firma Littmann „fußtreu" geblieben. Horst Littmann übernahm die Lederwaren und führt sämtliche Reparaturen aus. Seine Tochter Maritta leitet den Schuhhandel. Die Fassade am Markt 3 wurde historisch detailgetreu rekonstruiert und das Familienerbe in der Friedensstraße 4, das seit Jahrzehnten dem Verfall ausgesetzt war, wurde ebenfalls unter Beachtung denkmalpflegerischer Auflagen aufwändig instandgesetzt. Im Jahre 1996 wurde dort ein Spezialgeschäft für Täschnerwaren eingerichtet. Schuhe sind weiterhin im Markt 3 zu finden.

Fa. Paul Streubel

Bad Düben · Kirchstraße 2

Das Haus in der Kirchstraße 2 beherbergte um 1850 eine Zinngießerei, ab 1880 eine Buchhandlung und ab 1903 die Buchbinderei des Buchbindermeisters Paul Streubel und seiner Frau Käthe. Paul war leidenschaftlicher Zigarrenraucher. Für alle Reparaturen und Ergänzungen an Holzgegenständen im Geschäft verwendete er Zigarrenkisten. Das änderte sich, als 1929 der Schriftsetzer und Buchdruckermeister Willy Winkler Haus und Buchbinderei kaufte. Getreu dem Motto: „Das Geld liegt auf der Straße, aber ihr müsst Euch bücken", baute Willy Winkler noch eine Buchdruckerei an und belebte das Handelsgeschäft. Willy wollte unbedingt, dass jeder, der in seiner Firma arbeitete, auch in seinem Haus eine Wohnung findet. Willy Winkler war es auch, der Ende der 40er Jahre die Initiative für den Aufbau des Landschaftsmuseums der Dübener Heide auf der Burg ergriff. Das Geschäft lief aber mehr schlecht als recht. Während des Krieges verkaufte man Feldpostbriefe und richtete eine Leihbücherei ein. Da die Waren immer knapper wurden, führte man eine Kundenkartei und hielt fest, wer, wann und wie viel Toilettenpapier abbekommen hatte. Neben einzelnen Porzellan- und Kristallvasen wurden Noten für Gitarre und Mandoline verkauft. An der Fassade waren vier Schaukästen angebracht. Darin konnten die Leute für 50 Pfennige pro Woche ihre Kauf- und Tauschangebote aushängen. Bad Düben lag auch drei Tage lang unter amerikanischem Artilleriebeschuss. Ein Volltreffer riss das gesamte Dach von Streubels Haus. Bis Vater Willy aus der Kriegsgefangenschaft nach Hause kam, war alles wieder hergestellt. 1962 wurde Willy Winklers Antrag auf Trennung des Handwerks- und des Handelsbetriebes bewilligt. Die Buchdruckerei Willy Winkler leitete von nun an Tochter Annegret Hoffmann und der Laden wurde Tochter Adelheid Fritzsche übertragen. Adelheid bot als Kommissionshändlerin der HO neben Kristall, Glaswaren und Bildern auch Bücher an. Neu war auch das Angebot von Schreibwaren und Spielzeug. Postkarten, Geschenke und Souvenirs gab es in Hülle und Fülle und Erntedankschleifen speziell im Spätsommer. Alljährlich im Winter bildeten sich Schlangen vor dem Geschäft, um „Kleinstfeuerwerkskörper und ähnliche pyrotechnische Erzeugnisse", wie „Autoknaller (sog. Knallerbsen) und Tret- und Salonknaller" zu ergattern. Außendienstmitarbeiter belieferten die Karl-Marx-Universität in Leipzig mit Büromaterial. Im Ort kamen die Leute zu „Streubels". Selbst die Kinder der heutigen Inhaberin Annett Mazanec behaupteten im Kindergarten felsenfest, sie hießen Streubel! Tochter Annett führt die Geschäfte seit 1993. Die Einzelhandelskauffrau unterhält zwei Geschäfte in Bad Düben. Bücher, Zeitungen und Zeitschriften, Büroartikel bis zum hochwertigen Schreibgerät, Spielzeug für Klein und Groß kann man in ihren Geschäften finden. Annett Mazanec führt auch noch eine andere Tradition von Opa Willy Winkler fort. Sie ist aktiv für ihre Heimatstadt tätig.

Kinowerbung, 50er/60er Jahre

Textilhaus J. G. Becker

Bad Lausick · Stadthausstraße 4-6

Schaufenster 1957

Johann Gottfried Becker machte sich am 18. März 1882 als "Schnittwarenhändler" selbstständig. Es gab Wolle und Leinen als einheimischen, dazu billige Baumwolle als importierten Rohstoff und für anspruchsvolle Beamte wurde Naturseide angeboten. Die Konfektion beschränkte sich auf wenige Artikel, vor allem Wintermäntel, Hosen, Joppen, Knaben-Anzüge, Röcke, Hemden und Schürzen. Der Laden hatte von 7:00 bis 21:00 Uhr geöffnet, auch sonntags. Im Sommer saß man vor der Tür und erzählte mit den Nachbarn oder machte Handarbeiten, während man sich im Winter in der Wohnstube hinter dem Laden versammelte. Bald hatte sich das Familienunternehmen zu einem angesehenen städtischen Geschäft und zum größten der Branche im Ort entwickelt.
Als Johann Gottfried Becker 1913 starb, bekam jedes der sechs Kinder 36.000 Mark ausbezahlt. Die Söhne Paul und Ehrhardt übernahmen das Geschäft. Beide mussten in den Krieg und Ehrhardt kehrte von der Front nicht zurück. Für das Geschäft brachen lausige Zeiten an. Zu verkaufen hatten Beckers 1918 nichts mehr. Die Firma fing bei Null an. Auch Paul wagte einen Neuanfang und heiratete die Witwe seines Bruders Ehrhardt. Im "Zahlentaumel" der Inflation versanken große Teile des Vermögens. Die neue Registrierkasse konnte lange nicht benutzt werden, da die Anzeige keinen Platz für die vielen Nullen bot. Ausstattung und Warenangebot wurden ständig modernisiert. Das vorhandene Sortiment an Bekleidung, Wäsche und sonstigen Textilwaren konnte sich mit manchem Großstadtgeschäft messen. Die große Lagerhaltung und reiche Auswahl machten das Geschäft zum Anziehungspunkt für Kunden aus Stadt und Land. Auch eine elektrische Bettfederreinigungsmaschine war in Gebrauch. Während der Jahrmärkte im Sommer und Herbst und in der Vorweihnachtszeit wurden bis zu zwanzig Mitarbeiter beschäftigt. Beckers ließen um die 40 Blechkuchen für ihre Kundschaft backen. In der Adventszeit wählten die Kunden zwischen verschiedenen Kalendern aus und die Geschäftsleute nahmen schon mal 30 Bauerngänse in Zahlung.

Ursprüngliche Ansicht

Textilhaus J. G. Becker

Bad Lausick · Stadthausstraße 4-6

Geschäftshäuser in den 20er Jahren

Der Krieg machte wiederum alles zunichte. Verkauft wurde gegen Punkte, sogenannte „Reichskleiderkartenabschnitte". Gottfried Becker, der einzige Sohn, erhielt den Einberufungsbefehl. Das Geschäft leitete Margarethe Becker. Die Warenvorräte nahmen wieder rapide ab. Die Lagerbestände wurden restlos auf Bezugsscheine ausverkauft. Selbst auf Fliegergeschädigten-Bezugsscheine konnte dann nicht geliefert werden. Der Betrieb wurde 1946 beschlagnahmt, einem Sequester unterstellt und erst zwei Jahre später wieder freigegeben. Reparaturen waren für das Geschäft die wichtigste Einnahmequelle jener Tage. Durch Lohnfertigung von Kleidung und Wäsche aus Kundenmaterial hielten sich Beckers über Wasser. Im Juli 1948 kehrte Gottfried Becker nach Hause zurück. Er war im September 1945 von sowjetischen Besatzern in das berüchtigte Lager Mühlberg eingesperrt worden. Gottfried begann die Lehrzeit im Familienbetrieb. Seine Frau Marianne arbeitete sich schnell ins Textilgeschäft ein. Alte geschäftliche Verbindungen zu westdeutschen Partnern brachen 1949 völlig ab. Der Direkteinkauf beim Fabrikanten musste unterbleiben, die Umsätze mit den Grossisten gingen zurück. Der staatliche Großhandel wurde zum Hauptlieferanten der Firma. Anfang der 50er Jahre hörten Beckers mit der Konfektion auf und boten nur noch Textil- und Kurzwaren an. 1959 wurde ein Kommissionshändlervertrag abgeschlossen und ab 1965, als eine staatliche Beteiligung aufgenommen wurde, trat eine Verbesserung der Versorgung ein. Ab 1959 leitete Paul Gottfried Becker das Familiengeschäft und steuerte es mit seiner zweiten Frau Eva über die Klippen des „real existierenden Sozialismus". 1990 erhielt Familie Becker das Textilhaus zurück und seit 1992 führt es Schwiegersohn Jürgen Backhaus. Jürgen und Frau Uta haben sich auf anspruchsvolle Tag- und Nachtwäsche, Miederwaren, Nacht- und Unterwäsche für Kinder, Strick- und Strumpfwaren, Shirts, Bademoden sowie traditionell auf Heimtextilien und Bettwaren spezialisiert. In einem "young fashion"-Geschäft führen sie Mode für junge Leute.

Friedrich Klinghammer

Bad Lausick · Straße der Einheit 42

Bürobedarf, Papier- & Schreibwaren

Die Mühlenproductenhandlung der Dampfmühle zu Lausigk von **C. Arnold**

empfiehlt ff. **Weizenmehle 00.** **Roggenmehle 0.**
" " 0. " 1.
" " 1. sowie reines **Roggenbrod**

zu möglichst billigen Preisen, als auch gegen Tausch von **Getreide** jeder Art, und wird hierbei die strengste Reellität, sowie prompte Bedienung versichert.

Gleichzeitig empfehle auch **Oeltausch** auf **Leinsaat** und wird auch hierbei **Getreide** jeder Art zum höchsten Preise angenommen. Ganz besonders empfehle ich noch mein Lager **alter Oele.** Der Obige.

Neueste Karten vom Kriegsschauplatze,
mit dem **Plane der Befestigungen von Paris,** à 7½ und 9 Ngr., empfiehlt
die Buchhandlung von **F. Klinghammer.**

Selter-Wasser,
Sodawasser,
Kohlensaures Wasser
bei **M. Brückner.**

Schweizerkäse,
Limburger Käse,
Sardellen,
mar. Heringe,
Capern
Düsseldorfer Mostrich,
Morcheln
bei **M. Brückner.**

Preißelsbeeren,
Spanische Kirschen, süß und sauer,
Pflaumenmuß,
Bohnen, eingel.
bei **M. Brückner.**

Mosel-Weine,
Rhein-Weine,
Bordeaux-Weine,
Punsch-Royal, Arac, Rum, Cognac, ff. Liqueurs etc. in Flaschen billigst bei
M. Brückner.

Meine mit den neuesten Werken ausgestattete
Leihbibliothek
empfehle ich dem verehrten Publikum zur gefälligen Benutzung.
G. A. Hartmann, Lausigk.

Kleidungsstücke aller Art werden von Fett, Oel, Schmutz und dergl. gereinigt von
M. Wittig, Webermeister. Anbau Heinersdorf.

Ein Schuhmachergehilfe, guter Herren- und Damenarbeiter wird gesucht bei
August Demmler, Schuhmachermstr.,
wohnhaft bei Gschw. Nitzsche am Markt.
Auch kann ein Lehrling antreten bei Obigem.

Einen Bücherboten sucht zum sofortigen Antritt
G. A. Hartmann, Lausigk.

Das Kleider-Magazin
von C. Rössiger
empfiehlt sich mit einer Auswahl von **Winterstoffen.**

Die Buchdruckerei
von
F. Klinghammer in Lausigk
empfiehlt sich zu allen, in dieses Fach einschlagenden Arbeiten.

Flachs und **Werg** kauft zu höchsten Preisen
C. R. Platz.
Auf **Oel** tauscht **Lein, Raps** und **Rübsen**
D. Obige.

Roßhaare kauft zu höchsten Preisen
C. R. Platz.

Aecht Zwickauer Steinkohle,
" " **Würfelkohle,**
" **Dresdner Waschkohle**
hält stets Lager und verkauft in großen und kleinen Quantitäten unter Garantie richtigen Maßes zu möglichst billigen Preisen
H. verw. Richter.
Bestellungen auf Lowrys werden schnell und billig ausgeführt. D. O.

Lehrlings-Gesuch.
Ein junger Mensch, Sohn rechtlicher Eltern, welcher die **Klempner-Profession** erlernen will, kann sofort ein gutes Unterkommen finden bei
Julius Conti, Klempner.

Zu vermiethen ist eine Stube beim Webermeister **Nebe** in Lausigk.

Abgangszeiten der Eisenbahnzüge

Redaction, Druck und Verlag von F. Klinghammer in Lausigk.

Nachrichten für Lausigk
und Umgegend.
Probenummer.

№ 1. Dienstag, den 8. November. 1870.

Nachrichten für Lausigk und Umgegend.

Unter diesem Titel beabsichtigt die ergebenst unterzeichnete Redaction für die Stadt Lausigk und Umgegend ein Verkehrs-Organ zu gründen und überreicht dem geehrten Publikum gegenwärtige **Probenummer.**

Mit der Herausgabe der „Nachrichten für Lausigk und Umgegend" glauben wir dem Geschäftsverkehr ein Mittel zur Hebung, Förderung und Ausbreitung, sowie eine Stütze zur Befestigung und Sicherung desselben, dem Familienleben aber eine allseitige angenehme Unterhaltung zu bieten.

Ersteres gedenken wir zu erreichen durch Veröffentlichung gewerblicher und industrieller Aufsätze, durch Einrichtung eines allgemeinen Tageskalenders, durch kurze, aber vollständige Mittheilung der neuesten für hier bezüglichen Börsen- und Handelsnotizen und Marktpreise, sowie durch Offerirung eines unbeschränkten Inseratentheiles. — Letzteres durch Wiedergabe der neuesten politischen und Tages-Ereignisse, durch wissenschaftlich bildende und gemeinnützige Aufsätze, durch interessante Erzählungen, überhaupt einen möglichst reichen und gediegenen Feuilleton, wie durch Veröffentlichung der städtischen und kirchlichen Nachrichten.

Etwaige für unseren Leserkreis interessante Beiträge werden gern aufgenommen und freundlichst erbeten.

Wohl wissend, welche Anforderungen in der Jetztzeit an ein derartiges Unternehmen gestellt werden können und gestellt werden, hoffen wir, allen Wünschen möglichst gerecht zu werden und erwarten für die erste Zeit der Einrichtung eine gütige Nachsicht.

Die „Nachrichten für Lausigk und Umgegend" erscheinen wöchentlich zwei Mal und zwar Dienstags und Freitags (Vormittags). Der **Abonnementspreis** ist auf **10 Ngr.** vierteljährlich festgesetzt. Für das erste halbe (Probe-Quartal) beträgt derselbe nur 5 Ngr. Bestellungen werden bei der unterzeichneten Expedition, sowie bei jeder Postanstalt angenommen. — **Insertionsgebühren** werden die Zeile oder deren Raum mit 1 Ngr. berechnet. Bei einer
3maligen Wiederholung eines Inserats wird eine 1malige Gratisaufnahme
6 " " " " " 2 " "
8 " " " " " 3 " "
10 " " " " " 4 " "
gewährt. Bei größeren Inseraten Extra-Rabatt. Inserate zu der Tags darauf erscheinenden Nummer werden **bis Mittags 12 Uhr erbeten.**

Indem wir die „Nachrichten für Lausigk und Umgegend" dem geehrten Publikum von Stadt und Land angelegentlichst empfehlen, rechnen wir auf lebhafte Unterstützung, sowohl durch zahlreiches Abonnement, als auch durch allseitige Insertion.

Lausigk, den 8. November 1870.

Hochachtungsvoll ergebenst

Redaction und Expedition der „Nachrichten für Lausigk und Umgegend."

Tagesgeschichte.

Vom Kriegsschauplatze. Mit Ausnahme des Artilleriefeuers von dem Fort Mont Valerien verhielt sich der Feind im Laufe des 3. Nov. vor Paris ruhig. — Seit dem 2. früh ist das Feuer auf Neu-Breisach aus 3 Batterien bei Biesheim resp. Wolfganzen, auf Fort Mortier aus 8 Batterien bei Alt-Breisach eröffnet. — Generalmajor v. Schkopp, Commandeur der Cernirungstruppen vor Mézières, berichtet vom 5.: Seit mehreren Tagen mobile Colonnen gegen die Banden der Franctireurs thätig. Infolgedessen mehrfache kleine Gefechte. Beim Feinde 20 Todte; diesseits ein Unteroffizier geblieben. Diese Unternehmungen werden weiter fortgesetzt. — Die Festung Belfort ist nach mehreren kleinen siegreichen Gefechten seit dem 3. von diesseitigen Truppen cernirt. Die „Allg. Ztg." enthält darüber folgendes Telegramm aus Bern: Laut Meldung des Commandanten der Schweizer Grenztruppen wird Belfort von den Deutschen eingeschlossen. Die Franzosen wurden über Montbéliard zurückgeschlagen. Zahlreiche Flüchtlinge kommen über die Grenze.

Erste Ausgabe der „Nachrichten für Lausigk und Umgegend"

Am 8. November 1870 gab der Buchdrucker Friedrich Reinhold Klinghammer die Erste Nummer des Ortsblattes "Nachrichten für Lausigk und Umgegend" heraus. Der Zeitungsverlag "Nachrichten für Lausigk" mit einer Buch-, Papier- und Schreibutensilienhandlung war geboren. Der Krieg mit Frankreich 1870/71 steigerte das Interesse an Neuigkeiten. Geschäftsleute nahmen die neue Art der Werbung über Anzeigen schnell an. Anfangs erschien die Zeitung zweimal pro Woche zum Preis von 10 Neugroschen im Vierteljahr. Ab 1873 kam sie wöchentlich dreimal zum gleichen Preis. Mühevoll und zeitaufwändig gestaltete sich ihr Druck, der auf einer Hand-Hebelpresse, auf der nur zwei Seiten gedruckt werden konnten, erfolgte. 1874 zogen Friedrich und Emilie in die Hauptstraße 62, wo sie Räumlichkeiten für Verlag und Druck sowie einen Laden fanden. Anfang der 80er Jahre kaufte Friedrich das Grundstück Hauptstraße 30, in dem das Geschäft seither beheimatet ist. Ein neues Schriftsystem sowie eine elektrische Eintouren-Schnellpresse erleichterten den Druck. Nach Friedrichs Tod kümmerten sich die Söhne Felix und Feodor ab 1905 um das Unternehmen. Sie machten die "Nachrichten für Lausigk" 1907 zur Tageszeitung. Feodor Klinghammer heiratete 1908 Elsa Becker aus dem Modehaus J. G. Becker. Felix fiel im Ersten Weltkrieg. Feodor führte die Firma – Buchdruckerei, Zeitungsverlag, Buchhandel, Papier- und Schreibwarenhandel und Bürobedarf – allein weiter. Walter Klinghammer trat nach Studium und Ausbildung 1934 als Schriftleiter in das Familienunternehmen ein. Den Betrieb übernahm er 1939 bereits als kranker Mann. In den Kriegsjahren erschien die Zeitung "Bad Lausicker Nachrichten mit Geithainer Wochenblatt" als Tageszeitung für Bad Lausick, Geithain und Umgebung. Mit dem Ende des

Krieges kam das Aus für die Lausicker Nachrichten. Die kleinen Regionalzeitungen wurden verboten, der Zeitungsdruck untersagt und auch der Buchhandel wurde eingestellt. Im Jahre 1946 starb Walter im Alter von 36 Jahren. Edith Klinghammer arbeitete sich in die Betriebsführung ein. Bis Juni 1946 standen der gesamte Betrieb, Grundstücke und Privatvermögen lt. Befehl der SMAD unter Zwangsverwaltung. Zwei Jahre später enteignete man Klinghammers nochmals total. Die irrtümliche zweite Enteignung wurde nach einem Jahr wieder aufgehoben. Edith bekam zwar das Unternehmen zurück, aber die Geschäftsführung fiel schwer. Haus und Betrieb waren baulich und personell verändert worden. Die Beschäftigtenzahl war von 12 auf 18 Mitarbeiter erhöht worden und die Auftragslage hatte sich verschlechtert. Helga, die Urenkelin, begann im Familienbetrieb eine Fotografenlehre und ihre Schwester Gudrun als kaufmännische Kraft. Finanzielle Schwierigkeiten und verschiedene Auflagen machten es unmöglich, den Familienbetrieb in traditioneller Form weiterzuführen. Fotoabteilung und Druckerei wurden Anfang der 50er Jahre verpachtet. Klinghammers blieb nur noch das Ladengeschäft. Helga, mittlerweile Fotografenmeisterin, ging 1958 in den Westen. Zurück blieben Mutter Edith und Schwester Gudrun. Sie erhielten über das Ende der DDR hinweg die Firma Klinghammer als Privatunternehmen intakt. Mit Gudrun trat 1974 die Letzte der Klinghammers, in vierter Generation, die Nachfolge an. In der freien Marktwirtschaft erweiterte Gudrun das Sortiment und modernisierte das Geschäftshaus. Ihr ist es zu verdanken, dass der Name Klinghammer im Verbreitungsgebiet der damaligen Lausicker Nachrichten bis heute seinen guten Klang behielt.

Gefechts-Bericht

Kirchennachrichten von Lausigk vom 24. Oct. bis 5. Nov.

Auctionsbekanntmachung.

Freitag, den 11. November d. J., von Vormittags 8 Uhr an,

Königliches Gerichtsamt Lausigk, am 5. November 1870. Böhme.

Bekanntmachung.

Der vierte Termin der Grundsteuer, à Einheit 2 Pfennige, ist fällig und bis zum 15. November d. J. an die hiesige Stadtsteuer-Einnahme zu entrichten.

Lausigk. Der Stadtrath.

Die

Buch-, Papier- und Schreibutensilien-Handlung

von

F. Klinghammer

in Lausigk, große Braugasse Nr. 51

empfiehlt

alle in hiesigen Schulen eingeführten Schulbücher und Schreibutensilien, als: Gesangbücher, Lebensbilder I, II. und III., Rechenhefte, Schreibhefte, Rechenbücher, Dictirbücher, Zeichenbücher, Tagebücher, Stahlfedern, Federhalter, Blei-, Schiefer-, Blau- und Rothstifte, Schiefertafeln (liniert und unliniert), Tafelschwämme und dergl.; Schreib- und Copirtinten; Notizbücher, Quittungsbücher, Rechnungs-, Wechsel- und Quittungsformulare, Gevatterbriefe und dergl. Karten, Pathenbriefe, Bilder-Bücher und Bogen, Photographierahmen, Gratulationskarten in reichster Auswahl.

Alle von anderen Buchhandlungen angekündigten Bücher und Broschüren werden zu gleichen von denselben offerirten Preisen schnell geliefert.

Bestellungen auf Zeitungen und Zeitschriften werden angenommen und schnellstens besorgt. Zur gefälligen Ansicht liegen die Probenummern und ersten Hefte aus von:

Bazar.
Illustrirtes Moden-Journal. Fachzeitung für Herren-Garderobe.
Die Modenwelt.
Der Wäschefabrikant.
Deutsche Kürschner-Zeitung.
Practisches Journal für Bau- und Möbeltischlerei.
Sächsische Zeitschrift für das Versicherungswesen.
Deutsche Zeitung für Krieg und Frieden.
Seifenblasen.
Dr. Höllenstein.
Musikalisches Wochenblatt.
Das goldene Buch der Landwirthschaft.
Die sämmtlichen Gesetze Norddeutschlands.
Der Einjährig-Freiwillige.
Brieflicher Sprach- und Sprechunterricht für das Selbststudium der franz. Sprache von Charles Noel.
Schlössing's Unterrichtsbriefe zum Selbststudium.
Der Schnellrechner.
Kaufmännische Unterrichtsstunden in zwei Jahrescursen.
Napoleon III., Frankreichs blutdürstiger Kaiser, oder der Sieg der tapfern Deutschen.
Der Krieg am Rhein i. J. 1870, od. Deutsche u. Franzosen.
Die Bluttaufe der deutschen Einheit, oder französischer Uebermuth und deutsche Tapferkeit.
1870. Deutschland über Alles. Ein Roman der Gegenwart von Ernst Stark.
Der deutsch-französische Krieg 1870. Sein Entstehen und sein Verlauf mit Beifügung aller darauf bezüglichen Actenstücke.
Der Antheil der bayrischen Armee an dem National-Kriege gegen Frankreich im Jahre 1870.
Meyer's neues Conversations-Lexikon.
Otto Spamer's illustrirtes Conversations-Lexikon für das Volk. Zugleich ein Orbis pictus für die Jugend.
Demokritos, oder hinterlassene Papiere eines lachenden Philosophen.
Die Klöster der heil. kath. Kirche. Geschichte der religiösen Orden u. des Klosterlebens der katholischen Kirche.
Zschocke's Stunden der Andacht zur Beförderung wahren Christenthums und häuslicher Gottes-Verehrung.
Bilder aus der heiligen Geschichte und dem kirchlichen Leben. Ein Hausbuch zur Belehrung und Unterhaltung für katholische Christen.
Leben, Wirken und Leiden Sr. Heil. des Papst-Königs Pius IX., von Pfr. H. G. Ratzes.
Der Papstspiegel, oder das Leben und Treiben der Päpste bis auf unsere Zeit.
Barbara Ubryk, oder die Geheimnisse des Karmeliter-Klosters in Krakau.
Victoria. Artistisch-belletristische Zeitschrift. Ein Buch für Alle zur Unterhaltung und Belehrung.
Buch der Welt. Illustrirtes Volksblatt.
Cornelia. Zeitschrift für häusliche Erziehung.

Erste Ausgabe der „Nachrichten für Lausigk und Umgegend"

Leder Mühler

Bad Lausick · Straße der Einheit 33

Am 9. November 1888 eröffnete Franz Eduard Mühler gegenüber dem heutigen Geschäft eine kleine Sattlerei. Franz war in Buchheim aufgewachsen und lernte in Bad Lausick Sattler und Polsterer. Den Sattlerlehrling führte seine Wanderschaft auch nach Hamburg und Dresden. Beim Leipziger Riemermeister Louis Erselius war Franz im Frühjahr 1879 als Riemergeselle beschäftigt. Im Winter 1883 kehrte er nach Bad Lausick zurück und heiratete seine Emma, die sich um den kleinen Laden kümmerte. Die Eheleute konnten bald das Haus gegenüber mit der Nr. 33 für 15.000 Mark kaufen.

Arbeitsbuch von Franz Eduard Mühler

Die Spezialität des kleinen Familienunternehmens waren englische Kutsch-Kummete. Als Zulieferer fertigte Franz auch Kutsch-Kummet-Bälge an, die er an Leipziger Betriebe lieferte, wo sie weiter verarbeitet wurden. Während des Ersten Weltkrieges dominierten Geschirrarbeiten für Armeepferde das Geschäft. Später wurden wieder hauptsächlich Sofas gepolstert und ausgebessert. Nach dem Tod von Franz Mühler übernahm sein Sohn Georg 1921 die Geschicke des Familienbetriebes. Gemeinsam mit seiner Frau Lisbeth führte er das Unternehmen in klassischer Rollenverteilung für Handwerksbetriebe mit Verkauf. Während des Zweiten Weltkrieges musste der Betrieb geschlossen werden, da Georg ab 1941 an der Front war und es im Laden nichts zu verkaufen gab. Die Räume wurden dazu genutzt, von Leipziger Großhändlern ausgelagerte Gardinen unterzubringen. Ein Professor brachte seine gesamte Bibliothek zu Mühlers und rettete die Bücher so vor einem möglichen Verlust. „Sattler Mühler" konzentrierte sich später neben dem Verkauf von Lederwaren auf die Herstellung von Polstermöbeln. Sohn Konrad erlernte in Freiberg den Beruf des Tapezierers, machte seinen Meister und arbeitete im elterlichen Betrieb. Seit 1966 steht er dem Geschäft vor. Er vergrößerte die Werkstatt und fertigte mit seinem Vater Polstermöbel aller Art und Lebensdauer. Hinter dem Ladentisch wurde er von 1985 bis 1990 von seiner Frau Gisela unterstützt. Großer Beliebtheit erfreuten sich bei Mühlers Kunden die Gürtel, die Konrad selbst anfertigte. Sie passten sehr genau, da stets ordentlich Maß genommen wurde. Auch sonst hatte sich die kleine Firma durch ihre solide Handarbeit einen guten Ruf erarbeitet. Reparaturen von Lederwaren, Druckknöpfen oder Reißverschlüssen ließen die Leute auch schon mal für ihre Verwandtschaft in Norwegen erledigen. Heute ist die Zeit der Polstermöbelherstellung passè. Es wird nur noch „ein bisschen Polsterei" betrieben. Handwerksmeister Mühler begnügt sich mit Kleinreparaturen und dem Handel mit Lederwaren. Ein reichhaltiges Angebot von Taschen, Börsen, Schirmen, Sport- und Wanderartikeln bietet er seinen Kunden. Im Jahre 2004 wird Konrad Mühler das Rentenalter erreichen. Für die Bad Lausicker Gewerbelandschaft bleibt nur zu hoffen, dass sich bis dahin ein Nachfolger für das traditionsreiche Geschäft findet.

Fachdrogerie Karl Vogel

Beucha · Dorfstraße 15

Der Schmiedemeister Ernst Gustav Vogel gründete am 15. Dezember 1889 ein Kolonialwarengeschäft. Von einem Stockmeister aus dem Leipziger Gefängnis kaufte er ein Haus und zog in die Dorfstraße Nr. 15. Seine Frau lief mit dem Tragekorb bis Leipzig, um Waren einzukaufen. Sie sorgte dafür, dass immer Kolonialwaren, Kindernährmittel, Seifen, Tabake und Sämereien vorrätig waren. Vor dem Ersten Weltkrieg übernahm Sohn Karl den Laden. Während der Kaufmann Karl als Soldat diente, führte seine Schwester Alma den Laden. Später war seine Ehefrau Ella eine große Hilfe im Geschäft. Ella Deckert hatte den kleinen Siegfried mit in die Ehe gebracht, den Karl später adoptierte. Über die Inflationszeit kamen Vogels mehr schlecht als recht. Ende der 30er Jahre machte Karl den Kolonialwarenladen mehr zu einem Lebensmittelgeschäft. Diesen Weg setzte Ella Vogel, nachdem ihr Mann 1945 gefallen war, als alleinige Inhaberin fort.

Siegfried Vogel hatte Drogist gelernt und ab 1947, aus der Kriegsgefangenschaft heimgekehrt, führte er das Geschäft. Er wandelte den Laden Mitte der 50er Jahre in eine Fachdrogerie um. Der Start als Drogerie gestaltete sich schwierig. Die Beuchaer waren gewöhnt, ihre Lebensmittel bei Vogels einzukaufen. An Chemikalien, Farben und Kräuter gewöhnten sie sich nur schwer. Schließlich siegte Siegfrieds Verkaufsphilosophie. Er war stets bestrebt, ein volles Sortiment anzubieten und alle Kunden gleich zu bedienen. Es gab nicht bloß Schuhcreme von einer Farbe, der Kunde konnte zwischen allen gebräuchlichen Farben wählen. Allein bis zu 140 Sorten an Kräutern standen zur Auswahl!

Zusätzlich betrieb Familie Vogel eine Wäscherolle. Die Beuchaer hatten längst den Wert ihrer Drogerie erkannt. Bei ihrem „Neckermann" gab's alles. In den 80er Jahren war der Laden täglich bis mittags voller Kunden und die vier Verkäufer hatten alle Hände voll zu tun. Monatlich füllten sie aus 200 Fässern mit einer Handpumpe Waschbenzin in 20-Liter-Kanister um. Mehr als 20 Liter pro Person durften nicht abgegeben werden, und alles zum Preis von 30 Pfennigen pro Liter. Die kleine private Drogerie belieferte auch „gesellschaftliche Bedarfsträger" wie die Universität in Leipzig oder die Polizei von Leipzig und Halle mit Reinigungsmitteln. Für guten Umsatz sorgte auch der Engelsdorfer Ferngasbau, der bis zu 4.000 Flaschen Mückenspray kaufte und sie seinen Mitarbeitern schickte, die am Bau der sowjetischen Erdgasleitung in Sibirien beteiligt waren. Eine 500 qm große Scheune diente als riesiges Lager. Der Umsatz stieg auf 2 Millionen Mark im Jahr und Vogels zahlten 25.000 Mark Steuergelder an den Staat. Ein 14-Stunden-Arbeitstag ließ kaum Freizeit übrig. Freitags wurden bis 23:00 Uhr Rechnungen geschrieben. Von den fünf Kindern lernten drei Drogist und arbeiteten, bis sie „ausgeheiratet" hatten, im Geschäft. Übrig blieb schließlich Johannes Vogel, der sich zum Drogisten qualifizierte und seit der Währungsunion die Geschäfte führt. Er stellte das Wäschemangeln ein. Den Platz im kleinen Flachbau benötigte er für Farben und Lacke. Seine Frau Sabine berät fachkundig in der alten Drogerie.

Straßenbau vorm Laden in den 20er Jahren

Bernd Uhlich

Böhlen · Röthaer Straße 1

Fahrräder & Reparatur, Kinderwagen

Die Firma Uhlich geht in ihren Ursprüngen auf die Familie Gutzschebauch zurück. 1845 war Gottlob Gutzschebauch als Amtsrichter nach Böhlen gekommen. Sein Enkel Konrad baute sein landwirtschaftlich genutztes Gebäude zu einem Geschäftshaus um. Er verkaufte im linken Gebäudeteil Schreib- und Tabakwaren, im rechten eröffnete Max Worbs eine Fahrradwerkstatt. Der neue Pächter Paul Findeisen richtete sich 1936 neben der Werkstatt ein Ladengeschäft für Fahrräder, Nähmaschinen und Kinderwagen ein. Die überwiegend jungen Beschäftigten der Böhlener Werke fuhren meist mit dem Fahrrad zur Arbeit. Der Reparaturbedarf und die Nachfrage nach neuen Rädern oder auch Kinderwagen waren groß. Daran änderte sich auch in der DDR nichts. Im Gegenteil – die Nachfrage nach Reparaturen und Umbauten war enorm. 1962 verstarb plötzlich die Ehefrau des Geschäftsinhabers. Sie war die Seele des Verkaufsgeschäfts und nun fehlte eine tragende Säule des Betriebs. Paul Findeisen gab das Geschäft auf. Böhlen hatte keine Reparaturwerkstatt für Fahrräder mehr. Walter und Renate Uhlich, geb. Gutzschebauch, sahen ihre Chance und stiegen ein. Renate war Hausfrau und Walter betrieb ein Fuhrgeschäft. Sie schlossen 1963 mit dem Konsum einen Kommissionsvertrag und verkauften Fahrradersatzteile und Kinderwagen. Räder wurden bei „Fahrrad Uhlich" in der privaten Werkstatt repariert. Ab 1964 durften Uhlichs auch neue Fahrräder verkaufen. Mit den Herstellern „Mifa" und „Diamant" wurden Verträge über Garantieleistungen abgeschlossen, das zog noch mehr Kunden an. Erfindungsreichtum und Improvisationstalent blieben gefragt. In der Werkstatt wurden Laufräder eingespeicht und zentriert und später im Laden verkauft. Aus Ersatzteilen wurden "Drahtesel" zusammengebastelt und komplettiert. Auch bei Kinderwagen gab es manche Lieferschwierigkeiten. 1988 übernahmen Sohn Bernd Uhlich und seine Frau Barbara das Geschäft. Bernd ist Kraftfahrzeugmechaniker und bereits seit 1984 im Familienbetrieb tätig. Barbara war schon Verkaufsstellenleiterin. Bald kam die D-Mark und fast alle kauften Autos. Der Kommissionsvertrag wurde 1990 gekündigt und Uhlichs agierten wieder als rein private Einzelhändler. Zeitweilig nahmen Sie auch Kühlschränke, Radios und TV-Geräte in Kommission. Rucksäcke, Taschen, Regenbekleidung u.v.m. wurden einige Jahre lang verkauft. Das Kinderwagensortiment wurde reduziert, dafür das Angebot für Kinder erweitert. Fahrräder und Ersatzteile blieben. Uhlichs suchten sich solide und günstige Großhändler und das Geschäft lief weiter. Ihr Trumpf blieben die handwerkliche Qualität der Reparaturen und die Fachkundigkeit der Beratungen. Seit 1998 stieg die Nachfrage nach Kinderwagen wieder. Die Geschäftsleute reagierten und heute gibt's bei "Fahrrad Uhlich" nicht nur alles "Rund ums Rad" sondern auch alles "Rund ums Baby". Im linken Flügel des Gebäudes hat seit 1992 das Schreib- und Spielwarengeschäft als Nachfolger vom ehemaligen „Tabakhaus" des Konrad Gutzschebauch wieder geöffnet. Es wird von Petra Engel, der Schwester von Bernd Uhlich, geführt.

Geschäftshaus Ende der 30er Jahre

Fa. Paul Fugmann

Eisenwaren – Haushaltwaren

Böhlitz-Ehrenberg · Südstraße 36

Paul Fugmann hatte eine Lehre als Buchhändler abgeschlossen und machte sich am 1. Oktober 1906 in Böhlitz-Ehrenberg in der Südstraße 36 mit einer Eisenwarenhandlung selbstständig. Pauls Vater, Louis Fugmann, war Schmiedemeister und betrieb dort bereits eine Schmiede. Sein Metier waren Wagenbau und Hufbeschlag. Fuhrwerksbesitzer und Landwirte kauften bei ihm „Last-, Wirtschafts- und Geschäftswagenräder aus Holz". Außerdem bot Louis Fugmann „Lokomobilen-, Dreschmaschinen- und sonstige Gerätewagenräder aus Schmiedeeisen" an. Der junge Paul brachte also die besten Voraussetzungen für den Verkauf von Eisenwaren und Werkzeugen mit. Die Geschäfte der Firma Fugmann blühten. Verschiedenste Werkzeuge, diverse Nägel und Schrauben, Karren, Töpfe, Pfannen und Bestecke waren gefragte Artikel. Besonders Handwerker und Hausfrauen gaben sich bei Fugmanns die Klinke regelrecht in die Hand. Bauern und Fuhrleute kauften ihre Pferdebeschläge. Das ließ erst mit der zunehmenden Motorisierung nach. Paul Fugmann erkannte die Zeichen der Zeit und bot bald neben Eisenwaren, Nähmaschinen, Wringmaschinen, Haushaltwaren und Küchengeräten auch Fahrräder und Motor-Fahrzeuge an. Paul Fugmann unterhielt bis in die 50er Jahre eine Auto-Fahrschule und betrieb eine Reparaturwerkstatt. 1956 übernahm sein Schwiegersohn, der Kaufmann Georg Schönke, das Geschäft. Gemeinsam mit seiner Frau Johanna kümmerte sich der Geschäftsmann um die Erfüllung der Kundenwünsche. Das war nicht immer einfach. Georg Schönke gehörte mit zu den ersten 90 Kommissionshändlern von Leipzig. Mit dem Konsum hatte er einen Vertrag abgeschlossen. Der Wareneinkauf gestaltete sich nun etwas berechenbarer. Ohne Eigeninitiative ging jedoch nach wie vor nichts. Einen echten tagtäglichen Kampf um die Warenbeschaffung musste erst die nachfolgende Generation austragen. 1978 ging das Geschäft an Tochter Eva-Maria über. Sie hatte Fachverkäuferin gelernt und kehrte in den elterlichen Betrieb zurück, während ihre Schwester Christina beruflich andere Wege ging. Unterstützt wird Eva im Laden schon immer von ihrem Mann, Siegfried Plaul. Der gelernte Dreher kennt sich bestens mit allen nur erdenklichen Werkzeugen aus und konnte seinen Kunden mit so manch gutem Ratschlag über aufgetauchte Engpässe helfen. Schmunzelnd erinnert er sich an die langen Wartezeiten für die begehrten Multimax-Bohrmaschinen, Widia-Bohrer oder Gefrierschränke und -boxen.

Damals kamen die Kunden aus Leipzig noch scharenweise. Heute fließt der Kundenstrom eher zäh. Anfang der 90er Jahre modernisierten Plauls ihre Geschäftsräume. Seither bieten sie ein breites Spektrum an Haushalt- und Eisenwaren an. Bei ihrer Kundschaft sind Plauls immer noch die „Fugmanns".

Werbung aus den 20er Jahren

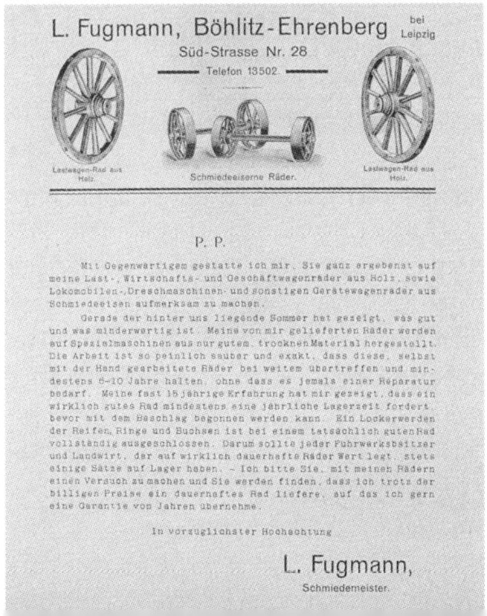

L. Fugmann, Böhlitz-Ehrenberg bei Leipzig

Süd-Strasse Nr. 28

Telefon 13502

Lastwagen-Rad aus Holz. — Schmiedeeiserne Räder. — Lastwagen-Rad aus Holz.

P. P.

Mit Gegenwärtigem gestatte ich mir, Sie ganz ergebenst auf meine Last-, Wirtschafts- und Geschäftwagenräder aus Holz, sowie Lokomobilen-, Dreschmaschinen- und sonstigen Gerätewagenräder aus Schmiedeeisen aufmerksam zu machen.

Gerade der hinter uns liegende Sommer hat gezeigt, was gut und was minderwertig ist. Meine von mir gelieferten Räder werden auf Spezialmaschinen aus nur gutem, trocknen Material hergestellt. Die Arbeit ist so peinlich sauber und exakt, dass diese, selbst mit der Hand gearbeitete Räder bei weitem übertreffen und mindestens 8-10 Jahre halten, ohne dass es jemals einer Reparatur bedarf. Meine fast 15 jährige Erfahrung hat mir gezeigt, dass ein wirklich gutes Rad mindestens eine jährliche Lagerzeit fordert, bevor mit dem Beschlag begonnen werden kann. Ein Lockerwerden der Reifen, Ringe und Buchsen ist bei einem tatsächlich guten Rad vollständig ausgeschlossen. Darum sollte jeder Fuhrwerksbesitzer und Landwirt, der auf wirklich dauerhafte Räder Wert legt, stets einige Sätze auf Lager haben. – Ich bitte Sie, mit meinen Rädern einen Versuch zu machen und Sie werden finden, dass ich trotz der billigen Preise ein dauerhaftes Rad liefere, auf das ich gern eine Garantie von Jahren übernehme.

In vorzüglichster Hochachtung

L. Fugmann,
Schmiedemeister.

Tabakwaren Harald Kessel

Böhlitz-Ehrenberg · Leipziger Straße 72 (ehemals)

In der Leipziger Straße Nummer 72 in Böhlitz-Ehrenberg übernahm Erich Kessel in der Vorweihnachtszeit des Jahres 1931 den Tabakwarenladen von Frau Feustel. Erich Kessels Vater war als Oberingenieur in Belgien beschäftigt und er selbst erblickte 1901 in Mülheim a.d. Ruhr das Licht der Welt. Später zog er nach Böhlitz-Ehrenberg und begründete die Familientradition Kessel. Dem Ehepaar Erich und Charlotte Kessel wurde 1935 Sohn Harald geboren. Der Geschäftsmann Erich Kessel hauchte dem Laden bald neues Leben ein. In den Anfangsjahren entstanden die Geschäftspapiere in eigener Druckerei. Zigaretten, Zigarren, Pfeifen, Tabak und Raucherzubehör verkauften sich gut. Geraucht wurde immer und besonders zu Kriegszeiten. Der wachsenden Nachfrage stand aber nur ein sich ständig verringerndes Angebot gegenüber. Nachdem Tabakwaren Anfang der 50er Jahre wieder markenfrei verkauft werden durften, begann der Geschäftsbetrieb mit fünf Schachteln Zigaretten. Kessels Wohnung befand sich direkt hinter dem kleinen Laden und Sohn Harald verbrachte als Schulkind den größten Teil seiner Freizeit im Geschäft. Der Laden hatte es ihm angetan und ließ ihn seither nicht mehr los, obwohl er zunächst anderen beruflichen Wünschen nachging. Kirchenmusik hatte den Jungen derart fasziniert, dass er die Instrumente nicht nur spielen, sondern auch bauen wollte. So durchlief er eine Lehre als Harmoniumbauer bei der Firma Mannborg und als Pianomechanikbauer bei der Firma Flemming. Als Erich 1969 in Rente ging, übernahm Harald Kessel das väterliche Geschäft. Den Laden betrieb er mittlerweile als Kommissionsgeschäft der HO. Zehn Jahre später heiratete Harald Kessel seine Maria. Sie war eine „Geschäftsfrau wie aus dem Buche". Seit ihrem Tode 1994 stand er allein im Laden. Das Tabakwarengeschäft war für Harald Kessel die beste Krankheitstherapie. Ein Leben als Rentner, ohne die seit vielen Jahren gewachsenen sozialen Kontakte zu seinen Stammkunden, wäre für ihn unvorstellbar gewesen.

Neben Tabakwaren bot Herr Kessel in seinem Geschäft auch Dienstleistungen, wie die Bestellung von Brennstoffen, an. Bis 1978 konnte man auch seinen Tippschein für Lotto + Toto bei Harald Kessel ausfüllen und abgeben. Besonderen Wert legte der Inhaber seit jeher auf Raucherbedarfsartikel, wie Pfeifen und Feuerzeuge, wobei er stets auf erschwingliche Preise achtete. Qualitätsware wurde auch qualitätsgerecht angeboten. Seit 1999 lagerte er seine Importzigarren in einem Humidor, damit das Klima des jeweiligen Ursprungslandes erhalten blieb. Typisch für den kleinen Laden waren auch der Sekt der Hausmarke „Böhlitz-Ehrenberger Wahrzeichen" und die Zigarre Eigenmarke „Kessel-Qualitätszigarren seit fast 70 Jahren". Schade, dass im August 2000 mit dem Beginn der Bauarbeiten am Gebäude das Böhlitzer „Tabak-Original" verloren ging.

Schaufensterdekoration zum 50-jährigen Bestehen

Textilhaus Rohr

Böhlitz-Ehrenberg · Leipziger Straße 65

Um die Wende zum 20. Jahrhundert wich das ehemals ländliche Dorfbild Böhlitz-Ehrenbergs dem eines Industriestandortes. Von diesem Aufschwung profitierte auch Max Rohr. Einst bot er Textilien im ambulanten Handel in Dörfern und auf Märkten an. Im Frühjahr 1924 eröffnete er in Böhlitz-Ehrenberg in der Leipziger Straße 65/Ecke Südstraße sein Weiß- und Wollwarengeschäft. Endlich konnte Max Rohr auf eigener 12 qm „großen" Ladenfläche seine Wäsche präsentieren! Nun kamen die Kunden zu ihm ins Geschäft. Hier wurde für jeden Geschmack und Geldbeutel gesorgt. Wäsche, Wolle, Kurzwaren, Miederwaren, Nähzubehör, Strümpfe, Schürzen stapelten sich im Laden. Nach und nach wurde das Sortiment erweitert. Arbeitsbekleidung bildete bald einen erheblichen Teil des Angebots. Anfang der 50er Jahre kamen Kostüme und Kinderbekleidung dazu. Auch nachdem Rohrs 1960 Kommissionshändler der HO waren, änderte sich nicht viel. Unter dem Strich blieben viel Arbeit und wenig Geld. Der Konkurrenzkampf zwischen den drei Anbietern im Ort – HO, KONSUM und Textilgeschäft Rohr – gerade im Sortiment Haushaltswäsche, bei Handtüchern und Bettwäsche, war sehr hart. Als kleiner Mitbewerber hat das Textilgeschäft Rohr alle Stürme überstanden. Die Geschäftsleute haben sich für ihre Kunden immer etwas einfallen lassen. Wenn in der DDR fast alles eine Mangelware war, so bilden Knöpfe da keine Ausnahme. So konnte man sich bei Rohrs alte Knöpfe mit Stoff neu beziehen lassen, passend zu Farbe und Muster des Stoffes, einfach einmalig! Im Jahre 1990 gab Edeltraud Rohr den Staffelstab an Sohn Volker weiter. Ihm gelang es, das Familienunternehmen zu vergrößern. Geführt wird auch Damen- und Herrenoberbekleidung. Hatte man bislang nur im Erdgeschoss verkauft, so kann man heute auch auf der ersten Etage einkaufen. Neben dem Stammhaus gibt es das Textilhaus Rohr auch in der Plagwitzer Elsterpassage sowie in Großzschocher im Südwestzentrum.

Baby & Kids – „Ulla-Püppchen", handgefertigt von Ursula Gröll (S. 124)

Baby & Kids

Borna · Reichsstraße 6

Bärbel Claus

Der Posamentierer und Knopfmachermeister Gottfried August Schatz öffnete am 2. April 1881 in der Reichsstraße 6 ein Posamenten-Putz/Mode- und Tapisseriegeschäft. Zur Seite stand ihm seine Frau, die Putzmacherin Minna Klara, geb. Senf. Als Posamenten-Spezialhaus führte „G. A. Schatz" Artikel wie Kleiderbesätze, Spitzen, Einsätze, Tressen, Knöpfe, Tülle, Spitzenstoffe, Chiffon, Seidenbänder und -stoffe, Stickereien, Besatz. Im Putz- und Modebereich wurden „aparte Neuheiten" an Damen- und Kinderhüten sowie Sporthüte, Schleier, Federn, Blumen, Rüschchen, Gürtel, Fächer, Haarschmuck, Trauerhüte und -artikel angeboten. Die Tapisserie bot eine reiche Auswahl an Stickereien, wie Rokoko- und Gobelinstickereien, Knüpfarbeiten, Stickereistoffe, Stick- und Häkelgarne. Hinzu kamen Handschuhe, Strümpfe, Socken und „anerkannt gutsitzende" Korsetts in "moderner Fasson" sowie Effekten für Militär, Feuerwehr und Vereine. Drei Putzmacherinnen wirkten im Unternehmen. Von 1922 bis 1945 führten Minna und ihre beiden Töchter Klara Helene Schreyer und Gertrud Ilse Gärtner das Geschäft in Erbengemeinschaft fort. Im September 1945 stieg mit Ursula Gröll, geb. Schreyer, die dritte Generation in die Geschäftsführung ein. Ursula hatte beim Beyer-Verlag in Leipzig in einer Modellwerkstatt für Handarbeits- und Modezeitschriften als Kunstgewerblerin die Verwertbarkeit theoretischer Beschreibungen in der Praxis getestet. Sie hatte in Leipzig gelebt, bis sie „ausgebombt" nach Borna zurückkehrte und ein ausgeräumtes Geschäft vorfand. Bereits 1943 war der Laden leergekauft. 1945 lag alles „wie brach". Mit 300 Reichsmark Startkapital wurden Wollreste, Socken, Strümpfe, Handschuhe, Spitzenstoffe, alles, was sich anbot, aufgekauft. Aus Wollresten fertigte Ursula Puppen – die „Ulla-Püppchen" – in Handarbeit an. Sie machte den Laden unter der Bezeichnung „Textil-Mode Gröll" wieder zu einem florierenden Textil- und Kurzwarengeschäft. Sie führte Unterwäsche, Wolle, Kurz- und Miederwaren, Strumpfwaren für Kinder, Damen und Herren sowie Baby- und Kinderwäsche. Schnittkonfektion wurde nicht angeboten, dafür Pullover, Hemden, Nachthemden und die berühmten Dederonkittelschürzen. Fünf Heimarbeiterinnen fertigten für Grölls. Die Kommissionshändler kauften weiterhin alles zu, was sie ergattern konnten. Unermüdlich schafften sie Waren ran und das Geschäft musste Stück für Stück vergrößert werden. Ende 1982 legte Ursula Gröll die Geschäftsführung in die Hände ihrer Tochter Bärbel Claus. Die Drogistin hatte ihrer Mutter 1969 nur wegen Mitarbeitermangels im Familiengeschäft ausgeholfen. Seither ist sie aus dem Laden nicht mehr wegzudenken. In der Marktwirtschaft konzentrierte sich Bärbel schließlich auf Babys und Kinder. 1993 wurde der Laden nochmals vergrößert, damit auch Kinderwagen, Betten, Wickeltische und Kinderausstattungen Platz fanden. Ursula Grölls Kinder bieten heute in Borna eine interessante Kombination an: Klaus Gröll führt ein Büroartikel- und Schreibwarengeschäft, Bärbel Claus bietet Baby- und Kindersachen an und Dirk Steffen Gröll verkauft Spielwaren. In allen Geschäften stehen die Kinder im Mittelpunkt!

Sohn Georg, Töchter Helene und Ilse Schatz, 1912

Fahrradhaus Katrozan

Borna · Am Reichstor

Im Jahre 1895 hatte der Klempner Carl Richter mit Ehefrau Anna den Handel mit Fahrrädern, Nähmaschinen und Haushaltwaren Am Reichstor begonnen. Bauern kauften komplette Haushaltausstattungen und Carl brachte diese mit dem Fuhrwerk oder mit dem Fahrradanhänger auf die Höfe. Bis Heiligabend wurde ausgeliefert, da die Geschenke vorher nicht gesehen werden sollten. Als "die Seele vom Geschäft" bewirtete Anna ihre Kunden auch mit Kuchen und Kaffee. Bald hieß es weit und breit: "Geht zu Richters, da kricht´ers!" Richters hatten zwei Töchter. Margarete führte bis nach 1945 ein Porzellangeschäft und ihre Schwester Elisabeth übernahm mit ihrem Mann Ernst Schulze Anfang der 30er Jahre den Familienbetrieb. 1935 errichteten Schulzes das heutige Geschäftshaus. Elisabeth brachte zusätzlich Waren für gehobenere Ansprüche und Porzellan ins Angebot. Für ihre Stick- und Nähkurse warb sie mit Kaffee und Kuchen im Schaufenster. Nach Kriegsende wurde der Handel mit Nähmaschinen eingestellt, dafür wurden Spielwaren verkauft. Mit dem Taxi fuhren die Geschäftsleute nach Thüringen. Mit dem Fahrrad ging es bis Zella Mehlis und Oberhof. Sie klapperten alle Fahrradhändler ab. Bei Spielzeugherstellern fanden sie meist Puppenhäuser oder Pferdeställe. Während sich im Unternehmen beständig alles rund ums Rad drehte, wechselte das restliche Sortiment im Laufe der Zeit. Spielsachen wurden zeitweise von Modelleisenbahnen abgelöst. Die Kommissionshändler blieben aber immer auf die Selbstversorgung angewiesen. Von Rostock bis nach Thüringen reichten die Verbindungen. Diese Beziehungen nutzten auch Eberhard Katrozan und seine Frau Annelies, geb. Schulze, die Ende der 50er Jahre die Nachfolge antraten.

Katrozans gehörten zu den wenigen Geschäften, die "Diamant"-Fahrräder aus Karl-Marx-Stadt anbieten durften. Tausend „Diamant"-Räder verkauften sie pro Jahr. Die Geschäftsleute drehten sich wie ihre Räder. Ein "Hamm´wer nich!" war aus ihrem Munde nie zu hören. Mit der Kundschaft ging es recht familiär zu. Kinder wurden von ihnen als ihre Kunden von morgen angesehen. Das spürten diese. Ein Junge formulierte es einmal so: „Das ist mir der liebste Zahn, der Katrozan!". Eberhard verstarb 1983. Annelies führte das Geschäft die folgenden sieben Jahre allein. Ohne Angestellte bewältigte sie Einkauf, Buchführung und Schaufensterdekoration.

Annelies hätte als junges Mädchen nie geahnt, dass das Talent zur "Geschäftsfrau" in ihr schlummert. Damals hatte sie nie großes Interesse fürs Unternehmen gezeigt. Nach dem Abitur 1946 stand Annelies vor der Wahl: Neulehrer oder Familiengeschäft. Die Entscheidung fürs Geschäft hat sie nie bereut. Heute widmet sie sich ihrer Freizeit, denn in der Firma läuft weiterhin alles rund. Am 1. Juli 1990 wurde das Geschäft, schon traditionsgemäß, an den Schwiegersohn übergeben. Jürgen Guschel führt nun Laden und Werkstatt. Der Diplom-Ingenieur sorgt heute im renovierten Haus dafür, dass sich Am Reichstor noch immer alle Räder drehen.

Geschäfts- und Wohnhaus um 1925

Fritz Lorenz

Borna · Reichsstraße 12

Uhren + Schmuck
Inh. Hauschild / Junghans GbR

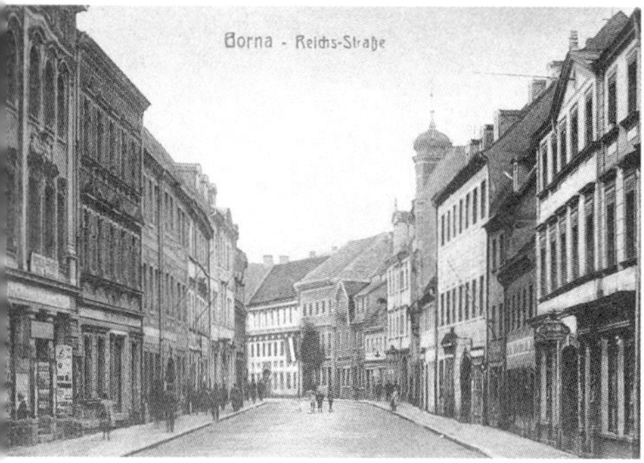

Reichsstraße in Borna, 1922

„Vis-á-vis dem Goldenen Stern“ in Borna, in der Kirchgasse 252, empfahl im Oktober 1878 der Uhrmacher und Optiker Ernst Lorenz erstmals sein „reichhaltiges Lager aller Arten Uhren“. In den Auslagen glänzten goldene und silberne Herren- und Damenuhren mit Schlüssel und Bügelaufzug. An den Wänden hingen „Regulateure“, „Kukuk-Uhren“ und Schwarzwälder Wanduhren. Neben Spieldosen und massiven goldenen Ringen verkaufte der Geschäftsmann Rathenower Brillen, Klemmer, Lorgnetten, Lese- und Operngläser. Barometer und alle Sorten Thermometer waren ebenfalls zu haben. Selbstverständlich gab es ein „Atelier für Reparaturen in Uhren und optischen Sachen“. Zwei Jahre Garantie wurden gewährt. Zehn Jahre später hatte sich das Angebot um ein Sortiment an Gold-, Silber-, Granat- und Korallenschmuck sowie um Alfenidwaren, wie Tafelaufsätze, Fruchtschalen, Bowlen, Vasen, Schreibzeuge, Briefbeschwerer, Eier-, Kaffee-, Tee-, Spargel- und Likörservice usw. erweitert. Das Familienunternehmen befand sich mittlerweile in der Reichsstraße 12. Zu Weihnachten 1893 wurden Glashütter Uhren besonders angepriesen. Als Nachfolger übernahm der Sohn Fritz Lorenz das Geschäft. Der Uhrmacher und Optiker Fritz führte das Geschäft bis Dezember 1953. Nach seinem Tod ging es an seine Witwe Hedwig Lorenz, die ebenfalls Uhrmacherin gelernt hatte, über. Die Werkstatt wurde weiter geführt. Die optischen Waren wurden jedoch nicht mehr angeboten, da kein Optiker mehr im Hause war. Im Jahre 1977 gab Hedwig im Alter von 75 Jahren den Betrieb an Rolf Hauschild weiter. Rolf war auch kein Optiker. Dafür war er ein ausgezeichneter Uhrmachermeister. Im gleichen Jahr wurde ein Kommissionshandelsvertrag mit der HO abgeschlossen. Die Turmuhr im Bornaer Rathaus wurde jahrelang von Rolf Hauschild betreut. Schon als Lehrling musste er sie mit der Hand aufziehen. In der Werkstatt hatte er es tagein und tagaus nur mit kleineren Uhren zu tun. So war die Turmuhr eine willkommene Abwechslung.

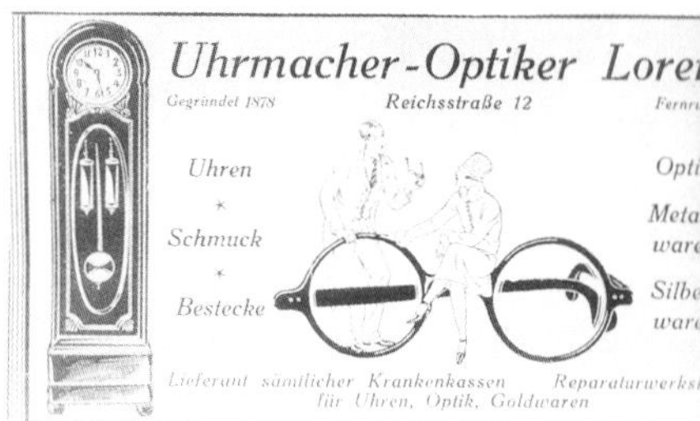

Zeitungswerbung, 1922

Als er 1995 starb, hinterließ er Frau Annelies Hauschild und seiner Tochter Monika Junghans die Firma. Beide Töchter der Familie Hauschild waren im Geschäft großgeworden und hatten den Beruf des Uhrmachers erlernt. Monika blieb in Borna und Steffi ging ins Sauerland. Die fünfte Generation mit Mario Junghans kann es kaum erwarten, im Geschäft aushelfen zu können. Er fühlt sich hinter dem Ladentisch sichtlich wohl.

Hans Pötzsch

Schirme und Lederwaren

Borna · Reichssteinweg 10

Das Ehepaar Ernstine und Gotthilf Barthel legte 1857 den Grundstein für das heutige Schirm- und Lederwarengeschäft im Reichssteinweg 10. Der Drechslermeister Gotthilf Barthel hatte eine Werkstatt eröffnet und stellte Stuhl- und Tischbeine, Treppengeländer, Säulen usw. her und verkaufte sie. Sein Sohn Emil Barthel erhielt die Firma 1895 und betrieb noch einen Laden. Außer Holzwaren und Wanderstöcken verkaufte er auch Lederwaren und Schirme. Im Mai 1936 übernahm Hans Pötzsch das Geschäft. Der Drechslermeister und Schirmmachermeister sah Mitte der 30er Jahre den Verkauf von Regen- und Sonnenschirmen und von neuentwickelten Taschenschirmen mit Alu-Gestänge als eine Marktlücke und stellte sein Geschäft darauf ein. Im Oktober 1936 heiratete Hans die Schneidermeisterin Gertrud. Die Jungvermählten führten das Geschäft gemeinsam. Die Drechslerei war längst in den Hintergrund gerückt. Schirme und Lederwaren standen jetzt im Mittelpunkt. Der Handel mit Schirmen wurde groß aufgezogen und eine Vielzahl von Modellen verschiedenster Hersteller angeboten. Zusätzlich wurden Schirme repariert und neu bezogen. Das Bespannen der Holz-, Metall- oder Alugestelle mit Naturseide, Stoff oder Kunstfasern war eine arbeitsaufwändige Angelegenheit, die viel Geschick und Ausdauer erforderte. Gertrud nähte Säume und passte die Bezüge an. Während des Krieges führte sie Laden und Werkstatt drei Jahre allein. Die Branche war selten vertreten und Pötzschs waren weit und breit der einzige Anbieter. Außerdem war das stets privat geführte Unternehmen für seine Qualitätsarbeit bekannt. Die Kunden kamen so in den 70er und 80er Jahren von Geithain bis Grimma und warteten geduldig in einer langen Schlange vor dem Laden. Angenommen wurden die Reparaturaufträge tagsüber. Die Arbeiten erstreckten sich oft bis Mitternacht. 1988 riss ein Herzschlag Hans im Alter von 85 Jahren aus dem Leben. Seit dieser Zeit steht die 1914 geborene Inhaberin allein im Geschäft. Gertrud Pötzsch hat ihren Laden auch am Samstagvormittag geöffnet. Wenn die Chefin ihres „Ein-Mann-Betriebes" mal gerade nicht hinter dem Ladentisch steht, ist sie per Klingel in ihrer Wohnung zu erreichen. Wie eh und je dekoriert sie ihre Schaufenster selbst. Die Scheiben werden geputzt und die Glaspyramiden liebevoll mit ledernen Geldbörsen, Schlüsselanhängern oder Schirmen bestückt. Ans Aufhören denkt Gertrud nicht, ohne Arbeit könnte sie nicht existieren.

Emil Barthel Mitte der 20er Jahre

Ein Nachfolger für das Geschäft ist indes nicht in Sicht. Tochter Renate arbeitet als Lehrerin in Düsseldorf und wird wohl kaum in Borna das Schirmgeschäft übernehmen. Bleibt nur zu hoffen, dass Gertrud Pötzsch noch recht lange gesund und fit bleibt.

Möbel Voigt

Borna · Gewerbegebiet Eula-West Nr. 13

In Magdeborn, bis 1979 Vorort von Leipzig, gründete der Tapezierermeister Alfred Voigt eine Sattlerei. Alfred zog 1908 nach Rötha und begann in der Marienstraße mit dem Möbelhandel. Die gute Beratung und Betreuung der Kunden waren stets oberstes Gebot, egal, ob es um die Anfertigung von neuen Polstermöbeln, die Aufarbeitung guter alter Stücke oder um einen Wohnzimmerschrank ging. In den 30er Jahren konnte Alfred Voigt auch ein Patent anmelden: Eine Kastenmatratze – „Alvo" genannt. Voigts beschäftigten bis zu zehn Mitarbeiter. Die beiden Söhne Wolfgang und Edgar lernten ihr Handwerk von der Pieke auf und wurden Tapezierermeister. Der Plan für den Bau eines Möbelhauses musste in der Schublade bleiben. Der Krieg machte ihn zunichte. Nach Kriegsende führte Edgar die Polsterei und Wolfgang mit Frau Erna und Schwägerin den Handel mit Möbeln. Aus Abbruchsteinen konnte ein neues Werkstattgebäude gebaut werden. Die Tische wurden im Rohzustand vom Hersteller abgeholt, wer zuerst eintraf, bekam noch was ab. Das Beizen erfolgte dann in der Werkstatt. Voigts wurden 1959 Kommissionshändler der HO. Die Auslieferung erforderte viel Kreativität, die Ersatzteilbeschaffung für den Fuhrpark war schwierig. Neue Fahrzeuge blieben ein Traum. Voigts waren über die Jahre mit unterschiedlichsten Gefährten unterwegs. Es fing mit einem Dreirad an, ging über den Opel Blitz, einen FRAMO bis zum B 1000, den sie nach langem Kampf erwerben durften. Ein Plattenwagen bildete stets die stille Reserve. Für die Familie blieb immer zu wenig Zeit. Vor 20:00 Uhr war der Vater kaum verfügbar. Selbst zu seinem eigenen Hochzeitstermin kam er völlig außer Atem in letzter Minute angeradelt. Kundentermine gehen vor Privattermine – so war es häufig. Die Auslieferung lag in seiner Hand. Viele Kunden erinnern sich: „Da kam der Chef selbst zu uns." Den bewährten Service bietet auch Christina Voigt, die 1978 im Geschäft ihres Schwiegervaters begann. Zwei Jahre später übernahm die Finanzkauffrau die Geschäfte von Wolfgang Voigt. Ihr Mann Ulrich hat sich schon immer in der Firma um die technischen Dinge, wie Service, Auslieferung und Aufbau gekümmert. Nach der Wende bauten sie in den alten Mauern des Stammhauses jeden Quadratmeter aus und schufen 400 qm Verkaufsfläche. Doch die reichten bald nicht mehr für die Präsentation des Vollsortiments. Eine Erweiterung war nicht möglich, außerdem fehlten Kundenparkplätze. Voigts suchten sich in räumlicher Nähe zu ihrem Kundenkreis eine neue Bleibe und fanden sie im Gewerbegebiet Eula. Sie investierten 3,5 Millionen DM und eröffneten am 1. August 1996 vor den Toren von Borna ihr neues Möbelhaus. In einer 2.000 qm großen modernen Halle kümmern sich Voigts und ihr Team auf einer Verkaufsfläche von 1.300 qm um die Wünsche ihrer Kundschaft. Sie besuchen ihre Kunden aber auch zu Hause. Die älteren Leute schätzen ihren „Senioren-Außendienst"! Sie müssen den Weg nach Eula nicht mehr auf sich nehmen. Die individuelle Planung und Beratung bleibt im Hause Voigt Tradition. Alles steht unter dem Motto: „Wir haben zwar keine 20.000 qm, aber ein Herz für Kunden!"

Fa. Sorge Nachf., Markt 7 in Eilenburg Mitte der 30er Jahre (S.169)

Fa. Sorge Nachf., Markt in Eilenburg, 1945 (S. 169)

Eismann

Colditz · Markt 15

Inh. Ulrike Schlobach

Innenaufnahme aus den 30er Jahren

Der Uhrmacher Johannes Eismann begann am 27. Mai 1886 am Markt 21 mit Uhren, Gold, Silberwaren, Brillen, Barometern, Thermometern u.a.m. zu handeln und in seiner Werkstatt Uhren zu reparieren. Die Entwicklung der Landwirtschaftstechnik verfolgte der Geschäftsmann aufmerksam. Bald verkaufte er auch Milchseparatoren, wie die "Meteor-Milch-Centrifuge" für Milchkühe, sowie Wasch-, Näh- und Wringmaschinen an die Bäuerinnen. Johannes ging regelmäßig mit dem Rucksack voller Werkzeug, Ersatzteile und Ölfläschchen auf dem Rücken "über Land" zu den Bauerngehöften, um angefallene Reparaturen zu erledigen. Ab 1919 führte Sohn Willy die Geschäfte. Unter seiner Regie wurde der Betrieb in großem Stil umgebaut. Die Ecke Baderberg 1 kam hinzu und fünf große Schaufenster wurden eingesetzt. Diese wurden oft auch abends erleuchtet. Besonders nach Kinovorstellungen zog es Spaziergänger zu den Fenstern, wo Soffittenleuchten Warenschränke, geschliffene Glasscheiben und Ausstellungstücke in hellem Glanz erstrahlen ließen. Die Inneneinrichtung bestach durch Möbel von bester Qualität und modernstem Stil. Willy Eismann hatte den Alleinvertrieb für Meißner Porzellan in Colditz. Er verkaufte Kristall, Bestecke, und wie sein Vater Uhren, Schmuck, Brillen, Ferngläser, Thermometer usw. Willy war ein echter "Reklame-Spezi" mit der Devise: "Reklame ist das halbe Geschäft". So kam er auf die Idee, Plakate an Colditzer Litfaßsäulen kleben zu lassen, die mit "Caruso singt im Filmtheater Colditz" warben. Die Colditzer strömten zum vermeintlichen Auftrittsort. Dort trat aber nicht Enrico Caruso, sondern Willy Eismann mit einem Grammophon und Platten des Tenors auf. Tage darauf konnte er in seinem Geschäft eine verstärkte Nachfrage nach Grammophonen sowie neuen Schallplatten verzeichnen. Darüber hinaus war Willy für seine „goldenen Hände" bekannt. Eismanns durchlebten im und nach dem Zweiten Weltkrieg schwere Zeiten. Willy war im Krieg geblieben und seine Frau Johanna stand mit zwei Kindern allein da. Geschäftlich musste sie beim Punkt Null beginnen, da der Laden vollkommen ausgeplündert war. Es gab keine Ware und damit nichts zu verkaufen. Johanna besorgte Blechschmuck oder ließ Holzteller vom Dreher fertigen und vom Kunstmaler verzieren. Die Mutter opferte alles für ihre Kinder und ging manchmal selbst hungrig zu Bett. Dem Geschäft drohte jedoch eine weitaus schlimmere Gefahr. Es sollte verstaatlicht werden, da es keinen Meister mehr gab. Es sei denn, Sohn Horst schaffte innerhalb eines Jahres seine Meisterprüfung. Großvater Johannes war bis ins hohe Alter aktiv. Bis er aus Versehen auf seine geliebte Brillenlupe trat. Ein Ersatz ließ sich nicht auftreiben. Das Leben hatte für ihn aber ohne Lupe und damit ohne Arbeit keinen Sinn mehr. Er verstarb 1946 im Alter von 86 Jahren. Enkel Horst arbeitete Tag und Nacht und

Eismann

Inh. Ulrike Schlobach

Colditz · Markt 15

Werbung am Fahrzeug in den 30er Jahren

bestand die Meisterprüfung im Juni 1952, als 20-jähriger, „Mit besonderer Auszeichnung". Der Enkel konnte den Laden und die Werkstatt für die Familie erhalten. Horst Eismann übernahm 1969 die Geschäfte. Mit seiner Frau Gudrun führte er das Familienunternehmen als Kommissionshändler über die Zeiten der „Goldknappheit" und der Warenfülle zu Anfang der 90er Jahre. Horst war der Reparaturchef und Gudrun leitete den Verkauf. Ende 1995 zog Familie Eismann mit ihrem Geschäft aus ihrem ehemaligen Wohn- und Geschäftshaus aus. Sie zogen zum Markt 15. Anfang 1997 übernahm Tochter Ulrike Schlobach den Familienbetrieb. Die Fachverkäuferin bietet ihr breites Uhren- und Schmuckangebot in den Auslagen der überlieferten Kirschbaumeinrichtungsstücke an.

Flora Drogerie und Parfümerie

Colditz · Töpfergasse 1

K. Dietzsch • Inh. R. Thalheim

Gegründet wurde die Flora Drogerie in der Töpfergasse vom Colditzer Drogisten Karl Gustav Dietzsch am 1. Januar 1905. Der Inhaber führte Drogen, Farben, Parfüme, Verbandstoffe, Artikel zur Kranken- und Kinderpflege, Chemikalien, technische Öle und Fette. Artikel zur Haar-, Haut-, Zahn- und Mundpflege, pharmazeutische Bedarfsartikel, Kindernährmittel sowie Weine und Liköre, Fruchtsäfte und Mineralwasser waren ebenfalls zu haben. Das Geschäft verfügte auch über ein Kräutergewölbe.

Der Sohn, Heinz Dietzsch, trat die Nachfolge an und machte das Unternehmen "Flora-Drogerie und Photohaus Karl Dietzsch" auch als Fotohandlung bekannt. Dietzschs wurden für "schnellste und sauberste Ausführung photographischer Arbeiten" gerühmt und hatten eine eigene Dunkelkammer im Haus. Die erfolgreiche Entwicklung des Familienbetriebs setzte Heinz Dietzsch fort, obwohl er nicht mehr unter den Bedingungen der freien Marktwirtschaft agieren konnte. Pflanzenschutzmittel, Waschpulver und Tees rückten in den Mittelpunkt des Verkaufs. Lose Waren wurden noch bis 1986 abgefüllt und umsortiert. Den gewohnten Standard lieferten Dietzschs in ihrer Fotoabteilung weiterhin. Im Jahre 1970 vergrößerte der Inhaber die Lagerräume im unteren Bereich. Früher war das Haus bis unters Dach als Lager genutzt worden. Das war notwendig, weil die Lieferungen häufig sehr umfangreich waren und die Mengen irgendwo gehortet werden mussten. Das große Lager hatte auch eine außerordentliche Bewährungsprobe zu bestehen, als das gekörnte Waschpulver Spee auf den Markt kam. Heinz Dietzsch war es gelungen, eine ganze Lkw-Ladung für sein Geschäft aufzutreiben und die musste erst einmal verstaut werden. In Laden und Labor arbeiteten immer drei bis vier Angestellte. Der Chef war stets bestrebt, Farbe in den grauen Alltag der Kunden zu bringen. Besonders in der Weihnachtszeit sorgte seine Dekoration für festliche Stimmung. Er stellte zusätzliche Tische in den Verkaufraum, auf denen er dann zusammengestellte Geschenkpäckchen auslegte.

Als Heinz Dietzsch 1986 die Drogerie altershalber aufgeben musste und sich kein Nachfolger fand, übernahm die HO die Flora Drogerie als eines der letzten Geschäfte in Colditz.

Die heutige Inhaberin, Rosemarie Thalheim, ist eine gelernte Drogistin und arbeitete schon seit 1969 im Geschäft. Eigentlich wollte sie 1986 die Drogerie als Nachfolgerin in Kommission übernehmen. Sie wagte den Schritt jedoch nicht. Ihr fehlte damals das nötige Selbstvertrauen und der Mut. So arbeitete sie weiter als Verkäuferin. Nach der Wende wurde die Drogerie als eines der ersten Geschäfte wieder abgestoßen. Rosemarie Thalheim stand nun vor der Alternative: Geschäftsübernahme oder Arbeitslosigkeit. Sie übernahm die Drogerie und es zeigte sich, dass sie während all ihrer Berufsjahre viel von Heinz Dietzsch gelernt hatte. Geschenkservice bietet sie das ganze Jahr über an, doch zu Weihnachten wird der Verkaufsraum besonders festlich gestaltet. Neben den klassischen Drogerieprodukten, die sie weiterhin führt, hat sich Rosemarie Thalheim auf den Kosmetik- und Parfümeriesektor spezialisiert. Heutzutage können die Colditzer auch Passbilder in der Flora Drogerie fertigen lassen.

Flora Drogerie und Parfümerie

K. Dietzsch • Inh. R. Thalheim

Colditz · Töpfergasse 1

Auf Grund
der Satzungen für die
Gehülfen-Prüfung
des
Deutschen
Drogisten-Verbandes
unterwarf sich Herr
Karl Gustav Dietsch
aus Colditz am 26 März, 1896.
dieser Prüfung und erhielt folgende Zensuren:
Fachkenntnisse: Sehr gut.
Schrift: Sehr gut. Stil: Sehr gut.
Rechtschreibung: Sehr gut.
Die Prüfungskommission
in Chemnitz.
A. Schubardt Vorsitzender
R. Zimmermann
Martin Paul Beisitzer.

Urkunde über den Berufsabschluss des Firmengründers

Kreuz-Drogerie

Colditz · Badergasse 18

Inh. Gisela Zander

Badergasse zweite Hälfte des 19. Jahrhunderts

Das Geschäftshaus in der Badergasse 18 existiert schon seit 1830. Im Jahre 1910 erwarb es der Drogist Carl Braun und eröffnete die Kreuz-Drogerie. Zum vielseitigen Sortiment gehörten neben Kolonialwaren auch Baustoffe wie Gips, Zement und Weißkalk. Zeitweise wurden geräucherter Fisch, Wein und z.T. selbst gebrannte Spirituosen verkauft. In den 30er Jahren führte Carl Braun in Leipzig noch die „Königsplatz-Drogerie" und eine Filiale in der Mockauer Oelßnerstraße. Die Kreuz-Drogerie leitete seine Frau Martha zusammen mit seiner Cousine Elsa Witzenhausen. Sie avancierte als Drogistin zur „rechten Hand" der Chefin, während Carl Braun sich später auch in anderen Branchen ausprobierte. In den 30er Jahren gewann die Drogerie an Profil. Nunmehr bestimmten Drogen, Pharmazeutika, Haushaltchemie, Fotobedarf, Farben und Sämereien das Sortiment. Die Samenkörner wurden selbst in eigene Beutel gefüllt. Ein spezielles Löffelsortiment ersparte das Feinabwiegen. Im Zweiten Weltkrieg fielen beide Geschäfte in Leipzig dem Bombenhagel zum Opfer. Es blieb nur noch die Kreuz-Drogerie übrig. Carl Braun starb 1945 und seine Witwe führte zusammen mit Frl. Witzenhausen das Geschäft als reinen "Frauenbetrieb" weiter. Als die Amerikaner und dann die Russen die Stadt besetzten, blieb auch die Kreuz-Drogerie von Plünderungen nicht verschont. Das Fotolabor transportierten die Amerikaner komplett ab. Die Russen waren dann hinter Alkohol, Seife und anderen brauchbaren Dingen her. Die gewitzten Frauen retteten einen kleinen Restbestand an Schnaps vor dem Zugriff. Im Lager ließen sie eine Salmiakgeistflasche offen und die Russen nahmen wegen der "Düfte" von weiteren Durchsuchungen Abstand. In den Nachkriegsjahren hatten es die Geschäftsleute schwer, wieder wirtschaftlich Fuß zu fassen. Nur langsam konnte man bei „Brauns", wie die Colditzer das Geschäft teils heute noch nennen, wieder gut einkaufen. Die Warenbeschaffung war beschwerlich. Fast alles war kontingentiert. Manche Waren kamen per Bahn aus Chemnitz und wurden mit dem Handwagen oder Pferdefuhrwerk vom Bahnhof abgeholt. Während der Hochwasserkatastrophe im Sommer 1954 stand das Wasser der Zwickauer Mulde binnen Stunden über einen Meter im Ladenraum. Aus Kästen und Regalen wurde gerettet, was zu retten war und in obere Etagen getragen. Alle Vorräte, die in Emballagen, Kannen und Kisten im Keller und in den Lagern aufbewahrt wurden, fielen den Wassermassen zum Opfer. Im Jahre 1955 starb Martha Braun nach längerer Krankheit und Elsa Witzenhausen übernahm die Firma. Sie hatte ihren Stolz und widersetzte sich allen Bestrebungen staatlicherseits, mit ihr einen Kommissionshändlervertrag abzuschließen. Die Drogerie war somit fast das einzige rein privat geführte Geschäft in Colditz bis zur Wende. Elsa Witzenhausen übergab 1978 die Drogerie ihrer Nichte, Gisela Zander, die „mit Pfefferminztee und Kamillentee aufgewachsen" ist. Drogistin lernte sie 1954 und seither arbeitet sie im Geschäft. Unterstützung erhielt sie von ihrem Ehemann Helmut. Kosmetik, Pharmazie, Haushaltchemie, Lacke/Farben sowie Sämereien, Pflanzenschutzmittel und Dünger bestimmten nach und nach das Sortiment. Eine Sondergenehmigung ermöglichte die Belieferung von kleineren Handwerksbetrieben, Schulen und Kindergärten mit Haushaltchemie in den 70er und 80er Jahren. Seit 1997 steht Gisela Zander allein im Geschäft mit der original erhaltenen Ladeneinrichtung. Ehemann Helmut konnte als Angestellter nicht mehr finanziert werden und ist seitdem arbeitslos. Die Pausen zwischen den einzelnen Kundenbesuchen in der Drogerie waren immer länger geworden. Der tägliche Kundenstrom ist längst versiegt und wieder reicht der kleine Laden gerade zum Überleben. Das Schicksal der Kreuz-Drogerie steht in den Sternen.

Ladenansicht in den 30er Jahren

Colditzer Kaufhaus

Colditz · Markt 8

Das Colditzer Kaufhaus am Markt ist auch unter der Bezeichnung "Kaufhaus", "Olbrichs" oder "Havemanns" bekannt. Bei diesem Unternehmen handelte es sich "nur" um ein Einzelhandelsgeschäft, jedoch mit mehreren Branchen. Die Besitzer und ihre Familiennamen wechselten, aber alle gehörten der selben Familie an. Im Jahre 1918 hatte der Kaufmann Emil Würker dieses Einzelhandelsgeschäft gekauft. Er war es auch, der es wegen der verschiedenen Branchen, die hier auf wenigen Quadratmetern nebeneinander geführt wurden, Colditzer Kaufhaus nannte. Emil übergab das Geschäft seiner Tochter Margarethe und seinem Schwiegersohn Emil Olbrich. Nach dem Tode Emil Olbrichs 1940 führte es Margarethe allein weiter. Kurzwaren, Socken und Strümpfe konnte man kaufen. Oberbekleidung wurde nie angeboten. Eisenwaren und Spielzeug fand man ebenso. Die zentrale Lage und das vielseitige Angebot aus „Tausend kleinen Dingen" zogen die Kunden an. Margarethe schloss Ende der 50er Jahre mit der HO einen Kommissionshändlervertrag ab. Als Margarethe Olbrich 1964 verstarb, übernahm ihre Tochter Brunhilde Havemann das Geschäft. Sie war während des Zweiten Weltkrieges mit ihrer Tochter Ursula nach Colditz gekommen. Brunhilde Havemann kannte sich in dem Geschäft bestens aus. Sie arbeitete schon seit längerer Zeit mit ihrer Mutter gemeinsam im „Kaufhaus". Am 1. Januar 1981 übergab Brunhilde den Staffelstab an ihre Tochter Ursula und ihren Schwiegersohn Jürgen Kurth. Die Weiterführung des Familienbetriebs war für Ursula eine besondere Herausforderung, der sie sich gern stellte. Die Weiterbildung auf kaufmännischem Gebiet fiel ihr nicht schwer. Ihr Mann Jürgen, von Beruf Ingenieur-Ökonom, fuchste sich auch schnell ins Geschäftsleben ein. Kurths beließen die unterschiedlichen Branchen im Kaufhaus. Wichtig war der richtige Mix. Angeboten wurden Kunstgewerbe-, Fest- und Scherzartikel sowie Schreibwaren und Sportartikel. In der Töpfergasse betrieben die Geschäftsleute noch einen kleinen Sportwarenladen. Die Geschäfte gingen immer gut und nach der Wende machten sie sehr gute Umsätze.

Im Jahre 1990 nahmen Kurths mit Sportartikelherstellern Kontakte auf. Verträge kamen aber nicht zustande. Daraufhin gaben Kurths die Sportartikel auf und schlossen den kleinen Laden. Als die Post ihr Monopol am Lotto-Toto-Spiel abgab, griffen Kurths sofort zu und machten Lotto-Toto zum festen und beliebten Bestandteil ihres Angebotes. Mit German Parcel (Depot Halle/Leipzig) fanden die Geschäftsleute im Jahre 1996 einen Kooperationspartner und eröffneten einen Paketshop. Bald arbeiteten sie auch mit einem großen Versandhaus zusammen. Einen Teil des Warenangebots können die Kunden im Colditzer Kaufhaus direkt kaufen. Der Rest kann kurzfristig vom Zentrallager abgerufen werden. Großer Nachfrage erfreuen sich nach wie vor die Schreibwaren. Für Touristen halten Kurths ein wachsendes Angebot an Souvenirs, Ansichtskarten, Wanderkarten, Stadtplänen u.v.m. bereit. Schwiegertochter Astrid hat als gelernte Kauffrau alle Branchen und Dienstleistungen im Colditzer Kaufhaus im Griff. Darauf konnten sich Kurths verlassen, als sie sich im Pösna Park bei Leipzig ihrer neuen Aufgabe, der Führung eines Getränkemarktes, widmeten.

Dieter Langer

Herrenbekleidung

Colditz · Kirchberg 4

Das Herrenbekleidungsgeschäft zwischen Rathaus und Schloss ist als ein Familienunternehmen, das immer auf den jeweiligen Inhaber zugeschnitten war, bekannt. Am 1. Juli 1908 eröffnete der "leidenschaftliche Schneider" Emil Lohse dort sein Geschäft. Er betrieb eine Maßschneiderei und führte im Laden Herren- und Knabenbekleidung. Am 1. Juli 1938 ging das Unternehmen an den Colditzer Herrenschneidermeister Curt Langer über, der am Sophienplatz bis dahin eine Maßschneiderei führte. Curt Langer verkaufte gleichfalls Bekleidung für den Herrn und unterhielt eine Änderungsschneiderei. Hosen gingen besonders gut. Während des Krieges musste das Geschäft für drei Jahre geschlossen bleiben. Nach seiner Heimkehr öffnete er den Laden sofort wieder, obwohl es fast nichts zu verkaufen gab. Die Textilproduktion lag am Boden und die Lager waren leer. Der Schwarzmarkt mit Pelzen und Leder blühte. So verkaufte Curt Langer in seinem Laden zunächst alles Mögliche wie Hüte, Mützen, Hemden, Strickwaren, Nähgarne, Zwirne, Borten, Bänder, Polster, Haken, Ösen, Holzknöpfe usw. Mit dem Siegeszug der Gummiwaren verkaufte er auch Regenmäntel und Umhänge aus diesem Material. Die Herrenkonfektion ließ er bei all dem bunten Warenangebot nie aus den Augen. Als Anfang der 50er Jahre die Textilindustrie wieder Konfektionen anbot, war seine Stunde gekommen. Die Herren konnten sich bei Langers wieder komplett einkleiden. Auch die Maßanfertigung von Anzügen lebte wieder auf. Drei Gesellen und eine Hosennäherin beschäftigte das Unternehmen. Ab Mitte der 50er Jahre gingen mit dem zunehmenden Angebot maschinell produzierter und qualitativ besserer Anzüge die Aufträge für die Schneiderei zurück. Im Jahre 1961 wurde die Maßschneiderei geschlossen und nur die Änderungsschneiderei blieb. Im gleichen Jahr wurde Curt Kommissionshändler der HO und die Colditzer gingen weiterhin zu „Hosen-Langer". Ab Mitte der 60er Jahre führten Langers eine Annahmestelle für die chemische Reinigung. Diese Serviceleistung brachte zusätzlich einige Kunden. Am 1. Juli 1968 übernahm Dieter, der Sohn des Inhabers, das Geschäft. Er hatte im elterlichen Betrieb Herrenschneider gelernt. Für zwei Jahre ging er nach Leipzig in die Konfektionsschneiderei und arbeitete von 1953 an als Angestellter bei seinem Vater. Die Selbstständigkeit als Händler war sein Ziel und er machte seinen Abschluss als Verkaufsstellenleiter. Bis 1989 führte er Herren- und Sportbekleidung. Seither steht Dieter Langer einem reinen Herrenbekleidungsgeschäft vor. Da anspruchsvolle Kunden sich für die Auswahl ihrer Bekleidung Zeit nehmen, berät sie Dieter Langer entsprechend solide und fachkundig und eine solche Beratung kann schon mal bis zu einer 3/4 Stunde dauern. Seine ehrliche und vertrauensvolle Art kommt bei seinen Kunden an. Seit 1980 arbeitet seine Frau Ursula im Laden mit. Dass sich Dieter Langer stets mit voller Hingabe für seine Kunden engagierte, zahlte sich nach der Wende aus. In den Jahren 1991 bis 1993 „kniete er sich noch mal so richtig rein", damit er finanzielle Mittel für seine Investitionen zusammenbrachte. Heute präsentiert sich das Geschäft innen und außen als Fachgeschäft für moderne Herrenbekleidung. Das Wohl seiner Heimatstadt Colditz lag Dieter Langer, trotz allem geschäftlichem Engagement, immer am Herzen.

Drogerie Bär

Delitzsch · Bitterfelder Straße 18

Inh. Ingrid Roth

Am 2. Februar 1933 kaufte Irmgard Bär von Elisabeth Reime die Drogerie am Gerberplan 11. Gegründet hat das Geschäft einst der Drogist, Lehrer und spätere Delitzscher Ortschronist Oskar Reime. In der kleinen Drogerie waren Teesorten, vorwiegend aus heimischen Kräutern, Kosmetika, Farben und Lacke sowie allerlei Chemikalien und Reinigungsmittel, Tapeten, Fotoartikel, aber auch Sämereien, Düngemittel und Pflanzenschutzmittel zu finden. Zudem gab es jede Menge Bürsten und Pinsel, Verbandstoffe, Christbaumschmuck, Scherzartikel und zum Jahreswechsel die Silvesterknaller. Anfangs wurden auch noch Lebensmittel und Alkohol verkauft. Die Waren mussten ohne Auto auf beschwerliche Weise herantransportiert werden. Waschpulver wurde schon mal mit dem Handwagen geholt und im Krieg besorgte Helga Bär während ihrer Lehrzeit in Leipzig Schnaps und schleppte diesen in der Aktentasche nach Delitzsch. Helga legte 1947 ihre Prüfung an der Drogistenfachschule in Leipzig ab. In jener Zeit standen bei Bärs ein Metallfass, verschiedenste Holzfässer sowie Säcke im Geschäft. Verkauft wurden Kreide, Gips, abgefüllt in Tüten oder Gefäße. Farben und Lacke gab es in Gläser oder Eimer umgefüllt. Ein kleines Fotolabor wurde nach dem Krieg eingerichtet. Als die Mutter krankheitshalber die Drogerie aufgeben musste, übernahm Tochter Helga im Jahre 1952 das Geschäft. Ab 1966 wurde sie von ihrem Mann Gerhard Vetter unterstützt. Beide wiederum fanden bald in Tochter Ingrid eine Hilfe und Unterstützung. Sie legte 1973 ihre Prüfung, ebenfalls in der Drogistenfachschule in Leipzig, ab. Der Familienbetrieb behauptete sich als Kommissionshändler der HO Delitzsch im Zentrum der Stadt. Werbung hatten die Geschäftsleute nicht nötig. Die Leute kamen gern zu „Bärs". Hier erlebten sie die „gute alte Schule" in puncto Freundlichkeit und Kundenberatung. Der Geschäftsalltag war von fleißiger Arbeit, aber auch von der Freude am Umgang mit den Kunden bestimmt. Ausnahmen waren eher selten. So wollte beispielsweise die HO dem Familienunternehmen Bär den lukrativen Handel mit Tapeten verbieten. Helga war gezwungen nachzuweisen, dass Tapeten schon zu Zeiten ihrer Mutter zum festen Bestandteil des Sortiments im Geschäft zählten. Im Mai 1991 musste die Drogerie ihren Stammsitz verlassen. Sie fand in der Bitterfelder Straße 18 ihr neues Domizil. Schade nur, dass die alte Ladeneinrichtung nicht mitgenommen werden konnte. Sonst hat das kleine Familienunternehmen seinen alten Charme behalten. Das änderte sich auch nicht nach 1997, als Tochter Ingrid Roth die neue Inhaberin wurde. Die kleine Drogerie hat nach wie vor im Zentrum ihren Platz, wenn er auch nicht mehr so leicht wie vor zwanzig Jahren zu verteidigen ist. „Bärs" sind die einzigen im Zentrum, die Gifte und Tapeten auch heute noch anbieten. Viele Kunden kommen zur „Drogerie der guten alten Schule", weil sie hier noch Spezialprodukte bekommen und über sie beraten werden, wenngleich es sich dabei „nur" um Kleinigkeiten wie Hirschhornsalz, Pottasche oder Lebkuchengewürz handelt.

Außenansicht Ende der 40er Jahre

Sport-Didwiszus

Delitzsch · Breite Straße 6

Ein richtiges Ladengeschäft betreibt die Familie Didwiszus „erst" seit 1936. Erhard Didwiszus hatte es in der Ritterstraße 33 eröffnet. Sein Vater Ludwig betrieb den Textilhandel aber schon weitaus länger. So um 1900 herum holte der Schnittwarenhändler Stoffballen aus Leipzig. Die Tuche bekam er dort auf Kredit. In Delitzsch nähten die Frauen der Familie aus den Wäschestoffen für die Bauern Kleider und Schürzen. Ludwig fuhr dann mit dem Fahrrad aufs Land, wo er die fertigen Sachen sowie Stoffe, Bettwäsche u. v. m. anbot. Die Bauern kauften gern bei ihm. Für sie war es bequem und angenehm. Sie mussten nicht erst in die Stadt und außerdem konnten sie bei Ludwig schon mal die Rechnung erst nach der Ernte bezahlen. Die Bestellungen und auch das Angebot wuchsen. Das Fahrrad reichte als Transportmittel bald nicht mehr aus. Ein Pferdewagen wurde angeschafft. Ludwig konnte sich 1935 sein erstes Auto leisten. Im Jahr darauf eröffnete sein Sohn den Textilladen in Delitzsch, damit das Angebot in seiner ganzen Vielfalt ständig gezeigt werden konnte.

Der Kaufmann Erhard Didwiszus hatte 1935 seine Elli geheiratet. Sie stammte aus einer Gastwirtsfamilie und das Geschäftsleben war ihr nicht fremd. Mit ihrem Mann führte sie das Geschäft gemeinsam. Gleichzeitig war sie Zuschneiderin, Hausfrau und Mutter. Im Laden wurden neben den begehrten selbstgenähten Schürzen hauptsächlich Strümpfe, Wäsche und Bettwäsche verkauft. Nach dem Tod von Erhard im Jahre 1964 führte Elli das Geschäft weiter. Sie erweiterte das Angebot um Damenbekleidung, Pullover, Baby-Windeln, Kurzwaren und Nähzubehör. Sonst durchlebte der kleine Textilwarenladen alle Höhen und Tiefen, die ein HO-Kommissionshändler in dieser Branche auf dem Lande erleben konnte. Erst mit der Marktwirtschaft blies ein frischer Wind in das Geschäftsleben. Anfang Juli 1990 eröffneten die Unternehmer in der Ritterstraße ihr Geschäft. Schon 1993 suchte sich der Familienbetrieb Didwiszus einen neuen Standort. Die Verkaufsräume mussten vergrößert werden, denn sie benötigten für eine zeitgemäße Präsentation mehr Fläche. Sohn Jürgen, der mittlerweile die Geschäfte führte, hatte in der Eilenburger Straße einen großen Laden in Eigenleistung ausgebaut. Aber bereits 1995 zog das Geschäft näher an die Altstadt heran. In der Breite Straße fand man eine gute Verkaufslage und ausreichend Platz. Seit 1990 haben sich Jürgen und seine Tochter Kathrin mehr und mehr auf Sportbekleidung und -geräte spezialisiert. Sicherlich hat dazu auch die Sportbegeisterung von Jürgen ein Stück weit beigetragen. Sport, Camping, Wandern, Fitness, Freizeit – praktisch kein Bereich wird heute ausgelassen.

Laden in der Ritterstraße

Foto Kühnemann

Delitzsch · Eilenburger Straße 55

Schlangestehen nach Passfotos in den 50er Jahren

Der Fotograf Karl-Heinz Kühnemann aus Eilenburg eröffnete am 15. September 1928 in Delitzsch sein Fotogeschäft. Seine Vorfahren großväterlicherseits waren Sägewerksbesitzer und großmütterlicherseits Bürstenfabrikanten. Sein Vater führte ein Hotel und sein Onkel eine Gastwirtschaft. Karl-Heinz hatte in Leipzig eine Fotografenlehre absolviert und sich als Volontär bei einem Haus- und Hof-Fotografen in Süddeutschland verdingt. Mit seiner Frau Charlotte ließ er sich in Delitzsch nieder. Die Beiden ergänzten sich bestens. Karl-Heinz war der Künstler mit Inspiration und Charlotte kümmerte sich um den Handel samt Kalkulation. Ladengeschäft und Atelier waren zunächst räumlich getrennt. Der Laden befand sich in der Eilenburger Straße 48 und das Atelier in der Nr. 78. Im Jahre 1937 zog man in die Eilenburger Straße 59 und im Jahre 1960 gab's den letzten Umzug in die Nummer 55. Ab jetzt wurde nur noch umgebaut und renoviert. Das Geschäft lebte vor allem von der Fotografie. Der Kleinhandel mit Kameras, Filmen, Alben und Rahmen allein hätte nie zum Leben gereicht. Karl-Heinz liebte Portraitaufnahmen. Am Wochenende fuhr er regelmäßig auf die Dörfer, machte Bildreportagen von Bauernhochzeiten. Gerade in den Nachkriegsjahren war diese Möglichkeit überlebenswichtig, wurde doch mit Fleisch, Mehl, Brot oder Kuchen bezahlt. An diese „Kuchen-Zeiten" kann sich der heutige Inhaber, Heinz-Jörg Kühnemann, noch gut erinnern. Oft ist er mit seinem Vater „mitgezogen" und erlernte so spielend sein Handwerk. Bis heute fertigt auch er am liebsten Reportagen über verschiedenste Veranstaltungen. Heinz-Jörg hatte nach der 10. Klasse, da ihm als Kind von "Selbstständigen" der Weg zum Abitur versperrt blieb, an der Berufsschule Leipzig Fotograf gelernt. Dann, den Meistertitel frisch in der Tasche, übernahm der 27-Jährige 1973 den väterlichen Betrieb. Heinz-Jörg Kühnemann erinnert sich noch lebhaft an besondere Einsätze auf dem Dorf. Als in den 50er Jahren in der DDR die Personalausweise umgetauscht wurden und die Leute dringend neue Passbilder benötigten, waren Kühnemanns Tag und Nacht mit Passbildern beschäftigt. Auch vor dem Geschäft bildeten sich riesige Menschenschlangen. Sonst war es nie so einfach, die Leute vor dem Schaufenster zu interessieren. Aber gerade das versuchte Karl-Heinz Kühnemann. Er zeigte alte Fotoalben und stellte historische Kameras aus. „Wenn keine drei Personen stehen blieben, dekorierte er die Schaufenster neu." Qualitätsarbeit und Attraktivität der Angebote verhalfen Kühnemanns zu ihrem guten Namen. Sie fertigten auch Arbeiten für öffentliche Auftraggeber und die Wirtschaft an. Werbeaufnahmen für die Zigarrenmarke Kombholz aus Delitzsch, die Schokoladenfabrik Böhme sowie die Hausschuh- und die Zuckerfabrik entstanden. Messekataloge für den Export wurden gestaltet.

Auch heute fertigt Vater Heinz-Jörg Kühnemann neben Architektur- und Industrieaufnahmen noch seine geliebten Reportagen an. Tochter Andrea, seit 1997 Fotografenmeisterin, arbeitet im Geschäft und macht am liebsten Portraitaufnahmen. In Darmstadt geht Sohn Olaf seiner Arbeit als Fotograf beim Fotografenobermeister von Südhessen nach.

Leder – Pelze – Hüte – Mützen

Helmut Kulf

Delitzsch · Breite Straße 4

Kürschnermeister

Der Delitzscher Kürschner Richard Franz Kulf begann im September 1885 in der Breite Straße mit seiner Frau Gertrud, Mützen und Filzpantoffeln herzustellen und zu verkaufen. Das älteste Delitzscher Pelzwarengeschäft war geboren. In einer Werkstatt wurde zugeschnitten, genäht, gedehnt und geweitet und im kleinen Lädchen gehandelt. Der Betrieb ernährte die Familie. Aber während der Sommermonate musste Richard andere Arbeitsaufträge annehmen. Sein Sohn, Otto Franz Kulf, der das Geschäft seit Ende 1946 führte, hatte das ganze Jahr über Arbeit. Otto war Mützenmacher und Kürschner und hatte seiner Mutter schon frühzeitig in der Firma geholfen. Seitdem Richard im Ersten Weltkrieg gefallen war, leitete Gertrud die Firma allein. Im Zweiten Weltkrieg verlor Otto seine rechte Hand. Der Kürschner verzweifelte nicht, er arbeitete fortan mit einer Prothese und lieferte Produkte von feinster Qualität. Im März 1947 machte er seinen Kürschnermeister. Otto und Ehefrau Marianne mussten fast rund um die Uhr in ihrem kleinen Privatbetrieb arbeiten. Im Winter saßen sie oft bis weit nach Mitternacht in der „30 qm kleinen" Werkstatt unter dem Dach und fertigten Skimützen an. „Der Fachmann für gediegene Maßarbeit" bot Neuanfertigungen, Reparaturen und Umarbeitungen. Ein Auto besaßen Kulfs nicht und so mussten sie sich alle Pelze und Rohlederwaren aus Halle schicken lassen oder mit dem großen Rucksack nach Delitzsch transportieren. Otto Kulf war ein konservativ denkender Mensch sowohl, was die handwerklichen Traditionen anbelangte als auch, was die Zukunft in einer PGH betraf. Er sollte eine Genossenschaft zur Verbesserung der Arbeits- und Lebensbedingungen sowie zur leichteren Materialbeschaffung gründen. Der Kürschnermeister wollte aber immer sein eigener Herr sein und behielt als einziger seiner Branche in Delitzsch seinen Privatbetrieb. Für ihn zählten nur berufliches Können und die Freiheit der Selbstständigkeit, auch wenn er es in einer Genossenschaft mit Material und Lohn leichter gehabt hätte. Zumal Kulfs vier Kinder großzuziehen hatten, und die Mutter jeden Pfennig zweimal umdrehen musste. Sein fachliches Können und die handwerkliche Qualität brachten Otto Kulf aber auch die Teilnahme an Pelzmodellwettbewerben und Auszeichnungen ein. Anders als Vater Otto hatte Helmut Kulf das Leben und die Arbeit in einer Produktionsgenossenschaft kennen gelernt. Er war schon als kleiner Junge in den Kürschnerberuf hineingewachsen und legte 1986 die Meisterprüfung ab. Bis Helmut den Familienbetrieb 1992 übernahm, arbeitete er in einer soliden PGH. In die freie Marktwirtschaft war Helmut Kulf mit einer Mischung aus Eigenproduktion und zugekaufter Ware gestartet. Der Beginn stand allerdings unter keinem guten Stern. Der erste Einkauf, Lederjacken und Kartons mit Mützen, alles mit dem wenigem Eigenkapital bezahlt, wurde bei einem Einbruch gestohlen. Auch sonst gestaltete sich der Start mit Pelzwaren eher zögerlich. Mit einem Angebot aus Lederwaren, Kleinlederwaren, Handschuhen, Pelzbekleidungen, Tüchern sowie Kopfbedeckungen aus eigener Produktion und Reparaturen warten Helmut und Ehefrau Jutta heute auf.

Anzeige von 1958

Photo Porst Fachgeschäft

Delitzsch · Breite Straße 2 **Inh. Jürgen Pitzschke**

Das Photo Porst Fachgeschäft am Markt war einst eine Drogerie, die vom Drogisten Felix Immisch am 7. Oktober 1881 gegründet und bis 1901 geführt worden war. Felix Immisch war ein Mann von Welt, der diese auch gern bereiste. Die finanziellen Mittel dafür erwirtschaftete der Laden. Sein Nachfolger, der ehemalige Angestellte Kurt Weidling, verkaufte noch Rattengift mit der Schutzmarke "FID" – "Felix Immisch Delitzsch". Das Gift wurde bis in die Türkei exportiert und mit Goldmark bezahlt. Diese Einnahmequelle brachte die Drogerie auch gut durch die Inflationszeit. Erich Weidling stieg 1929 mit ins väterliche Geschäft ein. Erste Fotoartikel und Fotoapparate wurden angeboten. Für die Entwicklung von Kundenfilmen richtete man ein Fotolabor ein. Erich Weidling überlebte den Zweiten Weltkrieg nicht. Der Drogist Max Pitzschke kam 1948 mit ins Geschäft. Am 8. Juli 1955 wurde er Teilhaber von Kurt Weidling. Max legte stets großen Wert auf die Schaufenstergestaltung. Mal zeigte er eine Sammlung alter Fotoapparate. Mal vermietete er die Schaufenster an das Delitzscher Museum, das sie zu Ausstellungszwecken nutzte. Die Drogisten versuchten stets, die Kunden mit Raritäten des DDR-Alltags zu versorgen. Lieferschwierigkeiten führten mit dazu, dass 1976 ein Kommissionsvertrag mit der HO abgeschlossen wurde. Förderlich für das Geschäft wirkte sich auch der Stempel „Für gesellschaftliche Bedarfsträger" aus. Im Juli 1976 übernahm der Drogist Jürgen Pitzschke die Firma. Wie bei seinem Vater Max gehörten Improvisationstalent, Erfindungsgeist und Sparsamkeit zum Geschäftsalltag. Waren wurden noch mühsam mit einem, vom Benzinmotor unterstützten, Fahrrad, dem sog. „Hackenwärmer", besorgt. Einzelne Produkte, wie Spee-Waschmittel und Holzschutzlasur wurden nur noch an bestimmte Läden ausgeliefert. Obwohl manchmal bis tief in die Nacht hinein Filme entwickelt wurden, warf das private Fotolabor nicht genügend Geld ab. Auf die Einkünfte waren 95 % Steuern zu zahlen. 1989 gründeten die Geschäftsleute, Ehefrau Christel hatte ihren Drogisten nachgemacht, den Verband der Drogisten der DDR mit, wenngleich sie dann doch nie Mitglied wurden. Bis Sommer 1990 führten sie die Drogerie mit dem klassischen Angebot und dem kleinen Fotolabor, dann schien ihnen die Fotografie als ein geeigneterer Weg. Zunächst sollte das Bild des künftigen Ladens durch Drogerieartikel dominiert und durch ein 3-Meter-Regal mit Fotoartikeln ergänzt werden. Schließlich entschlossen sich Pitzschkes für eine Kooperation mit Photo Porst und wurden Foto-Fachgeschäft. Der Franchisegeber sorgte dafür, dass die ehemalige kleine Drogerie eines der ersten Geschäfte in Delitzsch mit „Westausstattung" wurde. Das Geschäft konnte auf solider Grundlage weitergeführt werden. Auf die nächste Etappe bereitet sich bereits Tochter Romy vor. Sie arbeitet mit im Geschäft und ihre Steckenpferde sind die Portrait- und die Freundschaftsfotografie.

Geschäft Anfang der 20er Jahre

C. F. Richter

Inh. Friedrich Karl Oehlert

Delitzsch · Bitterfelder Straße 10

In der Bitterfelder Straße 10 bietet Familie Oehlert heute Leder-, Pelz- und Landhausmode an. Vor über 250 Jahren wurde in der damaligen Viehgasse des Gerberviertels der Grundstein für den kleinen Betrieb gelegt. Ein Dachziegel mit der Jahreszahl 1738 gilt als aus Lehm gebrannte Geburtsurkunde. In diesem Jahr bebaute Johann Karl Winkler das Grundstück und nutzte es für Lohgerberei und Fellhandel. Im Jahre 1888 tauchte der Firmenname C. F. Richter erstmalig im Handelsregister auf. Das Unternehmen hatte in der Nr. 10 Laden-, Geschäfts- und Wohnräume und im Hof Arbeitsräume. Am 1. Januar 1931 wurde Heinrich Fritz Oehlert, ein Neffe von Carl Friedrich Richter, Alleininhaber der Firma C. F. Richter Häute & Felle. Er wandelte die Lohgerberei und Fellhandlung in eine Häute- und Fellgroßhandlung um und schloss den Rauch- und Lederwarenhandel an. Aus der Veredelung und dem Handel mit Rauch- und Lederwaren wurde es jedoch nie so richtig etwas. Der Zweite Weltkrieg und die anschließende sowjetische Besatzung machten dem Geschäftsmann einen Strich durch die Rechnung. Bevor Sohn Friedrich Karl Oehlert den Familienbetrieb in achter Generation im Jahre 1950 übernehmen durfte, durchlebte das Unternehmen stürmische Zeiten. Die Firma wurde zeitweilig auch als volkseigener Betrieb geführt. Heinrich Oehlert, zunächst noch Betriebsleiter, später entlassen, musste mit ansehen, wie sein Unternehmen „runtergewirtschaftet" wurde. Vorbei waren die Zeiten, als noch 1.000 Felle pro Tag erstanden und bis weit nach Mitternacht aufgespannt und auf den Trockenboden gebracht wurden. Friedrich Karl wagte einen Neustart. Jetzt dominierte der Aufkauf von Häuten, Fellen, Haaren und Federn von Gänsen und Enten. Vier Tage in der Woche nahmen zwei Mitarbeiter die Rohmaterialien an. Die Tierhäute wurden dann konserviert, getrocknet, entfettet und dem Kombinat Tierische Rohstoffe zur Weiterverarbeitung geliefert. An andere Abnehmer durfte nicht verkauft werden. Viele Kleintierzüchter, die Notschlachtungsbetriebe sowie der Kaninchenschlachtbetrieb in Grimma lieferten im Durchschnitt wöchentlich 1.200 Felle ab. Aber Herr Oehlert wartete nicht, bis die Felle ins Haus gebracht wurden. In den Dörfern der Umgebung hielt er einen mobilen Aufkauf von Fellen aufrecht. So, wie früher der Ausrufer, kündigte er sich mit dem Ruf: „Sind Felle da?" an. Züchter und Tierhalter schätzten neben seiner Zuverlässigkeit und freundlichen Art sicherlich auch die Tatsache, dass der Geschäftsmann seine Rechnungen stets sofort und bar beglich. Für ihn gab es nie offene finanzielle Posten. Friedrich Karl Oehlert modernisierte, mechanisierte oder baute ständig an und um.

So ist es nicht verwunderlich, dass zu den ersten Schritten in der Marktwirtschaft auch ein Ausbau zählte. Aus dem kleinen Laden entstand im September 1991 durch Umbau und Vergrößerung das Geschäft in heutiger Form. Mit Fellen wird längst nicht mehr gehandelt. Dafür bieten Friedrich und seine Frau Jutta, die ihm in all den Jahren hilfreich zur Seite stand, feinste Mode aus Leder und Pelz an. Seit 1993 betreibt Sohn Matthias Oehlert in den Arbeitsräumen im Hof eine eigene Zurichterei und Gerberei. Die neunte Generation knüpft mit viel Fleiß und Können an die Familientradition an.

Tenzer´s Modewaren

Delitzsch · Eilenburger Straße 53

Angestellte um 1909

Stoffe, Wäsche, Strümpfe, Kurzwaren, Garne, Knöpfe usw. kauft man seit dem 16. Juni 1889 in der Eilenburger Straße 53. Gegründet wurde das Geschäft von Ida Hoffmann, geb. Bley, die es kurze Zeit später ihrer Zwillingsschwester Marie vermachte. Die Obermeisterin erweiterte das Geschäft um eine Schneiderstube und vermittelte auch Schneiderkenntnisse an junge Frauen. Marie Seidel führte das Geschäft von 1890 bis 1926. In zweiter Ehe war sie mit dem Kaufmann Hugo Tenzer verheiratet, der dem Geschäft dann seinen Namen gab. Tochter Elsa Seidel heiratete 1926 den Kürschnermeister Otto Hanisch. Sie führten das Geschäft gemeinsam. Das Angebot änderte sich über die Jahre kaum. Die Kombination aus Wäsche- und Kurzwarengeschäft mit eigener Schneiderei, die ein Zuschneidern der Kleider gratis ermöglichte, zog Kundschaft aus Delitzsch und Umgebung an. Die „Weißen Wochen", alljährlich im Januar, taten ihr Übriges. In den „Weißen Wochen" kauften hauptsächlich Bauern ihre Bettwäsche oder die Aussteuer für ihre Knechte und Mägde. Leute mit kleinem Geldbeutel konnten im „Schuldenbuch" anschreiben lassen. An Hauswänden in der Innenstadt war zu lesen: „Tenzers Modewaren sind gut und billig!" Otto Hanisch musste besonders in der Nachkriegszeit viel "organisieren" und „besorgen". Diese Fähigkeit zahlte sich in der sozialistischen Mangelwirtschaft wieder aus. Auch als HO-Kommissionshändler waren gute Beziehungen wichtig. Waren wurden laut HO-Anordnung in Torgau gekauft. Nach staatlicher Bereinigung des Sortiments befand sich der Kurzwareneinkauf in Leipzig und der Einkauf von Stoffen in Halle bei der gut bestückten und renommierten Fa. Rudolf Großmann. In Tenzers Schubkästen lagerte ein Knopfvermögen im Wert von 25.000 Mark. Sicher ist dort heute noch der passende Knopf, auch für das ausgefallenste Kleidungsstück, zu finden. Im Laden konnte man bis Mitte der 70er Jahre auch Strumpfhosen zur Laufmaschenaufnahme abgeben. Die kaputten Strümpfe oder Strumpfhosen wurden zur Reparatur nach Leipzig gebracht. Der Umlauf dauerte drei Tage. Über die Fa. Lang in Leipzig wurden für Kunden alle drei bis vier Tage 20 Röcke plissiert. Das Beziehen von Knöpfen gehörte ebenfalls zum Kundenservice. Zu DDR-Zeiten nähten, strickten, häkelten oder schneiderten Frauen viel in Heimarbeit. Gestalterisches und handwerkliches Talent sowie Kreativität waren gefragt, aber auch der Rat von Fachfrauen. Den holt man sich bis heute im Kurzwarenladen. Von 1970 bis 1997 schmiss Tochter Brigitte Hanisch den Laden. Geschickte und freundliche Mitarbeiter zeichneten das Geschäft aus. „Bei Tenzers kriegt man alles!", das war die Devise. Seit Juni 1997 wird das Haus von Ingrid Walter geleitet. Die Bankkauffrau zog 1968 nach Delitzsch und das erste Geschäft, das sie betrat, war „Tenzer's Modewaren". Heute kommen die Kunden gern zu Ingrid Walter, denn noch immer gilt der Kundenspruch: „Bei Tenzers wird man wenigstens richtig beraten!"

Firma G. Jürgens

Inh. S. Friedrichs

Dommitzsch · Leipziger Straße 13

Der Buchbinder Gustav Jürgens aus Westfalen gründete 1910 in Dommitzsch in der Leipziger Straße 13 eine Buchbinderei mit angeschlossenem Buchhandel und Leihbücherei. Schulbücher wurden gebunden und Spielwaren, Kristall, Porzellan sowie Steinguttöpfe aus dem Stammhaus der Steingutfabrik Villeroy & Boch verkauft. Die Kinder zog der Laden voller Spielzeug und bunter glitzernder Dinge magisch an. In der Vorweihnachtszeit stellte Gustav Jürgens jedes Jahr im ersten Stock neue Spielsachen aus. Bereits Stunden vor der Eröffnung warteten die Kleinen gespannt auf den Zugang zu ihrer Wunderwelt. Die Geschäfte liefen jedoch nicht immer gut. Während des Luftkrieges über Deutschland musste Gustav Jürgens Papier zum Einkaufspreis verkaufen. Die Einwohner verwendeten es zur Verdunkelung, indem sie die Fensterscheiben beklebten, damit kein Lichtschein nach außen drang. Dem Geschäftsinhaber blieb ein Fronteinsatz erspart. Dienstverpflichtet in der Munitionsfabrik WASAG, konnte er gemeinsam mit seiner Frau den Laden während des Krieges geöffnet halten. Aus Altersgründen wollte Gustav Jürgens das Geschäft 1950 abgeben. Er fand einen Pächter, doch der konnte den Betrieb nur knapp drei Jahre führen. So versuchte es Gustav Jürgens 1953 noch einmal selbst, bis sich der Kaufmann Roland Friedrichs, der für die Deutsche Handelszentrale Textil-, Schuh- und Lederwaren in Torgau arbeitete, für den Familienbetrieb interessierte. Schon als Kind hatte er gern bei „Jürgens" in den Regalen gestöbert und sein ganzes Schulzeug im Laden gekauft. Später kaufte Gustav Jürgens bei Roland Friedrichs Lederwaren und Taschen ein. Die Beiden wurden sich einig und 1954 übernahm Roland den Laden. Seine Frau Gerda unterstützte ihn dabei tatkräftig als mithelfende Ehefrau. Der neue Geschäftsinhaber bot zusätzlich Geschenkartikel und Modelleisenbahnen an. Letztere erwiesen sich als Renner. Die Leihbücherei musste Ende der 50er Jahre aufgelöst werden. Der offizielle Grund lautete: Zu viel „Literatur von vor 1945"! Schulbücher wurden weiterhin an die Schulen ausgeliefert und auch sonst blieb das Sortiment erhalten. Eigentlich bis heute, nur, dass im Laufe der Zeit die nächste Generation „ans Ruder" kam.

Seit 1990 führt Sohn Siegmar Friedrichs die Geschäfte. Er wollte wie sein Vater Kaufmann werden. Doch es gab keine Lehrstellen und so wurde aus ihm ein Ingenieur für Automatisierungstechnik. Eine vollständige Renovierung des Geschäfts erfolgte 1992. Wenn schon Vater Roland zu DDR-Zeiten ein „Angebot wie ein Warenhaus" hatte, so gilt das erst recht für Sohn Siegmar. Zusammen mit der 1998 eröffneten Filiale für Modellbau, Modelleisenbahnen und Spielzeug werden heute bei „Jürgens" Glas, Porzellan, Geschenkartikel, Bürobedarf, Schulbedarf, Zeitschriften, Spielwaren und Bücher angeboten. Die Kinder finden ihr Spielzeug nach wie vor noch in der ersten Etage. Neu sind die Möglichkeiten, Fotoarbeiten in Auftrag zu geben sowie seine Tippscheine für verschiedene Lotterien auszufüllen.

Leipziger Straße im 19. Jahrhundert

Kerstin Pfennig

Dommitzsch · Leipziger Straße 59

Lebensmittel

Der Großvater von Kerstin Pfennig, Otto Petzold, hatte 1908 das Grundstück in der Leipziger Straße 59 gekauft, darauf ein Haus gebaut und seinen Laden darin eröffnet. Zuerst hatte Otto nach einer Maurerlehre als Polier gearbeitet. Mit dem Dorfladen startete er seine zweite Berufskarriere, die ganze 56 Jahre dauern würde. Von 1908 bis 1964 führte er mit seiner Frau Milda gemeinsam den Laden unter dem Namen „Otto Petzold". Zur Hand ging ihnen dabei ihre Tochter Martha. Lebensmittel aller Art, hauptsächlich Konserven, Mehl, Grieß wurden angeboten. Gemüse und Obst lohnten nicht, da die ländliche Bevölkerung selbst über Gärten oder Felder verfügte. Damit der Betrieb auch die Familie ernähren konnte, musste sich Otto nach einem Zubrot umsehen. Mit seinem Sohn Heinrich sammelte er weiches Erlenholz, trocknete es, schnitt die Bretter zurecht und stellte daraus Holzpantoffeln her. Im Jahre 1964 übernahm Schwiegertochter Margarete Petzold den Laden. Margarete stammte aus der Grafschaft Glatz am Riesengebirge. Sie hatte in einer Fleisch- und Gastwirtschaft gelernt und kam 1947 als Umsiedlerin nach Dommitzsch. Sie lernte Heinrich Petzold kennen und beide heirateten. Über zehn Jahre arbeitete sie bei ihren Schwiegereltern im Geschäft. Mittlerweile war aus dem kleinen Dorfladen eine „Kaufhalle" geworden. Margarete bot zusätzlich auch Getränke an und so erhielten die Dommitzscher jetzt Brot, Wurst, Käse, Milch, Fischkonserven, Limonade, Bier, Schnaps, Likör und Sekt bei ihr. Die Leute kamen von den Dörfern in den kleinen privaten Laden, um bei „Petzolds" einzukaufen. Hier waren die „Kunden nie nur eine Nummer". Zweimal wöchentlich wurde Frischfisch geliefert.

In der dritten Generation verkauft bereits die Enkelin des Firmengründers, Kerstin Pfennig, Lebens- und Genussmittel sowie Haushaltswaren und Kosmetik. Kerstin ist seit 1989 im Familiengeschäft. Damals war ihr Vater gerade verstorben und Mutter Margarete überlegte, ob sie nicht den Laden aufgeben sollte. Kerstin hing ihren Beruf als Fahrdienstleiterin bei der Eisenbahn an den Nagel und führte die Familientradition fort. Schwer fiel ihr das Verkaufen nicht, als Kind ist sie schon in den Laden hineingewachsen. Seit März 1991 trägt Kerstin die volle Verantwortung für das Unternehmen. Sie gestaltete das Geschäft neu, vergrößerte den Verkaufsraum und schuf einen dementsprechenden Lagerraum. Lange lagert die Ware bei Pfennigs jedoch nicht. Kerstin sorgt stets für Nachschub. Deshalb fährt sie auch zwei- bis dreimal die Woche nach Leipzig zum Frischmarkt. Dem Familienprinzip: „Die Ware soll stets frisch und bezahlbar sein." bleibt auch die dritte Generation treu.

Fa. Auerbach, Kräuterbitter seit 1848 (S.208)

Helga Prietzsch

Lebensmittel

Dommitzsch · Elbstraße 13

Der Öbster Otto Wolfsteller hatte Anfang der 20er Jahre das Grundstück in der Elbstraße gekauft und einen Gemischtwarenhandel mit Lebens- und Waschmitteln eröffnet. Otto hatte noch Obstbäume gepachtet und die frisch geernteten Früchte bot er in seinem Laden an. Im Jahre 1938 kaufte er eine Plantage für seinen Sohn Willi und seine Schwiegertochter Emma. Die Plantage betrieb der Obstbauer immer parallel zum Geschäft. Nach Ladenschluss ging die Familie mit dem Handwagen zum „Ernten“. Am Tag darauf waren die saftigen, frischgepflückten Kirschen in Wolfstellers Auslagen zu finden. Das Dommitzscher Heideobst ging 1965 an die einzige Tochter Helga und ihren Mann, den Gärtnermeister Herbert Prietzsch. Seit 1995 baut ihr Sohn, der Diplom-Gartenbauingenieur Jens Prietzsch, auf der Plantage hauptsächlich Pflaumen, Süß- und Sauerkirschen an. Frische Früchte liefert er selbstverständlich auch noch ins Geschäft.

Schwiegertochter „Emmi“ Wolfsteller stieg 1937 in das Familienunternehmen ein. Zuvor hatte sie in ihrem Geburtsort Wittenberg als Verkäuferin und Verkaufsstellenleiterin gearbeitet. Ihr Willi fiel 1944 im Krieg. Emmi ist keine Ehe mehr eingegangen. Sie kümmerte sich um die Erziehung ihrer Kinder und war ansonsten mit ihrem Geschäft, den Kunden und deren Familien „verheiratet“. Die nannten sie auch liebevoll ihre „Emmi“. Sie vergaß nie einen Kundengeburtstag. Stets voller Elan, fachlich kompetent und immer freundlich, versorgte die Geschäftsfrau einen großen Kundenkreis mit ihrem kleinen Laden. Kirschen, Äpfel und Birnen bezog sie ja direkt vom Erzeuger. Emmi wurde 1959 Kommissionshändler der HO. Putz- oder Lebensmittel, frisches Obst und Gemüse aus eigener Plantage und Gärtnerei waren immer ausreichend im Angebot. Das Geschäft lief all die Jahre gut und wurde schließlich 1990 von Tochter Helga übernommen. Die 1914 geborene Emmi zog sich vom „täglichen“ aktiven Geschäft zurück. Ab und an schaut sie nach dem Laden, denn sie braucht den Kontakt zu „ihren Kunden“. Mit Leib und Seele ist auch Helga Prietzsch Verkäuferin, ihr wurde der Beruf buchstäblich in die Wiege gelegt. Doch Helga kann auf ein weit größeres Warenangebot als Emmi zugreifen. Sie musste sogar den Laden vergrößern. Zwei Schaufenster kamen neu dazu. Als Spar-Einzelhandelsgeschäft werden heute Waren des täglichen Bedarfs und darüber hinaus Obst- und Gemüse aus sach- und fachgerechtem Anbau zu moderaten Preisen angeboten. Das Markenzeichen – übervolle Regale und stets freundliche Bedienung – zieht heute noch Kunden aus den umliegenden Gemeinden in den kleinen Laden in der Elbstraße.

Otto Wolfsteller bei der Obsternte

Schuhhaus Rabe

Dommitzsch · Leipziger Straße 80

Am 1. November 1919 öffnete das Schuhhaus der Familie Rabe. Der Schuhmachermeister Richard Rabe betrieb in der Leipziger Straße 12 eine Werkstatt und stellte Schuhe her oder reparierte sie gemeinsam mit seinem Gesellen. Bald war der Handel mit maschinell gefertigten Schuhen weitaus einträglicher. Der kleine Betrieb zog 1921 in die Leipziger Straße 67. Hier eröffnete Richard sein Fachgeschäft. Im Jahre 1929 kaufte er das Nachbargrundstück und errichtete auf dem ehemaligen Gartengelände das jetzige Ladengeschäft mit Werkstatt. Am 20. Mai 1945 wurde der Firmengründer Richard von der Roten Armee verschleppt. Seine Frau Martha, die derweil die Geschäfte führte, wartete vergebens auf seine Rückkehr. Im Internierungslager „Fünfeichen" bei Neubrandenburg starb Richard am 25. Juli 1946. Aus der Gefangenschaft zurückgekehrt, übernahm im Januar 1946 sein Sohn Rudolf Rabe mit seiner Frau Käthe das Geschäft. Rudolf hatte das Schuhmacherhandwerk von Grund auf gelernt und seinen Meister gemacht. Die Schuhreparaturen hatten zunächst den Vorrang. Hinter dem Ladentisch zu stehen, war keine Freude. Die Regale waren meist recht leer. Das gesamte Angebot bestand damals aus Holz-, Igelit-, Stoff- und einigen Paar Lederschuhen. Diese erhielt man auf Bezugsschein und die erstgenannten Sorten „gab's auf Punkte". Wie die Ware kam, ging sie wieder über den Ladentisch. Oft standen die Leute schon drei Stunden vor der Öffnungszeit vor der Tür, um ein Paar abzubekommen. Im Juli 1959 schloss Rudolf Rabe mit der Konsumgenossenschaft Torgau einen Kommissionshändlervertrag ab. Mittlerweile konnten im Laden auch importierte Schuhe aus der ČSSR verkauft werden. Das Angebot im Schuhhaus Rabe hatte sich bis Mitte der 60er Jahre vervierfacht. In der Werkstatt arbeiteten bis zu drei Gesellen. Im April 1974 wurde sie dann geschlossen. Das Schuhhaus warb mit: „Ob im Osten oder Westen – Rabes Latschen sind die Besten!" und die Kunden reimten: „Ob groß, ob klein, Schuhe kauft man im Schuhhaus Rabe ein!"

Seit dem 1. Dezember 1990 ist das Familiengeschäft wieder ganz in Privatbesitz. Ein Jahr darauf wurde zum zweiten Mal umgebaut. Nicht nur die Fassade erstrahlte in neuem Glanz. Zum eigentlichen Verkaufsraum kam noch ehemaliger Wohnraum hinzu und aus der Werkstatt wurde das Büro. Rudolf Rabe verstarb 1996. Seine Frau Käthe führte die Geschäfte weiter. Heute kümmert sich Sohn Ronald um das Familienunternehmen. Der gelernte Maschinenbauer ist Herr über Schuhwerk in allen Preisklassen – von Markenware bis zu preiswerten Modellen. Das Sortiment umfasst Damen, Herren- und Kinderschuhe, Haus-, Sport- und Freizeitschuhe, Zubehör, Schuhcreme und Schnürsenkel, Lederwaren, Taschen, Börsen, Kleinlederwaren. Repariert wird nicht mehr selbst, dafür funktioniert die Reparaturannahme bestens. Und noch etwas, Richard, Rudolf und Ronald Rabe – alle engagierten sich bei der Freiwilligen Feuerwehr in Dommitzsch. Sie hatten und haben auch alle die Feuerwehrkasse unter sich.

Rudolf Rabe am 16. Januar 1946

Textil- u. Kurzwaren

Karin Röder

Dommitzsch · Pretzscher Straße 8

Geschäftshaus 1928

Dommitzsch als Handelsplatz zog zu allen Zeiten geschäftstüchtige und unternehmungslustige Menschen an. Einer von ihnen war Otto Andreas, ein Müllermeister, dessen Eltern eine Mühle in Greudnitz besaßen. Vom Tischlermeister Otto Schöchert kaufte er im Jahre 1921 das Grundstück in der Mühlstraße 8 (heute Pretzscher Straße 8) ab. Dort existierte bereits eine Sargtischlerei. Ein Ausstellungsraum für die fertigen Stücke war ebenfalls vorhanden. Im Jahre 1928 wurde die Vorderfront des Gebäudes umgebaut. Otto Andreas übernahm mit seiner Ehefrau Emilie das Geschäft und führte eine Mischung aus Zigarren, Spirituosen, Nähmaschinen und Wäsche. Nach und nach erwiesen sich Textilien, Kurz- und Weißwaren, Kopfkissen und Kissenbezüge sowie Wollartikel und Strumpfwaren als die tragfähigsten Angebote. Die Zeit konnte dem Geschäft nichts anhaben und der kleine Laden überstand alle Höhen und Tiefen der gesellschaftlichen Entwicklung in Dommitzsch. Im Jahre 1951 übernahm Hans Röder, der Schwiegersohn der Familie Andreas, die Firma und führte sie ab 1962 als halbstaatliches Kommissionshandelsgeschäft mit einem klassischen Angebot an Textil- und Kurzwaren. Als die Eltern Anfang der 80er Jahre erkrankten, kehrte die Schwiegertochter Karin Röder aus Leipzig nach Dommitzsch zurück. Die Ingenieurin für Informationsverarbeitung kümmerte sich um den Familienbetrieb.

Nach der Geschäftsübergabe im Jahre 1983 führte sie den Kommissionshandel mit Modewaren, Kurzwaren, Wolle, Strümpfen, Miederwaren, Mützen, Schals, Handschuhen und dergleichen mehr. Am 1. Juli 1990 konnte Karin das Geschäft privat übernehmen und erweiterte es um ein Wäschesortiment und Modeschmuckartikel. Eine Änderungsschneiderei war ebenfalls vorhanden.

Schuhhaus Rabe um 7:45 Uhr am 21.05.1990 – Preisstürze auch in Dommitzsch (S. 148)

Herrenmode Karl Damm

Döbeln · Niedermarkt 2/3

Inh. Joachim Frölich

Geschäft in den 60er Jahren

Der Hallenser Textilkaufmann Karl Damm war als Reisender in Sachen Textil viel unterwegs. Für ihn ergab sich 1933 die Möglichkeit, in Döbeln in der Breite Straße 17/Ecke Niedermarkt ein Geschäft anzumieten. Hier machte er sich selbstständig und wurde sesshaft. Mit seiner Frau Charlotte baute er sich gemeinsam ein Textilgeschäft auf und öffnete es im Oktober 1934 für die Kundschaft. Im Laden verkaufte Charlotte Herren- und Knabenmode und in einer kleinen Werkstatt wurde eine Maßschneiderei betrieben. Karl Damm war ein angesehener Kaufmann in Döbeln. Alteingesessenen ist seine korrekte und freundliche Art, seine stets kerzengerade Haltung genauso in Erinnerung wie seine Unterarmtasche, mit der der vornehme Herr gern spazieren oder zur Erledigung der Bankgeschäfte ging. In der Nachkriegszeit gab es keine Waren mehr, zumal das Geschäft von Angehörigen der Siegermacht geplündert worden war. Karl musste nochmals von vorn anfangen. Der Handel lief über „Punktekarten" und Bezugsscheine für Textilien. Einzelne Kunden brachten ihre Stoffe zur Anfertigung von Oberbekleidung. Dank seiner persönlichen Beziehungen zu Lieferanten aus der Vorkriegszeit konnte Karl Konfektionsstoffe bzw. Anzüge und Jacken besorgen und zur Anfertigung oder zum Verkauf anbieten. Neben Herrenoberbekleidung wurde jetzt auch Arbeitsbekleidung geführt. Das blieb bis 1995 ein vielgefragtes Sortiment. Damms spezialisierten sich auf die komplette Herren- und Knabenbekleidung. Außer Kopfbedeckung und Schuhen konnte der Kunde alles bekommen. Als Kommissionshändler der HO bezog Karl seine Waren über den Leipziger Großhandel. Sohn Wolfgang Damm übernahm 1965 die Geschäfte. Wolfgang war Herrenschneider und, wie seine Frau Hannerose, Bekleidungsingenieur. Nach dem Tode ihres Gatten 1982 stand Hannerose dem Familiengeschäft allein vor. Es war keine leichte Aufgabe für sie. Hannerose musste fünf Mitarbeiterinnen anleiten, sich um ihre Stammkunden und Waren kümmern und hatte noch ihren mittlerweile 90-jährigen Schwiegervater zu betreuen. Hilfe erhielt sie von Joachim Frölich. Er kam 1986 mit ins Geschäft und wuchs systematisch hinein. Damals bewältigte er den Ansturm auf neu gelieferte karierte Hemden, Dederon-Anoraks oder Rundstrick-Sachen. Gemeinsam mit Hannerose Damm meisterte Joachim Frölich auch die Anforderungen der Wendezeit und den erzwungenen Umzug im Jahre 1995. Der Mietvertrag wurde gekündigt und die Firma Damm musste sich eine neue Bleibe suchen. Auf der gegenüberliegenden Straßenseite fand sie ihr heutiges Domizil. An einem Wochenende ging der gesamte Umzug über die Bühne. Freitag wurde noch im Eckladen bedient und am Montag hatte das neue Geschäft, nur ein paar Meter weiter, wieder geöffnet. Heute bietet das Bekleidungshaus beste Herrenmode in den aktuellsten Varianten und aus den modernsten Materialien, „... weil Männer Mode mögen", ist sich Joachim Frölich seiner Sache sicher.

Harro Faßbinder

Spielwaren, Kinderwagen

Döbeln · Ritterstraße 30/31

Bevor der Mechaniker Arno Faßbinder mit seiner Frau Frieda am Döbelner Obermarkt 4, in der „Bärenschänke", 1919 ein Fahrrad- und Nähmaschinengeschäft mit Werkstatt eröffnete, hatte er in Dresden bei der Firma Seidel & Naumann schon Erfahrungen in der Branche gesammelt. Heimgekehrt aus dem Ersten Weltkrieg, verkaufte und reparierte er „Phoenix"-Nähmaschinen und „Torpedo"-Schreibmaschinen sowie Fahrräder. In der Weihnachtszeit stellte Arno gern Spielzeug aus – meist Baukästen und Dampfmaschinen. Zwar gedämpft durch die Inflation, gingen der Handel und vor allem die Reparaturen gut. Das Geschäft zog 1926 in die Ritterstraße 30 um, denn es wurde mehr Platz gebraucht. Der Verkauf von Metallspielwaren und Baukästen begann. Seit Mitte der 30er Jahre boten Faßbinders auch Kinderwagen an. Ebenso glimpflich, wie Faßbinders die Wirtschaftskrise überstanden hatten, ging auch der Krieg an ihnen vorbei. Sohn Rudolf war an der Front und Frieda führte mit Arno den Laden. In den 50er Jahren wurden bald keine Schreibmaschinen mehr verkauft, da man sie nirgends auftreiben konnte. Dafür rückten Kinderwagen und Babyausstattungen mehr in den Vordergrund. Mechanikermeister Rudolf Faßbinder übernahm 1965 das Geschäft gemeinsam mit seiner Ehefrau Marianne. Mit der HO wurde ein Kommissionshändlervertrag abgeschlossen und das Geschäft spezialisierte sich mehr und mehr auf Spielwaren. In der Werkstatt dominierten die Nähmaschinenreparaturen. Einen ganz besonderen Service verdanken die Döbelner den Frauen in der Firma Faßbinder. Mutter Marianne hatte neben ihrer Arbeit im Laden täglich bis zu drei Stubenwagen ganz nach den Wünschen der künftigen Eltern bezogen. Vorher hatte Oma Frieda die Wagen fein säuberlich mit Wachstuch ausgeschlagen. Die fertigen Wagen brachte Vater Rudolf dann seinen Kunden nach Hause. Der Familienbetrieb Faßbinder war ein eingespieltes Team. An dieser Beständigkeit änderte sich auch nach dem 1. April 1978 nichts, als mit Harro und seiner Frau Eveline die dritte Generation den Laden übernahm. Der Mechanikermeister hat bei der alteingesessenen Döbelner Firma Max Feiler das Feilen gelernt. Das Sortiment, den Service und die freundliche kompetente Bedienung behielten die Geschäftsleute bei. Mit der Wiedereinführung der Marktwirtschaft wurde das Warenangebot vielseitiger und man musste sich zu Entscheidungen durchringen. Faßbinders kauften 1991 das Nachbargrundstück und im Jahr darauf erfolgte ein kompletter Neubau. Heute nimmt der helle Verkaufsraum die gesamte Grundfläche des Hauses ein. Puppen, Teddys, Holzspielzeug, seit 1992 auch Modelleisenbahnen, nostalgisches Blechspielzeug und hochmoderne Videospiele erfreuen das Kinder- und Spielerherz. Geboten wird auch alles rund ums Baby. Nähmaschinen der Weltmarke Singer sowie Kinderfahrräder ergänzen das Angebot. Dafür, dass alles auch auf dem neuesten Stand der Technik erläutert und betreut werden kann, sorgt bereits die vierte Generation. Sohn Heiko ist selbstverständlich auch ein gelernter Mechaniker.

Frieda Faßbinder 1927

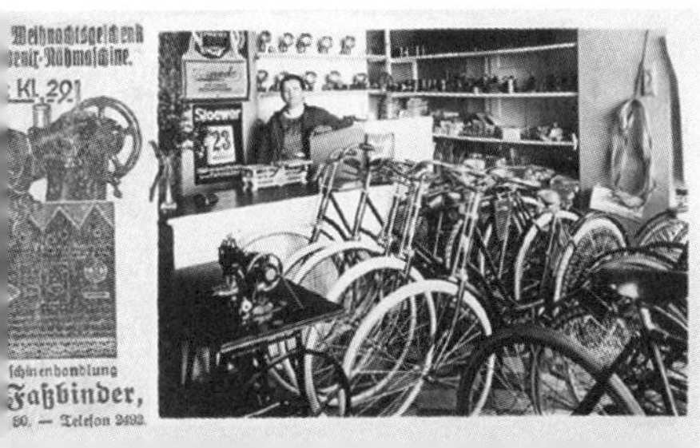

M. Pietsch

Döbeln · Bäckerstraße 1

Uhrmacher und Juwelier

Die sächsischen Ursprünge des Geschäfts in der Döbelner Bäckerstraße 1 liegen in Roßwein. Die Traditionslinie führt aber bis ins holländische Rotterdam. Dort betrieb der Uhrmacher Kuchenbuch ein Uhrengeschäft. Am 1. Oktober 1889 ließ er sich im aufblühenden Roßwein in der Döbelner Straße nieder. Er verkaufte und reparierte Chronometer. Auch Gold- und Silberwaren sowie Augengläser waren bei Kuchenbuchs zu haben. Das Geschäft übernahm später seine Tochter, Frau Lück. Ab 1943 führte den Betrieb die aus Berlin stammende Familie Büttke weiter. Nach dem Tod ihres Mannes leitete Frau Büttke die Firma bis 1963 und übergab sie an Manfred Pietsch, der mit ihrer Nichte verheiratet ist. Der Uhrmachermeister Manfred Pietsch führte gemeinsam mit seiner Frau Margarete, die Meisterin im gleichen Beruf ist, dann das Geschäft. Es gab keine abgegrenzten Wirkungsfelder, beide waren von Anfang an in der Werkstatt und im Verkauf tätig. Später spezialisierte sich Gretel doch mehr auf Verkauf und Buchhaltung. Ersatzteile beschaffte der Kommissionshändler in Leipzig und auch in Chemnitz, da von dort ein Großteil seiner Kunden stammte. Die Roßweiner gaben ihre Armbanduhren oder Wecker zur Reparatur und bummelten dann durch die Läden. Auf dem Rückweg konnten sie ihre in Stand gesetzte Uhr wieder mitnehmen. Die Werkstatt lief auf Hochtouren. Oftmals war Sonntagsarbeit angesagt. Selbst die problematischen „Tschaika"-Uhren aus der Sowjetunion wurden nicht zurückgewiesen. Die Anzahl der Reparaturaufträge, die zu DDR-Zeiten in einer Woche kam, verteilte sich nach der Wende auf ein Jahr. Die wirtschaftliche Entwicklung in Roßwein stellte die ansässigen Unternehmer vor harte Bewährungsproben. Pietschs betrieben ihren Laden bald nur noch „als Hobby", obwohl sie auch seit 1990 wieder Schmuck anboten, und es fast nichts gab, was sie nicht repariert hätten. Sohn Michael sah der weiteren Entwicklung in Roßwein skeptisch entgegen und schaute sich langfristig nach einem neuen Standort um. Michael stand schon als Kleinkind mit dem Kinderwagen im Laden. Als Knirps bekam er seine erste „Zwiebel" geschenkt und bastelte an alten Uhren herum. Für eine Berufsausbildung als Uhrmacher gab es jedoch keine Genehmigung. Damit stand auch eine spätere Geschäftsübernahme nicht an. Michael begann eine Ausbildung zum Technischen Zeichner. Einem Technologiestudium folgte eine Tätigkeit im Armaturenwerk. In all der Zeit konnte er seinen Kindheitswunsch nach einer Arbeit mit Uhren nie verdrängen. 1986 fasste Michael den Entschluss, sich an der Uhrmacherschule in Oelsnitz einer Uhrmacherlehre in einer Art Fernstudium zu unterziehen. Seine Ehefrau Elke, ebenfalls gelernte Technische Zeichnerin, arbeitet seit 1987 im Betrieb der Familie Pietsch. Das sensible Innenleben der Chronometer hatte Michael endgültig gepackt. Vater und Sohn gründeten 1994 eine GbR. Seit 1997 führt Michael Pietsch das Unternehmen allein. Eines seiner Meisterstücke, die er bislang reparieren durfte, war die im Rathaussaal in Leisnig fest in die vertäfelte Holzwand integrierte große Standuhr. Vater und Mutter Pietsch schlossen Ende November 1999 ihr Uhrenfachgeschäft in Roßwein für immer. Von echtem Ruhestand kann aber keine Rede sein, denn Manfred hilft schon mal bei Reparaturen. Auch Margarete zieht es immer wieder hinter den Ladentisch in Döbeln.

Richter

Mode für den Herrn

Döbeln · Obermarkt 5

Der Hutmachermeister Johann Wilhelm Richter aus Löbau gründete am 19. Oktober 1823 an der Ecke Oschatzer Straße/ Borngasse eine Hutmacherei. Schon bald kam die Herstellung von Filz und Filzwaren dazu. Die Söhne, Wilhelm Moritz Richter und Friedrich Hermann Richter, wechselten Mitte des Jahrhunderts in die Innenstadt und eröffneten zwei voneinander unabhängige Unternehmen. Das Geschäft von Friedrich Hermann Richter in der Bäckerstraße wurde dann von Gustav Richter und später von Hans Richter geführt. Es existierte noch bis 1971. Das Hutgeschäft am Obermarkt betrieb Wilhelm Moritz Richter von 1865 bis 1896. Auch sein Sohn, der Hutmachermeister Adolf Hermann Richter, fertigte ab 1897 in eigener Werkstatt noch selbst Hüte und Filzwaren an. Großvater Hermann überstand die Inflationszeit. Er führte das Unternehmen bis 1929. Mit ihm sind die richtigen Hutmacher in der Familientradition ausgestorben. Der Name „Hut-Richter" blieb bis heute erhalten. Erich, der das Privatunternehmen von 1930 bis 1972 leitete, war Kürschner. Er stellte Pelzmützen, Capes, Pelzkragen her und übernahm in den Sommermonaten die Pelzaufbewahrung für die Kunden. Bis Mitte der 30er Jahre fertigte Erich auch Schülermützen: Rote für die Realgymnasiasten, blaue für die Handelsschüler, braune für die Berufsschüler und die grünen für die Landwirtschaftsschüler. Zur Auswahl an Hüten, Mützen und Pelzwaren gesellten sich in den 60er Jahren Textilien wie Pullover, Hemden, Nachtwäsche, Unterwäsche, Krawatten und Strümpfe, denn von Hüten und Mützen allein konnte das Geschäft nicht leben. Pelze wurden meist nur noch als Kopfbedeckung angeboten. Die freundliche und geduldige Art des Meisters Erich Richter wurde von den Kunden sehr geschätzt. Das Geschäft wurde 1972 erweitert und modernisiert. Aus zwei Läden entstand ein größerer Verkaufsraum. Das eine Geschäft war ab 1947 von der in Leipzig ausgebombten Tante Charlotte Nerlich geführt worden. Sie bot dort bis 1971 Damenwäsche und Kindermoden an. Dann bekamen Richters die Auflage, ein großes Geschäft zu schaffen. Seit Juli 1972 wird der Betrieb von Frank Richter in fünfter Generation geführt. Nach einer Lehre bei der Firma Schwerdtfeger in Rosswein hatte es ihn zurück ins elterliche Geschäft gezogen. Gemeinsam mit seiner Frau Gitta machte er es mit einem immer reichlichen und qualitätsgerechten Angebot zu einem über die Kreisgrenzen hinaus bekannten Fachgeschäft. Das war nicht immer leicht. Als HO-Kommissionshändler bekam „Hut-Richter" etwa 20 Pullover für ein halbes Jahr zugeteilt. An die Schilder „Ausverkauft", „Nicht am Lager" oder „Noch nicht eingetroffen" kann sich der Inhaber noch lebhaft erinnern. Dafür hatten sie es bei der Inventur einfacher. Die Regale waren gegen Ende des Jahres oft wie ausgeräumt. Richters gestalteten 1993 die Fassade ihres Hauses neu und das Geschäft verwandelten sie in ein helles, größeres und übersichtlich eingerichtetes Modegeschäft. Im Sortiment findet man heute Trikotagen und Wäsche für den Herrn und natürlich noch immer – Hüte und Mützen. Bald hat mit Tochter Andrea die sechste Generation im Geschäft den Hut auf.

Außenansicht 1908

Emil Rossberg gegr. 1807

Döbeln · Breite Straße 4 Spirituosen – Weine – Tabak – Lotto

Hausansicht zu DDR-Zeiten

Am 7. April 1807 legte der Kaufmann Carl Benjamin Päßler in Döbeln den Grundstein für die Firma. Er hatte die Tochter seines Vorgängers Friedrich Sommer geheiratet und verkaufte nun Kolonialwaren und stellte Liköre in Eigenproduktion her. Carl Päßler begründete die Dampfdestillation in der Firma und führte den weithin bekannten "Eibenstöcker Bitterlikör" ein. Besonders im Erzgebirge war dieser Likör sehr beliebt. Mit Pferdewagen wurde er auch bis Altenburg transportiert. Nach Böhmen wurde er mit der Bahn geschickt. Zwei Goldmedaillen heimste das Produkt auf Ausstellungen in Plauen 1896 und Döbeln 1901 ein. Die Rezepturen wurden streng gehütet und an die Nachfolger weitergegeben. Sie sind bis heute überliefert. Der Sohn, Carl Robert Päßler, übernahm 1832 nach dem Tode des Vaters das Geschäft und kaufte ein Nachbarhaus dazu. Noch lief die Firma unter dem Namen Carl Benjamin Päßler. Nach dem Tode Carl Robert Päßlers ging der Betrieb am 7. April 1885 an den 23-jährigen Kaufmann und Destillateur Emil Rossberg über. Der neue Inhaber ließ den Firmennamen in Emil Rossberg ändern und die beiden Geschäftshäuser zur Jahrhundertwende zu einem Haus umbauen. Nach dem Ableben von Emil Rossberg übernahm dessen Sohn Emil Max Rossberg im Januar 1919 das Unternehmen. Max erweiterte die Produktion. Er stellte neben Likör auch Selterswasser her. Im Laden wurden weiterhin Kolonialwaren angeboten. Nach dem Tod von Max Rossberg 1942 führte die Witwe Bertha die Firma weiter. Unterstützung bekam sie durch ihren Sohn Emil Heinz Rossberg, der am 1. Juni 1956 der Inhaber des Geschäftes wurde. Die Firma Rossberg überstand Krieg und Nachkriegszeit relativ unbeschadet. Nur einmal wollten die russischen Besatzer mit Äxten das Tor einschlagen, um an die vermuteten edlen Tropfen zu kommen. Das alte Tor erwies sich jedoch als standhafter. Ansonsten sorgte der Kommandant dafür, dass es zu keinen weiteren Ausschreitungen kam. Nach dem Krieg begannen Rossbergs mit der Limonadenproduktion. Zwei Sorten kamen auf den Markt. Spirituosen durften noch destilliert werden. Eigene Produkte waren u.a. „Döbelner Silber" – ein bekannter Weißer, Deutscher Weinbrand, Kräuterlikör und Magenbitter. Rossbergs steigerten die Produktion von alkoholfreien Getränken, wie Selterswasser, Limo und Cola, auf 400 Kisten pro Tag. Alle Arbeitsgänge wurden mit der Hand verrichtet. Die Familie stand in den Sommermonaten oft am Wochenende an den Waschtrommeln, obwohl 15 Beschäftigte mit zur Hand gingen. Ständig waren zwei Lieferwagen unterwegs. In Rossbergs Firma konnte jeder alles, um im fliegenden Wechsel andere Tätigkeiten aufnehmen zu können. Emil Heinz wurde im Laden von seiner Frau Christa, geb. Damm, aus dem gegenüberliegenden Herrenbekleidungsgeschäft unterstützt. Am 27. Februar 1972 musste die Produktion von Spirituosen und alkoholfreien Getränken eingestellt werden. Das Geschäft durfte Emil Heinz bis 1974 noch führen, dann wurde ihm der Gewerbeschein entzogen, weil „Gewerberäume benötigt" wurden. Die HO bezog die Räumlichkeiten und verkaufte in Rossbergs Laden ebenfalls Spirituosen. Aber die Eichenholzregale durfte die HO nicht benutzen. Sie stellten eigene Regale vor den Originalen auf. Emil Heinz Rossberg starb 1980. In den Jahren 1986/87 wurde das Produktionsgebäude auf staatlichen Beschluss hin abgerissen. Sohn Emil Lutz Rossberg eröffnete Ostern 1990 die Türen zum Traditionsgeschäft der „Rossbergs" neu. Nicht nur außen erstrahlt das Haus in neuem Glanz und gewann beim Fassadenwettbewerb 1998. Im Verkaufsraum verleihen die dunklen edlen Eichenholzregale den erlesenen Weinen, ausgewählten Spirituosen und Tabakwaren ein ganz besonderes Flair.

Hausansicht 1885

Fa. Karl Schmiedel

Döbeln · Klosterstraße 4 **Inh. Renate König**

Der Händler Karl Schmiedel eröffnete 1880 in der Klosterstraße 4 sein Geschäft. Der kleine Laden hat seither Standort und Zuschnitt, mit Ausnahme einer räumlichen Vergrößerung im Jahre 1931, beibehalten. Unverändert im Kern blieb auch das Sortiment. Obst, Gemüse, Fisch und Lebensmittel zeichneten sich stets durch ihre Frische aus. Anfangs wurde das Obst auf gepachteten Flächen, meist auch an Straßenrändern, geerntet und mit dem Pferdewagen von den Plantagen geholt. Gemüse kam von den Bauernhöfen. Neben dem Geschäft betrieb Karl einige Marktstände und lieferte Gemüse und Frischobst an Märkte in mehreren Städten. Obstweine waren immer zu haben. Das Geschäft wurde von Karl an seinen Sohn Otto und dessen Frau Minna weitergegeben. Minna war einst Köchin im Döbelner Ratskeller. In den 30er Jahren wurde ein Auto angeschafft und der allwöchentliche Weg in die Dresdner Großmarkthallen war nicht mehr so beschwerlich. Dann kam der Krieg. Vater Otto und Sohn Karl mussten 1939 einrücken. Otto Schmiedel fiel 1941 und sein Sohn kehrte nach Kriegsende heim. Minna verkaufte im Laden, was das karge Angebot so hergab: Saure Gurken, Sauerkraut, Salzheringe, Bratheringe, grüne Heringe, Äpfel, Nüsse, Kartoffeln, Rüben ... und Karl fuhr zu den Sammelstellen und kaufte "freie Spitzen" auf. In Großbauchlitz hatte er einen sogenannten "Lagerkeller". Die Ernte wurde im Herbst meist noch etwas unreif eingelagert. Über den Winter reifte sie und im Frühjahr konnten gut "gelüftete" Kartoffeln oder Äpfel verkauft werden. Um die Weihnachtszeit gab es Tannenbäume und Tannengrün sowie ofenfrisches Gebäck aus Dresden. Karl übernahm mit seiner Dora 1949 das Geschäft. Im gleichen Jahr kam ihre Tochter Renate aus der Schule und lernte Verkäuferin. Das Markenkleben in den Anfangsjahren behagte ihr nie so richtig. Renate qualifizierte sich 1970 zur Verkaufsstellenleiterin und übernahm ein Jahr später, nach dem Tod ihres Vaters, die Verkaufsstelle und führte sie als Kommissionsgeschäft der HO. Konnte sie in den ersten Jahren noch ihr Mann Heinrich König unterstützen, so stand sie später einige Jahre allein hinter Ladentisch und Kasse oder vor dem Haus. Renate König ist es auch zu verdanken, dass der kleine Laden über alle Klippen der Wendezeit sicher geführt wurde. Heute steht sie nicht mehr allein. Sie kann sich auf ihre Tochter Sabine verlassen. Wer bei seinem täglich Brot auf die Prädikate „Sauer", „Salzig", „Hausgemacht" oder „Frisch" steht, der sollte unbedingt in die Klosterstraße 4 hineinschauen. Ein uriger Laden mit freundlicher und aufgeschlossener Bedienung. Hier ist jeden Tag was los, und wenn die Kunden nur schnell zum „Guten-Tag-Sagen" den Kopf zur Türe ins kleine Gewölbe hereinstecken.

Marktstand in den 20er Jahren

Uhren Schulze

Döbeln · St.-Georgen-Straße 10

Kinowerbung Mitte der 50er Jahre

In der St.-Georgen-Straße 10 befindet sich das modernisierte Haus von Liselotte Schulze, das ihr Uhrengeschäft mit Reparaturannahme aller Fabrikate, von antik bis modern, beherbergt. Ihr Mann, der Uhrenmechanikermeister Gerhard Schulze, hatte das Haus von einem Schuhmacher gekauft und zum Jahreswechsel 1937/38 den Laden und die kleine Werkstatt eröffnet. Von August 1939 bis 1945 musste Gerhard seinen Wehrdienst leisten und Werkstatt sowie Laden blieben geschlossen. Nach dem Krieg stellte der sowjetische Stadtkommandant Gerhard Schulze eine Bescheinigung aus, dass dieser Ersatzteile einkaufen durfte. In jener Zeit wurde Gerhard von seiner Frau Liselotte, einer Verkäuferin aus Schlesien, sehr unterstützt. Liselotte verkaufte und Gerhard kümmerte sich hauptsächlich um die Werkstatt und die Ausbildung der Lehrlinge. Obwohl die Zeit im Uhrengeschäft nie ausreichte, gab es beim Meister kein „Nein", auch nicht fünf Minuten vor sechs. Er war immer für seine Kunden da. Auch für seine Berufskollegen setzte er sich tatkräftig ein. Von 1948 bis zu seinem Tod war Gerhard Schulze Obermeister der Uhrmacherinnung vom Kreis Döbeln. Gerhard war parteilos und führte sein Geschäft immer privat, und das zum Ärger der Verwaltungen. Am liebsten hätten sie alle „Privaten" im Kreis Döbeln zu Produktionsgenossenschaften zusammengeschlossen. So wurde der Obermeister mitunter direkt bedrängt. Sein privater Status war eine Art Symbol für die Uhrmacher. Seine Kollegen im Kreis raunten hinter vorgehaltener Hand: „Wenn der Meister fällt, dann fallen wir auch." Der Meister fiel nicht. Er saß zwar 1959 fast auf gepackten Koffern und wusste nicht, holt ihn die Staatssicherheit oder soll er nach dem Westen gehen. Dann ein erlösender Anruf vom Bürgermeister: „Die Aktion ist abgebrochen!" Aus und vorbei! Die Angst blieb aber lange ein heimlicher Begleiter der Familie Schulze. Gesundheitlich haben Gerhard diese Jahre sehr zugesetzt. Sonst ging der Alltag im Uhrengeschäft weiter. Gerhard holte die Waren mit seinem Trabi-Kombi aus Leipzig manchmal körbeweise. Das Sortiment beschränkte sich nicht mehr nur auf Uhren, dazu gab es zu wenige. Schulzes verkauften auch Schmuck und Kunstgewerbegegenstände, Kristall und Porzellanteile. Ein gutes Geschäft war der Verkauf der ersten Quarzuhren aus Glashütte zu einem stolzen Preis von 500 Mark. Insgesamt überwogen doch die Reparaturen. Liselotte dekorierte von Anfang an jedes Schaufenster selbst und lässt sich bis heute diese Arbeit und dieses Vergnügen nicht nehmen. Seit 1984 kann sich Gerhard an den schönen Anblicken nicht mehr erfreuen. Liselotte führt das Geschäft seither in alleiniger Regie. Ohne den Meister war es eine schwere Zeit. Bis 1997 blieb die kleine Werkstatt ungenutzt. Jetzt ist wieder ein Meister im Haus. Der Enkelsohn, Riko Raudzus, trat in die „Fußstapfen" seines Großvaters. Er absolvierte eine Lehre als Uhrmacher und legte 1997 seine Meisterprüfung ab. Damit bleibt das Geschäft weiterhin in Familienbesitz und die Kunden können auch künftig ihren Weg zu „Uhren Schulze" gehen.

Auto Seyffarth KG

Döbeln · Daniel-Wilhelm-Beck-Straße 4

Opel-Vertragshändler

Mit dem Vertrag vom 12. September 1932 zwischen dem Opel-Großhändler Automobilhaus Louis Glück, Dresden und Otto Mückenberger, Döbeln, Greinerstraße 2, hielt der erste Opel-Vertragshändler in Döbeln Einzug. Otto Mückenberger handelte zudem mit Reifen, sämtlichem Zubehör, Ölen, Kraftstoffen sowie Ersatzteilen. Für den Opel-Blitz wurden Spezialreparaturen gewährleistet. Im Interesse der Absatzsicherung hatte der Unternehmer auch Einrichtungen für den Kundendienst zu schaffen. In der Werkstatt wurde alles, was Räder hatte, repariert. Im Jahre 1944 übernahm Walter Seyffarth das Unternehmen. Die Firma „Autovertrieb und Reparaturwerkstatt Walter Seyffarth" war geboren. Sohn Johannes war für den Kundendienst verantwortlich. Die Größe der Werkstatt betrug 280 qm und das Lager war 96 qm groß. Mit Meistern, Gehilfen, kaufmännischen Angestellten und Lehrlingen umfasste der Betrieb insgesamt 14 „tätige Personen".
Nach dem Krieg war ein Neustart nur schwer möglich. Groß war daher die Freude, als Seyffarths nach langer Korrespondenz mit dem Autohaus Louis Glück „die Wahrnehmung der Interessen der Adam Opel A.-G. für den Platz Döbeln und Umgebung" erhielten. Ab dem 1. April 1948 waren sie als autorisierter Opel-Standard-Händler eingesetzt. Die Freude war nur von kurzer Dauer. Nach der Teilung Deutschlands, zunächst in zwei unterschiedliche Währungsgebiete, sowie der endgültigen politischen Teilung des Landes 1949, traten die Schwierigkeiten im deutsch-deutschen Wirtschaftsleben immer offener zutage. Anfängliche Lieferprobleme weiteten sich zum Wegbleiben von vereinbarten Lieferungen aus. Gespräche zur Klärung der Situation wurden zwischen dem ostdeutschen Opel-Vertragshändler und der Adam Opel AG in Rüsselsheim geführt. Auch das Abkommen über den Interzonenhandel brachte keine Linderung der Probleme zwischen den beiden Währungsgebieten. Westmarkbeträge wurden im Osten nicht für den Kauf von Pkw oder Lkw freigegeben. Die Lieferungen von Fahrzeugen und Ersatzteilen kamen schließlich ganz zum Erliegen. Für die nächsten Jahre hieß es improvisieren. Auto Seyffarth wurde 1958 Vertragswerkstatt für Barkas und später für die Typen F9 und Wartburg. Im Jahre 1961 stellte Sohn Johannes Seyffarth den Antrag zur Übernahme des Betriebs. Das Gewerbe „Zur Unterhaltung des Kraftfahrzeughandwerksbetriebs sowie Ankauf von Kfz-Wracks und nicht einsatzfähigen Kraftfahrzeugen und Verkauf von instandgesetzten und verkehrspolizeilich einsatzfähigen Kraftfahrzeugen in Döbeln, Eichbergstr. 2" wurde ab 1. Januar 1962, gegen Zahlung einer Gebühr von 75 Mark, erteilt. Johannes konnte sämtliche Verstaatlichungswellen heil überstehen und auch in schwierigen Zeiten den Autofahrern den zuverlässigen Service eines Privatbetriebes bieten. Sie waren im Wirtschaftskreislauf unentbehrlich geworden. Seit 1989 führt Sohn Jens Seyffarth den Familienbetrieb. Auto Seyffarth wurde am 1. Oktober 1990 wieder Opel-Vertragshändler. Damals waren es noch 10 Mitarbeiter und heute hat die Firma 26 Angestellte. Anfang 1994 wurde im Gewerbegebiet Döbeln-Ost das neue Firmengelände eingeweiht. In einem insgesamt 7.400 qm großen Autohaus-Neubau wird moderner Service rund ums Auto geboten.

Foto Kühnemann, Karl-Heinz Kühnemann Ende der 20er Jahre (S. 140)

Gustav Wagner

Döbeln · Obermarkt 10

Inh. Thomas Wagner

Samenzucht Gustav Wagner, ca. 1930

Der Urspung der Firma Gustav Wagner führt in den Samenhändlerort Gönningen, die Wiege eines großen Teils der bedeutenden Samenhandlungen Deutschlands, Österreichs und der Schweiz. Etwa 130 meist arme Familien verdienten sich mit dem Samenhandel ihren kargen Lebensunterhalt. Hier betrieben auch Johann Georg Wagner (1784 bis 1830) und Sohn Martin Wagner (1817 bis 1894) einen Handel mit Saatgut, der sie über die Tschechei, Ungarn und Bulgarien bis nach Russland führte. Wagners organisierten ihren Handel vom Hotel aus. Von dort zogen sie übers Land und unterbreiteten ihre Angebote. Die Aufträge wurden gesammelt, verschickt und in der Heimat bearbeitet. Martins Sohn, Gustav Wagner, gründete 1870 in Gönningen die nach ihm benannte Firma und belieferte vornehmlich den mitteldeutschen Raum mit Gemüse- und Blumensamen sowie landwirtschaftlichen Saaten. Dessen Sohn Reinhold Wagner besuchte ebenfalls die Kundschaft in Sachsen und kam dabei nach Döbeln. Das Klima im Dresdener Raum, das sich günstig auf eine optimale Vermehrung der Samen auswirkte, faszinierte ihn. Nach dem Tod seines Vaters und seiner Hochzeit mit Bertha Fetzer verlegte er 1907 die Firma von Gönningen nach Döbeln. Wagners gelang es, die Firma innerhalb weniger Jahrzehnte zu einem Unternehmen aufzubauen, das für Dresden, Chemnitz und Leipzig maßgebend wurde. Reinhold Wagner war von Mai bis Oktober unterwegs. Seine Frau Bertha führte den Laden und das nicht nur pro forma, sie hatte auch Prokura. Während er im Ersten Weltkrieg war, kaufte sie in Döbeln das Grundstück am Obermarkt 10. Das Gebäude wurde zu einem modernen Geschäfts- und Wohnhaus mit Büro und Lagerräumen ausgebaut. Im

Gustav Wagner

Inh. Thomas Wagner

Döbeln · Obermarkt 10

Ersten Weltkrieg musste das Unternehmen Döbeln und Umgebung mit Saatgut versorgen. Die folgenden Jahre brachten einen enormen geschäftlichen Aufschwung. Büro sowie Versand- und Lagerräume wurden mehrmals vergrößert. Entscheidend für die weitere Arbeit der Firma war 1933 die Errichtung einer Versuchsgärtnerei in der Bismarckstraße und der Zuchtwirtschaft Zschackwitz 1938. Das Saatgut wurde vor der Auslieferung einer Qualitätsprüfung unterzogen. Außerdem wurden die lokalen Dresdener Gurken-, Kohlrabi-, Rettich-, Salat-, Sellerie- und Zwiebelsorten

Lager um 1915

in eigener Zucht übernommen. Eine der patentgeschützten Sorten war die 1937 als Neuheit gepriesene Treibhausgurke Disease Resister Guwa-Stammzucht mit dem geschützten Wagnerschen Gemüsemännlein. In den Versuchs- und Zuchtabteilungen ging es zu, wie in den besten Apotheken. Genauigkeit, Sauberkeit und Ordnung waren beim Wiegen, Messen und Verpacken in Tütchen gefragt. Petunien wurden von Hand mit dem Pinsel bestäubt. 30 Mitarbeiter sorgten sich um Qualität und Güte in der Firma. Die beiden Söhne, Horst und Werner, traten nach ihrer entsprechenden Ausbildung im In- und Ausland 1939 sowie 1942 als Mitinhaber in den Familienbetrieb ein.

Während die Juniorchefs in den Krieg zogen, hatte die Firma Wagner abermals die Aufgabe, die Saatgutversorgung der Region zu sichern. Wagners litten im Nachkriegsdeutschland nicht unter Lebensmittelnot. Die Bauern benötigten Sämereien und dafür waren sie bereit, Mehl, Brot, Wurst und Fleisch abzugeben. Nur die Transportmittel fehlten Wagners. Die Russen hatten an einem Tag sechs Autos beschlagnahmt. Auch nach dem Krieg trug der Betrieb unter erschwerten Bedingungen zur Saatgutversorgung bei. Um den zahlreichen neu gegründeten Produktionsgenossenschaften auf dem Land den Bezug von Saat zu ermöglichen, nahm die Firma Gustav Wagner 1961 staatliche Beteiligung auf. Vater Werner Wagner starb 1962 und Mutter Gudrun führte das Unternehmen allein weiter. 1972 folgte die völlige Verstaatlichung. Von den mühevoll und langwierig entwickelten Zuchten blieb nichts übrig. Sohn Thomas sah keine Chance, den Familienbetrieb jemals zu übernehmen und studierte Kraftfahrzeugtechnik. Nach der Wende war für ihn die Möglichkeit dann doch gekommen. Seit 1990 steht er an der Spitze des Familienunternehmens. Viel Mut und gute Mitarbeiter halfen beim Start. Heute floriert der Handel mit aufgekauftem Saatgut, Zwiebeln, Pflanzen, Stauden, Blumen, Düngemitteln und Gartenbedarfsartikeln. Ehefrau Gabriele leitet im Geschäft die Abteilung Topfpflanzen, Kunstblumen, Schnittblumen, Dekorationen und Accessoires.

Lieferfahrzeug um 1915

Mützen-Friedrich

Eilenburg · Leipziger Straße 54

Inh. Axel Müller

Leipziger Straße in Eilenburg Anfang der 30er Jahre

Der Hutmacher Gustav Friedrich kaufte das Fachwerkhaus in der Leipziger Straße 3, das "Schmale Handtuch", und begann am 1. September 1893 mit Hüten und Mützen zu handeln. Das "Handtuch" hatte vor ca. 400 Jahren ein Förster erbaut, der von der Spitze des Hauses sein Revier in der Muldenaue übersehen konnte. Der Spruch: "Zum Handtuch wird das Haus genannt. In Stadt und Land ist es bekannt.", traf bald auch auf die Firma Mützen-Friedrich zu. Sie bot Herrenhüte in Velour, Haar- und Wollfilz, Klapp- und Zylinderhüte sowie Mützen aller Art. Pelzsachen fertigte Gustav neu oder arbeitete sie um. Uniformen, Militär-Effekten und "Schülermützen eigenes Fabrikat" waren ebenfalls sehr gefragt. Zur Weiterverarbeitung kaufte Gustav Friedrich Fuchs-, Marder-, Iltis-, Katzen-, Hasen- und Kanin-Felle auf. Mit der fortschreitenden Industrialisierung der Hutfabrikation konzentrierte sich Gustav auf den Handel und erledigte nur noch Spezialanfertigungen, wie Bergmanns- oder Clownshüte. Sein Sohn Ernst erlernte das Mützenmacher- und Kürschnerhandwerk und fertigte auch Kopfbedeckungen und Kragen sowie Stulpen für Mäntel und Uniformen. In der Garnisonsstadt ging das Geschäft mit Uniformmützen, Schützenschnuren, Epauletten, Orden und Dolchen gut. Gustav und seine vier Töchter kümmerten sich um den Laden, während Ernst dem Handwerk nachging. Auch nachdem Ernst 1936 das Geschäft übernommen hatte, arbeitete er vorwiegend in der Werkstatt und seine Frau Wally sorgte sich um Laden und Buchhaltung. Wally musste dann bis 1945 den Handel allein führen. Die Männer waren im Krieg. In den letzten Kriegstagen fiel das größtenteils aus Holz erbaute Gebäude amerikanischen Phosphor-Granaten zum Opfer. Die zugewiesene Wohnung in der Rinckartstraße war sehr klein und Ernst musste im Wohnzimmer arbeiten. Aufträge kamen fast nur von sowjetischen Offi-

Mützen-Friedrich

Inh. Axel Müller

Eilenburg · Leipziger Straße 54

zieren und sicherten der Familie das Überleben, denn jede gefertigte Mütze – getragene wurden meist gewendet – wurde in Naturalien bezahlt. Georg lernte bei seinen Eltern „Huterer" und machte den Kaufmannsgesellenbrief. Friedrichs gingen 1958 in den Laden in der Muldenstraße 8/9. Die Leute gaben sich in dem rein privat geführten Spezialgeschäft die Klinke in die Hand. Das störte die staatlichen Stellen kaum. Mit „Kleinkram" wollte niemand so richtig handeln. Im Konsum sagte man: „In der Zeit, wo sie einen Hut für 20 Mark verkaufen, machen wir ein Geschäft von 200 Mark!" Im Jahre 1966 übernahm Georg Friedrich den väterlichen Betrieb. Friedrichs nutzten die Lücken des staatlichen Handels und bauten sich ein riesiges Warenlager auf. „Mützen-Friedrich" war DDR-weit bekannt. Besonders die 70er und 80er Jahre waren für Georg und seine Frau Käte arbeitsreiche und handelsintensive Jahre. Schapkas brachten mit ca. 75 Mark pro Stück einen riesigen Umsatz. Über Jahrzehnte waren die „Prinz-Heinrich-Mützen" der Verkaufsschlager. Im Laden hießen sie „Schmidt-Mütze", auch „Helmut-Mütze", „Bundeskanzler-Mütze" oder einfach „die Mütze, die der da trägt". Den karierten Hut vom Fußballtrainer Schlappner, den "Schlappi", musste ebenfalls jeder haben. Ende der 80er Jahre übergab Georg sein Geschäft an Axel und Marina Müller. Seit 1989 führen sie das Geschäft in alter Huterer-Art weiter.

Der Diplom-Wirtschaftler und Textil-Ingenieur Axel Müller entstammt der Eilenburger Unternehmerfamilie "Seifen-Müller". 1835 hatte Carl-Gottlob Müller in der Leipziger/Ecke Wallstraße eine Seifenfabrik errichtet, die Kern- und Feinseifen, Rasierseifen und später auch das Waschpulver "Sorbil" herstellte. Im Ladengeschäft wurden Seifen, Parfüme, Waschmittel und Kolonialwaren verkauft. 1957 begann die Umstellung der Firma Carl Müller auf einen Wäschereibetrieb. Dieser wurde 1964 um eine chemische Reinigung erweitert und im Jahre 1972 verstaatlicht. Axel Müller, Vertreter der sechsten Generation, arbeitete bis 1989 als Direktor dieses VEB Textilreinigung Eilenburg. Auf dem Areal des alten Müllerschen Betriebes entstand mit "Müller's Eck am Leipziger Tor" der erste moderne Wohn- und Geschäftskomplex in Eilenburg nach der Wende. Die Firma "Mützen-Friedrich" erhielt ein neues Domizil, in dem sich auch Ehefrau Marina um das reichhaltige Angebot an Mützen, Hüten, Gürteln, Handschuhen, Regenschirmen und Spazierstöcken kümmert. Die Eilenburger bleiben weiterhin gut „behütet".

Das „Schmale Handtuch", 1919

Drogerie & Parfümerie Klemm

Eilenburg · Bergstraße 7 **Inh. Steffen Graichen**

Carl Klemm stammte aus einer Zinngießerfamilie in Waldenburg. Auf der Suche nach einer Existenzmöglichkeit kam er auch nach Eilenburg. Hier sah Carl die Chance, sich mit einer Drogerie eine Zukunft aufbauen zu können. Er machte seinen Drogisten und eröffnete am 1. September 1887 in der Bergstraße 7 sein Geschäft. Die kleine Drogerie lief gut an. Carl füllte Selterswasser ab und bereitete Wein auf. Pepsinwein wurde gern gekauft.

Bekannt wurde die Drogerie wegen ihrer Kräuter und Tees. "Sächsischer Kamillentee" wurde nach ganz Deutschland geliefert. Die Kräuter bekamen Klemms von den Bauern gebracht. Kamille galt als Unkraut und sie waren froh, dafür auch noch ein paar Pfennige zu bekommen. Die frische Kamille musste schonend getrocknet werden und Klemms mieteten dafür noch einen großen Boden an.

Mittlerweile arbeitete auch Sohn Max im Familienbetrieb. Während des Ersten Weltkrieges stellten Carl und seine Frau Anna auch Pudding- und Backpulver selbst her. Sechs Jahre lang fungierten Klemms als Großhändler auf diesem Gebiet. Damit war es erst vorbei, als die Firma Oetker nach dem Krieg wieder lieferfähig war. Im Jahre 1920 heiratete Max die Bäckersfrau Johanna Vogtländer. Die jungen Leute brachten viele Ideen in das Unternehmen ein. Der eher konservative Carl blieb auch skeptisch, als Max, als erster Geschäftsmann in Eilenburg, mit der Fotografie begann. Er beschaffte sich Plattenapparate und richtete sich eine Dunkelkammer ein. Anfang der 30er Jahre übernahm Max die Drogerie und baute das Fotogeschäft weiter aus. Fotoapparate und kleine Filmprojektoren wurden verkauft. Zum Verkaufsschlager avancierte eine sogenannte „Box" zur Filmvorführung, die für vier Reichsmark oder auch für vier Sammelmarken zu haben war. Klemms boten der modernen Frau Kosmetik und Parfüm. Die Serien „4711" und „Tosca" führte die Drogerie Klemm in Eilenburg ein. Bis zum Zweiten Weltkrieg liefen Fotogeschäft sowie Verkauf und Versand von Kamillentee sehr gut. Dann wurde Max dienstverpflichtet. Tochter Christa besuchte noch bis 1944 die Drogistenschule. In ihrer knappen Freizeit half sie der Mutter im Laden. Im April 1945 geriet Eilenburg unter starken amerikanischen Beschuss. Das Haus in der Bergstraße 7 erhielt sieben Treffer. Klemms rahmten alle Bilder aus, damit Glas für die zerbrochenen Fensterscheiben zur Verfügung stand. Nach der Einnahme der Stadt wurde das Geschäft geplündert und die gesamte Fotoeinrichtung mitgenommen. Im Jahre 1948 heiratete Christa den Taxiunternehmer Erich Graichen. Im Laden stand Christa an der Seite ihrer Mutter Johanna. Vater Max starb 1953 und die Frauen führten das Geschäft weiter. Christa leitete die Drogerie als Kommissionsgeschäft der HO bis 1990.

Zwei Monate vor der Währungsunion übernahm Sohn Steffen Graichen die Geschäftsführung. Der Diplom-Ingenieur ging mit seiner Frau Karin sofort an die Erweiterung des Geschäfts. Im Jahre 1995 öffneten Graichens in der Stadtmitte, in der Leipziger Straße, eine Filiale. Dort werden speziell Parfümerieartikel angeboten. Die Drogerie am Berg blieb eine Fachdrogerie. Neben dem klassischen Angebot, wie Tee – auch Kamillentee – findet der Kunde hier noch Salzsäure und ähnliche, heute nicht so gebräuchliche Artikel.

Max Rainer Klepel

Zu Beginn des 20. Jahrhunderts legte Ernst Klepel mit seinem Obsthandel den Grundstein für das heutige Gemüse- und Lebensmittelgeschäft in der Leipziger Straße 12. Er hatte das Straßenobst auf allen, in westlicher Richtung von Eilenburg verlaufenden, Straßen gepachtet. Von der Ferdinandstraße 1 aus bewirtschaftete er dieses Pachtland mit seinem Pferdegespann. Sein Sohn Karl führte die Geschäfte während des Ersten Weltkrieges. Der Zimmermann zog einen Obst- und Kartoffelgroßhandel auf. Frischobst und Einkellerungskartoffeln kaufte er bei Bauern und lieferte an die Großmarkthalle in Leipzig sowie an Großküchen in Eilenburg und im Umland. Ab Anfang der 30er Jahre arbeitete auch sein Sohn Max Klepel, ebenfalls gelernter Zimmermann, mit im Familienbetrieb. Am 1. April 1933 eröffneten Klepels in der Ferdinandstraße einen kleinen Laden. Außer Obst und Kartoffeln wurden in bescheidenem Maße Lebensmittel angeboten. Max musste in den Krieg ziehen und kurz vor Kriegsende fiel Klepels Haus amerikanischen Granaten zum Opfer. Der Verkauf wurde zeitweilig in einer Holzbaracke organisiert. Die erste Tageseinnahme betrug 11,50 Reichsmark bei Preisen von 15 Pfennig pro Bund Möhren oder 10 Pfennig für einen Kohlrabi. Karl kaufte 1950 in der Leipziger Straße 12 ein Grundstück und baute darauf ein Wohn- und Geschäftshaus. Im neuen Laden wurden ebenfalls Obst und Gemüse verkauft. Max schaffte mit seinem Opel Blitz kistenweise frische Ware heran. Im Frühjahr wurden von den ersten Radieschen 100 Kisten pro Tag verkauft, 50 Kisten Spinat an einem Tag waren keine Seltenheit. Die Leute schleppten Netze, vollgestopft mit grünen Blättern, nach Hause. Im Laden in der Ferdinandstraße verkaufte Hilda Wolf, die Schwester von Max, wie gewohnt Lebensmittel, Obst, Gemüse und Kartoffeln, bis das Geschäft Ende 1973 geschlossen und die Räumlichkeiten anderweitig vermietet wurden. 1979 verstarb Max Klepel, der bis zuletzt seiner Händler- und Obstbauerntätigkeit „aus Leib und Seele" nachging. Sein Sohn, Max Rainer Klepel, hatte Kaufmann gelernt und im elterlichen Betrieb nach Feierabend ausgeholfen. Mit seiner Frau Irene schuf er sich während der 70er Jahre eine eigene Existenz. Die jungen Klepels bauten Obst und Gemüse auf Intensivanlagen an und verkauften es. Auf dem Eilenburger Markt waren Klepels seit 1970 ständig mit einem Stand präsent. Max Rainer übernahm 1976 als Vertreter der vierten Generation das Geschäft in der Leipziger Straße 12. Jetzt konnte die Verkäuferin Irene hinter einer richtigen Ladentheke stehen. Heute bieten Klepels vor allem frisches Obst und Gemüse sowie Lebensmittel und Getränke an. Max verkauft auch, wie sein Vater und Großvater, Weihnachtsbäume aus eigenem Anbau. Max funktionierte 1992 seine Plantagen und Anbauflächen um, und begann Weihnachtsbäume im großen Stil anzubauen. Heute ist er der größte Anbieter von Nadelhölzern als Topfpflanzen in Eilenburg. Seine Bäume setzt er über den Großmarkt in Radefeld ab. Frischobst und Gemüse vertreibt er weiterhin über Stände auf allen größeren Märkten in der Umgebung.

Ernst Klepel in den 20er Jahren

Konsumgenossenschaft Sachsen Nord eG

Eilenburg · Wurzener Landstraße 2

Sitz des Konsumvereins Mitte der 30er Jahre in der Leipziger Straße

In Eilenburg wurde am 12. Juli 1850 die erste deutsche Konsumgenossenschaft gegründet. Sie nannte sich „Lebensmittel-Association" und hatte 293 Mitglieder. August Fritsche, Friedrich Vogel und Friedrich Wagner hatten die „Lebensmittel-Association" zwecks Beschaffung "wohlfeiler Lebensmittel" ins Leben gerufen. Angeboten wurden fast alle Artikel des Lebensmittelhandels. Anfangs durfte der Verein auch Branntwein an seine Mitglieder abgeben. Neben Lebensmitteln wurden bald Kolonialwaren und Gewürze, nebst Tabak und Brennöl geführt und auch an Nicht-Mitglieder verkauft. Der Verein hatte bei den Großhändlern einen dreimonatigen Kredit und handelte seine Artikel mit nur 8 %igem Aufschlag billiger als der Kleinhändler mit etwa 20-30 %. Der durchschnittliche Monatsumsatz soll um die 1.000 Taler betragen haben. Der Groll der Einzelhändler gegenüber der Association wuchs schnell. Bald forderten sie eine Beschränkung der Tätigkeit des Vereins. Die Forderungen wurden abgelehnt, da der Magistrat auch an einer Verbesserung der Lebenslage der ärmsten Schichten interessiert war. Der Mitgliederzuwachs stagnierte und Gegensätze zwischen Mitgliedern und Vorstand führten zur Auflösung der Association 1853. Am 5. März 1898 öffnete die Konsumgesellschaft eine neue Verkaufsstelle in der Breite Straße. Bis eine eigene Bäckerei in Betrieb genommen wurde, lieferte die Plagwitzer Konsumgenossenschaft Brot und Semmeln. Die Konsumgenossenschaft festigte sich schnell und

Konsumgenossenschaft Sachsen Nord eG

Eilenburg · Wurzener Landstraße 2

konnte trotz Inflation und Wirtschaftskrise bis 1933 zahlreiche Grundstücke erwerben. Es entstanden acht Lebensmittelverkaufsstellen, eine für Textil- und eine für Fleischwaren sowie acht Wohnungen. Die Nationalsozialisten machten die genossenschaftliche Tätigkeit unmöglich. Die Konsumgenossenschaft wurde dem Versorgungsring Leipzig angeschlossen. Durch den amerikanischen Beschuss der Stadt wurden Läden und Lagerräume fast vollständig vernichtet. Am 20. November 1945 wurde in der Gaststätte "Zur Linde" die Eilenburger Konsumgenossenschaft praktisch zum dritten Mal gegründet. Der generelle Erlass durch die SMAD erfolgte erst am 18. Dezember 1945. Nur vier Verkaufsstellen standen für einen Neustart zur Verfügung. Die Bäckerei konnte ihre Produktion erst 1948 wieder aufnehmen. Erneut half die Genossenschaft Leipzig-Plagwitz. Nach und nach öffneten in Kospa, Mörtitz, Battaune, Pachwitz und Wöllnau sowie in Eilenburg mehrere Läden. Bis zur Einrichtung von Verkaufsstellen und Gaststätten der HO 1948 war der Konsum wichtigster Versorgungsträger. In vielen Gemeinden entstanden in Gemeinschaftsarbeit mit Kommunen, LPG oder Betrieben viele neue Geschäfte. Diese betrachteten die Leute als „ihren" Konsum, „ihren" Laden, denn dort spielte sich ein wesentlicher Teil des dörflichen Lebens ab. Der meist kleine Laden befand sich eigentlich immer nebenan und hielt die „Waren des täglichen Bedarfs" überschaubar bereit. Ab 1975 war der Konsum in fast allen Ortschaften der Umgegend mit Verkaufsstellen vertreten. Die Eilenburger Konsumgenossenschaft verfügte über 1 Bäckerei, 3 Konditoreibetriebe, 1 Fleischerei mit Aspikabteilung, 1 Eisproduktion, 34 Verkaufsstellen des täglichen Bedarfs, 20 Industriewarenverkaufsstellen und 36 Gaststätten sowie 50 Kommissionshandelspartner. Der Konsum hatte bis zum Ende der DDR die Nahversorgung der Bevölkerung mit „Nahrungs- und Genussmitteln" sowie mit Industriewaren zu sichern.

Im vereinten Deutschland unternahm der Konsum enorme Anstrengungen, um seinen Platz in der Marktwirtschaft zu finden und zu sichern. Der einfache „Dorfkonsum" mit vielen kleinen unrentablen Verkaufsstellen stand vor erheblichen Problemen. Seit 1991 wurden über 55 Lebensmittelmärkte erweitert, modernisiert und neu ausgestattet. Eine straffe Einkaufsorganisation und eine schnelle Rückbesinnung auf heimische Produkte zahlten sich aus. Im Jahre 1998 kehrte die Konsumgenossenschaft Sachsen Nord mit einem neuen Lebensmittel-Markt an ihren Gründungsort in Eilenburg zurück.

Radestock Schuhhaus, Ende der 30er Jahre (S. 168)

Radestock Schuhhaus

Eilenburg · Torgauer Straße 50

Kurt Radestock kam aus Finsterwalde und gründete 1928 am Eilenburger Markt sein Schuhgeschäft. Im Jahre 1936 erwarb Kurt das 1584 erbaute Haus in der Torgauer Straße 50. Das Haus beherbergte ehemals einen Kolonialwarenladen und diente als Ausspanne. Daraus machte Kurt Radestock ein gut gehendes Schuhgeschäft. Radestocks gehörten zu den wenigen Geschäften, die über ein modernes Röntgengerät, das „PEDOSCOP", verfügten. Die Käufer konnten die Passform ihrer Schuhe allein mittels „Röntgenblick" überprüfen. Bei den kleinen Kunden hat sicherlich der große rote Schaukelelefant einen nachhaltigeren Eindruck hinterlassen. Der Krieg forderte auch von Radestocks seinen „Blutzoll". Ein halbes Jahr nach seiner Einberufung 1940 fiel Kurt Radestock. Seine Frau führte den Laden allein weiter. 1949 hieß es für die Firma Radestock: „Raus aus dem Haus!" Fast die gesamte Innenstadt mit all den einst schönen Geschäftshäusern war durch amerikanischen Artilleriebeschuss zerstört worden. Nur wenige Geschäfte, u.a. Schuhhaus Radestock, blieben unversehrt. Der große helle Laden war nicht beschädigt und befand sich zudem in guter Einkaufslage. Die HO zog ein. Wenigstens die altehrwürdigen Echtholzregale konnten Radestocks mitnehmen. Der Schuhmacher Kurt Radestock jun. kam 1949 aus der Gefangenschaft zurück. Zwei Jahre darauf legte er die Meisterprüfung ab. Der Verlust seines schönen Geschäfts schmerzte ihn sehr. Er ließ ihn aber nicht verzweifeln. Der Meister zog über den Hof in das Hintergebäude und betrieb dort Schuhladen und Werkstatt weiter. Gleich neben dem ehemaligen Laden befand sich der Eingang zum Hinterhof. In Schaukästen mit Rundglasscheiben und kleinen Schaufenstern im Hausflur sowie in einem Verkaufsraum stellte Kurt seine Schuhwaren aus. Ende der 50er Jahre wurden Radestocks Konsum-Kommissionshändler. An eine Rückgabe des Geschäfts war nicht zu denken. In der Leipziger Straße 14 wurde ein neu hergerichteter Laden frei. Ein Herrenausstatter war nachts nach dem Westen gegangen. Radestocks konnten sich endlich wieder in einem richtigen Schuhgeschäft präsentieren. Sie führten erst ein Vollsortiment und spezialisierten sich in den 70er Jahren auf Damenschuhe. In Eilenburg gab es nun zwei Herrenschuhanbieter, zwei für Damen- und zwei für Kinderschuhe. Radestocks konnten ihren Platz unter ihnen behaupten. Die Geschäftsleute waren Händler „mit Leib und Seele". Niemand wurde übervorteilt und die Kunden ließen sich gern beraten. Trotz schwerer Krankheit bediente Kurt bis Mitte der 70er Jahre noch seine Kunden. Seit 1976 führt seine Frau Heidrun das Unternehmen. Heidruns Großeltern gehörte seinerzeit der Lebensmittelladen Schladitz in Eilenburg. Die gelernte Krankenschwester hatte sich schnell in das Geschäftsleben eingefuchst. Seit 1986 muss Heidrun Radestock alle Entscheidungen allein treffen. Im Jahre 1993 konnte sie das Haus in der Torgauer Straße 50 wieder übernehmen. Nach einem komplexen Um- und Ausbau vom Februar bis Oktober 1994 erstrahlt das Gebäude in altem Glanz und der große Verkaufsraum für Damen- und Herrenschuhe im neuen Ambiente.

R. Sorge Nachf.

Inh. S. Lückler

Eilenburg · Leipziger Straße 17

Am 1. Juli 1844 gründete Reinhold Sorge am Markt 7 sein Spezialfachgeschäft für Tischlereibedarf. Sein Schwiegersohn, Richard Werner, konnte 1919 einen florierenden Betrieb übernehmen. Später bot er „Eisenwaren – Werkzeuge – Industriebedarf, Spezialität: Tischlerei-Bedarf, Bau- und Fensterbeschläge" an. Das Unternehmen hatte sich bei den Handwerkern einen guten Ruf erworben. Einen tiefen Einschnitt brachte der Zweite Weltkrieg. Große Teile der Innenstadt gingen 1945 durch amerikanische Artilleriegranaten in Flammen auf und von manchen Straßenzügen blieben nur Schutt und Asche übrig. Die zum Familienunternehmen Sorge gehörenden vier Gebäude in der Stadt wurden allesamt total zerstört. Am Markt 7 blieb kein Stein über dem anderen (s.S. 129). Nach dem Krieg bildete die Mulde die natürliche Grenze zwischen dem amerikanisch und dem sowjetisch besetzten Teil der Stadt. Das Ausweichlager der Firma R. Sorge Nachf. befand sich in Wöllnau am anderen Muldeufer. Richard Werner musste fast täglich über die Brücke und bekam dafür im Juli 1945 einen Passierschein – einen „Ständigen Ausweis" – in Deutsch und Russisch ausgestellt, der ihn berechtigte, „die Torgauer Brücke täglich und zu jeder Zeit hin und zurück zu passieren, zum Transport von Material". Richard Werner starb 1946. Das Geschäft übernahmen Gertraude und Helmut Bertram. Für sie begann die beschwerliche Zeit des Wiederaufbaus. Die privaten Unternehmer drückte die Steuerlast dermaßen, dass Bertrams im Juni 1953 auf gepackten Koffern saßen. Zum 10. Juli 1953 hätten sie ihre Steuern nicht zahlen können. Die Ereignisse vom 17. Juni 1953 trugen dazu bei, dass die erhöhten Steuern zurückgenommen und Lebensmittelkarten erteilt wurden. Das Geschäftsleben normalisierte sich. Bertrams mussten 1958 aus dem Markt 7 gegen eine geringe Ablösesumme ausziehen. Seit dieser Zeit befindet sich der Laden in der Leipziger Straße 17. Im gleichen Jahr wurde R. Sorge Nachf. Kommissionshändler der HO. Das Angebot hatte sich weg vom Industriebedarf, hin zu einem Sortiment von kleinen Eisenwaren und Werkzeugen, Beschlägen und vor allem von Haushaltwaren entwickelt. Anfang 1972 beschloss der Rat der Stadt, die „Effektivität des vorhandenen Handelsnetzes" im Zentrum von Eilenburg zu erhöhen. Kühlschränke, Gasherde und Haushaltgeräte, die bislang im HO-Kaufhaus angeboten worden waren, wurden in das Sortiment der bestehenden Fachgeschäfte der HO, der Konsumgenossenschaft und des Kommissionshändlers R. Sorge Nachf. eingegliedert. Das Geschäft bot künftig als Fachverkaufsstelle für Haus- und Küchenbedarf „Haushaltwaren aus Plast, Eisen und Blech usw." an. Über mangelnden Kundenzulauf brauchten sich Bertrams nie zu beklagen, zumal sie sich vor keiner Serviceleistung scheuten. An der guten Bedienung und dem zuverlässigem Kundendienst änderte sich auch nach 1987 nichts. Bertrams gingen in Rente und übergaben das Geschäft an Sieglinde Lückler, eine ehemalige Verkaufsstellenleiterin. Sie führte die Firma R. Sorge Nachf. in die Marktwirtschaft. Das Geschäft präsentiert sich heute als moderner Haushaltwarenladen mit umfangreichem Sortiment.

Reißmann´s Frischmarkt

Engelsdorf · Hans-Weigel-Straße 14

Karl Reißmann stammte aus einer Paunsdorfer Bäckerfamilie und verdingte sich als Marktschreier. Als 23-Jähriger beschaffte er sich ein Pferd und einen Rollwagen und startete im März 1930 mit einem ambulanten Handel in die Selbstständigkeit. In Engelsdorf belieferte er vorwiegend die Eisenbahnersiedlungsgesellschaft mit Obst und Gemüse. Jeden Morgen machte er sich kurz nach 3:00 Uhr mit seinem Pferdegespann auf den Weg in die Leipziger Markthalle und ging danach auf Verkaufstour. Karl war Händler mit Leib und Seele und seine Frau Martha stand ihm in nichts nach. Stolz war er auf sein erstes eigenes Motor-Dreirad. Dieses wichtige Arbeitsmittel wurde zu Kriegszwecken beschlagnahmt und so musste sich Karl 1945 wieder Pferd und Wagen besorgen. Der ambulante Handel gestaltete sich durch das ständige Hantieren mit den Lebensmittelmarken schwierig. Einen festen Handelsplatz fand Karl in einem leerstehenden Fahrradladen ein Jahr nach Kriegsende. Später wurde ein Behelfsheim, eine Holzbaracke, gekauft und auf einem Grundstück in der Ernst-Guhr-Straße aufgestellt. Die „Kleine Markthalle" war geboren. Reißmanns Laden war das erste Kommissionsgeschäft des Konsum im Kreis Leipzig Land, mit der "Nr. 1" als Händlernummer. Reißmanns kauften 1964 einen großen Garten in der Hans-Weigel-Straße. Aus Abbruchsteinen entstand eine neue Verkaufshalle, die stets frische Waren, vor allem Obst, Gemüse und Fisch anbot. Ein Getränkestützpunkt versorgte die Leute mit Bier und alkoholfreien Sachen. Mit den Jahreszeiten wechselten auch die Renner in „Reißmann´s Frischmarkt". Im Sommer waren es die Getränke, im Herbst waren es die frischen Pilze und im Winter bis ins Frühjahr die fangfrischen Fische, besonders die Karpfen aus Wermsdorf. Reißmanns waren weit und breit die einzigen, die lebende Karpfen anboten. In Sachen Vielseitigkeit, Improvisationstalent und Erfüllung der Kundenwünsche taten es Manfred und seine Frau Jutta der Firmengründergeneration gleich. Bevor Manfred das Geschäft im Mai 1967 vom Vater übernahm, hatte der Bäcker seinen Verkaufsstellenleiter gemacht. Manfred dehnte seine Geschäftskontakte über den Leipziger Raum hinaus aus. Vom Getränkekombinat aus dem Spreewald bezog er Limonade und das weinhaltige Erfrischungsgetränk „Vipa". Frische Pilze holte er aus Herzberg. Weihnachten verkaufte Manfred traditionell frischgeschlagene Weihnachtsbäume. Der Familienbetrieb mit zwei Angestellten florierte und Ende der 80er Jahre kauften sich Reißmanns zwei Lkw W 50. Anfang der 90er Jahre wurde das Lebensmittelsortiment riesig erweitert und insgesamt 14 Angestellte hatten alle Hände voll zu tun. Im Hofgebäude wurde 1994 für Jutta ein Imbiss eingerichtet. Einen Partyservice riefen sie ins Leben. Seit Januar 1994 führt der Wirtschaftskaufmann Mario Reißmann die Geschäfte. Der begeisterte Radsportler hat sich genügend Willensstärke und Durchsetzungsvermögen antrainieren können. Er achtet auf Frische, Qualität und Vielfalt des Angebots. Heute sind Reißmanns wieder die einzigen, die lebende Karpfen aus Wermsdorf saisonal anbieten.

Karl Reißmann, 1935

Getränke und Lebensmittel

Rosmarie Gerhardt

Frohburg · Brückengasse 6

Johannes Schuster rief Ende 1930 den Lebensmittelladen in der Brückengasse ins Leben und machte ihn mit viel Fleiß bekannt und beliebt. Johannes stammte von einem kleinen Bauernhof aus Oelzschau. Als junger Mann war er in Greifenhain bei einer begüterten Familie als Geschirrführer beschäftigt. Als deren Sohn herangewachsen war, nahm dieser seinen Platz ein, und Hans saß auf der Straße. In Greifenhain hatte Hans seine künftige Frau Frieda kennen gelernt. Beide gingen nach Frohburg und pachteten ab dem 1. Januar 1928 ein Lebensmittelgeschäft in der Oberstadt. Als der Laden eingerichtet war, wurde ihnen kurzerhand die Pacht gekündigt. Wieder saß er auf der Straße. Hans Schuster fand in der Brückengasse 6 ein neues Zuhause. Aus dem Nichts baute er ein Geschäft auf und seit November 1930 war, bis auf wenige Ausnahmen bei Renovierungszeiten, die Ladentür bei „Schuster Hans" für die Kunden immer auf. Anfangs führte Schusters Laden neben Lebensmitteln auch Spielwaren und Haushaltwaren, meist aus Holz, wie Quirle oder gar Holzpantoffeln. Hans war auch als „Puppendoktor" bekannt. Dieser Beschäftigung konnte er sich aber nur nebenbei widmen, denn mit der Besorgung frischer Lebensmittel und dem Verkauf hatte er genug zu tun. Vor dem Krieg holte er mit Fahrrad und Rucksack hausschlachtene Wurst von den Bauern. Das Hausgemachte war in der Stadt sehr begehrt. Seit Kriegsanbruch jedoch hatten die Bauern nichts mehr zum Verkaufen übrig. Hans erlebte den Krieg in Polen und in Italien. Im Oktober 1945 kehrte er aus der Gefangenschaft wieder heim. Hans Schuster war der Geschäftsmann im Familienunternehmen und Frieda brauchte sich

Laden in den 30er Jahren

„nur" um Familie und Haushalt zu kümmern. Frieda hatte drei Kinder zu versorgen. Ihr Töchterchen Rosmarie zog es magisch ins Geschäft. Nach der Schule war sie kaum zu halten. Sie half nachmittags im Laden. Die kleine Rosmarie freute sich so auf die Leute, dass sie später ganz selbstverständlich Einzelhandelskauffrau wurde. Von 1956 bis 1976 führte sie gemeinsam mit Mutter Frieda den Laden. Spielzeug boten beide nicht mehr an. Dafür verkauften sie mehr Getränke. Im Jahre 1976 übernahm Rosmarie das Geschäft. Sie schloss einen Kommissionsvertrag mit der HO ab. Ein Jahr später stieg ihr Mann, Gottfried Gerhardt, mit ins Geschäft ein. Als besonders wertvoll erwies sich die technische Hilfe des gelernten Berufskraftfahrers. Während seine Frau mit „Leib und Seele" verkaufte, erledigte Gottfried Fahrten und Besorgungen. Im Sommer fuhr er jeden Abend nach Bier und alkoholfreien Getränken. Obstwein wurde aus Geithain gut und preiswert besorgt. Vogelfutter gab's in Taucha und Süßwaren wieder über eine andere „gute Quelle". Heute haben es Gerhardts mit der Warenbeschaffung einfacher. Gern gekauft wird nach wie vor die hausgemachte Wurst vom Lande. Die wird aber nicht mehr mit Fahrrad und Rucksack herangeschafft.

Frohburger Textilshop

Frohburg · Bahnhofstraße 8

Inh. Ronald Junghans

Der „Frohburger Textilshop" präsentiert sich als modernes Geschäft. Damit knüpft Ronald Junghans an das Firmenkonzept seines Urgroßvaters Max Mühler an. Der Kürschnermeister hatte im Jahre 1882 in Frohburg in der Bahnhofstraße 14, fast neben dem heutigen Firmensitz, das Textilwarengeschäft „Max Mühlers Modewaren" eröffnet. Das geschah in einer Zeit, als das ländliche Frohburg einen wirtschaftlichen und kommunalen Aufschwung erlebte. Der Urgroßvater hatte an dieser dynamischen Entwicklung großen Anteil. Er war Stadtrat und Vizebürgermeister von Frohburg und wurde für sein Engagement zum Ehrenbürger der Stadt ernannt. Der Unternehmer war sehr angesehen, er „war gut betucht" und ihm gehörten zahlreiche Immobilien. Sein edler Stil zeigte sich auch im Warenangebot seines Modegeschäfts. Zylinder, Fracks, Handschuhe, Hüte, Schals und Kleinwaren, alles in erlesenster Qualität sowie in reichlicher Auswahl waren vorhanden. Täglich passierten zahlreiche Zugreisende die Bahnhofstraße und bewunderten die Auslagen des Geschäfts. Im Jahre 1910 übergab Max das Geschäft an seinen Sohn Arthur Mühler, der für eine weitere Aufwärtsentwicklung des Familienbetriebs sorgte. „Mützen-Mühler" war zu einem festen Begriff geworden. Im Jahre 1935 zog das Textilgeschäft in den Neubau in der Bahnhofstraße 8. Arthur plante, ein komplettes Textilkaufhaus zu errichten. Diese Pläne machte der Zweite Weltkrieg jedoch zunichte. Nach dem Krieg war Mühlers Geschäft ruiniert. Auch ihnen waren die Sachen abgenommen worden. Einige wenige Kleidungsstücke konnten auf dem Boden versteckt werden. Zu verkaufen gab es nichts. Unter diesen schwierigen Bedingungen hatten die Enkel des Firmengründers die Leitung des Familienunternehmens übernommen. Martha Junghans, geb. Mühler, und ihr Mann Fritz mussten zusehen, wie sie sich und den Laden über Wasser halten konnten. Alles, was auffindbar und nur irgendwie brauchbar war, wurde verkauft: Koffer, Taschen, Decken, Altkleider, Gießkannen, kleine Rechen für die Grabpflege usw. Im Laufe der Jahre ist es Martha und Fritz gelungen, das Geschäft wieder in ein reines Textilgeschäft umzuwandeln. Der kleine Laden sicherte ihnen das Auskommen bis zur Rente. Ein Nachfolger stand nicht bereit und so vermietete Familie Junghans im Jahre 1973 den Laden an die HO. Im Schaufenster waren von nun an Kindersachen, Kinderwagen, Babyausstattungen und Wolle zu sehen.

Erst nach der Wende fand sich ein Nachfolger aus der Familie. Der Urenkel des Firmengründers, Ronald Junghans, überlegte sich, die Tradition des Familienunternehmens wieder aufzunehmen. Der gelernte Maschinenbauer hatte in Leipzig seine bisherige langjährige, feste Anstellung verloren. In Frohburg standen derweil die Geschäftsräume in der Bahnhofstraße leer. Überall boomte das Geschäft mit schicker Mode. Alles in allem, gute Voraussetzungen, um sich selbstständig zu machen. Seit Juni 1991 gibt es in der Bahnhofstraße 8 wieder Textilien. Was für die jungen Leute heute „Frohtex" ist, bleibt für die alten Kunden immer noch ihr „Mühler"!

Ladenansicht von 1930

Lederwaren Lindner

Inh. Gisa Trost

Geithain · Markt 7

Die Geschichte des Familienunternehmens Lindner reicht bis ins Jahr 1806 zurück. Viel älter ist das Gebäude am Markt 7, in dem das Geschäft einst gegründet wurde. Das Haus ist über 500 Jahre alt. Das Grundstück hatte eine große Einfahrt und bot Platz für eine kleine Werkstatt und ein Lädchen. Der Sattler und Riemer Christian Friedrich Lindner ließ sich dort nieder und fertigte für Bauern und Fuhrleute Kummete, Pferdegeschirre, Riemen und Gürtel. Das Geschäft wurde an den Sattler und Riemer Carl Friedrich Ferdinand Lindner übergeben, der am 22. Januar 1836 vom Bürgermeister zum Bürger der Stadt Geithain ernannt und mit der Stadtordnung vertraut gemacht wurde. Sein Nachfolger war der Sattler Friedrich Moritz Lindner und der gab den Familienbetrieb an Paul Arthur Lindner weiter. Arthur war der erste Sattler und Tapezierer in der Familie. Die Sattlerei, die mehr oder weniger auf das Pferd ausgerichtet war, konnte die Familie allein nicht mehr ernähren. Autos begannen allmählich, die Pferdefuhrwerke aus dem Straßenbild zu verdrängen. So wurde im hinteren Teil des Hauses eine Polsterei eingerichtet. Nach dem Ersten Weltkrieg wollte Arthur auch das Gebäude von Grund auf erneuern. Die einsetzende Inflation machte jedoch alle Pläne zunichte. Der Wochenlohn konnte in Säcken nach Hause getragen werden und hatte unterwegs schon wieder einen Teil seines Wertes verloren. Gott sei Dank beglichen die Bauern ihre Schulden mit Eiern oder Gänsen. Der Umbau konnte später nur stückweise verwirklicht werden. In den 30er Jahren wurden in einem Schaufenster schon Muster und Waren ausgestellt, sowie Taschen zum Verkauf angeboten. An der Wand im Schaufenster hing immer ein großer schwarzer Pferdekopf. Der Nachfolger Arthur Kurt Lindner war ebenfalls Sattler und Tapezierer. Kurt brachte das Familienunternehmen durch die schweren Nachkriegsjahre. Rohmaterialien wurden direkt bei den Bauern gekauft. Als Obermeister der Sattler- und Tapeziererinnung sorgte sich Kurt Lindner auch um die Probleme seiner Zunftgenossen. Sein Sohn Klaus Lindner betrieb nur noch die Polsterei, fertigte Polstermöbel an und bezog die guten alten Stücke der Kundschaft. Nach wie vor kamen viele Kunden vom Land zu Lindners. In dem ca. 15 qm großen Verkaufsraum fanden sie immer etwas für ihren Haushalt. Wachstuch und Rollos waren besonders gefragt. Je älter die DDR, desto baufälliger wurde das Haus. Zuletzt konnte der Laden nicht mehr benutzt werden. Die Schaufenster existierten nur noch als Ausstellungsplätze. Leider war es Kurt nicht mehr vergönnt, die grundlegende Sanierung des Hauses mitzuerleben. 1990 erlitt er einen tödlichen Autounfall. Mit Energie und Durchhaltewillen sanierte seine Gisa das historische Gebäude komplett und der Markt wurde um ein bauliches Schmuckstück bereichert. Auch Gisa Trost ist dem Leder treu geblieben. Der schwarze Pferdekopf hängt noch im Geschäft. Pferdekummete werden aber längst nicht mehr verkauft. Das Lederwarenfachgeschäft bietet Markenware zu erschwinglichen Preisen.

Kurt und Arthur Lindner um 1918

Elektro Löffler

Geithain · Chemnitzer Straße 40-42

Gustav Löffler hatte bei Siemens in Berlin gelernt und eröffnete am 1. September 1924 mit seiner Frau Lydia gemeinsam in der Chemnitzer Straße ein Elektrogeschäft mit Werkstatt. Als erstes Stück verkaufte der Elektromeister ein Bügeleisen. Richtiges Startkapital brachte aber erst ein Auftrag der neugegründeten Geithainer Paul-Guenther-Schule. Gustav musste drei Monteure einstellen. Lydia stand hinter dem Ladentisch und verkaufte vor allem Bügeleisen, Lampen, Glühlampen, Kochplatten und Tauchsieder, während Gustav unterwegs war. Mit Fahrrad und Wagen, später mit dem Motorrad wurden Kabel, Drähte, Klammern, Ersatzteile und Werkzeuge transportiert oder die Ware rangeholt. Im Spätsommer wurden oft Dreschmaschinen angeschlossen. Die Betreuung der Straßenbeleuchtung in Geithain war der Firma vertraglich zugesichert worden. Diese Aufgabe rettete Gustav auch vor einem Fronteinsatz im Krieg. Vor der Gefangenschaft rettete sie ihn nicht.

Sohn Werner hatte ebenfalls bei Siemens gelernt und trat 1960 die Nachfolge von Gustav an. Werners Ehefrau Ursula arbeitete im Familienunternehmen mit.

Auch der neue Inhaber konnte mit einem Großauftrag starten. Die private Firma bekam den Elektroinstallationsauftrag für das neugebaute Klinkerwerk. Als Werner seinen Handwerksmeister nachmachte, wurde Ursula voll gefordert. Die Zahl der Beschäftigten im Unternehmen stieg auf acht an und es wurden zwei Autos eingesetzt. Der Handel lief eigentlich nebenbei, denn viel zu verkaufen gab es nicht. Die Material- und Warenbeschaffung blieb der reinste Stress. Wenn gar nichts ging, wurde Ware gegen Ware, als "sozialistische Betriebshilfe", abgerechnet. Werner engagierte sich als Obermeister in der Elektroinnung. Sohn Lutz hat Elektrotechnik studiert und als Entwicklungsingenieur bei Stern-Radio Rochlitz gearbeitet. Seine Frau Marion, eine Finanzökonomin, fing 1984 im Betrieb ihrer Schwiegereltern an. Zwei Jahre später übernahm Lutz die Firma seines Vaters.

Kurz vor der Währungsunion legten Löfflers ihr Geld in solides unvergängliches Material, Draht und Leitungen an. Viele Bauern deckten sich noch mit Elektrowaren ein oder ließen Reparaturen an und in ihren Gehöften durchführen. Als erste Ware wurde ein Bügeleisen in D-Mark bezahlt. In der Startphase profitierte auch der Enkel des Firmengründers von einem Großauftrag. Die Firma Löffler erhielt den Zuschlag für das Maxitwerk Leupahn mit Trafostation. Unter diesen Voraussetzungen wurde die komplette Sanierung des altehrwürdigen Gebäudes in Angriff genommen und das Nachbargrundstück hinzugekauft. Heute werden auf 400 qm Verkaufsfläche, verteilt auf zwei Etagen, Leuchten und Haushaltgeräte angeboten. Das Unternehmen beschäftigt 28 Mitarbeiter und bildete 1998 zwölf Lehrlinge aus. Die Straßenbeleuchtung ist immer noch fest in Löfflers Händen. In ca. 20 weiteren Gemeinden sorgt die Firma heute dafür, dass die Lichter ordnungsgemäß an- und wieder ausgehen.

Kundendienst in den 20er Jahren

Fa. Bruno Senf gegr. 1893

Glas – Porzellan – Keramik

Geithain · Leipziger Straße 12

Der Geithainer Kaufmann Bruno Senf gründete am 1. Oktober 1893 sein offenes Handelsgeschäft in der Leipziger Straße 12. Neben dem prallvollen und wohl sortierten Laden betrieb er noch ein Barbiergeschäft, in dem er auch Zähne zog. Die Tagespresse war voll von Anzeigen der Firma Bruno Senf. Bei Musik- und Sprechapparaten riet der Geschäftsmann, diese Artikel nicht bei Versandgeschäften zu kaufen. Auch wären sie in seinem Laden billiger als in der Großstadt. Platten spielte er ohne Kaufzwang vor. Die Reparaturen waren bei Bruno Senf „prompt und billigst". Zu Festlichkeiten offerierte er passende Geschenke. Gesangbücher „vom einfachsten bis feinsten Ledereinband" waren in großer Auswahl zu haben – auf Wunsch mit gratis eingedrucktem Namen. Rucksäcke oder Regenschirme gab es plus Reparatur und Neubezug. Im Winter hatte er Schlitten parat und in der Vorweihnachtszeit erfreute er die Kinderherzen bei phantastischen Spielzeugausstellungen mit Dampfmaschinen, Ritterburgen, Eisenbahnen und Puppenhäusern. Handwerker und Hausfrauen wurden das ganze Jahr über fündig. Den Grundstock bildeten Wirtschaftswaren aus Porzellan, Steingut, Glas, Emaille, Stahl, Nickel und Holz. Dazu kamen Handwagen, Leiterwagen, Sportwagen für Kinder mit und ohne Gummireifen, Kartätschen, Striegel sowie Mähnenbürsten und Fußabtreter, Einmache-Gläser und Einkochapparate, Küchenwaagen, Wärmflaschen sowie Rasiermesser nebst Streichriemen. Abschießvögel und -sterne waren ebenso am Lager, wie Armbrüste, Bolzen, Prämien und Geschenke. Bruno Senf war auch mal Schützenkönig von Geithain! In den 30er Jahren richtete Bruno einen Porzellangroßhandel ein und verschickte spezielle Becher, Krüge und Tassen für Heimatfeste. Vier Mitarbeiter kümmerten sich um Laden und Versand. Nach dem Krieg fuhren Bruno und sein Sohn Hans mit dem Handwagen zu den Bauerngehöften und boten Schmierseife, Seifenpulver sowie Keramikwaren an. Bruno Senf starb Anfang 1948 und das Geschäft erbte seine Schwiegertochter Frieda Senf. Im Sommer 1960 schloss sie mit der HO einen Kommissionsvertrag ab. Anfang 1970 übernahm ihr Sohn Gottfried Senf das Geschäft. Das Sortiment konnte in seiner ursprünglichen Breite nicht beibehalten werden. Jetzt drehte sich alles ausschließlich um Glas, Porzellan, Keramik, Spielzeug und Geschenke. Gottfried Senf war Geschäftsmann durch und durch und stöberte überall nach verkaufbaren Waren. Mit dem Lkw holte er Restbestände und Überproduktionen aus den abgelegensten Winkeln der DDR heran. Die Kundschaft dankte es ihm.

Im Zuge der Marktwirtschaft fielen diese Strapazen für Gottfried weg. Ende 1991 wurde das Geschäft privatisiert und er führte es bis September 1993. Rosemarie Senf war in der Firma angestellt. Nach Gottfrieds Tod wurde eine GbR zwischen Frau Rosemarie Senf und Sohn André Senf gegründet. Heute ist dessen Frau Ulrike die Angestellte. Bei Senfs bekommen die Kunden heute noch ihre Ersatztassen oder -teller für manche, bereits vor Generationen im Laden erstandenen, Kaffee- oder Speiseservice.

Angebot um 1900

Friedrich Stein GmbH

Geithain · Chemnitzer Straße 17

An der Ecke Katharinenplatz/Chemnitzer Straße sieht man heute die Schaufenster eines Küchenstudios und eines Lederladens. Das sind die jüngsten Kinder der Firma Friedrich Stein. Die ursprünglichen Geschäftsräume befanden sich in der Chemnitzer Straße 17, wo am 11. Juli 1869 Friedrich Stein eine Sattlerei und Wagenbauerei gründete hatte. Im Laden verkaufte er die gefertigten Produkte. Hermann Stein übernahm 1908 die Geschäfte und kaufte in den 20er Jahren das Grundstück Katharinenplatz Nr. 1. Der Unternehmer benötigte den Platz für seine neue Möbelhandlung. Die Wagenbauerei rentierte sich nicht mehr. In den 30er Jahren schließlich hielten die Sattlerei, die Polsterei und der Handel den Betrieb über Wasser. Hermann Steins Nachfolger Rudolf war ständig auf der Suche nach neuen Erwerbszweigen und entdeckte die Skiproduktion. Steins Skier wurden bis ins Erzgebirge und in den Alpenraum per Direktversand geschickt. Im Zweiten Weltkrieg und danach musste Ehefrau Gertraud das Unternehmen am Leben erhalten. Die Nachkriegszeit brachte für die private Firma Stein Repressalien und Schikanen, die sogar in Hausdurchsuchungen gipfelten. Mitte der 50er Jahre wurde der Betrieb gezwungen, seine Skiproduktion aufzugeben. Rudolf Stein ließ sich jedoch nicht unterkriegen. Rückschläge dieser Art spornten den kreativen Geist an. Der sportbegeisterte Rudolf wandte sich dem Faustballsport zu. Gute Bälle waren Mangelware, weil geeignetes Material fehlte. Der Geschäftsmann und Tüftler befasste sich mit der Herstellung geeigneter geklebter Sportbälle. Schließlich gelang ihm der Durchbruch und er konnte gleich zwei Patente anmelden. Im Jahre 1961 begann er mit der komplizierten Produktion. Die neuen Bälle schlugen ein, wie damals die Steinschen Skier. Die Faustbälle waren besonders in Westdeutschland und Österreich sehr begehrt. Die Produktionskapazität der Firma lag Ende der 60er Jahre bei rund 5.000 Bällen pro Jahr. In den folgenden Jahren erreichte sie dann jeweils 10.000 Stück. Der Ausstoß wuchs von Jahr zu Jahr, die spartanischen Produktionsbedingungen änderten sich jedoch kaum für die sechs Mitarbeiter. Produziert wurde auf nur 32 qm! Die Herstellung größerer Stückzahlen wurde bereits unter der Regie von Wolfram Stein erbracht. Wolfram ist seit 1968 im Familienbetrieb tätig. Sechs Jahre später übernahm er die geschäftliche Verantwortung und leitet das Unternehmen seither als alleiniger Inhaber.

Nach der Währungsunion gingen Schulen, Sportclubs und Vereine anders mit ihren geschmolzenen finanziellen Mitteln um. Aufträge wurden storniert und die Firma Stein sorgte sich wieder einmal um ihr künftiges Firmenprofil. Im Oktober 1990 beendete sie die Sportballproduktion. Langjährige Mitarbeiter mussten entlassen werden. Wolfram Stein konzentrierte sich wieder auf den Handel mit Möbeln und auch auf Lederwaren. Die Verkaufsräume wurden dementsprechend umgebaut. Im Mai 1993 öffnete das Küchenstudio und im November 1998 eine Filiale für Lederwaren mit einer Fläche von 130 qm in Döbeln. Seither bietet die Firma Friedrich Stein ihren Kunden ein neues Erscheinungsbild, die gewohnte Qualität und nach wie vor erstklassigen Service.

Friedrich Stein GmbH, Hermann Stein um 1920

Blumen-Design, Robert Frenzel (2. v. r.) in seiner Gärtnerei in Grimma um 1915 (S. 183)

Stoye Bürotechnik – Bürobedarf

Geithain · Nikolaistraße 5

Inh. Katrin Quellmalz

Die Anfänge der Firma Stoye reichen bis Ende des 19. Jahrhunderts zurück, als Bernhard Rost eine Buchbinderei mit angeschlossener Papier- und Buchhandlung betrieb. Da seine Erben das Geschäft nicht übernehmen wollten, wurde es verkauft. Walter Stoye hatte seine Lehrzeit in Bad Lausick beendet und als Händler und auch als Buchbinder gearbeitet. Er suchte nach einer Möglichkeit, sich in Geithain selbstständig zu machen, und eröffnete am 16. Oktober 1918 sein eigenes Geschäft. Walter band für die Schüler Schulhefte, das Emaillierwerk gehörte mit zu seinen ersten Kunden. Zwei Jahre nach der Geschäftsübernahme verstarb er jedoch und seine Witwe, Lina Stoye, musste den Betrieb ohne ihren Mann durch die Zeiten bringen. Der 37-Jährigen fielen die Anfangsjahre sehr schwer. Das Geschäft allein konnte die Familie nicht ernähren. Feldstreifen wurden bestellt und abgeerntet. Bevor sie früh die Tür zum Laden aufschloss, musste Lina schon das Kleinvieh auf dem Hof gefüttert haben. Vier Kinder, Vieh und Laden waren täglich zu versorgen. Das Geschäft war nicht sehr geräumig. Um die Waren zu präsentieren, war über der Ladentafel eine Leine gespannt, an der Karten, Hefte, Zeitungen und Bilder hingen. Hinter dem kleinen Ladengeschäft befand sich die Wohnstube. Im Zweiten Weltkrieg fiel der Sohn, der ebenfalls als Buchbinder gearbeitet hatte. Der kleine Familienbetrieb blieb in der Folgezeit von Schikanen staatlicherseits nicht verschont. Anfang der 50er Jahre wurden der Firmeninhaberin keine Lebensmittelkarten zugeteilt. Der Wohnraum wurde weggenommen, das Büro zur Wohnung erklärt, weil da ein Sofa und ein Klavier standen.

Stoye-Reklame aus Pirna vor 1914

Man quartierte fremde Leute ein. Ende der 50er Jahre kamen Steuernachforderungen auf das Unternehmen zu. Dank der Hilfe des Neffen konnten diese beglichen werden. Schuldenfreiheit blieb immer das oberste Gebot der Firma. Das Familiengeschäft behielt seine Unabhängigkeit. Lina Stoye stand bis zu ihrem Tod im März 1969 noch hinter dem Ladentisch. Ihre Tochter Johanna Helmer übernahm dann das Geschäft. Johanna war schon als junges Mädchen Verkäuferin mit Leib und Seele. Den Buchbinderberuf beherrschte sie nicht minder gut. Johanna fuhr, mit einem Rucksack ausgerüstet,

Stoye Bürotechnik – Bürobedarf

Inh. Katrin Quellmalz

Geithain · Nikolaistraße 5

mit dem Zug nach Leipzig und besorgte Spielsachen, Zeitschriften, Karten und andere brauchbare Dinge. Als kunstbegeisterte junge Frau war sie während ihrer Lehrzeit an der Kunstakademie in Leipzig tätig. Sie fertigte u.a. Goldschnitte für wertvolle Bücher an. Das wäre auch eine Erfüllung für sie gewesen. In ihrem Betrieb kamen viele zerschlissene Bücher auf den Werkstatttisch. An diesem saß sie viele Stunden bis spät in die Nacht hinein und machte in mühevoller Handarbeit Gesangbücher, Bibeln und „vergilbte Folianten" wieder heil. Ihr Mann Kurt Helmer war gelernter Tischler und arbeitete bei der Bahn. Im Geschäft hatte er wichtige Hilfsfunktionen nach Feierabend inne. Als unentbehrlich erwies er sich, als er aus Holzleisten Rahmen für Bilder herstellte. Aus Bildkalendern entstanden so gerahmte Schmuckstücke. Im Laden wurden neben Schreibwaren vor allem christliche Bücher, Kalender, Zeitschriften, Karten und Gesangbücher verkauft. Die Texte der Glückwunschkarten hat Johanna oftmals selbst entworfen und aufgestempelt. Talent dafür besaß sie ohne Zweifel. Schon in der ersten Klasse hatte sie mit kindlicher Schrift auf einer Glückwunschkarte den Eintrag verfasst: „Wandle auf Rosen und

„Überlebenssicherung" in den 20er Jahren

Lina Stoye in den 50er Jahren

Vergissmeinnicht, sch... in die Hosen und verkleckere es nicht!". Große Anerkennung brachte ihr der Spruch damals aber nicht. Johanna Helmer kannte alle ihre Kunden und deren Eigenheiten. Sie konnte sie sogar „schauspielerisch" perfekt nachahmen. Die Buchbinderei wurde bis in die 70er Jahre nebenbei betrieben, dann lohnte sie nicht mehr. Im Jahre 1973 stieg Tochter Gisela Cravaack in den Familienbetrieb ein.

Am 1. Oktober 1990 nahm die nächste junge Frau das Steuer in die Hand. Die Enkelin von Johanna, Katrin Quellmalz, führt seither die Frauenwirtschaft fort. Katrin hatte sich als Kind für Heilpflanzen und die „Giftmischerei" interessiert. Durch staatliche und betriebliche Schikanen im pharmazeutischen Zentrum konnte sie nach Abschluss ihrer Ausbildung in der Apotheke leider ihr Pharmaziestudium nicht beginnen. Im Herbst 1990 kam ihr Ehemann Thomas mit ins Geschäft. Zwei Jahre später wurde der Familienbetrieb um ein weiteres Mitglied, die Schwägerin Elfriede Quellmalz, bereichert. Beide stehen Katrin mit Rat und Tat zur Seite. Großmutter Johanna schaut noch oft in „ihren Laden" und sieht dort nach dem Rechten.

Hugo Topf, Inh. L. Bierbaum

Geithain · Chemnitzer Straße 24 **Herren- und Kinderbekleidung**

Schneiderwerkstatt um 1900

Der Schneider Hugo Topf eröffnete am 1. Oktober 1902 in der Chemnitzer Straße 7 sein "Garderobe-Geschäft". Mit seiner Frau Franziska betrieb er eine Maßschneiderei und handelte mit Herren- und Knabenbekleidung. Paletots, Anzüge für Groß und Klein, Arbeitergarderobe und Eisenbahnerhosen, Winterloden und Joppen wurden angepriesen. Der Meister gewährleistete „gediegene Anfertigung und vorzügliche Passform". Anzüge schneiderte er ganz ohne Anprobe maßgerecht. Zum Wintermarkt kauften die Bauern für die Familien sowie ihre Knechte und Mägde ein. Während des Sommermarktes deckten sie sich vorwiegend mit besserer Kleidung für die Erntedankfeste ein. Geld spielte bei den Geschäften oft eine untergeordnete Rolle. Getauscht wurde gegen Gänse, Einkellerungskartoffeln oder Schweinefleisch.

Hugo Topf kaufte 1915 das Haus in der Chemnitzer Straße 24. Im Ersten Weltkrieg stiegen die Stoffpreise und aus Drillich, der bislang für Berufbekleidung Verwendung fand, wurden Hosen und Jacken genäht. Während der Wirtschaftskrise liefen die Geschäfte fast nur "auf Pump". Freitags erhielten die Arbeiter ihren Wochenlohn und die Abzahlung der Raten war fällig. Für eine Hose im Wert von 5 Mark wurde 1 Mark angezahlt und der Rest in acht Wochenraten zu 50 Pfennig. Oft musste Tochter Erna die längst fälligen Schulden einholen. Nach Kriegsbeginn fehlten in der Schneiderei Gesellen und

Hugo Topf, Inh. L. Bierbaum

Herren- und Kinderbekleidung

Geithain · Chemnitzer Straße 24

Lehrlinge. Sie wurde 1941 abgemeldet und das Unternehmen von nun an als reines Konfektionsgeschäft geführt. Nach dem Krieg gaben die amerikanischen Besatzer Händlern die Möglichkeit, in der Kaserne Borna deutsche Uniformen zu erwerben. Die Stücke mit abgetrennten Wehrmachtsabzeichen konnten an die Bevölkerung verkauft werden. Ärger gab es dennoch mit der Polizei, weil angeblich „faschistische Bekleidung" gehandelt wurde. Ein anderes Mal räumten die Russen den gesamten Laden leer. Generell galt: „Aus Alt mach Neu!" Aus alten Mänteln wurden Hosen genäht. Der Stoff wurde gewendet und wieder verarbeitet. Nach dem Tod von Hugo Topf 1946, führte seine Frau Franziska das Geschäft bis Mai 1952 weiter und übergab es an Erna Rudolph. Anfang 1953 wurden ihrer Familie die Lebensmittelmarken entzogen mit der Begründung, dass die Privaten „genug Geld" hätten und eine Steuernachzahlung wurde verlangt. Erna wollte derzeit das Geschäft fast aufgeben. Im Mai 1957 übernahm es Wilfried Rudolph und seine Johanna unterstützte ihn als mithelfende Ehefrau. Mit der HO schlossen sie im Sommer 1957 einen Kommissionshändlervertrag ab. Das Sortiment im Laden richtete sich von nun an nach dem Angebot des Großhandels. Umsatz und Preise waren vorgegeben. Die Handelsspanne lag durchschnittlich bei 13 %. Beim Schirm betrug sie 6 %, bei Herrenbekleidung 11 % und bei Kindersachen und Socken waren es 16 %. Nach der Höhe des erreichten Umsatzes wurde die Provision gezahlt. Bei Überschreitung der Umsatzgrenzen kamen auf die Händler eine Senkung der Provision und eine höhere

Schaufenster in den 60er Jahren

Besteuerung zu. Rudolphs behaupteten sich als kleiner privater Fachhändler für Herren- und Kindermoden gegenüber der staatlichen Konkurrenz. Die Firma Hugo Topf überstand die 40 Jahre blassen Sozialismus und die buntschillernden Nachwendeverlockungen.

Im Mai 1994 übernahm Schwiegersohn Lutz Bierbaum die Verantwortung für das Geschäft. Seine Frau Beate ist als Erzieherin tätig und unterstützt den Ökonomen in ihrer knappen Freizeit. In zwei separaten nebeneinanderliegenden Läden wird heute einmal Kleidung für Kinder und einmal für Herren angeboten. Von der Straßenbekleidung bis hin zur Festtagsgarderobe ist stets der neueste Trend im Angebot.

F. J. Wagner

Geithain · Markt 5

Eisenwaren- & Werkzeugfachhandel

Am 11. Mai 1882 kaufte Julius Max Wagner das Grundstück am Markt 5 und eröffnete die Firma "F. J. Wagner" Eisenwaren. Schon früher war in dem Haus am Markt mit Eisenteilen gehandelt worden. Die Familie Leitsmann betrieb dort ab Mitte des 19. Jahrhunderts einen Klempner-Dienstbetrieb, eine Schlosserei und einen Eisenhandel. In den 50er Jahren hatte der Kaufmann und Postverwalter Julius Leitsmann das Haus als Poststelle genutzt. Julius Wagner verkaufte in seiner Eisenwarenhandlung Werkzeuge aller Art und Schmiedewaren. Kleineisenwaren wurden in einer Werkstatt selbst hergestellt. Um die Jahrhundertwende zogen Wagners mit Pferdewagen zu den umliegenden Schmieden und Schlossereien und belieferten diese mit Stabeisen und Roheisenartikeln. Daran änderte sich auch nichts, als Ende 1910 Sophie Marie Wagner, die Ehefrau von Julius Wagner, die Firma übernahm. Nach einem Jahr wurde das Haus an Emil Richard Müller verkauft und Anfang 1915 folgte Kurt Müller als neuer Hausbesitzer und Inhaber des Betriebes. In den 30er Jahren boten zehn Mitarbeiter Rundeisen, Träger, Schmiedeartikel, Baumaterial, Werkzeuge, Eisenkurzwaren sowie Haus- und Küchengeräte an. Nur wurden die Schmieden jetzt nicht mehr mit dem Pferdegespann angefahren. Auf dem Hof des Grundstücks befand sich zu der Zeit ein riesiges Eisen- und Baustofflager. Nach Kriegsende musste Kurt Müller seine Firma zwangsweise verpachten. In den letzten zwei Kriegsjahren war Kurt Müller der amtierende Bürgermeister von Geithain gewesen. Unter den neuen politischen Verhältnissen durfte er daher keine Firma mehr führen. Der neue Pächter hieß Heinz Müller und war ein Verwandter. Im April 1954 übernahm Charlotte Weiske, die Tochter von Kurt Müller, das Geschäft. Charlotte verkaufte mit ihrem Ehemann, dem Klempner- und Installateurmeister Walter Weiske, Eisenwaren, Werkzeuge, Haus- und Küchengeräte sowie Öfen und Herde. Im Jahre 1967 modernisierten sie Schaufensterfront und Geschäftsraum. Charlottes Sohn, Hartmut Alletter, heiratete Gudrun, die seit Mai 1987 den Familienbetrieb weiterführt. Als Konsum-Kommissionshändler waren Gudrun und Hartmut vor allem damit beschäftigt, die meist unzureichende Warenmenge an die wartende Kundschaft zu verteilen. Sie waren stets bemüht, ein ansprechendes Sortiment parat zu haben und ihre Kundschaft freundlich und sachkundig zu bedienen. Die traditionellen Serviceleistungen und die fachliche Beratung kamen dem Familienunternehmen besonders unter den neuen marktwirtschaftlichen Verhältnissen zugute. Wohltuend hebt sich der kleine Betrieb heute von den großen anonymen Baumärkten ab. Für alle angebotenen Geräte sind Reparatur und Beschaffung von Zubehör selbstverständlich. Der Service wurde aber auch erweitert. Heute gibt es einen Schlüsseldienst, Elektrowerkzeuge können ausgeliehen werden und sämtliche Schärf- und Schleifarbeiten werden angenommen. Im Geschäft werden, wie schon immer, solide und modernste Werkzeuge, Eisenwaren und Haushaltwaren angeboten.

Marktplatz Mitte des 19. Jahrhunderts, links Fa. F. J. Wagner

Blumen-Design

Christine Böttcher

Grimma · Frauenstraße 11

Am 21. März 1815 gründete Georg Caspar Frenzel den Gartenbaubetrieb im Zentrum der Stadt. Die Gärtnerei Frenzel war die erste und damals einzige in Grimma. Zielstrebig baute Georg Frenzel das Grundstück in der Frauenstraße 11 aus und die Gärtnerei auf. Land außerhalb der Stadtmauern Grimmas konnte später dazu erworben werden. Nach seinem Tod 1842 führte die Witwe Christiane den Betrieb bis 1849 und übergab ihn dann an ihren Sohn Carl Moritz Frenzel, der bereits als „Kunst- und Handelsgärtner" firmierte. Mit dem Aufschwung des Gartenbaus erweiterte er den Betrieb durch Zukauf von Anbauflächen. Sohn Albin Robert Frenzel übernahm 1892 die Gärtnerei. Die Pflanzenzucht und die Kranzbinderei brachten viel „vornehme Kundschaft" ein. Beliebt waren kleine, selbst gefertigte Mooskränze. In vierter Generation stand ab 1927 Sohn Johann Moritz Ernst Frenzel dem Familienbetrieb vor. Das Unternehmen wurde als gemischter Gartenbaubetrieb mit Topfpflanzen, Schnittblumen, Gemüseanbau sowie mit Binderei und Dekoration geführt. Die ausgezeichnete Qualität der Topfpflanzen, Farne, u.a. Adiantum (Frauenfarn), veredelten Osterkakteen und Gloxinien zog namhafte Großkunden aus Sachsen an. Die Firma Hanisch bezog Pflanzen für ihre Leipziger Geschäfte. Große Kugellorbeerbäume wurden für Dekorationen zu Hochzeiten, Bällen und anderen Anlässen gestellt. In den letzten Kriegsjahren musste Ehefrau Charlotte mit vier Töchtern, der Gärtnerei und dem Blumengeschäft allein zurechtkommen. Luise, Margarete, Elisabeth und Christine wuchsen in bescheidenen, aber glücklichen Verhältnissen auf. In den 60er Jahren musste die private Gärtnerei Frenzel der Genossenschaft „GPG Grimma" beitreten. Für Frenzels war das ein tiefer Einschnitt in der Entwicklung des traditionsreichen Familienunternehmens. Dieser erzwungene Schritt war für die Eltern widersinnig. Alle vier Kinder blieben dem elterlichen Betrieb treu und halfen in der Gärtnerei und im Geschäft. Elisabeth und Christine erlernten die Berufe Gärtner und Blumenbinder und qualifizierten sich zum Meister und Gartenbauingenieur. Im Jahre 1972 schlossen Ernst und Charlotte ihr Blumengeschäft. Ernst beantragte 1973 die Ausgliederung der Gärtnerei aus der Genossenschaft und konnte den Betrieb bald wieder sein Eigen nennen. Die Wiedereinsetzung in ihre Rechte empfanden Frenzels als Rettung der Familientradition. Der Erhalt von Haus und Gärtnerei nach dem Tod der Eltern erwies sich für die Kinder als finanzielle und zeitaufwändige Belastung. Christine Böttcher zog 1989 mit ihrer Familie wieder nach Grimma und begann mit der Sanierung des Wohnhauses und der Gestaltung des Gartens. Am 17. Mai 1990, dem Geburtstag ihres Vaters, eröffnete Christine Böttcher das Blumengeschäft an der Frauenkirche als Blumen-Design wieder. Die klassische und moderne Blumenbinderei ist die Grundlage des Geschäftes. Aus der ehemaligen Gärtnerei entstand ein großer Garten. Zum Leistungsumfang zählen neben Blumenbinde- und Steckarbeiten auch die Innenraumgestaltung mit Pflanzen, die Garten- und Friedhofsgestaltung und ein Lieferservice. Seit 1990 haben schon mehrere Auszubildende eine Lehrzeit als Floristin erfolgreich abgeschlossen. Ausschlaggebend für die Beliebtheit des Geschäfts sind die hohen Qualitätsansprüche und die fachliche Beratung.

Georg Dornig sen.

Grimma · Brückenstraße 33 **Fachdrogerie – Farben – Lacke**

Ladenfront 1938

Am 23. Dezember 1892 meldete Wilhelm Heinrich Georg Dornig das Gewerbe als „COLONIAL-, MATERIALWAAREN UND DROGUERIENHÄNDLER" an und eröffnete sein kleines Geschäft. Dornigs boten „feinste rohe und geröstete Kaffee's, Colonialwaren, Delikatessen, Südfrüchte, Braunschweiger Gemüse-Conserven, geräucherte und marinierte Fischwaren, Drogen, Farben, Chemikalien, Tier-Arzneimittel, Lacke, Firnisse, Terpentinöl und als Spezialität: Feuerwerk, bengalische Flammen und Angel-Gerätschaften" an. Nach dem Ersten Weltkrieg stieg Sohn Georg Martin Fritz mit ins väterliche Geschäft ein. Als der Firmengründer 1921 starb, führte Georg II. den Betrieb weiter. In jenen Jahren begann der Drogist, das Farbengeschäft auszubauen. Unermüdlich mischte er Farben und Lacke fix und fertig zum Streichen. Qualitätsfarben und -lacke wie Glasurit, Glasso und Glassomax bot er an. Viele Einwohner kauften diese Produkte nur von der Firma Dornig. Bald waren Glasurit-Farben und Dornig ein Begriff! Gute Ware und individuelle Beratung waren stets Geschäftsgrundsatz. Am 23. Dezember 1935 zahlte Georg II. seine Schwestern mit je 4.500 Reichsmark und die Brüder mit je 3.500 Reichsmark aus. Damit wurde er alleiniger Inhaber der Firma. Drei Jahre später baute er den Laden um und gestaltete die Fassade neu. Die Pläne, das Hinterhaus zu erneuern, machte der Zweite Weltkrieg zunichte. Die Familie fühlte sich durch den Krieg mehr und mehr um die Früchte ihrer Arbeit betrogen. Schwer war für Dornigs auch das Jahr 1953 mit dem Wegfall der Lebensmittelkarten für Selbstständige und dem Arbeiteraufstand vom 17. Juni. Viele Geschäftsleute und auch Familienangehörige verließen den Osten Deutschlands. Georg II. ließ sich nicht beirren und führte seine Drogerie mit Umsicht und kaufmännischem Geschick weiter. Unterdessen wuchs Georg III. heran. Er hatte seine Drogistenlehre in der väterlichen Firma absolviert. Mit dem 75. Firmenjubiläum ging die Verantwortung an ihn über. Der frischgebackene Geschäftsinhaber war ebenso frisch mit seiner Hannelore verheiratet. Die ersten Jahre fielen jedoch schwer. Die Drogerie durfte nur auf Basis eines Kommissionshändlervertrages mit der HO übernommen werden. Man musste erst mit der neuen Abhängigkeit klarkommen. Doch bald nutzten Dornigs die relativ großen Freiräume. Die Sorge, vom staatlichen Handel nicht doch noch eines Tages geschluckt zu werden, konnte aber nie verdrängt werden. Mit Eigeninitiative und angestrengter Arbeit beider Ehepartner, mit Risikobereitschaft und unter Ausschöpfung aller Möglichkeiten wurde der Geschäftsertrag beharrlich erhöht. Dazu trugen besonders die Direktverträge mit großen Industriebetrieben, wie dem Leunawerk, dem Chemiekombinat Bitterfeld und dem Synthesewerk Schwarzheide, bei. Solche Verträge waren unter den Bedingungen der sozialistischen Planwirtschaft durchaus einmalig. Die Firma Dornig wurde auch als Testverkaufsstelle geführt. Das war natürlich für Unternehmen und Kundschaft von erheblichem Vorteil. Das Warenangebot war reichhaltiger als anderswo und das sprach sich sehr schnell herum. Dornigs galten als „Geheimtipp" für gutes Einkaufen. Inoffiziell hieß es Ende der 80er Jahre: „Bist Du über HO und Konsum zornig, gehe stets und immer zu Dornig". Im Jahre 1989 wurde bei einer Verkaufsfläche von 65 qm für 2,8 Mio. Mark Ware mit drei Arbeitskräften umgesetzt. Zwanzig Jahre früher betrug der Umsatz nur 300.000 Mark. Die Arbeitskräfte waren Vater, Mutter und Tochter Anke. Alle drei sind, nachdem sich Frau Hannelore noch einmal auf die Schulbank setzte und die Drogistenprüfung ablegte, gelernte Fachkräfte. Das trifft natürlich auch für Sohn Georg IV. zu, der sich zu Anfang 1989 selbstständig gemacht und in der Brückenstraße 21 ein eigenes Geschäft, die „Kleine Stadtdrogerie", eröffnet hat. Damit führt er das Gewerbe bereits in der vierten Generation fort.

Photo Pippig, Geschäft, 1936 (S. 193)

Blumengeschäft Anke Eichstädt

Grimma · Leipziger Straße 1

Laden in den 20er Jahren

Hermann Theodor Wilhelm Eichstädt hatte die Herrschaftsgärtnerei des Kommerzienrates und Großmühlenbesitzers Herrmann Gleisberg in Grimma geführt. Am 1. Oktober 1898 gründete er seinen Betrieb und pachtete die Gärtnerei „Elisenhöhe", die er als Marktgärtnerei mit gemischten Kulturen betrieb. Zum besseren Absatz der Erzeugnisse gliederte er 1905 ein Stadtgeschäft an. Bis 1910 baute Hermann auf einem Feldgrundstück an der Lausicker Straße einen eigenen Gartenbaubetrieb auf, der mehrere Blumengeschäfte in Leipzig belieferte. Seine Frau Minna handelte mit selbst gefertigten Kunstblumen aus Papier und Wachs. Einen wichtigen Geschäftsfaktor bildete der Versand von Spezialkulturen. Die Treiberei von Blumenzwiebeln, Maiblumen und Topfpflanzen wurde durch die Anpflanzung von Fliederbeständen ergänzt. Für Flieder und Azaleen war die Gärtnerei bekannt. Während der absatzschweren Zeiten nach dem Ersten Weltkrieg passte sich das Unternehmen an den veränderten Bedarf an und konnte in seiner vollen Belegschaftsstärke aufrecht erhalten werden. Im Jahr des Kriegsbeginns 1939 wurde die Gärtnerei an die Söhne Paul und Johannes übergeben. Während der Folgezeit musste sich der Betrieb gemäß den Kriegsanordnungen von Blumen- auf Gemüsegärtnerei umstellen. Bemerkbar machte sich der Facharbeitermangel. 1946 verstarb Johannes Eichstädt. Das Unternehmen wurde durch Erbauseinandersetzungen verkleinert. Paul Eichstädt war von nun an mit seiner Frau Hilda, einer Blumenbindemeisterin, allein für den Familienbetrieb verantwortlich. Der Boden wurde mit eigenem Pferd und geborgten Gespannen bewirtschaftet. Ein alter Lieferwagen diente zum Ausfahren des Gemüses. Eichstädts bemühten sich mit über zehn Mitarbeitern, die Anforderungen, die die Volkswirtschaft an das private Unternehmen stellte, zu erfüllen. Dem Betrieb machten Brennstoffmangel und das Fehlen von dringend benötigten Bindereiartikeln sehr zu schaffen. Die Gärtnerei wurde 1961 Mitglied der Genossenschaft. Eichstädts brachten auch ihr Geschäft mit ein. Die jeweiligen Inhaber wurden die neuen Leiter und jedes Unternehmen rechnete betriebsweise ab. Alle Investitionen mussten selbst erwirtschaftet werden. Mittlerweile waren die Söhne Hermann und Günter Eichstädt federführend im Gartenbaubetrieb tätig. Das Stadtgeschäft wurde bis 1979 von Frau Hilda Eichstädt geführt, danach übernahm es Melitta Eichstädt. Sie hatte Gärtnerin gelernt und 1960 Hermann geheiratet. Zielstrebig qualifizierte sie sich zur Gartenbauingenieurin und zur Blumenbindemeisterin.

Eichstädts waren zu DDR-Zeiten die einzigen in Grimma, die Fleurop angehörten. Besonders vor Feiertagen hatten sie alle Hände voll zu tun. Die Organisationsform der Produktionsgenossenschaft ermöglichte Anfang der 90er Jahre einen reibungslosen Austritt. Melitta übergab das Geschäft an ihre Tochter Anke. Die Gartenbauingenieurin hat nun die geschäftliche Verantwortung, während sich die Mutter um die „kleinen Dinge" kümmert. Das Ladengeschäft ist mit viel Liebe zum Detail eingerichtet. Neben den Blumenverkaufsräumen werden Obst und Gemüse aus biologischem Anbau im kleinen Laden, der sich im ehemaligen Hausflur befindet, angeboten. Der Ausstellungsraum für Blumen und Gebinde war einst die Wohnstube der Schwiegereltern. Die Möbel dienen heute als Dekoration. In den Seitengebäuden im Hof kann man noch deutlich die Spuren eines Husarenpferdestalles erkennen. In der Lausicker Straße 13 wird die Gärtnerei Hermann Eichstädt vom Enkel des Gründers, Günter Eichstädt, betrieben.

Gärtnerei im Oktober 1938

Schuh Jubisch

Grimma · Ecke Kreuz- und Weberstraße 41

Inh. Ilse Mätzold

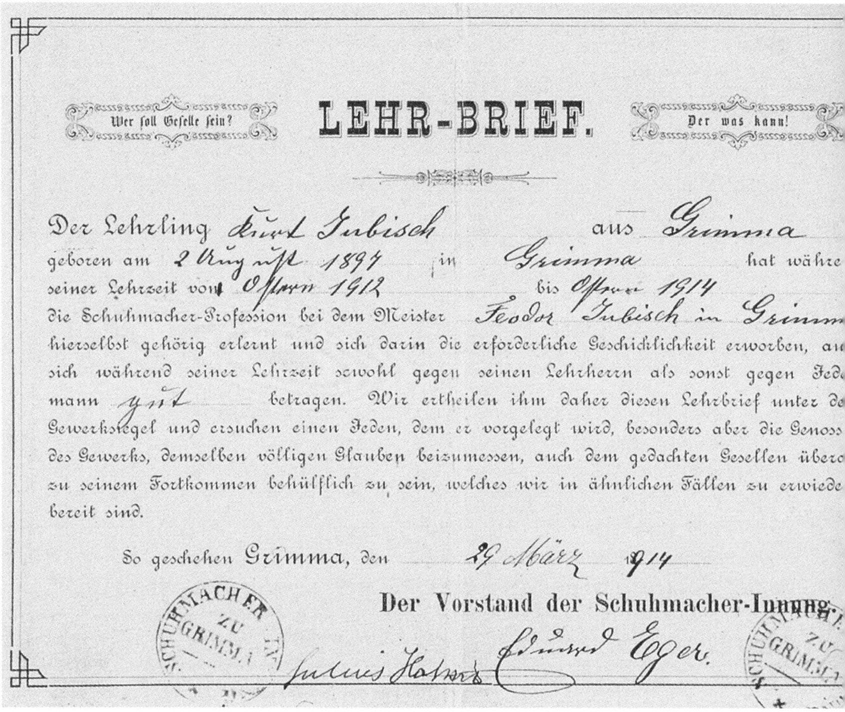

Wer soll Geselle sein? **LEHR-BRIEF.** Der was kann!

Der Lehrling Kurt Jubisch aus Grimma
geboren am 2 August 1897 in Grimma hat währe
seiner Lehrzeit von Ostern 1912 bis Ostern 1914
die Schuhmacher-Profession bei dem Meister Feodor Jubisch in Grimm
hierselbst gehörig erlernt und sich darin die erforderliche Geschicklichkeit erworben, au
sich während seiner Lehrzeit sowohl gegen seinen Lehrherrn als sonst gegen Jed
mann gut betragen. Wir ertheilen ihm daher diesen Lehrbrief unter de
Gewerksiegel und ersuchen einen Jeden, dem er vorgelegt wird, besonders aber die Genoss
des Gewerks, demselben völligen Glauben beizumessen, auch dem gedachten Gesellen übera
zu seinem Fortkommen behülflich zu sein, welches wir in ähnlichen Fällen zu erwiede
bereit sind.

So geschehen Grimma, den 29 März 1914

Der Vorstand der Schuhmacher-Innung.

Julius Hat... Eduard Eger.

Lehrbrief Kurt Jubisch, 29. März 1914

Am 28. Februar 1888 erhielt der Schuhmachermeister Theodor Jubisch die Erlaubnis zum Betreiben eines Schuhwarengeschäfts. Das Gewerbe umfasste den Verkauf von fabrikgefertigten Schuhwaren sowie eine Fertigungs- und Reparaturwerkstatt. Diese befand sich später in der Frauenstraße und wurde dann in die Lange Straße verlegt. Im Jahre 1912 zog der Betrieb an die Ecke Kreuzstraße/ Weberstraße. Das Geschäftsleben spielte sich allerdings weniger im Laden, als bei den Kunden selbst ab. Ida, die Frau des Schusters, fuhr mit ihren Kindern mit einem von einem großen Fleischerhund gezogenen Handwagen über die Dörfer. Tagestouren von 30 km waren keine Seltenheit. Mit einer Handglocke kündigte sie an, dass die „Schustern aus Grimma angekommen ist und ihre Latschen verkaufen will". Angeboten wurden vor allem Herren- und Damenschnürstiefel sowie Kinder- und Konfirmationsschuhe, wobei im Krieg Militärstiefel überwogen. Auch Ball- und Tanzschuhe oder einfache Pantoffeln gab es. Bargeld war knapp. Der Schuhhandel blieb oft ein reines Tauschgeschäft: Pantoffeln gegen Eier, Schuhe gegen Speck, Huhn oder Schweinefleisch. Üblich war das Anschreiben und das langwierige Mahnen und Eintreiben. Schwer lasteten die Inflationsjahre auf dem Betrieb. Werkstattbücher von 1923 zeigen die schwindelerregende Entwicklung der Einnahmen und Ausgaben. Binnen weniger Monate kletterten die Einnahmen von Millionenbeträgen (Einnahmen im Juli 1923: 1.939.000 Mark) bis zu Milliarden und Billionen. Im Herbst wurden Einnahmen nur noch in Kurzform mit „2,1 Miliard" angegeben oder mit „25 Pilion" vermerkt. Die Reparaturpreise entwickelten sich ebenfalls rasant. So kostete die Erneuerung von Sohlen und Absätzen im Mai 1923 noch 15.000 Mark, im August 400.000 bis 3.300.000 Mark und im September bereits 6.000.000 Mark. Im Dezember 1923 war der Spuk vorbei. Mit der Geldentwertung bezahlte man für neue Sohlen und Absätze "nur noch" 6 Mark. Nach dem Tod ihres Mannes 1924 führte Ida Jubisch Laden und Werkstatt weiter. Zur Seite stand ihr dabei Sohn Kurt, der als Schuhmacher zusätzlich den Meisterbrief als Orthopädieschuhmacher erworben hatte. Mitte der 30er Jahre übernahm er das Geschäft, gestaltete den Laden zu einem Schuhhaus um und erweiterte das Angebot um Sportschuhe und Sportartikel. Die Fertigung von orthopädischem Schuhwerk stand unter dem Motto: „Gut versorgte Füße tragen zum Wohlbefinden bei!" In der Ladenstube wurden Gipsbinden umgelegt und Abdrücke für Einlagen gemacht. Im Zweiten Weltkrieg kam das „Austauschschuhwerk" „in Mode". Gebrauchte Schuhe wurden in Zahlung genommen und das Leder wieder verarbeitet. Kurt Jubisch erhielt 1945 vom Standortkommandanten die Erlaubnis, regelmäßig nach Leipzig fahren zu dürfen, um Einwohner und Flüchtlinge in Grimma notdürftig mit Schuhwerk versorgen zu können. Der neue Gewerbeschein vom Juni 1951 ermöglichte die Ausübung des Schuhmacherhandwerks sowie den Einzelhandel mit Schuhwaren und Sportartikeln. Die Firma Jubisch schloss 1957 einen Kommissionshandelsvertrag ab. Der Umsatz pegelte sich etwa bei 200.000 Mark ein. Als Kommissionshändler war man in die staatlich organisierte Warenverteilung einbezogen, als Privater hatte man gerade bei den begehrten Importschuhen oft das Nachsehen. Auch die Tochter, Ilse Mätzold, die 1969 den Betrieb übernommen hatte, bezog ihre Schuhe über den staatlichen Großhandel. Ende der 80er lag der Jahresumsatz des Familienunternehmens zwischen 600.000 und 700.000 Mark. Nach der Wende knüpfte das Geschäft an die alten Lieferantenbeziehungen aus Großvaters Zeiten an. Die Tradition des Grimmaer Schuhhauses wird heute in zwei Geschäften fortgeführt. Im Stammhaus präsentiert Ilse Mätzold die Kollektion namhafter Hersteller sowie Fußball- und Sportschuhe. Bei Joachim Mätzold in der Lange Straße findet man auch die neuesten „Italiener".

Sigrid Mühe, Mützenvariationen von Eduard Mühe Ende des 19. Jahrhunderts (S. 192)

Alfred Knobloch Eisenwarenhandlung

Grimma · Markt 7 Inh. Annemarie Böhmann, geb. Knobloch

Alfred und Hanni Knobloch waren aus Mittweida nach Grimma gekommen, um sich hier selbstständig zu machen. Ihre Chance kam, als eine Firma in Konkurs ging und auch das dazugehörige Grundstück zu erwerben war. Knoblochs hatten schon in Mittweida in einer Eisenwarenhandlung gearbeitet, und so gründeten sie 1936 ihr eigenes Geschäft.

Neben Eisenwaren wurden Langeisen für Schmiede und Klempner sowie Haushaltwaren angeboten. Das Verkaufsgeschäft war mit schwerer körperlicher Arbeit verbunden. Besonders während des Krieges, als die Männer an der Front waren, mussten sich die Frauen mit den gewichtigen Metallgegenständen abplagen. Stehvermögen und Fleiß halfen über die harten Jahre hinweg. Das HO-Kommissionsgeschäft verließ sich nie bloß auf seine Zuteilungen. Überall in der DDR kauften Knoblochs die Überplanbestände von den Herstellern ab. Nicht umsonst trug das Geschäft bei den Kunden auch den Beinamen "Neckermann". Alle möglichen Sorten von Nägeln, Schrauben, Nieten, Werkzeugen und Haushaltartikeln waren zu finden. Alfred und Hanni hatten das Geschäft bis 1976, dann übergaben sie es an ihre Tochter Annemarie, die es mit ihrem Mann Horst Böhmann bis zu seinem Tod 1988 führte. Im Familienbetrieb halfen alle mit. Hanni kümmerte sich noch um den Ein- und Verkauf während sich Annemarie, gelernte Einzelhandelskauffrau, neben dem Verkauf auf die Buchhaltung konzentrierte. Sie kannte ihren Laden ja von klein auf. Im größten Eisenwarenfachgeschäft weit und breit kauften viele Betriebe aus Industrie und Landwirtschaft ein. Die Produktpalette wurde immer umfassend und vielseitig gehalten.

Mit den neuen marktwirtschaftlichen Gegebenheiten taten sich für Knoblochs neue Möglichkeiten auf. Das Unternehmen wurde Mitglied im Einkaufsverband EK Bielefeld und bot nunmehr auch sogenannte Weiße Ware an. Mittlerweile reicht das Spektrum vom Kühlschrank über die Waschmaschine bis hin zum Rasenmäher und zu Baumaschinen. Das Geschäft wurde 1992 am Markt 7 unter Beachtung denkmalschützerischer Vorgaben nach modernsten Gesichtspunkten umgestaltet.

Fa. Knobloch auf dem Ostermarkt in Grimma Mitte der 80er Jahre

Zwei Jahre später eröffneten Knoblochs eine Filiale vorwiegend für gewerbliche Abnehmer. Das breite Kundeneinzugsgebiet erlaubte 1995 auch die Eröffnung einer weiteren Filiale in der Nachbargemeinde Großbothen. Das Familienunternehmen paart Tradition und Erfahrung mit persönlichem Engagement sowie modernstem Know-how. Dafür stehen sowohl Annemarie Böhmann als auch ihr Sohn Andreas, der heute den Dreh- und Angelpunkt des Familienbetriebes bildet. Mit kompetenter Beratung und erstklassigem Service wird der Enkel des Firmengründers für die Zukunft der traditionsreichen Eisenwarenhandlung sorgen.

Meutzner

Bürobedarf

Grimma · Hohnstädter Straße 1

Der Buchbinder Friedrich Gotthold Meutzner eröffnete am 6. April 1891 in der Hohnstädter Straße eine „Buchbinderei, verbunden mit Schreibwarenhandlung". Meutzners banden Bücher und Hefte, zogen Landkarten auf, rahmten und verglasten Bilder und kaschierten Fotos. Stadtverwaltung und Fürstenschüler waren vom Bürgermeister angewiesen worden, alle Schreibwaren bei Meutzner zu kaufen und in seiner Werkstatt binden zu lassen. Weltkrieg, Inflation und Krise dämpften die Geschäftsentwicklung. Sohn Johannes Meutzner hatte 1924 die Meisterprüfung abgelegt und war mit im Familienbetrieb tätig. Ende 1934 übernahm er mit seiner Frau Lina das Geschäft. Zwei Jahre darauf erhielt der Laden vier Fenster und der Hauseingang wurde in die Seitengasse verlegt. Die Belieferung zahlreicher Behörden und Betriebe mit Büromaterial führte zum Aufschwung des Unternehmens. „F. G. Meutzner" bot Büro-, Schul- und Zeichenbedarf, alle Arten Stempel, Füllfederhalter, Lederwaren und Schreibmaschinenbedarf an. Nach Kriegsende wurde der 16-jährige Hansjoachim Meutzner unter „Wehrwolfverdacht" von den Russen in das berüchtigte Lager Mühlberg gebracht. Zehn Monate lang hatten die Eltern kein einziges Lebenszeichen von ihrem Sohn. Langsam erholte sich auch das wirtschaftliche Leben im Unternehmen. Zu Meutzners ersten Kunden zählten sowjetische Offiziere, die sich die Bestände ihrer „erworbenen" Büchereien aufarbeiten ließen. Klebemittel gab es keine und so kochten Meutzners Mehl auf und verwendeten den Brei als Kleister. Die Versorgung der Händler mit Schreib- und Büromaterial war gegen Kriegsende zusammengebrochen und konnte lange nicht im erforderlichen Maße wiederhergestellt werden. Schreibhefte wurden nicht erzeugt und Meutzners begannen mit der Hilfsproduktion von Heften. Sie fertigten 1.000 Stück pro Tag. Der Familienbetrieb betrachtete sich stets als „Lückenschließer im wechselnden und wachsenden Bedarf". Die Buchbinderei fertigte auch in kleinsten Auflagen. Das hielt auch Hansjoachim Meutzner, der 1959 den Betrieb übernahm, so. Anfang der 70er Jahre sollte das private Unternehmen Kommissionshändler werden. Es war wohl die Kombination aus Werkstatt und Handel, die Meutzners ihre vollständige private Selbstständigkeit erhalten ließ. Die Industriepreisreform von 1974 schaltete Behörden und Betriebe als Kunden aus. Wegen Warenmangel mussten zwei Schaufenster mit Dekostoff zugehängt werden. Mit Glückwunschkarten und Kunstgewerbe wurde das Angebot aufgefüllt. Weihnachtspyramiden aus dem Erzgebirge, Festartikel und Silvesterknaller ergänzten saisonal das Sortiment. Meutzners achteten stets darauf, nie vom Profil abzuweichen. Hansjoachim Meutzner war jahrelang der einzige Buchbindermeister in Grimma und Umgebung. Seine Frau Margot stammte aus dem Buchbindergewerbe und unterstützte ihn in Laden und Werkstatt als „mithelfende" Ehefrau. Im vereinten Deutschland knüpften Meutzners an die alten Geschäftsbeziehungen mit Herstellern von Markenartikeln wieder an. Seit 1992 führt Tochter Heidrun Meutzner das Geschäft und erweiterte es baulich sowie im Sortiment.

Knallkörperverkauf am 28.12.1979

Sigrid Mühe

Grimma · Lange Straße 2

Eduard Mühe kam 1854 aus Wurzen. Er war Beutlermeister und damit er seinen Meisterbrief erhalten konnte, musste er ein selbstständiges Geschäft führen. In der Brückenstraße fand der 29-Jährige diese Möglichkeit. Eduard Mühe fertigte hochwertige Handschuhe, Mützen, Gürtel, Hosenträger und Bandagen aus Leder, Stoff und Pelz und verkaufte sie. Zu den interessantesten Stücken zählt eine von ihm entworfene Mütze, die in acht verschiedenen Varianten tragbar war (s. S. 189). Ihre Herstellungsweise ist heute nicht mehr nachvollziehbar. Den Laden in der Brückenstraße führte Eduard bis zu seinem Tod 1898. Sein Sohn Richard Mühe hatte nach Handschuh- und Mützenmachergesellenzeit einen Laden am Leipziger Platz eröffnet. Später baute er in seinem Haus, Lange Straße 2, ein neues Geschäft auf. Die Gebäudefront ist aus Sandstein und über Eingangstür und Schaufenstern prangt noch heute in Einlagen aus Blattgold die Firmierung „Militäreffekten – Handschuh Hut u. Mützen – Geschäft Richard Mühe". Richard machte den Namen Mühe richtig bekannt. Militäreffekten gingen in der Garnisonsstadt am besten. Die Husarenoffiziere waren Kunden mit Geschmack und Geld. Ihre Uniformen und Handschuhe mussten immer tadellos in Ordnung sein und so manche Dame geriet über eine kleine Aufmerksamkeit aus Pelz durchaus leicht in Verzücken. Richard übergab 1914 die Geschäfte an seinen Sohn Kurt. Er war der erste Kürschnermeister in der Familie Mühe. Seine Liebe galt den edlen Pelzen, doch davon allein konnte er nicht leben. Deshalb bot Kurt auch Mützen und Hüte aus Stoff und Filz an. Über die auftragsarme Sommerzeit bewahrte er Pelzsachen seiner Kundschaft in einem Lager auf. Am 10. August 1914 heiratete er Luise Hartig und nach drei Monaten „rief die Front". Luise führte den Laden weiter. Während des Währungsverfalls fuhren Mühes täglich mit den Einnahmen nach Leipzig und kauften neue Waren ein, um den Geldverlust möglichst gering zu halten. Aber bald hatten Näherinnen und Kürschnerinnen wieder regelmäßig Arbeit. Einen Einschnitt brachte der Zweite Weltkrieg und die gesamte Nachkriegsentwicklung. Der Laden wurde von amerikanischen Besatzern restlos geplündert. Alle Orden, Ehrenzeichen, Ansecknadeln, Dolche, Säbel und Seitengewehre nahmen sie mit. Die nachrückenden Russen eröffneten im Geschäft ein Militärmagazin für Offiziere. Mühes mussten ihren Laden irgendwie nebenan organisieren. Die Wohnung blieb ihnen erhalten. Auch Mühes halfen sich mit Improvisationstalent und Durchhaltevermögen über die Mangelwirtschaft. Das „Fellangebot war mit Zufällen verbunden" und eine höchst unsichere Sache. Bei der Verteilung der raren Artikel auf die einzelnen Läden wurde sogar gelost. Nach dem Tode Kurt Mühes im Herbst 1957 betrieb Luise das Geschäft im Witwenjahr weiter. Tochter Sigrid hatte erst im Frühjahr ihre Kürschnermeisterprüfung abgeschlossen, erhielt aber keine Gewerbeerlaubnis, sondern sollte eine Handwerksgenossenschaft gründen. Nach Einsprüchen bekam sie den Gewerbeschein rückwirkend, weil sie das Geschäftshaus geerbt hatte. Seit 1958 führt Sigrid Mühe das Familienunternehmen souverän durch alle Höhen und Tiefen.

Außenansicht um 1900

Photo Pippig

Grimma · Hohnstädter Straße 3

Der Vogtländer Clemens Pippig meldete am 1. September 1896 in der Garnisonsstadt sein Gewerbe an. Mit einer zusammenklappbaren Reisekamera besuchte er Ausflugsziele, wie die Rochsburg und den Rochlitzer Berg, und fotografierte Ausflügler, Vereine und Gruppen. Die Aufnahmen entwickelte er in seinem kleinen Labor und verschickte sie dann. Portraitfotos fertigte Clemens in seiner Wohnung in der Nerchauer Straße mittels eines Stativapparates. Hier befand sich Pippigs erstes „Geschäft“. Die Spezialität waren Landschafts-, Zimmer-, industrielle und Gruppenaufnahmen bei "billigster Abrechnung". Clemens fertigte auch Familien- und Portraitaufnahmen auf Postkarten an. Im Laden verkaufte er "Trockenplatten, Papiere und Apparate des In- und Auslandes" sowie Ferngläser und diverses Zubehör. Amateuraufnahmen wurden entwickelt, kopiert und vergrößert. Pippigs hatten drei Kinder: Alfred, Margarete und Hans, die ihr ganzes Leben im Familiengeschäft arbeiteten. Armselig waren die Zeiten der Inflation und Wirtschaftskrise. Reich war der Familienbetrieb nur an „produktionstechnisch" bedingten Umzügen. Pippigs bauten sich schließlich 1932 in der Hohnstädter Straße aus ihrer Wohnstube ein Ladengeschäft aus. Die Brüder hatten als Fotografen ihre Spezialstrecken. Der geduldige Hans liebte die Ruhe und fotografierte am liebsten Landschaften, während Alfred eher Hochzeiten, Vereinsfeiern oder Kindergruppen ablichtete. Auch im Krieg konnten beide ihrem Beruf treu bleiben. Alfred war in Posen Leiter der Film- und Bildstelle für Frontberichte und Hans arbeitete in einer Röntgenabteilung. Clemens Pippig stand bis zu seinem Todestag 1952 im Geschäft. Der Fotografenmeister Alfred übernahm nun die Geschäftsführung, die er 1974 an den heutigen Inhaber, Manfred Pippig, übergab. Manfred hatte im väterlichen Betrieb gelernt und in den 60er Jahren in einem Thüringer Speziallabor gearbeitet. Dort meldete ihn sein Chef einfach zur Meisterprüfung an. Hans Pippig kümmerte sich im Familienbetrieb, wie schon sein Vater, um die Dokumentation der Geschichte Grimmas. So wurde der Meister als Dank für sein heimatgeschichtliches Wirken, kurz vor seinem Tode 1996, zum Ehrenbürger Grimmas ernannt. Manfred stellte eigene Farbentwürfe für Ansichtskarten der Muldestadt zusammen, da es nur Schwarz-Weiß-Aufnahmen gab. Noch heute fragen Kunden nach alten Bildern ihrer Gemeinden oder Straßen. Liebhaber alter Kameras kamen und kommen bei Pippigs ebenfalls auf ihre Kosten. Zu Fest- und Feiertagen sind diese eine beliebte Schaufensterdekoration. Die Brüder Hans und Alfred hatten jeweils drei Kinder, je einen Jungen und zwei Mädchen, und alle haben den Fotografenberuf ergriffen. Im Grimmaer Geschäft blieben drei Enkel des Firmengründers: Manfred und Volker Pippig sowie Gabi Hofmann, geb. Pippig.

Alfred Pippig, 1955

Herrenmode Schmidt

Grimma · PEP Auf den Gerichtswiesen (ehemals) **Inh. E.-M. Gewohn**

Der Kürschner und Mützenmachermeister Moritz Schmidt hatte in Brandis ein Kürschnereigeschäft. Sein ältester Sohn Otto kam nach seiner Wanderschaft, die ihn in die Schweiz, nach Belgien und nach Frankreich führte, nach Grimma. Hier eröffnete der Kürschnermeister am 1. Juli 1902 am Markt sein eigenes Geschäft. Zur Kürschnerei gesellte sich bald der Verkauf von allerlei Artikeln für den Herrn. Außer Hosen und Jacken war praktisch alles zu haben. Bei Otto Schmidt paarten sich Sparsamkeit und Geschäftssinn. Das verhalf ihm bald zum Kauf von Grund und Boden in der Lange Straße 41. Dort erstand er zwei kleine Grundstücke, ließ die alten Gebäude abreißen und baute ein großes, neues Geschäfts- und Wohnhaus. Zur Freude der Kundschaft beherbergte das Haus zwei Geschäfte und zum Leid der Familie wurde bei den Wohnungen an den Bädern gespart. Der Laden, der im Volksmund bald „Hut-Schmidt" hieß, lief gut. Das Haus wurde 1936 umgebaut und aus den zwei Geschäften entstand ein großer Verkaufsraum. Den Krieg überstanden die Schmidtschen Geschäfte in Brandis und Grimma unbeschadet. Im Jahre 1949 wurde Ottos jüngerer Bruder Hugo Schmidt enteignet. Er zog mit seiner Familie von Brandis nach Grimma. Im Laden ging Hugo seinem Bruder zur Hand. Ein 12-Stunden-Arbeitstag in der Kürschnerei war keine Seltenheit. Im Jahre 1950 übernahm Hugo vom 73-jährigen Otto Schmidt die Geschäftsleitung. Aber bereits ein Jahr später verstarb der Kürschner und Mützenmachermeister Hugo Schmidt. Damit war das Patriarchat im Familienunternehmen beendet. Von nun an wechselten sich die Frauen an der Firmenspitze ab. Hugos Witwe Elisabeth Schmidt übernahm am 1. Juli 1951 den Einzelhandelsbetrieb und ihre Tochter Thea kümmerte sich als Kürschnermeisterin um das Handwerk. Elisabeths ältere Tochter Christa war gelernte Kauffrau und Bilanzbuchhalterin sowie Kürschnermeisterin. Sie unterstützte mit ihrem Wissen und ihren Fähigkeiten Mutter und Schwester. Ende 1958 wurde die Kürschnerei nach der Heirat von Thea Schmidt und Klaus Recknagel aufgegeben. Das Einzelhandelsgeschäft blieb bestehen. Elisabeth führte den Familienbetrieb bis Mitte der 70er Jahre. Am 1. Juli 1977 ging er an Christa Schmidt über. Engagement und Sparsamkeit blieben gerade während mancher Durststrecke, die der staatlich gesteuerte Handel brachte, oberstes Gebot. Aus einem vollen Warenangebot konnte eigentlich erst Theas Tochter, Eva-Maria Gewohn, wieder schöpfen. Seit dem 1. Juli 1990 stand die Wirtschaftskauffrau dem Betrieb vor. Unter ihrer Regie wandelte sich „Hut-Schmidt" zu einem typischen Herrenmodefachgeschäft. Dies wurde 1993 mit dem Namen „Herrenmode Schmidt" und neuem Logo offiziell unterstrichen. Das Unternehmen musste 1997 leider seinen Stammsitz im Stadtzentrum verlassen. Bis Januar 2001 offerierte Eva-Maria Gewohn ihr modisches Angebot im neuen Einkaufscenter PEP Auf den Gerichtswiesen.

Otto, Thea und Elisabeth Schmidt

Ernst Treudler

Inh. Sybille Güttich

Grimma · Brückenstraße 24

Kalender aus den 30er Jahren

Die Firma wurde am 5. März 1935 in der Brückenstraße 24 von Ernst Treudler gegründet. Seine Eltern hatten eine Fleischerei und seine Frau Gertrud stammte aus der Firma Fleischereibedarf „Max Demmler", Leipzig. In Grimma fanden die Leipziger den Ort, wo sie sich mit Werkstatt und Laden selbstständig machen konnten. In der Werkstatt wurden Fleischereimaschinen repariert und Messer geschliffen. Die Geschäftsleute widmeten sich vorrangig dem Großhandel für Fleischereien sowie dem Einzelhandel. Es wurden nicht nur Maschinen und Ausrüstungen verkauft. Reklametafeln von 1935 verwiesen auch auf „Därme, Leber & Gewürze". Als Ernst und Gertrud in den Ruhestand gingen, übernahm ihr Sohn Jürgen Treudler das Geschäft. Der Maschinenbaumeister hatte in der Fleischereimaschinenbranche gearbeitet und führte nun seit dem 1. Oktober 1966 das Unternehmen. Die Firma war staatlicherseits als „Bedarfsträger 9" eingestuft und so konnte der private Händler seine Waren direkt vom Hersteller beziehen. Beschaffungsprobleme gab es vor allem bei Zutaten für die beliebten Hausschlachtungen. Jürgen Treudler musste sich viel einfallen lassen, damit er den Wünschen seiner Kunden gerecht werden konnte. Das kleine Familienunternehmen passte als reparierender und handelnder Betrieb nicht in das „gängige" Profil einer Produktionsgenossenschaft. So ging der Kelch der Vergenossenschaftlichung an ihm vorüber und es konnte seine Eigenständigkeit bewahren. Am 1. Januar 1993 übernahm Sybille Güttich die Inhaberschaft. Sie kommt ebenfalls aus Leipzig und arbeitet seit 1990 im Laden. Bis Mitte der 90er Jahre hat Jürgen Treudler die Werkstatt noch betrieben. Heute wie damals werden im Geschäft Fleischereimaschinen, Arbeitstische und -geräte, Messer, Schüsseln sowie Gewürze und Zutaten verkauft. Hier findet nicht nur der Fachmann, sondern auch der Hobbykoch garantiert sein passendes Werkzeug. Der Duft der frischen Gewürze animiert allemal zum längerem Stöbern in den Regalen.

Andreas Winter

Grimma · Markt 20

Mechanikermeister

Am 30. August 1927 begann der Mechaniker Kurt Winter in der Lange Straße 48 mit dem Verkauf von Nähmaschinen, Fahrrädern, Sprechapparaten, Grammophonen, Radios und Kinderspielzeug, wie Eisenbahnen, Dampfmaschinen, aber auch Puppen und Puppenmöbeln. Seiner Kundschaft gewährte er „weitgehendste Zahlungserleichterungen zu günstigen Bedingungen". In seiner Werkstatt reparierte er einen Großteil der Geräte, die er handelte. Seine Frau Martha unterstützte ihn tatkräftig im Geschäft. Während der Kriegsjahre hielt die Geschäftsfrau, die „fachlich auf Zack" war, den Betrieb am Laufen. Aus eigener Kraft hatte Martha 1946 den Umzug in die Weberstraße 20 bewerkstelligt. Im Haus richtete Martha Winter den Laden und im Hof die Werkstatt ein. Kurt kehrte erst 1948 aus der Gefangenschaft heim. In der Nachkriegszeit war die Not der Leute groß und die Herstellung all dessen, womit Winters handelten, lag weitgehend brach. Das Geschäft beschränkte sich auf das Flicken von Gummistiefeln und Fahrradschläuchen oder das Richten von Speichen sowie das Zentrieren der Räder. Ersatzteile für die Nähmaschinenreparatur drehte Kurt meist selbst. Bald kamen die Kunden mit ihren alten Nähmaschinen vom Harz bis Rostock. Winters zogen 1955 in das Haus am Markt 20. Für das renovierte Geschäft in lukrativer Einkaufslage interessierte sich sofort die HO. Winters sollten plötzlich ihren Laden an den staatlichen Handel abgeben und den eigenen Verkauf über ihre Haustür bewerkstelligen. Über Nacht mauerte Martha eine Wand und teilte damit den Laden. Als am nächsten Morgen die Verantwortlichen fragten: „War die Mauer schon immer da?", antwortete die Geschäftsfrau mit unschuldiger Miene: „Na denken Sie, wir können die Mauer in einer Nacht hochziehen?!" Obwohl alles noch nach frischem Mörtel roch, war damit der Fall erledigt. Die HO bekam den einen Teil des Raumes und Winters konnten den anderen behalten. Kurt übernahm auch alle Serviceleistungen für Getränke- und Zigarettenautomaten in Betrieben und Einrichtungen. Mit der „Staatlichen Versicherung" hatte er einen Vertrag über die Betreuung und Wartung von Krankenfahrstühlen und Selbstfahrern. Fahrräder durften in Grimma sowieso nur die HO und der Konsum verkaufen. Lothar Winter übernahm 1970 nach dem Ableben seines Vaters den Betrieb. Der Mechanikermeister war mit Gisela Winter verheiratet. Durch den plötzlichen Tod ihres Schwiegervaters kam Gisela mit ins Familienunternehmen. Die gelernte Köchin fuchste sich schnell in die Männerdomäne ein und beherrschte bald neben dem Verkauf auch die Werkstatt. Beim Einspeichen der Fahrräder machte ihr so schnell keiner etwas vor. Lothar hatte noch einen zweiten Facharbeiterbrief als Kfz-Mechaniker gemacht und durfte zusätzlich auch Mopeds reparieren. Im Jahre 1993 verstarb Lothar Winter unerwartet und der Sohn musste in die Bresche springen. Andreas hatte schon im Vorschulalter seine ersten Nähmaschinen nicht nur auseinandergenommen, sondern auch wieder zusammengesetzt. Als Inhaber leitet er das Familienunternehmen nunmehr seit 1994.

Winter & Müller GbR

Groitzsch · Bahnhofstraße 17

In der Bahnhofstraße 17 befindet sich eine wohlsortierte Haushalt- und Eisenwarenhandlung. Ursprünglich beherbergte das Gebäude eine Schmiede. Ein Frohburger Schmied hatte das Haus 1860 errichtet und dort seine Dienste angeboten. Sein Sohn war ebenfalls Schmied, aber der Enkel des Firmengründers, Kurt Winter, stellte schon keine Eisenwaren mehr selbst her. Er war als Handelsvertreter für eine Schlossfabrik unterwegs und verkaufte verschiedenste Schlösser. Er machte sich 1933 in der ehemaligen Schmiede selbstständig und betrieb fortan einen stationären Handel. Bei Kurt Winter konnten die Groitzscher Eisenwaren aller Art sowie verschiedenste Werkzeuge kaufen. Mit der Zeit bot er auch Haushaltwaren an. Freuten sich seine Kunden nach dem Krieg über Töpfe, die aus Stahlhelmen gefertigt wurden, so achteten sie schon nach der Währungsreform 1948 wieder mehr auf Qualität und Langlebigkeit der Produkte, auch Luxusartikel waren langsam wieder gefragt. Kurt war ständig auf der Suche nach Waren. Er fuhr mit seinem Auto bis nach Thüringen, wo er Holzschnitzereien, Spielwaren und mundgeblasene Glaswaren erstand. Kaffee- und Speiseservice oder Einkochgläser konnte er nie genug besorgen. Die weibliche Kundschaft fand immer etwas für ihren Hausgebrauch oder als Geschenk. Die Männer zog es nach wie vor eher zu allem, was das Herz des Heimwerkers höher schlagen ließ. Das breite Angebot, der beliebte Beratungsservice und natürlich die Top-Lage waren den staatlichen Verkaufseinrichtungen schon bald ein Dorn im Auge. Kurt und seine Frau Magdalena bekamen oft zu hören: „Ihren Laden kriegen wir auf jeden Fall!“ Für den Familienbetrieb stand die Frage: „Werden wir gleich von der HO übernommen oder werden wir Kommissionshändler?“

Winters entschieden sich für Letzteres. Die Kundschaft scherte das wenig, sie ging nach wie vor „zu Winters“ einkaufen. Im Jahre 1964 erfolgte ein Generationswechsel. Die Eltern übergaben das Geschäft an Hans und Jutta. Hans Winter, ein echter Profi auf dem Gebiet Eisenwaren, hatte bei der Firma Schaarwächter & Steinbach in Leipzig gelernt. Im Laden betreute Jutta als mithelfende Ehefrau speziell die Haushaltwaren. Nach erneuter Renovierung im Jahre 1995 übernahm dann die dritte Generation die Geschäftsführung. Nunmehr sind die Töchter Kerstin Winter und Brigitte Müller für das Wohl des Familienunternehmens verantwortlich. Sie tragen dafür Sorge, dass die Waren anspruchsvoll, qualitativ hochwertig und dennoch preiswert sind. Das „etwas Besondere“ in Angebot und Service blieb neben den Dingen des täglichen Gebrauchs erhalten.

Katalog aus den 30er Jahren

Zschunke Honda-Vertragshändler

Großbothen · Grimmaer Straße 14 **Motorräder + Motorgeräte**

Der Kfz-Mechanikermeister Johannes Zschunke machte sich Mitte der 20er Jahre auf dem elterlichen Bauernhof in der Hauptstraße selbstständig. Er betrieb eine kleine Werkstatt und führte alle nur möglichen Kleinreparaturen aus. Zschunke arbeitete gut und sauber. Die Nachfrage stieg, die Werkstatt zog in die Grimmaer Straße und wurde bald zum Anlaufpunkt für alle Reparaturen in der Umgebung. Zu verfehlen war der Betrieb nicht. Genau gegenüber befanden sich die bis Leipzig bekannten „Müllers Gaststuben". Im „Tanzpalast" vergnügten sich Jung und Alt, Arm und Reich von nah und fern bis in die 50er Jahre. Die Vergnügungssüchtigen kamen erst mit dem Fahrrad und ab den 30er Jahren immer mehr mit Motorrad oder Pkw. Johannes erweiterte sein Angebot. Zur Reparatur kam der Handel mit Zweirädern. Weit verbreitete sich ein Werbespruch: „Vater, Mutter, Tochter, Sohn – alle Leute wissen schon: Fahrräder mit und ohne Eleganz, repariert schnell und preiswert Zschunke Hans". Während Hans seinen Kriegsdienst leistete, wurde der Betrieb stillgelegt. Nach einer Plünderung war nichts außer dem guten Namen geblieben. Hans musste nahezu bei Null beginnen und baute seine Firma rund um das Zweirad wieder auf. Mit durchschnittlich fünf Mitarbeitern hielt er Geschäft und Werkstatt immer arbeitsfähig. Der Verkauf von Motorrädern befand sich nun in staatlicher Hand. Für Zschunkes blieb der Handel vorwiegend mit Ersatzteilen und der Reparaturservice. Der Betrieb wurde Vertragswerkstatt für Motorräder der Marke „MZ". Erst nach der Wende ergaben sich für die Zschunkes völlig neue Chancen. Der heutige Inhaber, Hans-Dieter Zschunke, führt das Geschäft seit 1978. Als motorsportbegeisterter Junge ist er in die Firma praktisch hineingewachsen und kam nach Armee- und Studienzeit als Kfz-Techniker in den väterlichen Betrieb. Mit dem „Gesetz zur Förderung des Handwerks" in der DDR ging die Übernahme von Familienbetrieben durch die Nachfolger etwas einfacher als früher. Anfang 1991 erfüllte sich für Hans-Dieter Zschunke ein Jugendtraum: Er schloss mit HONDA einen Händlervertrag ab und es gelang ihm, die Japaner in Sachen Tatendrang, Schnelligkeit und Genauigkeit zu überraschen.

Motorradausflug in den 30er Jahren, Treffpunkt vor „Müllers Gaststuben"

Während der Vertragsverhandlungen Anfang März 1991 avisierte der sächsische Geschäftsmann den 26. April 1991 als Eröffnungstermin für das umgestaltete Firmengelände. Der Termin wurde gehalten. Heute findet der Motorrad-Fan hier alles, was sein Herz begehrt. Aber auch Rasenmäher für Garten und Park oder Honda-Industriemotoren für die Bauindustrie kann man erwerben.

Curt Grunewald

Bürobedarf – Schreibmaschinen

Hartha · Nordstraße 4

Der Kaufmann Curt Grunewald aus Wendeshain begann 1920 in der Nordstraße seinen Bürobedarfs- und Schreibmaschinenvertrieb. Schon seit 1909 fuhr er täglich mit dem Fahrrad von Wendeshain nach Hartha und verkaufte Büroartikel sowie Schreibmaschinen. In Straßburg im Elsass war er vorher einige Jahre als Hilfe im Bürobedarfsgeschäft seines Bruders Arthur tätig und konnte erste Berufserfahrungen und für später wichtige Verbindungen zu Lieferanten sammeln. Er kaufte 1932 in der Nordstraße 4 ein Haus und schuf eine Werkstatt für Büromaschinen, Laden, Lager sowie Büro- und Empfangsräume. Curt erhielt die Generalvertretungen für die Wanderer-Werke Chemnitz (Continental-Schreibmaschinen), Roto und Debegowerke AG Königslutter (Vervielfältigungstechnik) sowie Fortschritt-Büroeinrichtungen Freiberg. Er beschäftigte zu Spitzenzeiten bis zu 15 Vertreter, Verkäufer und Mechaniker. Grunewalds vermieteten Büromaschinen. Buchhaltungsformulare verkauften sie nicht nur, sie richteten gleichzeitig die Buchhaltung für die Betriebe ein. Die Söhne Gotthard und Rudolf erlernten eben-

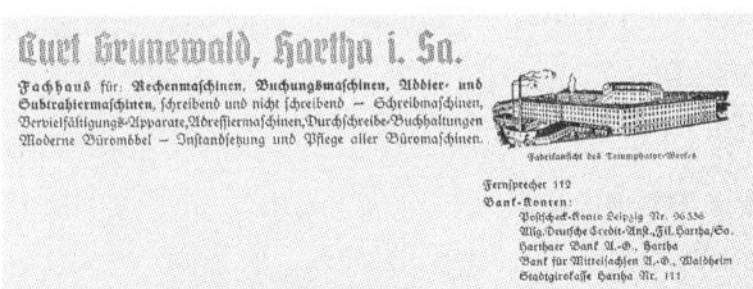

Briefkopf aus den 30er Jahren

falls den Beruf Kaufmann und erhielten in bekannten Firmen der Branche ihre Ausbildung. Die Töchter Magdalena und Dorothea absolvierten ihre Lehre im Geschäft und arbeiteten als Verkäuferin bzw. Buchhalterin. Im Laufe der Zeit baute man noch eine Abteilung für Sammlerbriefmarken auf. An Betriebe, Handwerker und Gewerbetreibende wurde die Ware mit dem Auto oder per Postversand frei Haus geliefert. Der Einzugsbereich war Mittelsachsen, das Gebiet zwischen den Großstädten Chemnitz, Dresden und Leipzig. Die Mechaniker kamen zur Reparatur der Büromaschinen bei Bedarf auch vor Ort. Nach der Teilung Deutschlands blieben Lieferungen aus den Westzonen aus. Neue Maschinen gab es ohnehin kaum und so versuchten Grunewalds, durch Reparaturen und Verleih von Büromaschinen ihren Kunden zu helfen. Nach der Industriepreisreform 1968 blieben für die Bevölkerung die niedrigen Preise und die Industrie musste höhere Preise bezahlen. Gewerbetreibende hatten Freibeträge von 200 Mark pro Monat. Der Enkel des Firmengründers, Curt Hans-Gottfried Grunewald, übernahm 1986 die Firma. Aus gesundheitlichen Gründen mussten die Söhne Rudolf und Gotthard die Arbeit beenden. Im Laden verrichtet die Kasse von 1938 noch immer ihren Dienst. Ersatzteile und Reparaturen für ältere mechanische Schreib- und Rechenmaschinen werden weiterhin angeboten. Moderne Drehstühle bietet der Enkelsohn ebenfalls an. In dem 40 qm großen Laden, der sich in der Originaleinrichtung präsentiert, findet der Kunde neben „neuzeitlichen" Büroartikeln auch altbekannte und längst vergessene Dinge wieder: Grüne Schulhefte für einen Groschen, Zeichenblöcke und Rechenhefte sowie Postkarten des VEB Planet-Verlag Berlin – alles hergestellt vor über 10 Jahren. Für Liebhaber von Ostprodukten ist hier eine wahre Fundgrube!

Computer Krenkel & Schreibwaren Zscherpe

Hartha · Karl-Marx-Straße 15 **Inh. Dipl.-Ing. S. Krenkel e. K.**

Zur Eröffnung seines Musikhauses 1906 warb Theodor Zscherpe mit folgendem Inserat: „Einer geehrten Einwohnerschaft von Hartha und Umgebung hierdurch die ergebene Mitteilung, dass ich Wilhelm-Straße 46 eine Musikalien- und Instrumenten-Handlung eröffne. Ersuche werte Interessenten und Vereine, mir die Besorgung der nötigen Musikalien übertragen zu wollen und sichere schnellste Bedienung zu. Gangbare Musikalien, Unterrichtswerke für alle Instrumente, sowie grosse Auswahl in Humoristika halte stets auf Lager. Beste Bezugsquelle für alle Musikinstrumente und Saiten. Empfehle mein Geschäft bei Bedarf von: Violinen, Konzert- und Accordzithern (echte Menzenhauer), Musikwerken, Sprechapparaten, Mund- und Zieh-Harmonikas, Trommeln, Flöten, Okarinas etc., Pianos der renommierten Firma: 'Schuppe-Chemnitz', Ansichts- und Künstler-Postkarten, Gratulationskarten, Nippesfiguren und Reise-Andenken."

Der Firmengründer war 1896 als Stadtmusikdirektor nach Hartha berufen worden. Er kaufte 1907 das Haus in der heutigen Karl-Marx-Straße und baute das Geschäft zügig aus. Von 1925 bis nach dem Zweiten Weltkrieg waren Zscherpes die einzige Buchhandlung in Hartha. Im Jahre 1936 hatte Tochter Margarethe mit ihrem Mann Werner Oesterheld, einem Kaufmann, das Geschäft übernommen. Nunmehr firmierte man unter: „Büro- u. Papierwaren/Buchhandlung und Musikwaren". Werner verbrachte die Jahre von 1942 bis 1947 in Krieg und Gefangenschaft. Margarethe führte das Geschäft mit der Unterstützung der verbliebenen Angestellten und Familienangehörigen weiter. Sohn Joachim und seine ältere Schwester Ursula mussten auch versorgt werden. In den Nachkriegsjahren wurden Bilder gerahmt und Anzeigen angenommen. Zscherpes verkauften auch Amiga-Schallplatten. Für 4 Mark und gegen Abgabe zweier alter Platten erhielt man die neuesten Schlager. Musikinstrumente aus dem Vogtland wurden bis Mitte der 50er Jahre geführt. An Stelle von Schallplatten und Instrumenten rückten Büroartikel, Papierwaren, Schreibgeräte und Glückwunschkarten in den Mittelpunkt. Ende der 50er Jahre wurde ein Kommissionshändlervertrag mit der HO abgeschlossen. Nur aller sechs Wochen konnte im Versorgungskontor Leipzig eingekauft werden. Das waren zeitlich große Abstände und man musste beträchtliche Mengen abnehmen, damit man immer etwas anbieten konnte. Nach Werners Tod 1969 führte Margarethe das Geschäft. Tatkräftig unterstützt wurde sie bereits seit 1953 von ihrer Tochter Ursula. Von 1976 bis zum Eintritt in das Rentenalter leitete Ursula erfolgreich das Geschäft im Sinne der Eltern und des Großvaters. Von ihren drei Söhnen hat seit Anfang 1999 der jüngste, der Diplom-Ingenieur Stefan Krenkel, die Verantwortung für das Unternehmen übernommen. Gemeinsam mit seiner Frau Elke betreibt er auch einen Computerfachhandel. In der Karl-Marx-Straße 15 wird weiterhin für Schule und Büro gesorgt.

Richter Rolf ... Ihre Drogerie

Inh. Holger Richter

Hartha · Markt 28

Herr Hagenmüller zog in den 80er Jahren des 19. Jahrhunderts im Hof des Grundstücks Markt 32 einen Großhandel mit Gewürzen auf. Im Vorderhaus betrieb er eine Drogerie und handelte mit Kolonialwaren. 1896 brannte das Haus nieder. Im Jahr darauf erhielt das neu eröffnete Geschäft den Namen „Adler Drogerie". Der Gewürzhandel florierte, Drogen und Lebensmittel verkauften sich gut. Die Gewürzmischungen wurden auf Märkten bis nach Leipzig angeboten. Hausfrauen holten im Laden Heringe vom Fass. Männer ließen sich Wein vom Fass abziehen und für die Kinder gab es immer leckere Schokolade. Bedient wurden die Kunden von Georg Mauersberger, der aus dem Erzgebirge stammte. Im Jahre 1912 übernahm er dann die Drogerie und führte sie über viele Jahre lang durch schwere Zeiten. Nachfolger wurde Ende 1953 Rolf Richter aus Hartha. Sein Vater war Schmied und Rolf sollte es im Leben einmal leichter haben. So konnte er den Beruf des Drogisten bis 1946 erlernen und arbeitete danach bis 1953 in der Waldheimer Florena Drogerie. Auf die „Adler Drogerie" hatte er schon lange ein Auge geworfen. Als Georg Mauersberger in den Ruhestand ging, bekam Rolf endlich seine Chance zur Selbstständigkeit. Im Jahre 1960 schloss Rolf Richter mit der HO einen Kommissionshändlervertrag ab. Wie seine Vorgänger handelte Rolf nicht nur mit Drogerieartikeln. Der Laden war ein echter Gemischtwarenhandel. Auch Farbe, Lebensmittel und Haushaltwaren wurden angeboten. Im Geschäft waren stets nur Mitglieder der Familie Richter tätig. Rolf wurde von seiner Frau Monika im Verkauf unterstützt. Heute hilft Rolf noch bei seinem Sohn Holger aus. Holger führt seit 1996 die Geschäfte in der neuen Drogerie Markt 28, ganz ohne Laden aber kann sein Vater nicht auskommen. Die Leute kennen ihn und er kennt sie und ihre Geschichten. Bei vielen, besonders bei den älteren Kunden, weiß er schon, was sie haben wollen, wenn sie den Laden betreten.

Heute kann man bei Richters auch wieder Lebensmittel, Gewürze und Drogerieartikel kaufen. Neu ist das Fotodepot und der Vertrieb von Mobiltelefonen sowie das große Sortiment an Parfümerieartikeln. Um alle verschiedenen Produkte anspruchsvoll präsentieren zu können, haben Richters ihre Verkaufsräume entsprechend erweitert.

Theodor Zscherpe (Mitte), 1912 (S. 200)

Radio-Müller

Holzhausen · Stötteritzer Straße 34

Laden in Jauer

Der rundfunkbegeisterte Helmut Müller gründete am 8. Januar 1938 in Jauer, dem heutigen Javor, bei Breslau, dem jetzigen Wroclaw, eine Reparaturwerkstatt und verkaufte dort auch Radiogeräte. Das Handeln lag ihm im Blut und das notwendige Wissen hatte er sich auf einer Handelsschule angeeignet. Seine Frau Margarete Müller war Textilverkäuferin. Der Krieg warf schon bald seinen Schatten auf die junge Firma. Ab 1939 musste Margarete die Leitung des Geschäfts übernehmen, da ihr Mann Helmut zum Militärdienst einberufen wurde. Damit endete auch die Lehrlingsausbildung in der Firma. Schließlich musste das Unternehmen aufgegeben werden. Mit dem Rückzug der deutschen Truppen an der Ostfront floh Margarete aus Schlesien zu Verwandten nach Leipzig. Helmut Müller folgte ihr aus der Kriegsgefangenschaft dorthin. In Holzhausen in der Beethovenstraße 19 öffnete er ein neues Geschäft. Im Jahre 1951 zog die Firma in die Bahnhofstraße 9. Hier erlebte sie auch die Umbenennungen der Straße in Stalinstraße, Ernst-Thälmann-Straße und in die heutige Stötteritzer Straße. In den 60er Jahren wurde ein Kommissionsvertrag mit der HO geschlossen. Helmut übergab 1978 das Unternehmen an seine Tochter Christine Schächer. Sie machte eine Berufsausbildung mit Abitur, die sie erfolgreich als Fernmeldemechanikerin beendete. Bis 1974 absolvierte sie ein Hochschulingenieurstudium für Automatisierungstechnik. Christine Schächer hatte sich als Studentin, als Geschäftsfrau und als Mutter von vier Kindern zu bewähren. Die Holzhausener fanden bei Radio-Müller neben Produkten der Unterhaltungselektronik, Haushaltgroß- und -kleingeräten auch Elektrobedarf bis hin zu Steckern und Batterien. Nach der Wende gab es zeitweilig Videokassetten und Tonträger zu kaufen oder auszuleihen. Im Dezember 1994 bezog die Firma die Geschäftsräume in der Stötteritzer Straße 34. Die einzige Mitarbeiterin musste bald aus Kostengründen entlassen werden.

Heute hat der kleine Laden in Holzhausen, neben dem harten Verdrängungswettbewerb in der Branche, besonders unter dem Zusammenbruch organisch gewachsener Einzelhandelsstrukturen im Ort zu leiden. Zusätzliche Dienstleistungen wie Fotoannahme, Reparaturen, An- und Verkauf sowie Haus-zu-Haus-Belieferung werden offeriert. Durch den Aufbau einer eigenen Werkstatt für Rundfunktechnik soll ein Vor-Ort-Service geboten werden. Dafür drückt Christine nochmals die Schulbank und macht ihren Meister. Mit einem eigenen Gaststättenbetrieb bereichert Familie Schächer die Stötteritzer Straße und betätigt sich nunmehr auf einem weiteren Geschäftsfeld.

Raschkes Mini-Markt

Holzhausen · Stötteritzer Straße 51

In Holzhausen gilt der kleine Lebensmittelladen in der Stötteritzer Straße 51 als ältestes Fachgeschäft. Begonnen hat alles am 14. Mai 1904 mit einer Milchhandlung. Hermann Raschke zog über Land und kaufte bei Bauern Milch auf. Diese lieferte er dann zum Milchhof nach Leipzig. In der Leipziger Oststraße betrieb er einen ambulanten Milchhandel und bediente auch die dortige Kinderklinik. Die Leute brachten ihre Frischmilch auch auf eine Sammelstelle und Hermann Raschke fuhr sie dann in die Stadt. Vor dem Ersten Weltkrieg trug ein halbes Dutzend Frauen die nahrhafte Flüssigkeit zum Kunden aus. Nach dem Tod des Gründers übernahm 1942 seine Frau Elsa das Geschäft. Während des Weltkriegs wurde die Milchhandlung ausschließlich im Hof betrieben. Nur noch zwei Frauen trugen Molkereiprodukte aus. Die Milchlieferungen nach Leipzig wurden 1948 dann gänzlich eingestellt. Der Handel allein mit Milch und Milchprodukten wurde immer unrentabler. Im Jahre 1950 öffnete Raschkes Tochter Gertrud Weber ein kleines Ladengeschäft. Zu Milch und Butter gesellten sich nach und nach andere Produkte hinzu. Aus dem Lädchen entwickelte sich ein richtiger „Tante Emma Laden". Wenn die Kinder früh zur Schule gingen, stellten sie ihre leeren Milchkannen bei Raschkes ins Fenster und nach der Schule holten sie diese aufgefüllt wieder ab. Pro Woche mussten im Geschäft 15 bis 20 Kannen gesäubert werden. Mutter Gertrud hatte kaum Zeit für ihre Tochter Johanna, von allen „Rosel" genannt. Rosel fühlte sich im Laden wohl. Sie zog sich ihr kleines weißes Schürzchen an und „los ging's". Sie ging der Mutter zur Hand oder bediente schon mal selbst. Die Frage der Nachfolge klärte sich von selbst. Rosel lernte Verkäuferin und ist seit 1957 im damaligen HO-Kommissionsgeschäft tätig. Eigentlich heißt sie seit ihrer Hochzeit Johanna Pascheke. Für die Kunden bleibt Johanna „Frau Raschke" oder besser noch, die „Rosel". Raschkes wollten sich auch nie vergrößern. Das Angebot des Bürgermeisters, aus zwei Häusern eine kleine Kaufhalle zu machen, lehnten sie „dankend" ab. Der Laden ernährte gerade die Familie. Für ein Auto reichte das Geld schon nicht aus. Großvater Raschke konnte seinerzeit noch mit seinem Firmenwagen Betriebsausflüge mit der Belegschaft unternehmen. Der Umgang mit den Leuten und die Sorge um die alten Menschen sind für Rosel sehr wichtig. Sie wusste immer, welche Familie wie viele Kinder hatte. Schließlich waren die heißbegehrten „Schokoladenhohlraumfiguren", egal ob Weihnachtsmänner oder Osterhasen, meist Zuteilungsware und es sollte niemand ohne diese Leckerei auskommen müssen. Rosel und ihr Mann Peter bieten heute einen Bringdienst an, der besonders von den Älteren dankbar angenommen wird. Ob der „Tante Emma Laden" sein 100-jähriges Jubiläum erleben wird, steht noch in den Sternen. Rosel wird wohl aus gesundheitlichen Gründen früher aufhören müssen und ein Nachfolger ist bislang nicht in Sicht.

Hermann und Elsa beim Betriebsausflug um 1914

Erselius Warenhandelsgesellschaft mbH

Markranstädt · Leipziger Straße 59

Geschäft in der Leipziger Hainstraße

Die Linie der Gewerbetreibenden der Familie Erselius lässt sich bis 1719 zurückführen. In jenem Jahr wanderte ein Erselius, der Sohn des berühmten Holzbildhauers Caspari Erselius aus Florenz, in Leipzig ein. Im Adressbuch der Stadt von 1746 ist Johann Gottlieb Erselius als "Riemermeister" nachweisbar. Als Gründungstag von Louis Erselius Sattel-, Geschirr- und Lederwarenfabrik ist der 1. Juli 1844 überliefert. Ihre Geschäftsräume hatte die Firma ehemals in der Schillerstraße, dann an der Ecke Königsplatz/ Nonnenmühlgasse, bis die Firma 1907 in die Reichsstraße zog. Bomben zerstörten das Gebäude 1943. Nach dem Krieg wurde in der Hainstraße in bescheidenem Maße neu begonnen. Als in den 60er Jahren die Hainstraße zur "sozialistischen Straße" umfunktioniert wurde, musste auch die Firma Erselius weichen. Nach verschiedenen Standortwechseln war sie seit 1980 im Parkhotel in der Nikolaistraße ansässig. Dort kam 1991 das Aus, als sich die Mietforderungen fast verzehnfachten.

In der Richard-Wagner-Straße wurde 1991 ein Laden eröffnet und in der Reichsstraße ein zweites Geschäft umgestaltet. Die Firma war an einen traditionellen Standort zurückgekehrt. Ende 1998 mussten beide Citygeschäfte aufgegeben werden. Die Kundenströme hatten sich verändert, die Mieten blieben aber unverändert. Heute befinden sich die Geschäfte von "Leder Erselius" im „Allee-Center" in Leipzig Grünau und in der Leipziger Straße in Markranstädt.

Die heutigen Geschäftsführer Lutz und Harald Erselius fühlen sich der Traditionslinie ihres Hauses verpflichtet. Erselius war „Preußischer Hoflieferant für königliche Pferde". Lange war der Name Erselius mit drei "R" verbunden: „Roß – Reiter – Riemer". Von den Zeiten, als

Erselius Warenhandelsgesellschaft mbH

Markranstädt · Leipziger Straße 59

Sattel, Zaumzeug und Geschirr für die königliche Reiterei hergestellt wurden, zeugte noch lange ein ausgestopftes und dekoriertes Pferd im Schaufenster. Hermann Erselius konnte zur Jahrhundertwende durch sein Patent eines Sattelkammerbügels Geschäftsbeziehungen mit dem Ausland herstellen. Der Betrieb zeichnete sich stets durch solide Handwerkskunst aus. Vor dem Zweiten Weltkrieg beschäftigte das Unternehmen bis zu 50 Mitarbeiter, nach dem Krieg waren es nie mehr als fünf. Vater Harry und Mutter Käthe mussten sich fast ständig mit staatlicher Bevormundung auseinandersetzen. Unmittelbar nach dem 17. Juni 1953 enteignete man das Geschäft. Einzelhandel und Produktion wurden an „Vertreter der Arbeiterklasse" übergeben, d.h. die Firmenschlüssel mussten an einen Schlosser ausgehändigt werden. Nach vierzehn Tagen war der Spuk vorbei. Sie bekamen die Schlüssel zurück, blieben privat und wurden aber weiterhin in ihrer Geschäftsausübung behindert. Ständig versuchte man, die Firma Erselius in eine Produktionsgenossenschaft umzuwandeln.

Geschäftshaus, Reichsstraße 16

Der Existenzkampf wurde noch härter, da man nunmehr alles unternahm, um den privaten Besitzstand zu verstaatlichen. Das gelang 1970 schließlich mit der Enteignung der Produktionsstätte für Stadttaschen aus Kunstleder. Übrig blieb der Einzelhandel. Harry Erselius hielt sich an seinen Spruch: „Nur nicht auffallen, und wenn, dann nur durch Leistung!" Seelisch litt Harry bis zu seinem Unfalltod 1971 unter den staatlichen Reglementierungen. Mutter Käthe leitete zunächst die Geschäfte, bis die Söhne nach zähem Ringen mit dem Gewerbeamt noch im gleichen Jahr die Gewerbeerlaubnis erhielten. Die Brüder führten die Firma selbstständig fort, wobei sie sich einig waren, dass sie „freie Kaufleute" bleiben und sich niemals zu Kommissionshändlern machen lassen würden. Das Geschäft hielten sie aus „anerzogenem Traditionsverständnis". Das war für sie die einzige Motivation. „Hätte man mir den Laden weggenommen, wäre ich nach dem Westen gegangen.", resümiert Lutz Erselius. Die Brüder Erselius trotzten allen Widrigkeiten und ließen den ältesten Lederwarenfachhandel mit Familientradition in Sachsen nicht untergehen. Dabei konnten sie sich auf eine solide Ausbildung stützen. Nach der Wende stellten sie frühere Kontakte zur Lederwaren-Hochburg Offenbach wieder her. Erselius wurde 1990 in den Lederwarenfachverband aufgenommen. Die Leipziger Kaufleute Erselius kümmern sich aber nicht nur um die Zukunft ihrer Geschäfte - hier soll Junior Arnd einmal in die Fußstapfen des Vaters treten. Ihr Engagement gilt der Entwicklung des Leipziger Einzelhandels insgesamt. Dazu nutzt Lutz seine Mitgliedschaft im Bundesverband des Lederwaren-Einzelhandels und im Handelsverband Sachsen e.V.

mhm möbelhaus markranstädt

Markranstädt · Leipziger Straße 1

Der Grundstein für das Möbelhaus Markranstädt, mit dem Küchenhaus am Markt und dem Möbelhaus am See, wurde von Max Reichardt am 2. Mai 1924 in Miltitz gelegt. Dort eröffnete der Tischlermeister das Möbelhaus Reichardt – eine Tischlerei mit Möbelhandel. Max begeisterte sich als junger Wanderbursche für Intarsienarbeiten, die Handpoliererei sowie antike Möbelstücke. Diese Faszination hielt ein Leben lang. Noch mit 85 Jahren führte er die Tischlerei in Miltitz und schaffte in der Werkstatt. Seine Frau Elsa war ebenso rührig und half in der Lackiererei. Max entwarf und fertigte Wohnzimmermöbel, Küchenbuffets und Schlafzimmer. Tags war Max in seiner Tischlerschürze unterwegs. Nachts saß er über Kalkulationen und Abrechnungen. Er beschäftigte zehn Mitarbeiter und zwei seiner Brüder, ebenfalls Tischler, halfen ihm. Das Möbelhaus Reichardt entwickelte sich von der reinen Möbeltischlerei zu einer Bau- und Möbeltischlerei, die auch Fenster und Türen fertigte. Das Möbelgeschäft wurde zu einem "kleinen Einrichtungshaus" und bot auch Teppiche, Auslegware, Lampen und Accessoires an. Anfang der 60er Jahre übernahm Tochter Gerta Siewerth die Firma und trennte Produktions- und Verkaufsort. Die Tischlerei blieb in Miltitz und das Kommissionshandelsgeschäft der HO zog 1965 nach Markranstädt in die Leipziger Straße. Der Möbelanbieter hatte sich mit seinem Einrichtungsprogramm zum größten privaten Einrichtungshaus der DDR gemausert. Er verfügte über eine eigene Lkw-Flotte. Vier bis fünf Lastzüge mit Hängern holten die Ware bei den Herstellern ab und lieferten die Möbel auch republikweit aus. Lange lebte das Unternehmen „nur durch Mund-zu-Mund-Propaganda". Das private Unternehmen wurde 1972 verstaatlicht. Das Geschäft in Spitzenlage mit seinen 28 Mitarbeitern übernahm der bisherige Kommissionspartner. Ursula Lehmann, die Enkelin des Firmengründers, arbeitete von 1972 bis 1978 als staatliche Leiterin im Geschäft. Ihr Drang nach Unabhängigkeit war größer als die Treue zum nicht mehr im Familienbesitz befindlichen Unternehmen. Die Handelskauffrau nutzte die Möglichkeit, in Leipzig eine Drogerie in der Merseburger Straße zu übernehmen. Diese führte sie von 1979 bis 1990. Jetzt erst konnte sie sich den Wunsch nach Selbstständigkeit in der Möbelbranche und im eigenen Familienunternehmen erfüllen. In der Zeit von der Antragstellung auf Rückübertragung bis zur Reprivatisierung verkaufte Ursula Küchenmöbel in ihrer umfunktionierten Leipziger Drogerie. Das 1991 eröffnete „Küchenstudio Lehmann" blieb bis Ende 1996 in Leipzig und dient heute als „stummer Verkäufer". Eine große Hilfe in jenen Tagen war ihr Ehemann Frank. Der Ingenieur, zunächst als Aushilfe eingestiegen, entwickelte sich zum perfekten Küchenplaner. Sohn Swen schulte vom Kfz-Schlosser zum Kaufmann im Einzelhandel um. So war Familie Lehmann 1997 bestens für die Eröffnung des Küchenhauses am Markt gewappnet. Ein Jahr später eröffnete das Möbelhaus am See, An der Renne. Das Geschäft floriert und dafür sorgt auch das 81-jährige Familienoberhaupt Gerta Siewerth. Als Inhaberin der gesamten Firma hält sie nicht nur das „Zepter" in ihren Händen, sie hält auch die jungen Leute auf Trab und macht manch einem fachlich noch etwas vor.

Anita Nebe

Vor den Weihnachtsfeiertagen 1927 eröffnete Hanna Nebe im Hause ihrer Schwiegereltern in der Zweinaundorfer Straße ihren Laden. Hanna betrieb einen florierenden Lebensmittel-Einzelhandel und ihr Otto verkaufte in den 30er Jahren Eisenwaren und Werkzeuge. Das Geschäft mit den Lebensmitteln war einträglich, aber schwer. Fast alles wurde lose geliefert und musste einzeln gewogen und abgepackt werden. Während des Krieges gab man Marken für Gemüse und Fisch aus. Diese Produkte hatten die Händler zusätzlich anzubieten, dafür bot aber der kleine Laden keinen Platz. So verkauften Nebes zunächst auf dem Hof in einem provisorisch eingerichteten Gebäude. Eine Wohnung im Erdgeschoss wich dann den zusätzlichen Verkaufsräumen. Otto war ein tüchtiger Geschäftsmann und die heutige Inhaberin, Anita Nebe, hatte in ihm einen guten Lehrmeister. Er war ihr Stief- und wurde später noch ihr Schwiegervater. Nach dem Tod seiner Frau Hanna hatte sich Otto mit Milda verheiratet, die die kleine Anita mit in die Ehe brachte. Aus der Ehe mit Hanna war Sohn Gerhard hervorgegangen. Die jungen Leute arbeiteten beide mit im Familienbetrieb und bald feierten Anita und Gerhard Hochzeit. Gerhard konzentrierte sich auf die Buchführung und Anita erledigte die Bestellungen, kaufte ein und verkaufte. Der Familienbetrieb versorgte die Mölkauer mit allem, was sie für Küche, Haus, Hof und Garten benötigten. Gerhard Nebe schloss 1960 einen Kommissionshändlervertrag ab. Geschäft und Lagerräume wurden in den folgenden Jahren mehrfach ausgebaut. Otto, der immer auf dem neuesten Stand der Entwicklung sein wollte, drängte die jungen Leute auch zum Kauf einer Tiefkühltruhe. Im Jahre 1963 bauten Nebes den linken Laden zum Spezialgeschäft für Fisch und Gemüse aus. Im rechten Teil wurden Lebensmittel und Industriewaren angeboten. Lager- und Kühlräume wurden eingerichtet, die sich in der Vorratswirtschaft hervorragend bewährten. Konserven konnten nun auch mal palettenweise abgenommen werden. Gurkengläser aus dem Spreewald und Frühgemüse von den Gärtnereien wurden mühelos eingelagert. Bei „Nebes" gab's alles! Ab Spätsommer fuhr die Familie sonntags nach Herzberg zu Sammelstellen und kaufte frisch gesuchte Pilze auf. Montags standen diese dann im Körbchen vor dem Laden. Nach dem Tod ihres Mannes übernahm Anita 1972 das Geschäft. Der ehemalige Süßwarengroßhändler Roggelin, dessen privates Unternehmen verstaatlicht worden war, unterstützte die Geschäftsfrau tatkräftig. Anfangs der 90er Jahre arbeiteten ein Dutzend Verkäuferinnen in den beiden Läden. Heute bedienen im Lebensmittelgeschäft drei junge Damen und um die Haushaltwaren kümmert sich Anita allein. Egal ob Lebensmittel oder Werkzeuge, Anita kennt sich aus. Links ist alles neu und rechts findet man all die zahllosen unterschiedlichen Waren noch in den von Otto selbstgefertigten Regalen und Schubkästen. Nach wie vor gibt's alles, was man für seinen Haushalt nur brauchen kann. Bei Nebes findet man noch manchen Artikel, von dem man glaubt, dass er nirgends mehr aufzutreiben sei.

Maritta Auerbach

Mügeln · Dr.-Friedrichs-Straße 41

Trinkhalle mit Verkauf

In der heutigen „Trinkhalle" in Mügeln wurde 1848 von den Kaufleuten Leupold und Lindner eine „Branntwein-, Zigarren-, Wein- und Kolonialwarenhandlung" eröffnet, die ein erlesenes Sortiment an Lebens- und Genussmitteln sowie Frischwaren führte. Eine Destillerie betrieben sie ebenfalls. Von 1903 bis 1928 führte der Kaufmann Luis Rauschenbach das Unternehmen. Am 1. April 1928 kaufte es der Kaufmann Walter Schumann. Zu „Leupold & Lindner" gehörte dann auch eine Kaffeerösterei. Jede Woche wurden 15 kg Rohkaffee frisch geröstet – das 1/4 Pfund für 40 Pfennige. Schnaps wurde längst nicht mehr selbst gebrannt. Der Sprit kam aus Freiberg, Zucker vom Großhändler und Essenz aus Miltitz. Die Flaschen besorgte man sich über den Rückkauf von Gaststätten oder nahm sie im Laden zurück. In reinster Handproduktion wurde gemischt, veredelt und abgefüllt. Selbst die Korkenmaschine betrieb man per Hand. Die Likörfabrik verließen die verschiedensten Sorten: Branntwein, Liköre, wie Stonsdorfer und natürlich der „Leupold'sche Kräuterbitter", aus 17 Kräutern hergestellt und seit 1848 im Handel! Laut Etikett hat er „sich während dieser Zeit ohne Zeitungsreclame sehr verbreitet und als höchst magenstärkend bewährt". Für seine hervorragende Qualität wurde er 1911 auf einer Döbelner Ausstellung ausgezeichnet. Nach einem eigenen Bestellsystem belieferten Schumanns über 50 Gastwirte in der Mügelner Umgebung mit Schnaps. Die zwischenzeitlich eingeführten Marken- bzw. Lebensmittelkartensysteme stellten das Geschäft vor immer neue Bewährungsproben. In Mügeln gab es 4.000 Anmeldungen, meist zu einem Kilo für ein Produkt, pro Person und Monat. Zudem kamen die Lieferungen lose an, erst wurden Mehl, Salz, Nudeln, Haferflocken, Graupen, Grieß in verschiedene Bottiche geschüttet und dann wurde abgewogen, einzeln verpackt und verteilt. Jede Hand war gefragt. Hier zahlte sich aus, dass Schumanns immer „eine richtige große Familie" waren, in der der Spruch: „Einer für alle, alle für einen" noch etwas galt. Die „Schu-Männer" blieben vom Kriegseinsatz verschont. Sie hatten Versorgungsaufgaben in der Region zu bewältigen. Nach dem Zusammenbruch des Dritten Reiches mussten sie die russischen Kommandanturen in der Gegend versorgen – jedenfalls mit Schnaps. Der wurde dann mal mit Pferdegespann, mal mit Lastkraftwagen abgeholt. Die Likörfabrik lief noch bis 1953, dann schlug das Finanzamt zu. Außerdem fanden sich die für die Likörproduktion benötigten Kräuter nicht mehr in den erforderlichen Mengen. Von 1960 bis 1990 war das Geschäft Kommissionshändler der HO und bot sämtliche Lebensmittel, Getränke und Haushaltwaren an. Im April 1970 hatte der Sohn, Günter Schumann, den Familienbetrieb übernommen. Nach dem Krieg hatte er „bei Vater" gelernt und seine kaufmännische Gehilfenprüfung abgelegt. Fleißig und umsichtig führte er das Unternehmen auch über die stürmische Wendezeit. Im Januar 1994 übergab Günter die Firma an seine Tochter. Maritta Auerbach hatte bislang in Oschatz als Verkäuferin gearbeitet. Die „Trinkhalle mit Verkauf" versorgt die Mügelner mit Bier und alkoholfreien Getränken. Leider verstarb Günter Schumann, für alle unerwartet, im November 1999.

Drogerie Lübeck

Inh. Jürgen Lübeck

Mügeln · Altmarkt 10

Schaufenster in den 30er Jahren

Der Kaufmann Julius Lübeck öffnete am 6. Juni 1888 am Mügelner Altmarkt Nr. 10 die Türen zu seinem Laden, der „Drogen, Farben, Colonialwaren" anbot. Zentral gelegen und mit den von der Landbevölkerung benötigten Waren ausgestattet, erfreute sich die kleine Drogerie regen Zuspruchs. Viele der angebotenen Produkte entstanden im Hause selbst. Drogen und Farben wurden gewogen, gemessen und gemischt. Man kreierte neue Tee- und Kräutermischungen sowie Farbkompositionen. In der Drogerie wurden auch Kerzen in umfänglicher Eigenproduktion gefertigt. Im Jahre 1896 entwickelten Lübecks erste private Fotos. Seit 1902 betrieben sie auch einen Fotohandel. Filme entwickelten sie immer selbst. Der stets rein private Betrieb machte sich in Mügeln und Umgebung schnell einen Namen, da Lübecks immer alles Mögliche und Unmögliche anboten. Lübecks warben aktiv in der Ortspresse, beteiligten sich an Messen und Ausstellungen. Sie waren fest in das örtliche Vereinswesen integriert. Als Mitglied im Rabattverein quittierten sie in Bonusheften ihren Kunden deren Einkäufe. Von 1932 bis 1952 fungierte Otto Lübeck als Inhaber. Ihm ist es zu verdanken, dass die Drogerie Krieg und Nachkriegszeit unbeschadet überstand. Das Geschäft hatte nicht einen Tag lang geschlossen. „Drogen, Farben, Kolonialwaren, Zigarren und Zigaretten, Artikel zur Säuglings- und Krankenpflege, Nähr- und Kräftigungsmittel, Toilette-Artikel und Parfümerien, Chemikalien für Haushalt, Gewerbe und Industrie" waren ständig im Angebot. Sohn Günter Lübeck führte die Drogerie weiter. Unter seiner Regie wurde sie im Jahre 1971 in ein Selbstbedienungsgeschäft umgestaltet. In den 70er Jahren ging die einzige Fachkraft, die für die Entwicklung der Fotos zuständig war, in Rente. Die Maschinen waren zudem veraltet und neu investieren wollten Lübecks nicht. Erst 1987 wurden Filme wieder angenommen. Drei Jahre später begann die Zusammenarbeit zwischen der Drogerie Lübeck und Photo Porst. Seit 1987 steht auch Jürgen Lübeck dem Unternehmen vor. Kräuter und Tees muss er nicht mehr wie sein Urgroßvater mischen und, im Unterschied zu seinem Vater, kann Jürgen beim Einkauf aus dem Vollen schöpfen. Im Jahre 1992 musste er den Verkaufsraum vergrößern. Das ehemalige Büro wurde dafür „geopfert". Heute bekommt der Kunde bei Lübecks wieder fast alles – bis auf Farbe, dazu ist das Farbsortiment zu umfangreich und der Platz würde wiederum nicht reichen. Der Gründer Julius Lübeck warb einst: „Es wird mein Bestreben sein, nur durch Waren bester Qualität, civile Preise und prompte Bedienung ein allseitiges Vertrauen zu erwerben." So hält es auch Urenkel Jürgen nach über 100 Jahren noch.

Geschäftshaus um 1902

Adolf Schmidt

Mügeln · Dr.-Friedrichs-Straße 20

Textilwaren

In Seifhennersdorf (Oberlausitz) wuchsen zu Ende des 19. Jahrhunderts in der Weberfamilie Schmidt drei Brüder auf. Der Verkauf selbst gebleichter und gewebter Stoffe ernährte die Familie. Der Betrieb ging aber nur an einen Nachfolger, und so zogen zwei der Brüder mit Pferd und Wagen durch Sachsen und verkauften die gewebten Stoffe. Adolf Schmidt wurde schließlich in Mügeln und sein Bruder in Oschatz sesshaft. Adolf eröffnete am Altmarkt neben dem Mügelner Rathaus am 10. März 1890 seinen Laden. Anfangs verkaufte er mit seiner Frau nur selbst gefertigte Stoffe. Erst um die Jahrhundertwende wurde die erste Konfektion geschneidert und verkauft. Die Frauen nähten meist Hosen und Berufsbekleidung und die Männer verkauften die sogenannte „blaue Ware". Gewebt wurden die blauen Stoffe von der Verwandtschaft in der Oberlausitz. Hauptsächlich Herren- und Knabenbekleidung war gefragt. Anzüge und Westen, Jagdwesten und Hemden rundeten das damalige Sortiment ab. Bis zum Ersten Weltkrieg fuhr Adolf mit dem Pferdewagen auf Dörfer und Bauerngehöfte, um dort seine Textilien anzubieten, seine Frau verkaufte derweil im Laden. Im Jahre 1920 übernahm Tochter Hedwig das Geschäft. Verheiratet war sie mit dem Kaufmann Rudolf Remke. Sohn Siegfried Remke wurde auch im elterlichen Geschäft groß und lernte später Lebensmittelkaufmann. Seine Frau Herta hatte als gelernte Damenschneiderin eine eigene Schneiderei und war seit 1951 selbstständig. Zusätzlich zur Herren- und Kinderkonfektion wurde nun auch modische Damenbekleidung nach Maß angefertigt. Siegfried und Herta Remke übernahmen Geschäft und elterliche Schneiderei 1959. Anfang der 60er Jahre wurden sie Kommissionshändler der HO. Sie führten während der sozialistischen Mangelwirtschaft einen ständigen „Kampf um die Ware". Selbst im Urlaub klapperten sie Produzenten oder Anbieter nach brauchbaren Sachen ab. Gern kamen die Kunden auch aus den umliegenden Dörfern zu „Hosen-Schmidt". Warenangebot und Qualität stimmten, die Bedienung war kompetent und stets freundlich. Remkes waren in Mügeln jedoch nicht die einzigen Anbieter von Textilien. Es gab noch zwei weitere Geschäfte – eins von der HO und eins vom Konsum. Zu Beginn der 70er Jahre übernahm der Konsum fast alle Läden in Mügeln. Ein Sortimentskampf entbrannte – Remkes sollten den Verkaufsbereich „Jugendmode" abgeben, denn die gute Lage des Ladens und den guten Umsatz zur Jugendweihe hätte der Konsum selbst gern gehabt. Mit Unterstützung der HO konnte diese Bedrohung überstanden werden. In den folgenden Jahren spezialisierten sich Remkes wieder auf Herren- und Kinderbekleidung und prägten das heutige Antlitz des Geschäfts. Die Familientradition wird seit 1991 durch Tochter Gabriele Winkler fortgesetzt. Das Unternehmen befindet sich in guten fachlichen Händen. Herren und Knaben können sich von Kopf bis Fuß einkleiden. Nur die Schuhe sollten sie mitbringen, denn die gibt es nicht.

Kinowerbung in den 60er Jahren

Drogerie Franke

Inh. Ute Pajdak

Oschatz · Lutherstraße 9

Seit 1867 existiert in Oschatz in der Lutherstraße 9 die Drogerie Franke. Gegründet hatte sie einst Karl Franke. Im Jahre 1942, zum 75. Jubiläum, wurde das Geschäft bereits in dritter Generation geführt. Neben Kolonialwaren, Drogen und Farben waren damals auch Sämereien im Angebot. Großer Beliebtheit erfreuten sich die eigene Kaffee-Rösterei und die selbst gefertigten Schaufensterwerbungen und Dekorationen.

Der Drogist Heinz Franke sollte der letzte Besitzer aus dieser Familie sein. In den 50er Jahren übergab er das Geschäft an die HO. Das Grundsortiment behielt der staatliche Handel bei und in den 60er Jahren wurde es durch Tapeten, Parfümerie- und Fotoartikel erweitert. Der Verkaufsraum erhielt eine neue Einrichtung. Im Jahre 1979 gliederte die HO die Farben und Tapeten aus und bot sie in einem selbstständigen Geschäft an. Wenige Jahre später wurde auch das Fotozubehör aus dem Angebot genommen. Das jeweilige Fachpersonal wechselte in die neuen Verkaufsstellen über. Geblieben ist bei „Frankes" die einmalige Kaffee-Rösterei. Hier ließen nicht nur die Oschatzer Kunden ihren „Kosta-Kaffee" mahlen, auch Gaststättenbetreiber brachten die Bohnen für die typisch sächsische Vorliebe zu „Frankes".

Seit dem 1. März 1991 ist Ute Pajdak die Inhaberin der Drogerie Franke. Sie hat den Laden damals von der HO erworben. Mit Elan wandelte sie ehemalige Lagerräume zu neuen Verkaufsräumen um und bietet seither ein breites Drogerie- und Parfümerieangebot. Für Bastlerbedarf und jede Menge Naturprodukte ist ebenfalls gesorgt. Die Geschäftsfrau kennt sich in ihrem Metier aus. Schließlich ist sie seit 1959 in der Drogerie Franke tätig. Ihre dreijährige Drogistenlehre hat sie schon dort absolviert. Mit Ute Pajdak blieb für die Oschatzer Kunden, trotz der wechselvollen Besitzergeschichte der Drogerie, im Laden immer ein Stück Kontinuität bewahrt. Und so soll es auch weiterhin bleiben.

Geschäftshaus der Fa. Friedel vor dem Ersten Weltkrieg (S. 212)

E. Friedel – Textilien am Altmarkt

Oschatz · Altmarkt 25

Inh. Helga Heinz

Im Jahre 1872 kaufte der Handschuhmacher, Händler und Bandagist Ernst Robert Friedel am Oschatzer Altmarkt das Haus Nr. 25. Noch im gleichen Jahr, am 1. Juli, eröffnete er dort sein Textilgeschäft und fünf Jahre später, am 24. November, erhielt Ernst Robert Friedel das Bürgerrecht der Stadt. Der Unternehmer hatte sich auf Handschuhe aller Art spezialisiert. Für seine fein gearbeiteten Herren- und Damenhandschuhe waren Abnehmer reichlich vorhanden. In Oschatz war ein „Ulanenregiment" stationiert. Das Zweite Sächsische Reiter-Eliteregiment, ein „Husarenregiment", war im nahen Großenhain untergebracht. Ernst produzierte Handschuhe speziell für die adligen Offiziere. Diese waren wohlbetucht und mussten neben einem Reitpferd auch einen Burschen unterhalten. Handschuhe kauften sie auch für ihre Damen. Die sächsischen Prinzen Ernst und Max sollen ebenfalls bei Friedels eingekauft haben. Der Firmengründer legte aber großen Wert darauf, dass seine Angestellten „allen Kunden das Kaufen zur Freude" machten. Auch einfache Leute aus Stadt und Land sollten sich im Geschäft wohlfühlen. So achtete Ernst stets darauf, dass sich die Kunden in einer beinahe privaten Atmosphäre ohne jeglichen Kaufzwang bewegen konnten, ob Baronessen, Rittergutsbesitzer, Beamte, Handwerker oder Bäuerinnen – zu Friedels kamen alle gern. Anfänglich wurden die Handschuhe in Oschatz zugeschnitten und in Schlesien weiterverarbeitet. Mit der fortschreitenden industriellen Fertigung konnten alle Größen und Varianten problemlos eingekauft werden. „Spezialanfertigung" hieß nun die Devise. Der Handschuhfabrikant Karl Hermann Friedel übernahm 1911 den Familienbetrieb. Zehn Mitarbeiter, Gehilfen und Näherinnen inbegriffen, standen in Lohn und Brot. Am 1. November 1938 ging die Geschäftsführung an Tochter Marianne über. Sie hatte die Bandagistengehilfenprüfung abgelegt. Die ehrgeizige und fleißige Frau qualifizierte sich später zum Einzelhandelskaufmann.

Ende der Dreißiger wurden Miederwaren, Untertrikotagen, Kinder- und Babysachen verkauft. In den 60er Jahren schloss sie einen Kommissionshändlervertrag mit der HO ab. Marianne verstand es, die Wünsche ihrer Kunden so gut wie irgend möglich zu erfüllen. Den Bereich Bandagen führte sie rein privat weiter. Der Familienbetrieb beschäftigte eine orthopädische Näherin und zwei Verkäuferinnen. In der DDR waren Friedels Vertragslieferant der Staatlichen Versicherung SVK.

Bandagen wurden bis 1988 angefertigt. Marianne arbeitete noch als 73-Jährige im Laden „voll durch". Der Zusammenhalt zwischen Chefin und Verkäuferinnen sowie die familiären Beziehungen zu den Kunden halfen dem Textilgeschäft auch über die Wendezeit. Seit April 1993 ist die Handelskauffrau Helga Heinz für die Geschicke des Textilhauses E. Friedel verantwortlich. Heute sind es die Miederwaren sowie die Nacht- und Unterwäsche für Damen und Herren, die die Kunden ins Textilhaus am Altmarkt ziehen.

Innenansicht in den 60er Jahren

Kinderparadies Krause

Oschatz · Strehlaer Straße 31

Das Spielwarengeschäft, das man heute als Kinderparadies kennt, war einst als „Körbchen Krause" in Oschatz bekannt. Der Korbmachermeister Hermann Krause hatte den Familienbetrieb am 1. Oktober 1886 in der Strehlaer Straße 210 gegründet. Mit zwei Karren und Wagen zog der Großvater von Günter Krause, dem heutigen Inhaber, noch auf die Märkte der Umgebung und verkaufte Waren aus Korbgeflecht sowie Spielzeug aus Holz. Obwohl die Korbwaren eine ausgezeichnete Qualität besaßen und sich dadurch einen guten Ruf erworben hatten, blieb es ein schweres Geschäft. Über handwerkliches Geschick und verkäuferisches Talent musste gleichermaßen verfügt werden, denn Korbmacher gab es viele. Hermann Krause war es gelungen, eine solide Basis für das Fortbestehen seines Betriebes zu schaffen. Ab 1921 führte sein Sohn Ernst im Alter von nur 16 Jahren die Geschäfte. Anfangs stand ihm dabei noch seine Mutter zur Seite. Ernst hatte die Verantwortung für das Familienunternehmen in einer schweren Zeit übernommen. Inflation und Arbeitslosigkeit, aber auch das Glück machten um Oschatz keinen Bogen. Es kehrte bei Krauses ein und bescherte dem Korbmachermeister einen „großen Losgewinn in der Lotterie". Davon kaufte Ernst das Haus in der Strehlaer Straße 31 und investierte in sein Unternehmen. Den Krieg überstanden Familie und Betrieb glimpflich. Mit zwei Koffern fuhr Ernst in der Nachkriegszeit einkaufen. Das wenige, das er fand, hatte darin meist genügend Platz. Aber die Familie musste ernährt werden. Lebensmittelkarten gab es für Krauses als selbstständige Unternehmer nicht. Anfang der 50er Jahre war Sohn Günter der einzige, der „Marken" bezog, da er den Status eines „Lernenden" hatte. Selbstverständlich erlernte auch Günter den Korbmacherberuf. Sein Vater war für ihn ein ausgezeichneter Lehrmeister. Im Oktober 1958 konnte Günter seine Meisterprüfung ablegen und Ende der 60er / Anfang der 70er Jahre übernahm er schrittweise den Familienbetrieb. Neben der Korbmacherei wurde der Spielwarenhandel langsam aufgebaut. Auch für Krauses wurde die Versteuerung der Handelsgewinne zunehmend rigider. Ende der 70er Jahre wurden sie dann Kommissionshändler. Für die Korbmacherei standen im Laufe der Zeit immer weniger importierte Rohmaterialien zur Verfügung. Krauses halfen sich über diesen Rohstoffmangel als Selbstversorger. Sie hatten eigene Weidenplantagen und beschäftigten acht bis zehn Mitarbeiter.
Heute werden in der Strehlaer Straße keine Korbwaren mehr selbst angefertigt. Sie werden nur noch repariert oder als ausgewählte Einzelstücke zum Verkauf angeboten. Die einstige Korbmacherwerkstatt ist in freundliche Verkaufsräume umgewandelt worden. Spielwaren in ihrer ganzen Bandbreite bestimmen heute das Angebot.

Fa. Voigt, Ladenansicht in den 30er Jahren (S. 219)

Brausen´s Frischkost-Markt

Pegau · Breitstraße 2

Gertraude Brause mit zwei Kindern 1942

Das Fachgeschäft für Fisch, Obst und Gemüse sowie Getränke in Pegau in der Breitstraße 2 wurde einst als Lebensmittelhandel gegründet. Man schrieb das Jahr 1875, als der Gastwirtssohn Eduard Voigt am Kirchplatz seinen Laden eröffnete. Ehefrau Ottilie stammte aus der gutsituierten Großbauernfamilie Landmann aus Mischelwitz. Große Sprünge konnten die Geschäftsleute jedoch nie machen. Der Betrieb musste immer eine Großfamilie ernähren. Ottilie hatte sich noch einen kleinen „Brennladen" eingerichtet, wo sie Holzbrettchen, indem sie Muster einbrannte, verzierte. Im Jahre 1936 übernahm Gertraude Brause das Einzelhandelsgeschäft. Ihrem Einsatz und ihrem freundlichen Wesen ist es hauptsächlich zu verdanken, dass das Geschäft noch heute seine Popularität besitzt. Sie lebte von ihrer Kindheit bis zu ihrem Tode im und für ihren Laden. Gertraude wuchs bei ihren Großeltern auf, da Mutter Gertrud Voigt frühzeitig gestorben war. Ihren Mann, Georg Brause, hatte sie durch den ambulanten Handel kennen gelernt. Während des Weltkrieges wurde Georg eingezogen und das einzige Fahrzeug requiriert.

Schwer litten die Pegauer unter dem Mangel und unter dem amerikanischen Bombardement der Böhlener Werke. Gertraude sagte immer wieder: „Lieber nur trocken Brot, als wieder Krieg". Für die Privatwirtschaft im Osten sah Georg keine Zukunft und verließ 1956 die Familie, Pegau und die DDR. Zurück blieb Gertraude mit ihren vier Söhnen und dem Laden. Wer Gertraude Brause nicht kannte, hätte nie etwas von ihrer Gehbehinderung bemerkt, vor allem nicht, wenn er sah, wie sie mit den schweren Sauerkraut- und

Brausen´s Frischkost Markt

Pegau · Breitstraße 2

Heringsfässern umging. Mit dem Fahrrad holte Gertraude Obst, Gemüse, Fisch, Geflügel, Kaninchen und Wild von den Dörfern. Fische verarbeitete sie weiter zu Rollmops und Fischfilet. Die Inhaberin schonte sich nie. Sie führte den Laden durch die schwierigen Zeiten während und nach dem Zweiten Weltkrieg. Die alleinstehende Frau kämpfte sich durch die sozialistische Mangelwirtschaft, zog ihre vier Söhne groß und kümmerte sich um deren Zukunft. Man hörte Gertraude nie klagen, trotz schwerer Krankheit und harter Arbeit. Im Gegenteil, sie hatte immer Zeit und ein offenes Ohr für andere. Um so tragischer war ihr Ende. In einer Verzweiflungstat ertränkte sie sich 1970 im Mühlgraben. Die Kommissionshändlerin sah für sich und ihr Geschäft keinen Ausweg mehr und fühlte sich im Stich gelassen. Mit dem Tod der Mutter schien das Schicksal des Fachgeschäfts besiegelt. Es wurde noch im gleichen Jahr von der HO übernommen. Das übliche Lebensmittelangebot zog in die Regale ein. Die Söhne schlugen ihr Erbe aus, behielten das Mietrecht und widmeten sich ihrer beruflichen Entwicklung. Der heutige Inhaber, Kurt Brause, wurde Diplom-Ingenieur und arbeitete in der Textilindustrie. Als Kind hatte er in den Ferien auch ab und an im Laden verkauft. Meist musste er jedoch „etwas schleppen oder säubern". Sauberkeit war stets oberstes Gebot.

Nach der Wende wurde das Haus zurückgekauft und 1990 der Laden samt Verkäuferinnen übernommen. Das Geschäft der Mutter wurde modernisiert und eine eigene Räucherei eingerichtet. Kurt Brause spezialisierte sich auf Frischkost. Eine Fischbedienungstheke sowie ein separates Obst- und Gemüseabteil entstanden. Im „Salon", dort, wo sich einst die „gute Stube" der Großeltern befand, wurde ein Getränkeladen eingerichtet. Auch der ambulante Handel lebte wieder auf. Mit „Brausen's Frischkost Markt" ist Sohn Matthias Brause als junger Kaufmann unterwegs.

Fa. Voigt, Zielscheibe und Einladungen zur Jagd, 30er Jahre (S. 219)

Schuh-Eck Eißner

Pegau · Breitstraße 1

Wenn Marta Eißner, Jahrgang 1909, sagt: "Ich hatte ein bißchen Glück im Leben und trotz vieler schlafloser Nächte immer einen Schutzengel.", dann weiß sie, wovon sie redet. Sie hat in ihrem kleinen Laden fast alles schon mal erlebt und meint: "Heute ist es dasselbe in Grün, nur einen Schein dunkler." In den 30er Jahren des 20. Jahrhunderts gab es in Pegau allein neun Schuhgeschäfte und drei Außenhändler. Davon ist nur das "Schuh-Eck Eißner" übrig geblieben.

Den Grundstein hatte Martas Vater, der Fabrikarbeiter Albin Teichmann, im April 1927 gelegt. Gleich nach dem Ersten Weltkrieg beantragte er 1919 den Gewerbeschein für eine Schusterei. Die wachsende Arbeitslosigkeit machte den Geschäftsleuten jedoch zu schaffen. Hinzu kam die galoppierende Geldentwertung. Albin fand Arbeit in einer Fabrik. Tagsüber stellte er dort "Babyschuhe" her. Nach 17:00 Uhr kam er erschöpft nach Hause, ruhte sich ein wenig aus und begann mit den Schuhreparaturen für seine Leipziger Kunden. Die Aufträge brachte sein Schwager aus der Großstadt mit, da in der "Schusterstadt" Pegau "eh alle alles selbst machten". Die Lage für Teichmanns besserte sich erst um 1927, als Kontakte zu einem Nachbarn, der Reisender in Sachen Schuhe war, geknüpft wurden. Am 9. April 1927 eröffnete Albin am Kirchplatz sein „Schuhwarenhaus Albin Teichmann Maßarbeit Reparaturwerkstatt". Der kleine Laden war durch einen Eingang über die Gasse nebenan zu erreichen. Im Oktober 1931 kauften Albin und seine Frau Elsa das Haus an der Ecke Kirchplatz/Breitstraße 1. Zwei Jahre später zogen sie um. Am Umzugstag wurde noch im alten Geschäft ver-

Eckladen in den 30er Jahren

kauft. Dann hieß es: „Schuhe einpacken, über den Kirchplatz tragen, auspacken und aufstellen". Das ging die ganze Nacht hindurch bis früh zur Neueröffnung! Albin und Elsa wurden dabei schon von ihrer Tochter Marta und ihrem Ehemann Rudolf Eißner unterstützt. Der ehemalige Schmied hatte umgeschult und ging seit 1928 in der Werkstatt mit zur Hand, während sich Elsa und Marta um den Laden kümmerten. Am 29. November 1938 legte Rudolf seine Meisterprüfung ab. Die Freude darüber war zwar groß, aber rechte Stimmung wollte nicht aufkommen. Die Atmosphäre war angeheizt durch die am 9. November an jüdischen Bürgern und Geschäftsleuten begangenen Pogrome. Marta hatte keine guten Ahnungen. Ein Jahr später war der Schlamassel da. Glück im Unglück, die Männer brauchten nicht an die Front, sie wurden aus gesundheitlichen Gründen zurückgestellt. Die

Geschäfte liefen auf kleiner Flamme weiter. Schaftstiefel und Arbeitsstiefel wurden in den Fabriken der Umgebung zusätzlich aufgekauft. Nach Kriegsende fielen die bescheidenen Reserven an Schuhen der Plünderung zum Opfer.
Anfang 1953 wollte Rudolf Eißner das Geschäft übernehmen. Die Behörden stellten sich stur und immer neue Anforderungen. Schließlich fehlten noch vier Scheine zur Beantragung der Gewerbeerlaubnis. Und die fehlten wirklich! Hier kam, zum Glück für die Firma, der Aufstand gegen das kommunistische Regime vom 17. Juni 1953 dazwischen. Im Sommer war die Erteilung des Gewerbescheins plötzlich auch ohne zusätzliche Papiere möglich! Bis 1984 reparierte Rudolf weiterhin in der Werkstatt, damit Marta den Laden halten konnte. Karl Eißner arbeitete bis 1987 als Schuhmacher im elterlichen Unternehmen. So kam der rein private Familienbetrieb immer ohne fremde Mitarbeiter aus. Höhenflüge konnte sich die Familie jedoch nie leisten. Schwiegertochter Malwine Eißner ist seit langem im Geschäft tätig. Seit 1987 ist die gelernte Elektrikerin und ausgebildete Verkäuferin "Herrscherin über Buchführung und Finanzen". Im Schuh-Eck mit neuer Fassade bedient Malwines Schwiegertochter Claudia Eißner. Marta könnte eigentlich ihren wohlverdienten Ruhestand genießen, wenn sie nicht immer noch mal nach dem Rechten sehen müsste. Außerdem will das Familienteam ja auch bekocht werden.

Radio-Hellmuth, Weihnachtsgeschenke für die Belegschaft 1946 – 1 Brot, 1 Paar Schuhe, 1 x Arbeitsbekleidung, 1 Korb Kartoffeln (S. 234)

Horst Gutzschebauch

Pegau · Breitstraße 5

Bürobedarf - Spielwaren - Täschnerwaren

Das Geschäft Gutzschebauch geht auf eine Buchbinderei zurück, die im Frühjahr 1880 vom Buchbindermeister Otto Gutzschebauch in der Breitstraße gegründet wurde. In einem Laden verkaufte er zudem Bücher, Papier- und Glaswaren. Otto machte sich in Pegau auch durch die Pflege und Verbreitung von heimatgeschichtlichen Schriften und historischem Bildmaterial einen Namen. Im Jahre 1900 ließ Otto Gutzschebauch das alte Haus komplett abreißen und im Jahr darauf bediente er die Kunden im Neubau. Das Geschäft ging auf seinen Sohn, Martin Gutzschebauch, über. Dieser war ebenfalls Buchbindermeister und führte mit seiner Frau Ella das Unternehmen. Während sich Martin um die Buchbinderei kümmerte, verkaufte Ella im Laden. Während des Ersten Weltkrieges musste sie alle Geschäfte alleine führen. Martin kämpfte an der Westfront und wurde dort schwer verwundet. Ende der 40er Jahre übernahm Sohn Rolf Gutzschebauch die Firmenleitung. Mittlerweile war die Buchbinderei geschlossen worden. Seit Anfang der 50er Jahre waren die Geschäftsleute als Kommissionshändler der HO Borna tätig. Nach und nach erweiterten sie ihr Sortiment. Bücher, Büro- und Schreibwaren, Täschnerwaren sowie Geschenkartikel wurden verkauft. Zwischenzeitlich hatten Gutzschebauchs auch Modelleisenbahnen im Angebot. Seine Frau Elfriede führte den Laden mit Hilfe der Großeltern, bis ihn 1984 Sohn Horst übernahm. Der Ingenieur gab seine Arbeitsstelle auf, um die Familientradition in Pegau fortzusetzen. Gutzschebauchs waren immer für ihre Kunden da. Geschlossen hatte der Laden höchstens, wenn eine große Papierlieferung mit dem Lkw W50 angekommen war. Vor lauter Papierpaketen und Kisten konnten dann die Verkäuferinnen im Laden kaum treten. Ins Weihnachts- und Jahresendgeschäft waren immer alle Familienangehörigen einbezogen.

Zeitungswerbung, 20er Jahre

Im Jahre 1989 begann Horst mit dem totalen Umbau des Geschäfts. Im Herbst fiel die Mauer und im Sommer darauf kam die „Westmark". Die Sanierungs- und Modernisierungskosten beglich er zur einen Hälfte mit Mark der DDR und zur anderen Hälfte mit D-Mark. Dafür war das Fachgeschäft auch das erste in Pegau, das den Kunden „Weststandard" bot. Gutzschebauchs verfügen heute in der Breitstraße über die dreifache Ladenfläche von einst. Außerdem haben sie in Groitzsch noch zwei Filialen eröffnet. Hier bietet das Familienunternehmen zum einen Schreibwaren und Bücher und zum anderen Textilien und Taschen an. Damit Horst bei dem vielseitigen Angebot nicht die Übersicht verliert, wird er von seiner Frau Andrea unterstützt. Vier Mitarbeiterinnen stehen im Familienbetrieb in Lohn und Brot.

Heike Voigt

Geschenkartikel, Kinderwagen

Pegau · Breitstraße 47

Ein Waffengeschäft existierte in der Breitstraße schon „ewig". Zuletzt wurde es vom Schlossermeister Richard Leonhardt geführt. Seine Witwe Ida verkaufte es am 1. Juli 1933 an den Meister Otto Schellenberg. Dieser hatte in Kayna eine Schlosserei bewirtschaftet und machte sich mit seiner Frau Charlotte in Pegau selbstständig. In der Pegauer Zeitung vom 6. Juli 1933 tat er kund, dass er aufgrund seiner „langjährigen Selbstständigkeit und praktischen Erfahrungen" eine „prompte Erledigung" aller ihm erteilten Aufträge bei „niedrigster Berechnung" zusicherte. Otto Schellenberg empfahl sich „zur Ausführung sämtlicher Reparaturen an landwirtschaftlichen Maschinen aller Systeme, aller Arbeiten der Bau- und Maschinenschlosserei, von Reparaturen an Fahr- und Motorrädern". Des Weiteren bot er „Autoreparatur – Motorradfahrschule – Waffenreparatur – alle Jagdutensilien" usw. an. Damit die Geschäftsleute mit den neuesten technischen Entwicklungen auch mithalten konnten, belegten sie einen Lehrgang für den Zündapp-Kundendienst. Otto handelte mit Waffen sowie Munition und war ein leidenschaftlicher Jäger und begeisterter Sportschütze. Er organisierte Jagden und beim Schützenfest im Jahre 1937 schoss er sich zum Schützenkönig von Pegau. Sicherheitsbestimmungen, Kontrollen, noch mehr jedoch zunehmendes staatliches Misstrauen der totalitären Systeme machten den freien Handel mit Waffen immer komplizierter. Schellenbergs stellten den Waffenverkauf schließlich ein. Sie verkauften lieber Nähmaschinen und Kinderwagen. Im Laufe der Zeit wurden dann wieder Luftgewehre repariert sowie auch Fahrräder in der Werkstatt in Gang gesetzt. Schlauchflicken kostete 1,50 Mark pro Stück! Mindestens genauso begehrt wie die Fahrradersatzteile, Mäntel, Schläuche und Speichen waren Porzellan aus Meerane und Kristall aus Ilmenau, das die HO-Kommissionshändler anboten. Fahrräder und Nähmaschinen selbst gab es nur auf Zuteilung. Tochter Ursel Völkner hatte 1976 das Geschäft übernommen. Die Apothekenfacharbeiterin war im Geschäft der Eltern groß geworden und als Mutter Charlotte über 60 Jahre alt war, führte sie die Familientradition unter dem Namen Völkner und später unter Krcal fort. Für die Stammkundschaft blieb sie einfach „Schellenbergs Ursel". Zwei Jahre lang versorgte Ursel ihr kleines Geschäft unermüdlich allein mit Waren für ihre Kundschaft. Dann bekam sie Unterstützung von ihrer Tochter Heike Voigt. Die Kellnerin tat den Schritt zur Verkäuferin im Familiengeschäft und im April 1998 zu dessen Inhaberin. Seit Anfang der 90er Jahre haben die mühsamen Einkaufsfahrten ein Ende. Jetzt können die Damen aus dem Vollen schöpfen. Für ihr Geschäft setzten sie auch einen anderen Schwerpunkt. Zur Freude der weiblichen Käufer rückten Geschenkartikel, hochwertige Haushaltwaren und Kinderwagen in den Mittelpunkt, die liebevoll im Laden angeboten werden. Die Stammkundschaft hält es mit dem Spruch der Familie Schellenberg: „Wenn Du kaufst, kaufe in der Stadt, damit sie eine Zukunft hat."

Kinowerbung in den 50er Jahren

Karl Hübsch

Roßwein · Mühlstraße 5

Als Postanschrift genügt „Hübsch – Roßwein" und die Sendung kommt an. Seit 1908 gibt es den bekannten Tabakladen. Der Dachdeckermeister Robert Hübsch hatte ihn in der Mühlstraße 5 eröffnet, um in die Zukunft seines Sohnes Paul zu investieren. Wie recht er damit hatte, zeigte sich im Ersten Weltkrieg. Paul erlitt durch einen Kopfschuss eine schwere Kieferverletzung, die ihm seine Arbeit als Bautechniker nicht mehr erlaubte. Zum Glück existierte der Laden. Während der Inflationszeit zwang die tägliche Geldentwertung Paul dazu, mit den Tageseinnahmen fast jeden Abend mit dem Zug nach Meißen zu fahren, um beim Großhandel spät noch Waren zu günstigeren Konditionen einzukaufen. Das Spezialgeschäft für Zigarren und Zigaretten entwickelte sich bei Endverbrauchern und Wiederverkäufern zu einer guten Adresse. Es gab Paul Hübsch bis in die 50er Jahre Lohn und Brot. Seit dieser Zeit ernährt es seinen Sohn Karl und dessen Familie. Auf den 1925 geborenen Karl warteten nach der Schulzeit drei Jahre kaufmännische Ausbildung, Arbeitsdienst und zwei Kriegsjahre an der Ostfront mit anschließender Gefangenschaft. In Dresden erlebte er im Februar 1945 die Bombardierung und Zerstörung der Stadt. Bei Torgau erhielt er in den letzten Stunden des Krieges am 8. Mai 1945 noch einen Kopfschuss. In Roßwein plünderten nach Kriegsende russische Soldaten das Geschäft des Vaters. Tabak war rar und galt als zweite Währung. Der Tabakladen wurde bis auf das letzte Streichholz geleert. Die 50er Jahre brachten privat und geschäftlich viel Neues. Im Jahre 1953 heiratete Karl die Lehrerin Liselotte. Der kleine Laden sicherte zwar die Lebensgrundlage für die Familie, mehr aber auch nicht. Obwohl Spirituosen und Wein ins Angebot aufgenommen worden waren und viel Ware über den Ladentisch ging, ließen die geringen Handelsspannen keine großen Sprünge zu. Außerdem reichten die Zuteilungen, die der Kommissionshändler, bezogen auf die Einwohnerzahl, erhielt, nie aus. Roßwein war ein bedeutender Industrie- und Ausbildungsstandort. Kundenwünsche gab es jede Menge und im Sortiment von allem viel zu wenig. Damit Karl seine Familie einigermaßen über Wasser halten konnte, agierte er noch nebenbei als Versicherungsvertreter und nahm für das Reisebüro der DDR Buchungen an. Anfang der 90er Jahre hätte Karl, wie seine Frau Liselotte, bereits in Rente gehen können. Seine Arbeit ist aber sein Hobby. Hier kommt man zu ihm und tauscht die neuesten Informationen über Roßwein und die Welt aus. Hier plauscht man mal über die Vergangenheit oder träumt kühn von der Zukunft. Auch Mitglieder einer amerikanischen Besuchergruppe fanden in den Regalen bei Hübsch zu ihrer eigenen Überraschung ihre Hausmarken. Es war schon immer so, dass Kunden in ihren kleinen Tabakladen wegen spezieller Produkte kamen. Waren es früher bestimmte Zigarren, so können es heute auch schon mal „Riesaer Streichhölzer" sein. Hoffentlich kann diese Raucher-Oase in Roßwein noch lange erhalten bleiben. Nachfolger sind nicht in Aussicht, Sohn und Tochter gehen andere Wege. Übrigens weder Karl noch Liselotte Hübsch noch ihre beiden Kinder oder gar die Enkel rauchen!

Tütchen mit Werbung

Foto-Geuther

Rötha · Rathausstraße 14

Urkunde, Fotoausstellung in Budapest 1961

Anfang der 20er Jahre machte sich der Drogist Ernst Geuther auf den Weg von Thüringen nach Leipzig. Dort wollte er eine Fotodrogerie übernehmen. Seine Ersparnisse reichten aber nur für den Erwerb einer kleinen Niederlassung in Rötha. So führte er ab 1924 in der Bahnhofstraße eine Drogerie. Nebenbei entwickelte und vergrößerte Ernst Amateuraufnahmen. Er arbeitete darauf hin, fotografische Arbeiten in verschiedensten Formen selbst auszuführen. Ernst zog mit seiner Drogerie in die Rathausstraße 14 und erweiterte diese mit der Eröffnung eines Fotogeschäfts am 10. Mai 1927. Mit großer Beharrlichkeit gelang es ihm, hier Fuß zu fassen. Mit der 1932 verliehenen AGFA-Strahlenkrone wurde er in den Weltkundendienst der AGFA einbezogen. Seine Bemühungen zahlten sich 1939 aus. Ernst Geuther wurde in die Handwerksrolle eingetragen. Anfang der 50er Jahre hatte er das Geschäft zu einem der führenden und modernst eingerichteten Fotostudios im Kreis Borna gemacht. Sein Sohn Harald übernahm 1954 die Drogerie. Am 1. April 1959 übergab Ernst das florierende Geschäft seinem Sohn Hans Geuther, der 1960 die Meisterprüfung im Fotografenhandwerk ablegte. Im folgenden Jahr beschickte Hans Geuther eine internationale Fotoausstellung der Berufsfotografen in Budapest. Mit einer Silber- und einer Bronzemedaille wurden seine Fotos gewürdigt. Der Handel mit Fotoartikeln trat in jenen Jahren zurück. Dagegen ging das Handwerk in der ersten Etage des Wohnhauses gut. Seit 1964 erweiterte Hans das Leistungsprofil auf dem Gebiet der Industriewerbung. Dabei wurden u.a. Aufnahmen von Straßenbaumaschinen, Maschinen der Keramischen Industrie, Zementanlagen sowie Untertageaufnahmen in der Kaliindustrie hergestellt. Großfotos von diesen Werbeaufnahmen gingen rund um die Welt und wurden auf internationalen Ausstellungen gezeigt. Eine Messe-Sonderbriefmarke wurde 1975 nach einer von Hans angefertigten Aufnahme eines Zementwerkes gestaltet. Außer der mithelfenden Ehefrau Ingeborg hatte das Unternehmen zeitweise noch neun Angestellte. Bis heute wurden 24 Lehrlinge und 5 Fotografenmeister ausgebildet. Nach der Wende bauten sich Geuthers einen neuen Kundenkreis auf. Die Werbefotografie gewann an Bedeutung. Arbeiten für die regionale Industrie sowie für in- und ausländische Firmen werden ausgeführt. Die Portrait- und Hochzeitsfotografie machte das Fotostudio-Geuther ebenso überregional bekannt. Unter dem alten Motto „Fotos von der Wiege bis zur Bahre!" geht die Firma mit der Zeit. Zum Leistungsprofil gehören heute zudem Videodokumentationen und Werbevideos sowie digitaler Bilderservice. Der Fachhandel bietet alles rund um Film und Foto. Seit dem 1. Januar 1993 führt Matthias Geuther, der Enkel des Firmengründers, die Geschäfte. Anfang 1994 bezog er die sanierten und modernisierten Geschäftsräume der ursprünglichen Fotodrogerie im Erdgeschoss. Matthias hatte schon als Kind ein feines Gespür für die Kunst entwickelt. Sein Bruder Markus lernte Fotograf im gleichen Betrieb, wie damals schon sein Vater. Markus ist heute TV-Kameraassistent und Matthias Fotografenmeister. Beide haben in ihren Berufen ihre Erfüllung gefunden.

Kurt Haase

Rötha · August-Bebel-Straße 24 (ehemals) **Inh. Manfred Haase**

Der Kaufmann Kurt Haase war von Schlesien nach Wurzen gekommen, wo er als Textilverkäufer arbeitete und von unternehmerischer Selbstständigkeit träumte. Diese verwirklichte er in Rötha. Am 1. November 1935 übernahm er hier das Textilgeschäft Heinrich Goll in der Bahnhofstraße. Mit seiner Frau Berta verkaufte er fortan Herrenmode. Der Bauboom in Rötha zog viele fremde Arbeiter, sogar Holzfäller aus Bayern, an. Berufsbekleidung war der Renner! Sonst aber „brauchten und brauchen Männer ja nie etwas". So bildeten die Frauen, die für ihre Männer einkauften, bald einen festen Kundenstamm. Die Auswahl bei „Haases" war stets gut und reichlich. Neben Berufsbekleidung gab es Strickjacken, Pullover, Mützen, Schals, Hosenträger, Binder, Hemden, Strümpfe..., außer Schuhe eigentlich alles für den Herrn. Das Geschäft hatte bald einen guten Namen. Das Motto: „Ich mache wenig Reklame, für Qualität bürgt mein Name." sprach sich herum. Der Aufschwung bei Haases dauerte bis 1939. Kurt musste trotz Kriegsuntauglichkeit an die Front. Im Herbst 1945 kehrte er aus amerikanischer Gefangenschaft heim. Das Geschäft war restlos ausgeplündert. Im Jahre 1946 verstarb auch noch seine Berta im Alter von nur 40 Jahren. Kurt baute den kleinen Familienbetrieb wieder auf. Sohn Manfred begann 1949 mit einer Schneiderlehre. Maßbekleidung wurde aus Decken und Stoffresten geschneidert. Als sich die Situation Mitte der 50er Jahre gebessert hatte, vergaben die Banken keine Kredite mehr. Kurt Haase wurde 1958 Kommissionshändler der HO Borna. Ende der 60er Jahre verschlechterte sich der Gesundheitszustand von Kurt Haase, so dass die Hilfe von Sohn Manfred im Geschäft immer notwendiger wurde. Am 1. April 1969 übernahm der Herrenschneidermeister das Geschäft vom Vater. Seine Frau Christa stand ihm zur Seite. Die Warenlieferungen wurden immer spärlicher und die Kommissionshändler wurden selbst bei Preissenkungen bevormundet. Um das Einkommen etwas aufzubessern, war Christa in den 80er Jahren nebenbei noch als Versicherungsberaterin tätig. Im Jahre 1986 mussten Haases ihr Stammhaus in der Bahnhofstraße aufgeben. Sie zogen in die August-Bebel-Straße 24. Der Kommissionshändlervertrag wurde zum 30. Juni 1990 gelöst und die Ware zurückgegeben. Der Laden wurde 1992 aus- und umgebaut und erhielt neue Beleuchtungskörper. Auch sonst brachte die Marktwirtschaft mehr Licht für das Geschäft. Nach der Währungsunion fuhr Manfred zunächst ein- bis zweimal pro Monat nachts mit vier Koffern nach Sindelfingen und kaufte Kleidung ein. Haases bekamen auch die Schattenseiten der neuen Zeit zu spüren. Drei Einbrüche verursachten großen Schaden. Bei der dritten kaputten Scheibe ging es nicht einmal um Geld oder Ware. Es war Dezember, und der Täter „wollte nur in den Knast"! Neben einem wohlsortierten Angebot für den Herren bot der Schneidermeister selbstverständlich Änderungen und kleinere Reparaturen an. Im Jahr 2000 erreichten Haases ihren wohlverdienten Ruhestand, mit dem 1. Oktober endete die Geschäftstradition des Herrenausstatters.

Emil Kästner Nachf. Textilhaus

Inh. Ingrid Lüppe

Rötha · Bahnhofstraße 9

Friedrich Wilhelm Kästner, der Urgroßvater von Ingrid Lüppe, eröffnete am 1. September 1865 in Rötha in der Bahnhofstraße 9 sein Geschäft. Friedrich und seine Frau Emilie zogen noch oft mit dem Pferdewagen übers Land und verkauften Kleider, Hemden und Wäsche an die Bauern. Erst Sohn Emil Kästner, seit 1902 neuer Inhaber, baute das Geschäft richtig aus. Es entstand ein Textilhaus mit drei Schaukästen. Emil saß im Stadtrat und wurde auch Ehrenbürger von Rötha. Im Jahre 1937 ließen seine Nachfolger, Wilhelm und Ella Lüppe, anstelle des alten Hauses ein neues Gebäude erbauen. Der Laden wurde vergrößert und ein Büro eingerichtet. Die Kunden, egal ob Bauer, Knecht, Fabrikarbeiter oder Beamter, kamen gern zu Lüppes. Wenn die Werke in Böhlen und Espenhain aller zehn Tage die Löhne auszahlten, war ein gewisser Zuwachs in der Geschäftskasse zu verzeichnen. Hauptsächlich Damen- und Kindermoden wurden gekauft. Eine Spezialität des Hauses waren Gardinen. Dafür gab es einen eigenen Dekorateur, der bei der Kundschaft verschiedene Muster probierte. Die Gardinen wurden dann in der hauseigenen Schneiderei genäht und vom Dekorateur wieder ins Haus gebracht und aufgehängt. In den 30er Jahren beschäftigte das Familienunternehmen zwölf Angestellte. Das Personal war stets zu Diensten und immer einheitlich gekleidet. Besonders in der Vorweihnachtszeit wurde darauf geachtet, dass die Stoffe getragen wurden, die auch verkauft werden sollten. Schwer zu schaffen machte dem privaten Unternehmen jedoch die sozialistische Ära. „Kästners" hatten zwischen Stadtzentrum und Bahnhof eine der besten Geschäftslagen in der Stadt. Diesen Standort wollte der Konsum für ein Textilgeschäft haben. Lüppes gaben 1953 dem Druck nach und vermieteten die Geschäftsräume für 180 Mark im Monat. Das Textilhaus zog in die erste Etage. Privat und selbstständig blieben sie. Im Geschäft half Ingrid Lüppe ihrer Mutter Ella. Ihre Freizeit verbrachte Ingrid als Kind oft in der Schneiderei. Bald kannte sie alle Feinheiten und Kniffe. In Leipzig machte sie ihren Einzelhandelskaufmann und führt seit Januar 1966 die Geschäfte. Lüppes mussten sich mit ihrem Laden im ersten Stock und dem Textilgeschäft vor der Nase immer etwas einfallen lassen, damit die Kunden den Weg zu ihnen herauf noch fanden. Gardinen blieben immer gefragt. Textilien wurden zur Reinigung und Strumpfhosen zur Reparatur angenommen, da andere Geschäfte diesen arbeitsaufwändigen Service nicht boten. Harthaer Stoffe und Strickwaren aus Apolda wurden besorgt. Seit Ende der 80er Jahre steht Ingrid allein im Geschäft. Mitte der Neunziger nahm sie die Gardinen aus dem Sortiment, da unten im Laden ebenfalls welche angeboten wurden. Ingrid Lüppe verkauft heute hauptsächlich Kurzwaren, Damen-, Kinder- und Herrenunterwäsche sowie Obertrikotagen für Damen. Sie kennt den Geschmack und die Wünsche ihrer Kunden ganz genau. Deshalb kommen diese auch gern zu „Ingrid", lassen sich beraten oder schütten einfach nur ihr Herz aus. Manchen Tipp zum Thema Nähen oder Stricken erhalten sie hier gratis. Außerdem gibt es wie eh und je zu Weihnachten etwas Besonderes. Kalender mit Motiven zur Mode im Wandel der Zeiten erfreuen sich großer Beliebtheit.

Electronic Solbrig

Schkeuditz · Hallesche Straße 35

Anfang des 20. Jahrhunderts hatte es Willy Solbrig, den Urgroßvater des heutigen Firmeninhabers, aus Annaberg-Buchholz nach Schkeuditz verschlagen. In der Halleschen Straße 35 machte sich der Klempnermeister selbstständig. Sohn Willi trat in die Fußstapfen des Vaters und gründete 1927 seine wirtschaftliche Existenz. Die Rundfunktechnik begeisterte ihn jedoch so sehr, dass er eine Prüfung als Rundfunkinstandsetzer abschloss und fortan mit Radioapparaten handelte. Willi baute eine Rundfunkwerkstatt auf und seine Frau Hedwig verkaufte im Laden anfangs Heizbatterien, Kopfhörer, Detektorgeräte, später Rundfunkgeräte mit Kristall und ohne Röhren, dann Geräte von Loewe mit Verbundröhre, mit Glaskolben und ab 1935 „Volksempfänger". Während des Krieges war Willi Solbrig bei den Siebel-Flugzeugwerken in Schkeuditz dienstverpflichtet. Die Abende und Wochenenden verbrachte er in der Werkstatt. Dann wurde Willi zum Volkssturm eingezogen. Sein Dienst dauerte allerdings „nur drei Tage, dann brach das Reich zusammen". Die sowjetischen Besatzer sammelten außer noch verbliebenen Waffen auch alle großen Rundfunkempfänger ein und brachten sie auf Schloss Dölkau bei Merseburg. Dorthin wurde Willi Solbrig oft gefahren, um die defekten Geräte zu reparieren. Sonst gab es keine Radios oder Ersatzteile. Willi erinnerte sich an Bestände von P 2000-Röhren im ehemaligen Flugzeugwerk und besorgte sich einige tausend Stück, die er für die Entwicklung und den Bau seines eigenen Rundfunkempfängers „WiSo" – „Willi Solbrig" verwendete. Das Geschäft fand zu einem normalen Betriebsablauf zurück. Mit Reparaturen erwirtschaftete er ca. 40 % des Umsatzes. Gehandelt wurden vorwiegend Glühbirnen, Taschenlampen, Spulentonbänder, Kassetten sowie diverse Klein- und Ersatzteile. Fernseh- und Rundfunkgeräte durfte in Schkeuditz nur der Konsum verkaufen. Aber Solbrigs bekamen wegen ihrer guten Qualitätsarbeit einen RFT-Service-Vertrag, der der privaten Firma die Reparatur sämtlicher Fernseh- und Rundfunkgeräte erlaubte. Im Außendienst verdiente sich Sohn Horst seine Sporen im Familienunternehmen. Horst Solbrig, Jahrgang 1935, hatte das Rundfunkmechanikerhandwerk bis 1952 beim Vater gelernt. Seine Frau Gerda brachte er mit ins Geschäft. Die ehemalige Chemielaborantin kümmerte sich von nun an um Laden und Buchführung sowie um ihre zwei Kinder. Nach dem Tod von Mutter Hedwig wollte Horst 1974 das Geschäft übernehmen. Die Genehmigung für die Ausführung von Reparaturen wurde ihm verweigert und der Gewerbeschein zunächst nur für ein Jahr ausgestellt, dann sollte der Betrieb der PGH Markranstädt angegliedert werden. Schließlich wurde der Gewerbeschein doch verlängert.

Heute hat die Firma Electronic Solbrig in der Halleschen Straße und in der Bahnhofstraße Ladengeschäfte für Audio-, TV- und Videotechnik sowie Telefone. Ein eigener Reparaturbetrieb ist auch vorhanden. Sohn Ralf Solbrig, der im väterlichen Betrieb gelernt und 1989 seinen Rundfunkmechanikermeister gemacht hat, ist Chef des Unternehmens. Er leitet den Firmenbereich Antennen- und Satellitenempfangsanlagenbau und Service. Auf Solbrigs ist nicht nur in Laden und Werkstatt Verlass. Auch in der freiwilligen Feuerwehr Schkeuditz stehen sie seit über 50 Jahren jeweils ihren Mann.

Adler-Drogerie

Kurt Bautzmann OHG

Taucha · Eilenburger Straße 5

Bei Bauarbeiten am Gebäude in der Eilenburger Straße Nr. 5 wurden Ziegelsteine freigelegt, von denen einer die Jahreszahl „1769" als Inschrift trägt. Ursprünglich befand sich in jenem Haus eine Seilerwerkstatt. Später beherbergte es eine Kolonialwaren- und Kohlenhandlung. Am 16. März 1913 kaufte der Drogist Johannes Bautzmann, Sohn einer Landarbeiterfamilie aus Pönitz, das Geschäft. Sofort begann Johannes mit dem Umbau des Ladens und richtete zwei Verkaufsräume ein. Der Kolonialwarenhandel blieb und eine Drogerie kam hinzu. Am 1. September 1913 eröffnete er nach fünfmonatiger Bauzeit sein Geschäft. In Taucha wurden nun erstmalig Fotoartikel angeboten und Fotoamateurarbeiten ausgeführt. Damals arbeitete man noch mit Kopierrahmen und Tageslichtentwicklungspapier. Der Erste Weltkrieg brachte dem Geschäftsbetrieb ein jähes, zeitweiliges Ende. Bis zum 1. April 1919 blieb der Laden geschlossen. Die Folgen des Zweiten Weltkrieges bedrohten abermals seine Existenz. Im Dezember 1945 wurde die Firma enteignet und treuhänderisch verwaltet. Von 1946 bis 1948 ruhte die Geschäftstätigkeit, obwohl 1946 eine Rückübertragung an den Inhaber erfolgte. Ein Gewerbeschein wurde jedoch nicht ausgestellt und so blieb die Rückgabe zunächst wirkungslos. Erst 1948 erhielt der ehemalige Gehilfe Carl Scholz die Gewerbegenehmigung und im August des folgenden Jahres wurde sie auf Kurt Bautzmann, den Sohn des Firmengründers, übertragen. Die Handelstätigkeit als reine Drogerie begann knapp einen Monat später, am 1. September 1949. Im Jahre 1954 modernisierte Kurt das Fotolabor. Vier Jahre darauf bestand seine Frau Irmgard ihre Drogistenfachprüfung und stand nun Kurt Bautzmann hilfreich zur Seite. Im Jahre 1960 wurden die Baumaßnahmen von 1913 wieder rückgängig gemacht und es entstand ein Ladenlokal mit ca. 58 qm Verkaufsfläche. Kurt Bautzmann schloss 1963 mit der HO einen Kommissionshandelsvertrag ab. Irmgard führte nach dem Tode ihres Ehemannes im Mai 1971 das Geschäft bis in die 80er Jahre als alleinige Inhaberin. Am ersten September 1983 wurde Tochter Dagmar Engelhard die neue Besitzerin der Adler-Drogerie. Sie hatte auch Drogistin gelernt und von ihren beiden Kindern setzt Tochter Nicole diese Tradition fort. Im Geschäft wird Dagmar von ihrem Ehemann Peter unterstützt. Seit Januar 1990 ist der gelernte Werkzeugmacher und Hochschulingenieur im Familienunternehmen beschäftigt. Entsprechend des erweiterten Warenangebotes vergrößerten Engelhards 1991 die Verkaufsfläche auf 90 qm.

Neben dem Verkauf von Haushaltchemie und Kosmetika vertreibt Dagmar Engelhard traditionsgemäß hauptsächlich Fotoartikel. Seit 1997 besitzt die Adler-Drogerie eine hochmoderne Anlage zur Fotobearbeitung. Wie einst Großvater Bautzmann, legte auch Familie Engelhard echten Pioniergeist an den Tag und eröffnete das erste Photo Porst-Fachdepot in den Neuen Bundesländern.

Ladenfront

Drogerie Bräutigam

Taucha · Südstraße 6

Geschäftshaus mit Benzinzapfsäule

Im Drogerie-Spezialgeschäft Bräutigam in Taucha wurde einstmals mit Lebensmitteln, Kaffee, Tabakwaren, Wein und Branntwein in verschlossenen Flaschen, Flaschenbier, Obst, Gemüse, Kartoffeln, Drogen, Sämereien, Fallen und Haushaltartikeln aller Art gehandelt. Der Kaufmann Bruno Prengel arbeitete zunächst in einer fotografischen Handlung, die hauptsächlich Postkarten herstellte und verkaufte. Am 1. April des Jahres 1909 gab der Seilermeister Richard Mühler öffentlich bekannt, dass „am heutigen Tage ... Herr Bruno Prengel mein in der Bismarckstraße 6 gelegenes Grundstück mit darin befindlichem Material- und Kolonialwaren-Geschäft käuflich" erwarb. In selbiger Anzeige sicherte das Rabatt-Sparvereins-Mitglied Bruno Prengel seinen künftigen Kunden „beste Ware bei promptester Bedienung zu". Das Kolonialwarengeschäft war als typischer Dorfladen zugleich auch eine Art sozialer Mittelpunkt. So blieb es auch in den frühen Tagen der DDR. Am 23. Oktober 1951 übernahmen die Söhne, Erhard und Erich Prengel, den Handelsbetrieb. „Hauptgeschäftsführer" wurde Erich Prengel. Genau am Jubiläumstag trat dann am 1. April 1974 Frau Edeltraud Bräutigam, die Tochter von Erhard Prengel, die Nachfolge an. Von 1956 bis 1959 hatte sie eine Drogistenlehre absolviert. Edeltraud Bräutigam arbeitete fünf Jahre lang in der Victoria-Drogerie in der Leipziger Jahnallee. Als HO-Kommissionshändlerin wandelte die Geschäftsfrau den „Dorfladen" in ein Fachgeschäft um. Nach und nach entwickelte sich die Firma zur technischen Drogerie. Heute umfasst das Sortiment Drogerieartikel, Pharmazeutika, Kosmetika, Farben, Sämereien und Chemikalien. Fotodienstleistungen werden angeboten und es wird mit Fotoapparaten gehandelt. Beim Tapetenverkauf greift Frau Bräutigam gern auf die Erfahrungen ihres Ehemanns, eines gelernten Polsterers und Tapezierers, zurück. Spezialartikel ziehen nach wie vor Kunden an. Die umsatzträchtigen Konsumartikel werden jedoch in den zahlreichen neuen Großmärkten gekauft. In der unmittelbaren Umgebung des Geschäfts gibt es schon keine Läden mehr, auch der Bäcker und der Fleischer haben bereits das Handtuch geworfen. Bräutigams Stammkunden halten ihrer Drogerie die Treue, kennen sie doch alle Höhen und Tiefen des Familienunternehmens und außerdem bekommen sie noch heute „beste Ware bei promptester Bedienung".

Innenansicht des Ladens

Möbelhaus Scheibner, Wilhelm Scheibner mit Gesellen vor dem Haus, 1909 (S. 248)

Modehaus Fischer

Taucha · Lindnerstraße 39

Geschäftshaus Anfang des 20. Jahrhunderts

Am 15. April 1832 ließ sich der Leinenwebermeister Carl-Ernst Fischer aus Cadolzburg bei Nürnberg in Taucha nieder. Mit einem Webstuhl betrieb er sein Handwerk. In der Eilenburger Straße Nummer 18 diente die Werkstatt, die zugleich auch Wohnstube war, als erster Geschäftsraum. Die Familie handelte mit selbst gefertigten Leinenwaren sowie mit Flachsgarnen. Nach drei Jahren baute Carl-Ernst in die vorderen Räume des Hauses ein Ladengeschäft ein. Nach dem Tod des Firmengründers 1879 übernahm zunächst seine Witwe, Johanna Rosine Fischer, das Geschäft, und 1891 ging es auf ihren Sohn Ernst Wilhelm Fischer über. Ab 1898 führte Friedrich Oskar Fischer die Firma. Sein Wahlspruch, dem Kunden gute Ware preiswert anzubieten, verschaffte dem Geschäft einen neuen Aufschwung. Fischers verkauften viele ihrer Waren direkt in den Dörfern. Sie fuhren mit drei Fahrzeugen auf die Bauerngehöfte und boten Textilien und Stoffe an. Verkaufsmessen wurden gern in Gasthöfen durchgeführt. Mit dem wirtschaftlichen Aufschwung Tauchas wurden Fischers bald zum größten Fachgeschäft für Leinen, Manufaktur und Mode am Ort. Zudem betrieben sie den Versand von schlesischen Webwaren und eine Änderungsschneiderei. An der Stelle des Stammhauses in der Eilenburger Straße wurde 1903 ein neues Geschäftshaus mit großen Lagerräumen und einer modernen Bettfederreinigungsanlage errichtet. Die Firma hatte sich 1907 "zum Zweck des vorteilhaften Einkaufs" der Handelszentrale Deutscher Kaufhäuser Berlin und Chemnitz, der über 500 Geschäfte angehörten, angeschlossen. Außerdem wurden Fischers von mehr als 40 Fabriken direkt beliefert. Im Jahre 1917 konnte der Neubau eines modernen Geschäfts- und Wohnhauses in

Modehaus Fischer

Taucha · Lindnerstraße 39

Taucha, Ecke Lindner- und Bahnhofstraße, fertiggestellt werden. Max Fischer trat 1923 in das Geschäft ein. Vater und Sohn bemühten sich nun gemeinsam, ihre Kundschaft „gut, reell und preiswert" zu bedienen. Auch wenn die Firma stets vom Vater auf den Sohn überging, ist der wirtschaftliche Erfolg ebenso den Frauen in der Familie zu verdanken. Das Modehaus konnte während der zwei Weltkriege nur geöffnet bleiben, weil diese die Geschäfte in die Hand nahmen. Mitte 1945 wurde der Laden vollständig geplündert und auch die Wohnung blieb nicht verschont. Fischers standen vor einem völligen Neuanfang. Auch unter den geänderten gesellschaftlichen Bedingungen stand der Name Fischer für Mode. Seit 1968 leitet mit Axel Fischer die fünfte Generation das Traditionshaus. Axel wuchs im elterlichen Betrieb auf und schloss ein Studium der Textiltechnik ab. Der Geschäftsmann machte das Modehaus zu einem Unternehmen, das zu DDR-Zeiten höhere Zuwachsraten als die HO- und Konsumläden der Textilbranche in der Region hatte. Während andere Firmen meist nur beim Großhandel einkaufen konnten, blieb Fischer bis zuletzt Direktbezieher bei der Industrie. Eine Vergrößerung der Verkaufsflächen durch Filialisierung blieb dem Modehaus versagt. Diese Chance bot sich erst nach der Wende. Seither hat das Unternehmen seine Verkaufsfläche mehr als verzehnfacht. Die Mitarbeiterzahl wuchs von ehemals 30 auf über 170. Kamen noch Ende der 80er Jahre 80 % der Kunden aus Leipzig, so ging das Unternehmen in den 90er Jahren auf die Kunden zu. Axel Fischer öffnete mehrere Geschäfte in und um Leipzig, aber auch an anderen Standorten in Sachsen, Sachsen-Anhalt und Thüringen.

100-Jahrfeier 1932

Im Jahre 1994 erhielt das Modehaus Fischer als einziges in Deutschland den Förderpreis der deutschen Textilwirtschaft. Bis heute haben die Frauen einen Anteil an der Führung des Hauses, denn Ehefrau Renate Fischer hat in der Damenmode den Hut auf. Sohn Ulrich beendete ein Textiltechnikstudium und bringt sich als Handelsfachwirt BTE ein. Trotz aller Expansion sieht Axel Fischer seinen Familienbetrieb als eine echt „Tauchsche" Firma.

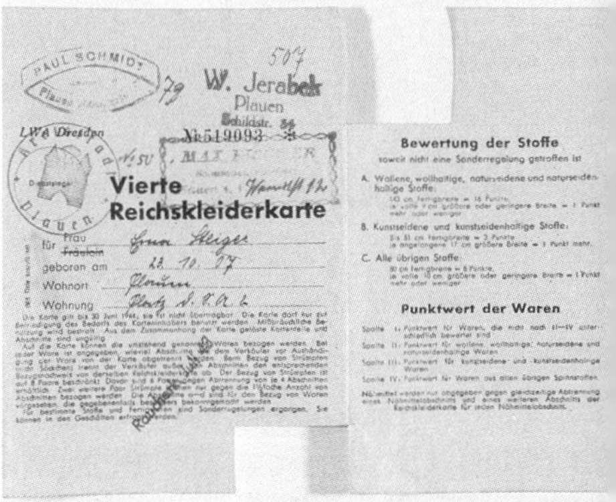

Reichskleidermarke im Zweiten Weltkrieg

Spielwaren, Fahrräder u. Ersatzteile

Taucha · Leipziger Straße 12 **Inh. Herbert Wagner**

Am 21. Oktober 1891 gründete der Mechaniker Hermann Wagner in der Leipziger Straße 12 in Taucha ein Fahrradgeschäft. Hermann baute die Räder selbst und erledigte Reparaturen in seiner Werkstatt. Im kleinen Laden verkaufte seine Frau derweil Fahrräder und Ersatzteile. Von September bis Weihnachten boten Wagners auch Spielzeug an. Ganzjährig gefragt blieben die speziell nach den Bedürfnissen von Betrieben und Behörden angefertigten „Drahtesel". Für den Transport aller möglichen Waren, von Post bis Bier, wurden die Fahrräder mit extra verstärkten Rohren und hartgelöteten Rahmen versehen. Nach dem Tod von Hermann Wagner führte seine Witwe den Familienbetrieb zunächst allein weiter. Unterstützung fand sie bald durch Sohn Ottomar Wagner und seine Frau Enne. Schwer zu schaffen machte Wagners die Geldentwertung Anfang der 20er Jahre. Wenn ein Fahrrad im Laufe des Tages in der Werkstatt fertiggestellt wurde, hatte es abends schon die Hälfte seines Wertes verloren. Ab Mitte der 20er Jahre leitete die nächste Generation den Betrieb. Der Mechaniker Ottomar kümmerte sich um die Werkstatt mit den Spezialanfertigungen und Enne versorgte den Laden. Ottomar handelte bis zum Beginn des Zweiten Weltkriegs auch mit Motorrädern und Mopeds. Die Spielwaren blieben ein Saisongeschäft.

Erst als Sohn Herbert Wagner und seine Ehefrau Marion am 1. Mai 1960 das Geschäft übernahmen, wurde Spielzeug ins ständige Angebot aufgenommen. Wagners schlossen mit der HO einen Kommissionshandelsvertrag ab, der ihnen eine regelmäßigere Belieferung mit Waren garantierte. Ottomar arbeitete noch bis zu seinem Tod Ende der 80er Jahre in der Werkstatt mit. Der Betrieb war der einzige Reparaturpunkt für Zweiräder in Taucha und konnte sich vor Aufträgen kaum retten. Beide Mechaniker verkauften noch Mopeds und hielten sie instand. Ersatzteile und Bereifung mussten von überall her besorgt werden. Jede Woche fuhr Herbert zum Chemiehandel nach Engelsdorf und holte Fahrrad- und Mopedreifen. Für 10.000 bis 15.000 Mark besorgte er die Teile. Sein Lieferwagen, der Barkas, war immer bis zum Bersten gefüllt. Besonders vor den Festtagen musste er noch zusätzlich jede Woche zum Großhandel nach Leipzig fahren, um Spielzeug einzukaufen.

Heute geht es im Fahrrad- und Spielwarengeschäft in der Leipziger Straße eher gemächlich zu. Wer Rat und Tat von Fachleuten sucht, ist bei Herbert und Marion Wagner nach wie vor gut aufgehoben.

Zeitungswerbung von Blumen-Lapschies (S. 231)

Blumen Bucher

Torgau · Rosa-Luxemburg-Platz 15

„Buchers Gärtnerei" wurde am 7. September 1843 von Ernst Otto Bucher in Torgau gegründet. Seine Vorfahren waren auf dem Rittergut Drögnitz ansässig. Dr. Johann Rudolf Bucher war dort zu Ende des 18. Jahrhunderts „wohlbestallt gewesener Syndikus des Hohen Stifts zu Meißen". Das jüngste seiner sechs Kinder, Ernst Leonhard Bucher, führte später das Gut als „Erb-, Lehn- und Gerichtsherr". Drögnitz erlebte während des Völkerschlachtens Anfang des 19. Jahrhunderts einen Niedergang und konnte die große Familie nicht mehr ernähren. Ein Sohn führte es weiter und der andere, Ernst Friedrich, zog nach Torgau und erwarb mit Geld vom Rittergut Grund und Boden für die spätere Gärtnerei Bucher. Die Gärtnerei wurde dann vom Sohn, Ernst Bucher, geführt, welcher am 15. September 1889 in seinem „neuerbauten Schauhause am Paradeplatz eine fortdauernde Blumen- bzw. Pflanzen-Ausstellung" eröffnete und bestrebt war, „durch übersichtliche Zusammenstellung guter Artikel seiner verehrten Kundschaft beim Einkauf die Auswahl zu erleichtern". Bis heute verblieb das Geschäft an diesem Ort. Über mangelnden Zulauf konnte sich der Blumenladen nie beklagen. Die Garnisonsstadt Torgau beherbergte in ihren Mauern genügend zahlungskräftige Kavaliere. Ab 1915 übernahm Sohn Reinhold die Geschäftsführung. Am Friedhof wurde zu dieser Zeit noch eine Blumenhalle betrieben. Buchers waren bekannt durch ihr reiches Angebot an Spezialkulturen, wie Hortensien, Cyclamen, Chrysanthemen. Die Firma legte Steingärten an und kümmerte sich um Park- und Gartenanlagen. Die Landschaftsgärtnerei und eine Baumschule hatten einen festen Platz im Betrieb. Die Söhne Hans-Joachim und Ernst Bucher wurden beide Opfer des Zweiten Weltkrieges. So führten Reinhold und seine Frau Elisabeth das Geschäft bis 1949. Dann übernahm es Tochter Erdmuthe Bucher. Sie hatte den aus Tilsit stammenden Gärtner Lapschies geheiratet. „Blumen-Lapschies" war ein mit zahlreichen Staats- und Ehrenpreisen ausgezeichneter Gärtnereibetrieb, der sich auf Dekorationen, Arrangements und Kranzbindearbeiten spezialisiert hatte. Großvater Fritz Lapschies war in den 30er Jahren „Landesfachwart für Gartenbau von Ostpreußen". Diese gärtnerischen Traditionen sollten von nun an mit den Bucherschen in Torgau verschmelzen. Bis Ende der 50er Jahre konnten auch Gärtnerei, Blumengeschäft, Landschaftsgärtnerei und Baumschule aufrechterhalten werden. Dann wurden sechs Hektar Freilandflächen in der Eilenburger Straße enteignet. Es blieb nur noch der Gartenbaubetrieb mit Blumenladen. Produziert wurde fast ausschließlich fürs Geschäft. Buchers Gärtnerei entwickelte sich zum reinen Topfpflanzenbetrieb. Die Töpfe für die Pflänzchen wurden von staatlichen Stellen zugeteilt. Meist waren es 1.000 Töpfe, die zu Beginn des jeweiligen Jahres zugestanden wurden. Damit war praktisch die gesamte Jahresproduktion schon festgelegt. Die Töpfe reichten nie lange. Die Geschäftsleute, besonders Dietmar Lapschies, der seit 1983 die Geschicke der Firma lenkt, hatten in den 80er Jahren mit großem Einfallsreichtum zu agieren. Seit 1997 präsentiert sich das Geschäft am Rosa-Luxemburg-Platz im heutigen Antlitz.

Carl Loebner

Torgau · Bäckerstraße 2

Spielwarenfachgeschäft

Jörg Loebner führt in elfter Generation die Spielwarenhandlung in der Bäckerstraße in Torgau. Loebners konnten nicht nur das Geschäft immer auf ihre Söhne übertragen, sie vererbten auch handgefertigte Puppen. Aus ihren Anfängen ist ein etwa 300 Jahre altes Holzpüppchen erhalten geblieben. Der Firmengründer Carl Loebner hatte es in seiner Werkstatt gedrechselt, innen ausgehöhlt und mit Murmeln gefüllt, damit es beim Schütteln klappert. Die Familien- und Firmengeschichte Loebner lässt sich bis 1685 lückenlos zurückverfolgen. In der Drechslerwerkstatt wurden hauptsächlich Pfeifenköpfe und Stockknaufe hergestellt. Für seinen neugeborenen Sohn begann der Drechslermeister Christoph Loebner damals Spielzeug anzufertigen. Bald entwickelte sich daraus der eigenständige Handel mit Spielwaren. Bis in die siebente Generation waren alle Inhaber Drechslermeister. Loebners stellten in ihrer kleinen Werkstatt Kreisel, Kegel, Kugeln sowie Teile für Tabakpfeifen, Pfeifen, Schachspiele, Spiel- und andere Drechslerwaren her. Sie besuchten auch die Leipziger Messe und kauften regelmäßig Horn, Elfenbein, edle Hölzer und verschiedenste Waren ein. Ein Vertreter war für die Firma auf ausgewählten Märkten, u.a. in Herzberg, Lorenzkirch, Belgern, Schildau, Dommitzsch und Schmiedeberg unterwegs und verkaufte dort die Loebnersche Produktion.
Große Notzeiten hatte der kleine mittelständische Betrieb in seiner Geschichte zu überstehen. Besonders der Siebenjährige Krieg, die französische Besatzungszeit, als Kriegskontributionen unter der Androhung der Exekution gefordert wurden, aber auch die Inflationszeit, die Weltwirtschaftskrise sowie die beiden Weltkriege setzten dem Unternehmen schwer zu. Im letzten Krieg war der Spielzeugverkauf wegen fehlender Ware eingeschränkt und die Produktion von Spielwaren verboten. Dafür hatte das Geschäft 1945, als es zu Plünderungen kam, Glück. Alle Inhaber verließen und verschlossen ihre Geschäfte blitzartig. Herr Loebner vergaß in der Eile den Schlüssel in der Tür herumzudrehen und die Plünderer nahmen jeweils an, es gäbe nichts mehr zu holen.

ca. 300 Jahre alte Puppe

Eintragungen über Einnahmen aus alten Geschäftsbüchern belegen, dass am 27. November 1923 die größte eingenommene Summe: 172 Billionen Papiermark

(172.000.000.000.000,- !) betrug. Ein paar Tage später, am 1. Dezember 1923, befanden sich 70 Rentenmark – eingenommen von 90 Kunden – in der Kasse. Mit dem Austausch der Papiermark durch die Rentenmark Ende 1923 war die Phase der Hyperinflation beendet. Die Goldmark brachte Stabilisierung. Die kleinste Einnahme ist am 7. Januar 1932 mit 18,32 Reichsmark verzeichnet. 1945 wurden alle Konten und Sparbücher gesperrt.

Auch den Sozialismus überlebte das private Familienunternehmen. Über mangelnde Kundschaft konnten sich Loebners nie beklagen. Allein die Angst vor möglicher Enteignung oder Repressalien blieb latent. Der Firma Loebner ist es gelungen, als letzter selbstständiger Händler im Kreis Torgau weiter zu existieren. Nicht gelungen ist es dem jungen Jörg Loebner, seine Berufsträume zu erfüllen. Der Vater bestand darauf, dass die Familientradition ungebrochen fortgeführt wird. Der Weg in die Spielwarenbranche war für Jörg somit vorgezeichnet. Wie schon seine Vorgänger, musste er Ökonomie studieren. Er blieb der Branche treu und arbeitete nach dem Studium als Materialwirtschaftler bei volkseigenen Spielzeugbetrieben im Erzgebirge. Durch „Beziehungen" kam er so an „Bückware" heran, die sein Vater als privater Händler sonst nimmer hätte beziehen können.

Mit Beginn der 90er Jahre nahm das Geschäft eine rasche Aufwärtsentwicklung. Das Angebot stieg auf mittlerweile über 22.000 verschiedene Artikel. Am Markt, nicht weit vom Stammhaus, öffnete eine Filiale für technisches Spielzeug. Mit Sohn Ingo Loebner ist bereits die zwölfte Generation herangewachsen, die dafür Sorge tragen wird, dass die Familientradition nahtlos fortgeführt werden kann. Seit Ende 1999 hat das Unternehmen noch ein Lederwarengeschäft am Markt etabliert.

Radio-Hellmuth (S. 234)

Radio-Hellmuth

Waldheim · Niederstadt 18

Funk- und Fernsehberater

Anfang der 20er Jahre betrieben Hellmuths ein Kohle- und Rohproduktengeschäft. Sie zogen bis ins Erzgebirge, kauften Lumpen oder Filze und verkauften sie als Rohmaterialien weiter. Während der Wirtschaftskrise verdingte sich Ludwig zusätzlich als Klempner und Installateur. Schnell begeisterte er sich für die aufkommende Rundfunktechnik. Am 17. April 1925 öffnete Ludwig Hellmuth sein eigenes kleines Rundfunkgeschäft in Waldheim in der Niederstadt. Die Geschäftsentwicklung ging mit dem rasanten Aufschwung der Rundfunktechnik einher. Der Unternehmer konnte bald die ersten zwei Gehilfen einstellen. Im Jahre 1930 wurde aus den vorderen Räumen im Haus ein Ladengeschäft gemacht. Die Werkstatt zog ins Hinterhaus. Zuerst kauften die Kunden bei Hellmuths selbst gebastelte Rundfunkempfänger, dann „Einkreiser", später „Zweikreiser". Ludwig hatte 1927 seine Gertrud geheiratet und ein Jahr später erblickte Sohn Wilfried das Licht der Welt. Als Jugendlicher begann Wilfried eine Mechanikerlehre bei der Firma Mende & Co. in Dresden. Die Ausbildung war „kriegsbedingt" sehr gut. Dann aber wurde Wilfried, wie schon Vater Ludwig, doch eingezogen und musste seine Lehre unterbrechen. Das Geschäft blieb mehrere Jahre geschlossen. Nach Kriegsende hatten die russischen Besatzer alles beschlagnahmt. Wilfried beendete seine Lehre als Rundfunkmechaniker 1947 in Leipzig. Die Prüfung zum Rundfunkmechanikermeister legte er 1953 in Karl-Marx-Stadt ab. Hauptsächlich Radios wurden damals repariert. Mit der Verbreitung der Fernsehtechnik erweiterte sich das Betätigungsfeld beträchtlich. Antennen wurden gesetzt und manchmal auch wieder abmontiert. Da jeder das „Westprogramm" empfangen wollte, waren Antennenverstärker absolute Mangelware. Ende der 60er Jahre stand die Weiterführung des Familienbetriebs in Frage. Zwei Jahre dauerte es, bis der Rundfunkmechanikermeister Wilfried Hellmuth im November 1969 die Nachfolge in der Firma antreten konnte. Sohn Lutz hingegen durfte 1984 am Lehrgang für die Meisterausbildung nur teilnehmen, wenn er den väterlichen Betrieb weiterführen würde. Lutz war schon als kleiner Junge von der Rundfunkbastelei mehr als begeistert. Seine Mutter musste ihm ein kleines Arbeitsmäntelchen nähen, damit er wie die „Kollegen" aussah. Mit sechs Jahren baute er seine erste Reihenschaltung. Später folgten Mechanikerlehre und eine Umschulung zum Rundfunkmechaniker 1980/81. Bevor sich Lutz 1983 „voll in den Familienbetrieb einbrachte", hatte er noch seine Sabine geheiratet. Seit 1988 ist sie aus dem Familienunternehmen nicht mehr wegzudenken. Am 1. Oktober 1993 übergab Wilfried offiziell die Firmenleitung an Lutz. In einem dreimonatigen Umbauakt wurde 1996 ein großer Verkaufsraum geschaffen. Früher befanden sich dort Laden, Büro und Materiallager. Heute ist Radio-Hellmuth ein modernes, flexibles Unternehmen, in dem die Bereiche Verkauf, Reparatur und Dienstleistung fest miteinander verzahnt sind. Für die Zukunft ist auch schon gesorgt. Das Jahr 2000 bedeutete für Sohn Christian den Start in die Rundfunkmechanikerbranche.

Hochwasser am 2. Advent 1974

Wagner

Papier- und Schreibwaren

Waldheim · Bahnhofstraße 27

Am 21. Oktober 1905 gründeten der Buchbindermeister Max Wagner und seine Frau Lina in der Waldheimer Bahnhofstraße eine Buchbinderei mit Ladengeschäft. Der Meister kümmerte sich um das Handwerk und seine Ehefrau um den Laden. In der Papier- und Schreibwarenhandlung waren auch die vielfältigen Formen der auswechselbaren Mey-Kragen mit Leinenüberzug erhältlich. Bekannt war das Geschäft für die liebevoll ausgewählten und selbst gefertigten Gruß- und Ansichtskarten aus Waldheim und Umgebung, für die der Inhaber oft eigens auf Motivsuche ging. Max Wagner leitete das Geschäft bis zu seinem Tode 1940, danach führte es Lina weiter. Anfang der 50er Jahre musste die Buchbinderei geschlossen werden. Sie war unrentabel geworden. Die Einwohner des Westteils von Waldheim sowie der umliegenden Gemeinden deckten bei Wagners ihren Bedarf an Papier- und Schreibwaren, Kunstgewerbegegenständen, Glückwunschkarten sowie an Unterhaltungsliteratur. Schüler kauften ihre Schulutensilien und die benötigten Lernmittel im Laden. Touristen und Reisende nahmen auf dem Weg zum Bahnhof noch schnell Andenken oder Ansichtskarten mit. Auch an Bürobedarf und Festartikeln konnten Wagners mit einem reichlichen Angebot aufwarten.

Löschblatt mit Kalender

Postkarte nach Motiven von M. Wagner, 20er Jahre

Als Lina Wagner das Geschäft Ende der 50er Jahre aus Altersgründen aufgab, musste es der Konsumgenossenschaft zur Miete angeboten werden. Einem privaten Weiterbetrieb durch die im Geschäft tätige Schwiegertochter, Ursula Wagner, wurde nicht stattgegeben. Auch wenn der Laden nicht mehr „Wagner" hieß, verband man ihn doch weiterhin mit der Familie und so blieb er auch unter diesem Namen bekannt. Das Sortiment wurde trotz der vorherrschenden Mangelwirtschaft im Wesentlichen beibehalten. Nach der Wende konnte die Enkelin des Firmengründers, Adelheid Mielke, das Geschäft ab 1991 wieder privat betreiben und damit der Familie erhalten. Sie hat den Konstrukteurberuf im VEB ELMO-Hartha erlernt und nahm nun die Gelegenheit wahr, sich selbstständig zu machen und in den Handel zu wechseln. Gemeinsam mit einer Mitarbeiterin führte sie Wagners klassisches Sortiment weiter und erweiterte es noch um Büromöbel, Büroausstattungen und Keramikartikel. Damit kommt sie ihrer Kundschaft entgegen, die dem Geschäft in der Bahnhofstraße über viele Jahre die Treue gehalten hat.

Parfümerie – Drogerie Foto - Stockmann

Wermsdorf · Clara-Zetkin-Straße 3 **Inh. S. Stockmann**

Siegfried Stockmann führt mit seiner Parfümerie und Drogerie die Traditionen der „Saline-Drogerie" in Bad Dürrenberg und der „Drogerie Helbig" in Wermsdorf fort. Der Leipziger Drogist Fritz Stockmann hatte in Bad Dürrenberg gelernt und übernahm als 23-Jähriger 1927 ein kleines Kolonialwarengeschäft nahe der Saline und baute es zur „Saline-Drogerie Fritz Stockmann" aus. Er füllte Weine ab, verkaufte Petroleum und Spirituosen. Kaffee wurde im Laden frisch geröstet und gemahlen. Hausschlachtungen führte Fritz selbst durch, während seine Frau Margarethe das Geschäft betreute. Fritz Stockmann wurde der erste Kommissionshändler im Kreis Merseburg. Früher hatte er der Edeka-Einkaufsgemeinschaft angehört. Sohn Siegfried Stockmann hatte nach einer Lehre bei seinem Vater das Fotolabor geleitet, mit einem Verdienst von 310 Mark im Monat. Siegfried glaubte damals nicht recht an eine Perspektive des kleinen Familienbetriebs und so studierte er Handelswirtschaft und nahm den Posten eines Verkaufsstellenleiters beim Konsum Merseburg an. In Leuna leitete Siegfried eine Kaufhalle mit 19 Angestellten. Zum Jahreswechsel 1973/74 war die Existenz des Familienbetriebs Stockmann tatsächlich gefährdet. Nach Vaters Tod im Dezember 1973 sollte der Sohn das elterliche Geschäft weiterführen. Bis Ende Juni 1974 durfte er das auch per Gesetz. Sein Gewerbeantrag wurde nicht bewilligt. Ab 1. Juli 1974 übernahm die HO das Geschäft. Siegfried und Frau Renate sahen sich nach anderen Berufschancen um. In der Zeitschrift „Wochenpost" entdeckten sie eine Anzeige, in der ein Herr Hänisch ein Grundstück samt Drogerie in Wermsdorf verkaufen wollte. Stockmanns konnten Haus und Grund am 1. April 1976 erwerben. Die „Drogerie Helbig", Anfang des 20. Jahrhunderts gegründet, gehörte zu den alteingesessenen Wermsdorfer Geschäften. Seit Mitte der 60er Jahre wurde sie von Frau Hänisch geleitet. Beim Verkauf betrug ihr Jahresumsatz 250.000 Mark. Siegfried konnte den Umsatz unter seiner Regie auf 450.000 Mark steigern. Hauptsächlich Farben und Lacke sowie Schädlingsbekämpfungsmittel, Drogerieartikel und Kosmetik wurden verkauft. Alljährlich zierten Schwibbögen und Räuchermännlein das weihnachtliche Angebot. Die in Döbeln, Grimma und Oschatz stationierten sowjetischen Streitkräfte deckten sich bei Stockmanns regelmäßig mit Farben ein, wobei Blau und Grün dominierten. Alles, was die Kunden wollten, wurde irgendwie besorgt. Viel Zeit blieb den passionierten Pferdeliebhabern und Reitern da für ihr Hobby nicht übrig. Im Herbst 1990 erfolgte für 80.000 DM eine Vergrößerung des Geschäfts. Siegfried Stockmann hat sich heute auf die Parfümerie spezialisiert und kann auf ein breites und anspruchvolles Angebot verweisen. Die Zukunft der Drogerie nach dem Jahr 2002 ist indes noch ungewiss. Stockmanns drei Söhne gehen völlig anderen Berufen nach.

Kolonialwarenladen Helbig um 1907

Herbert Ruschel

Fahrräder & Zubehör

Wiederitzsch · Delitzscher Landstraße 89

Im Fahrradladen Ruschel in Wiederitzsch findet der aufmerksame Besucher etwas versteckt an der Wand eine Glasvitrine, die mit zahlreichen Trophäen, Medaillen und Auszeichnungen bestückt ist. Diese gewann Paul Ruschel u.a. 1921 bei der Clubmeisterschaft von Zwenkau oder 1922 bei der Sachsenmeisterschaft. Paul war ein begeisterter Radsportler und er gehört zu jenen, die das Fahrrad in und um Leipzig populär gemacht haben. Die Begeisterung für sein damals nicht alltägliches Hobby färbte auch auf seinen Beruf ab. Im Jahre 1921 gründete er neben dem damaligen „Alten Gasthof" die Firma Ruschel. Das Familienunternehmen startete zunächst als Fahrradladen. Paul Ruschel war Mitbegründer des Motorradclubs Wiederitzsch, und so gehörten Motorräder bald auch zum Lebens- und Ladeninhalt. Der Verkauf und die Reparaturen von Zweirädern liefen gut an. Schwierigkeiten ergaben sich auf anderen Gebieten. Nach ein paar Jahren erfolgreichen Wirkens lag eines Morgens die Kündigung des Mietvertrages im Briefkasten. Der Umzug in die Podelwitzer Straße folgte, und obwohl sich große Probleme auftaten, konnte der normale Geschäftsbetrieb wieder gewährleistet werden. Im Zweiten Weltkrieg traf es das kleine Unternehmen erneut. Diesmal wurden Werkstatt und Laden ausgebombt. Doch auch davon ließ sich Paul Ruschel nicht unterkriegen. So, wie er an seinen Zweirädern hing, so war er auch mit Wiederitzsch verwachsen. Deshalb riskierte er einen Neuanfang in der Karl-Liebknecht-Straße. Im Jahre 1957 folgte der vorerst letzte Umzug in die Delitzscher Landstraße 89. Im Jahre 1965 übernahm Sohn Herbert das Geschäft und führte es mit viel Fleiß und Tatkraft weiter. Diese Eigenschaften waren unbedingt notwendig, da es das Privatunternehmen in der sozialistischen Planwirtschaft nicht leicht hatte. So konnte Herbert Ruschel sen. seine Waren nur über den staatlichen Großhandel einkaufen. Trotz allem behauptete sich das Unternehmen mit großer Zähigkeit weiter. Mit Herbert Ruschel jun. stieg 1968 die dritte Generation ins Geschäftsleben ein. Ein Reparaturvertrag wurde mit der Firma Simson abgeschlossen und Herbert jun. reparierte fortan auch Mopeds. Er übernahm 1979 mit seiner Frau Christine das Geschäft und führt es bis heute in bester Familientradition. Zehn Jahre schlug sich der Betrieb mit den Sorgen des sozialistischen Alltags herum, dann tauchten völlig neue Probleme auf. Auch Ruschels kleiner Fahrradladen musste sich in der Marktwirtschaft zurechtfinden. Die größten Schwierigkeiten bereiteten und bereiten ihm die Super- und Baumärkte, die mit Billigfahrrädern Kunden locken. Nach Fahrradaktionen in Supermärkten finden sich oft Käufer mit ihren „Schnäppchen" dann bei Ruschels ein und klagen über aufgetretene Mängel. Da Service bei Ruschels seit eh und je groß geschrieben wird, schicken sie keinen wieder weg. Den notwendigen Service und die kompetente Beratung bekommt man eben nur beim Fachhändler, meint Herbert jun. Räder, die bei Ruschels gekauft wurden, werden z.B. im Rahmen der ersten Durchsicht kostenlos gewartet. Außerdem erfüllt Herbert Ruschel auch ausgefallenste Wünsche in kürzester Zeit.

Renate Schaller

Wiederitzsch · Delitzscher Landstraße 64 (ehemals)

Parfümerie und Geschenkartikel

Der Drogist Walter Schaller kaufte am 4. April 1934 ein kleines Lebensmittelgeschäft in der Delitzscher Landstraße 64. Otto Liebold hatte es 1908 gegründet. Nach umfassender, zeitgemäßer Umgestaltung öffnete er sein Kolonialwarengeschäft mit Drogenabteilung. Walter Schaller stützte sich auf die Einkaufskraft des Edeka-Verbundes. Seine eigene Kraft investierte er in die Zurückgewinnung der Kundschaft. Eine Zapfsäule diente als Mini-Tankstelle und ein kleines Fotolabor wurde eingerichtet. Nebenan verkaufte seine Frau Erna in einem kleinen Laden Textilien, Weiß-, Woll- und Kurzwaren, außerdem betrieb sie eine elektrische Bettfederreinigung. Walter war ständig mit dem Fahrrad unterwegs und warb für sein Geschäft. Aus einer, über dem Vorderrad angebrachten, Palette verkaufte er seine Waren. Bald war „Schallers Walter" bei Alt und Jung bekannt. Seine Popularität konnte er während des Krieges noch steigern. Bis kurz vor Kriegsende hatte er die Aufgabe, als fast einziger Händler in Wiederitzsch, die Bevölkerung mit Lebensmitteln und Drogeriewaren zu versorgen. Als der Sprit rationiert und das Geld knapp wurde, kam ihm eine Idee. Er hängte seinen F 8 mit einer ca. 3 m langen rot-weiß-gestrichenen Stange an den letzten Straßenbahnwagen an und ließ sich mitziehen. Der Straßenbahnfahrer wurde dabei mit dem Ruf: „Ich hänge an!" verständigt. Während der ersten Nachkriegsmessen fuhr Walter „Behelfstaxi" in Leipzig. Der Geschäftsmann tat alles für seine Selbstständigkeit, verkaufte, was nur verkauft werden konnte, und waren es nur kleine, wiederentdeckte und umgearbeitete Industriewaren oder Seifenschalen. Getrocknete Erbsen, Bohnen und Graupen wurden nachts in Tüten umgefüllt. Anfang der 50er Jahre wurde Walter Kommissionshändler der HO. Das Warenangebot im Laden entwickelte sich zunehmend in Richtung Drogerie. In der Landdrogerie wurde ein Farblager eingerichtet und mit Tapeten und Gips gehandelt. Die Kunden hatten sich bei Schallers längst wieder eingestellt. Walter achtete darauf, dass jeder Einzelne „umworben" wurde. Die Beratung war für ihn das A und O. „Ein Kunde darf nie, ohne etwas gekauft zu haben, aus dem Laden gehen", brachte er seiner Tochter Renate frühzeitig bei. Ende der 60er Jahre übergaben Schallers das Geschäft ganz an die HO. Die neuen Eigentümer nahmen die Lebensmittel aus dem Angebot und führten bis zur Wende nur Drogerieartikel und Haushaltchemiewaren. Anfang der 90er Jahre wurden im Geschäft verschiedene kurzzeitige Zwischenlösungen, wie ein Elektronik- und Waschmaschinenverkauf, improvisiert. Renate Schaller übernahm 1993 den Laden und führte ihn als „Parfümerie und Geschenkartikel". Die gelernte Buchhändlerin hatte 15 Jahre ein Schreibwarengeschäft in der Papiermühlstraße in Leipzig-Stötteritz. Sie konnte es nicht länger ansehen, wie der ehemals schwer aufgebaute und gehaltene Familienladen langsam heruntergewirtschaftet wurde. Ende August 2000 dann ging Renate Schaller in den wohlverdienten Ruhestand.

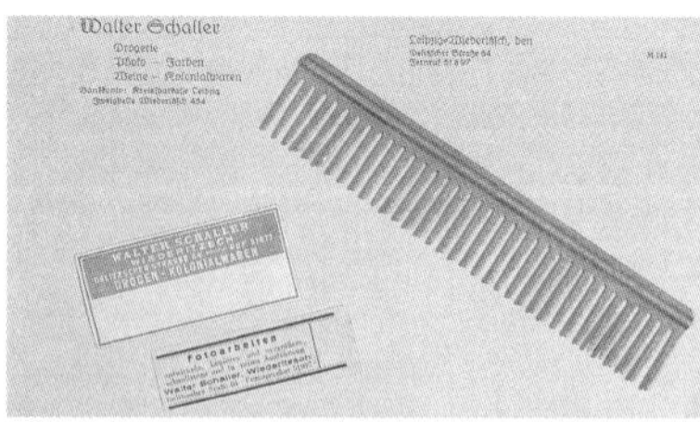

Blechkamm aus der Nachkriegszeit

Schuh-Thomas, Pedoscop aus den 30er Jahren (S. 242)

Gärtnerei A. Große & Sohn

Wurzen · Oelschützer Straße 2

mit Blumengeschäft

Anzeige im Wurzener Tageblatt, 6. Januar 1899

Der Gärtnermeister Gustav Große machte sich 1868 auf den Feldern einer kleinen Posthalterei im Süden Wurzens selbstständig. Allmählich entstand eine Gärtnerei mit einem Heim für die Familie. Gustav Große begnügte sich nicht mit der reinen gärtnerischen Arbeit. Aus seiner Veilchentreiberei lieferte er blühende verfrühte Pflanzen bereits im März und nicht, wie üblich, im Mai aus. Auch sonst tüftelte er ständig daran, die gärtnerische Arbeit so effektiv, wie nur möglich zu gestalten. Ein Ergebnis seiner erfinderischen Begabung war eine „Thierfalle mit Schlagbügel", die er sich patentieren ließ. Der älteste Sohn, Gustav Alfred Große, half mit Frau und Kindern im Familienbetrieb. Die Anbaufläche wurde durch wiederholten Landzukauf erweitert, Gewächshäuser entstanden. Besonders Moorbeetpflanzen, Azaleen und Camelien kultivierte man. Azaleen wurden in einem sogenannten Japan überwintert. Während des Ersten Weltkrieges gingen die Geschäfte in der Handelsgärtnerei eher schlecht als recht. Gustav Alfred war Soldat und seine Frau hielt das Geschäft über Wasser. Auch die Inflationszeit brachte kaum Besserung. Die Kundschaft blieb aus und überall wucherten Blumen und Kräuter. Ein Einzelhandelsgeschäft wurde bis Mitte der 20er Jahre noch im Stadtzentrum betrieben. Im Bahnhofsviertel errichtete Gustav Adolf Große dann einen ausgedehnten Gartenbaubetrieb. Die finanziellen Mittel für den Gewächshausbau stammten aus Landverkäufen. Der Gärtnermeister brachte es mit Zähigkeit zu beachtlichen Erfolgen. In Doppelreihe entstanden neue Treibhäuser, die hauptsächlich der Anzucht von Jungpflanzen dienten. Chrysanthemen aus der Gärtnerei Große gingen auch als Versandware auf weite Reisen. Auf schnellstem Wege, teilweise schon unter Benutzung des Lufttransports, wurden sie bis ins Ausland verschickt. Aus Italien kamen Cycas-Stämme, deren Blätter dann in der Trauerbinderei verwendet wurden. In der Gärtnerei widmete man sich mehr und mehr dem Großhandel. Die Familie war immer

Gärtnerei A. Große & Sohn

mit Blumengeschäft

Wurzen · Oelschützer Straße 2

bemüht, ein breites Sortiment unterschiedlichster Arten anzubieten. Ab 1924 züchteten sie Orchideen. In ihren verschiedenen Farbschattierungen waren sie als Tafelschmuck sehr begehrt. Geliefert wurden sie u.a. an die Firma Hanisch aus Leipzig. Neben Blumen und Moorbeetpflanzen konnte man die unterschiedlichsten Staudengewächse, Gehölze und Gemüsepflanzen finden, außerdem wurde noch eine Obstplantage betrieben. Ein gebrochener Arm rettete Karl Friedrich Große vor einem Fronteinsatz im Zweiten Weltkrieg. Die Gärtnerei jedoch verschonte der Krieg nicht. Die Druckwelle explodierender Munitionswaggons im Wurzner Bahnhof zerstörte fast die gesamte Glasfläche der angrenzenden Gewächshäuser. Karl wandte sich nach dem Kriege den Warmhauskulturen zu. Sein Sohn, Alfred Bernhard Große, der heute die Geschäfte führt, setzte das Werk fort. Er hatte sich 1958 bei der Firma Richter in Crimmitschau mit ihren berühmten Warmhauskulturen vertraut gemacht. Großes begannen in selbstgeplanten und errichteten Warmhäusern Bromelien, Araceen und Orchideengewächse zu züchten. Ein Dutzend Angestellte und zahlreiche Saisonkräfte sorgten in den Gewächshäusern und den Anlagen für einen reibungslosen Arbeitsablauf.

Nach der Wende war es mit den Warmhauskulturen vorbei. Die Produktion war zu energieintensiv. Yucca-Palmen wurden billig importiert. Außerdem benötigten Warmhauspflanzen mehrere Kulturjahre zur ausreichenden Entfaltung. Großes stellten ihre Firmenstrategie um. Die Langzeitpflanzen wichen den Kurzzeitkulturen. Beet- und Balkonpflanzen sowie Schnittblumen vom Großmarkt, floristisch von Großes bearbeitet, rückten in den Mittelpunkt. Seit 1990 gibt es in der Jacobsgasse 15 wieder ein Stadtgeschäft. Alfred Bernhards Frau, die Floristenmeisterin Marion Große, bietet hier Blumen, Pflanzen und Kränze an. Der künftige Eigentümer des Familienbetriebs, der Gärtnermeister Jürgen Bernhard Große, wird mit neuen Kulturen das Werk seiner Vorfahren fortsetzen.

Uhlemann, Kinowerbung, 50er/60er Jahre (S. 243)

Schuh-Thomas

Wurzen · Jacobsgasse 5-7

Geschäftseröffnung im September 1919

Gegründet wurde das Schuhhaus Emil Thomas am 5. Oktober 1902 in Deuben zunächst als Schuhmacherei. Die Brüder des Schuhmachermeisters Emil Thomas waren Hausschuh- und Filzschuhmacher. Im Jahre 1908 zog Emil Thomas mit seiner Frau Agnes nach Wurzen und öffnete in der Eilenburger Straße einen Schuhladen. Von dort zog der Laden samt Werkstatt nach drei Jahren in die Jacobsgasse 8. Am 1. September 1919 war in der Wurzener Zeitung zu lesen, dass das „Spezial-Schuhwarenhaus I. Ranges sowie Mass- und Reparatur-Werkstatt" von der Nr. 8 „schrägüber in mein eigenes Grundstück Jacobsgasse 7" gezogen sei. In den 20er Jahren wurde in Deutschland der Schuhkauf durch ein „PEDOSCOP" erleichtert. Mit Hilfe dieser riesigen Röntgenapparate konnten Kunde, Verkäufer und noch eine dritte Person gleichzeitig die Passform der Füße im Schuh beobachten. Das Schuhhaus Thomas gehörte zu den wenigen Schuhgeschäften, die über einen solchen Apparat verfügten. Der Schuhmachermeister Willy Thomas führte das Familiengeschäft ein Jahr und der Zweite Weltkrieg begann. Willy erlebte den Krieg an der Front und in der Gefangenschaft. Von der Plünderung blieb nur das Fahrrad verschont. Dieses wurde just zum „Betriebsrad" deklariert und vom Stadtkommandanten auch so abgezeichnet. Willy Thomas wurde 1957 erster Kommissionshändler im Kreis Wurzen. Für ihn war es der „einzig vernünftige Weg", denn das Schuhhaus wollte seinen Kunden gute Qualitätsschuhe in Auswahl bieten. Das Geschäft führte nun auch Schuhe im Unter- und im Übergrößenbereich. Vater Willy verstarb 1962 und seine Frau Gertrud führte das Geschäft bis 1970 allein weiter. Nach Problemen mit der Erteilung der Gewerbeerlaubnis wurde schließlich der Schuhmachermeister Martin Thomas im Januar 1970 der neue Geschäftsinhaber. Der Sohn selbst war vor allem in der kleinen Werkstatt hinter dem Laden tätig, während seine Frau Ursula die Kundschaft betreute. Martin brachte es auch bis zum Obermeister der Innung der Schuhmacher im Kreis Wurzen. Das bodenständige Unternehmen hatte sich fest in der Jacobsgasse etabliert, die Stammkunden schätzten die fachkundige Beratung. Das war auch das Kapital für den Neustart nach der Wende.

Ende Juni 1990 kündigten sie den Kommissionshändlervertrag mit der staatlichen „parat"-Handelskette und wurden „freie Unternehmer". Als solche machten sie zunächst eine neue Erfahrung. Durch die Räumungsverkäufe in den parat-Verkaufsstellen wurden alle Schuhwaren zu Schleuderpreisen rausgehauen. Plötzlich war das Schuhhaus Thomas „ein teurer Laden". Es lohnte auch bald nicht mehr, die Werkstatt weiter zu betreiben. Die Firma konzentrierte sich ganz auf den Verkauf. Im Jahre 1993 wurde ein Laden neben dem Geschäft frei und Schuh-Thomas erweiterte seine Verkaufsfläche. Im März 1999 wurde im ehemaligen Schuhhaus Weimann am Jacobsplatz die Filiale „Der Schuhladen" eröffnet. Geführt wird das Familienunternehmen heute vom jüngsten Sohn, vom Einzelhandelskaufmann Peter Thomas.

Foto-Uhlemann

Wurzen · Wenceslaigasse 16

Seit 1938 befindet sich in der Wenceslaigasse 16 das Familienunternehmen Uhlemann. Gegründet hat es der Optiker und spätere Optikermeister Herbert Uhlemann als Fachgeschäft für Augenoptik. Während seiner Optikerlehrzeit absolvierte Herbert auch eine Lehre in einem Fotolabor und während seiner Wanderjahre als Geselle fotografierte er viel. Die Fotografie ließ ihn nicht mehr los und ein Jahr nach der Geschäftseröffnung erweiterte er das Augenoptikgeschäft um Artikel des Fotobedarfs, wie Kameras mit Zubehör und Filme, sowie um ein Fotolabor. Zunächst verwirklichte Herbert Uhlemann seinen Traum von der Selbstständigkeit in angemieteten Räumen. Später konnte er das Gründerzeithaus käuflich erwerben. Der Zweite Weltkrieg unterbrach jedoch die dynamische Entwicklung. Herbert wurde eingezogen und das Geschäft geschlossen. Als er aus der Kriegsgefangenschaft wieder heimkehrte, begann er mit einem Neustart. In der DDR gab es für den privaten Betrieb stets genug Arbeit. Die Ehefrau, Gertraud Uhlemann, stand den ganzen Tag mit im Laden. Im Labor arbeitete ein Angestellter und in Sachen Augenoptik wurde der Geschäftsinhaber von einem Gesellen unterstützt. Auch die Töchter Annelie und Ursula arbeiteten zeitweise im Geschäft. Schwarz-Weiß-Filme wurden selbst entwickelt, Farbaufnahmen ins Großlabor gegeben. Uhlemanns waren immer Selbstabholer. Der Zeitfaktor spielte für den Geschäftsmann eine große Rolle. Die Kunden sollten nicht nur in sehr guter Qualität beraten und bedient werden, sie sollten ihre Wünsche auch so schnell wie nur möglich erfüllt bekommen. Das Geschäft hob sich in mehrfacher Hinsicht wohltuend von staatlich betriebenen Läden ab. Nicht nur Qualität und kurze Bearbeitungsdauer überzeugten, es war auch die zuvorkommende, nette und höfliche Art der Bedienung durch den „Kavalier der Alten Schule". Herbert Uhlemann erweiterte ständig sein Wissen, so konnte er in technischen Fragen immer mit Rat und Tat zur Seite stehen. Das Fachgeschäft spezialisierte sich 1979 auf die Fotografie. Den gesamten Bereich Optik gab der Inhaber an seinen ehemaligen Gesellen, Herrn Röthig, ab. Anfang der 80er Jahre wurden die Verkaufsräume des Ladens gewechselt und mit einer modernen Einrichtung ausgestattet.

Seit 1987 ist Andrea Uhlemann im Familienbetrieb tätig. Schon als Kind hatte sie im Labor handwerkliche Grundkenntnisse spielerisch erworben. Ränder schneiden, Bilder abziehen, all das war ihr nicht fremd und sie mochte die Arbeit mit Film und Kamera. Einen Monat nach der Währungsunion 1990 übernahm Andrea die Verantwortung für das Familienunternehmen. Waren und Anbieter gab es nun in Hülle und Fülle. Andrea reaktivierte alte Lieferbeziehungen, die bis nach Hamburg reichten. Mit renommierten japanischen Firmen schloss sie Verträge ab und stellte sich auf den neuen anspruchsvollen Markt der Fototechnik ein. Heute bietet Andrea Uhlemann neben Pass-, Bewerbungs- und Portraitaufnahmen eine große Auswahl von Kameras samt Zubehör an. Dabei sind individuelle Beratung und guter Service wie eh und je garantiert.

Dieter Brief

Zwenkau · Marktstraße 9

Uhrmachermeister

Als der Karlsruher Ferdinand August Brief im Dezember 1884 in der Marktstraße 9 ein Uhrenfachgeschäft eröffnete, hatte er sich in Sachsen bereits seine Sporen in der Branche verdient. Der 14-Jährige hatte 1858 in Oels/Schlesien eine Uhrmacherlehre begonnen und danach mehrere Jahre als Gehilfe bei der Leipziger Uhrenhandlung Louis Ernst und Sohn gearbeitet. August Brief führte in seinem Zwenkauer Geschäft Regulatoren, Wanduhren und Reisewecker, Taschenuhren in Silber und Gold sowie Uhrketten und Galanterie-Waren, nebst Brillen. Auf Nähmaschinen gewährte er fünf Jahre Garantie und der Kunde konnte die Maschine in Raten ab 2 Mark pro Woche erwerben. „Reellste" und „billigste" Preise wurden zugesichert. Im gleichen Haus betrieb seine Frau Anna ein Kurzwarengeschäft. Sohn Martin Brief erlernte 1900 bis 1904 das Uhrmacherhandwerk und übernahm nach Vaters Tod 1910 das Geschäft. Ein Jahr vor Beginn des Ersten Weltkrieges legte er die Meisterprüfung ab und veränderte das Geschäft äußerlich durch Umbau. Mit Erich Brief, dem Vater des heutigen Inhabers, kam 1926 die dritte Generation in die Firma. Erich hatte bei Martin gelernt und arbeitete in Laden und Werkstatt mit. Erich Brief fiel im Zweiten Weltkrieg und Martin musste die Firma allein weiterführen. Von den Uhren und dem Schmuck waren die amerikanischen Besatzer so sehr angetan, dass sie das Geschäft bis auf den letzten Rest plünderten. Für die nachrückenden Russen ließen sie kein Stück übrig. Primitiv gestaltete sich der Neuanfang. Der Uhrmachermeister verkaufte Wetterhäuschen und Holzschachteln. Damenhalsbanduhren arbeitete er zu Armbanduhren um, Regulatoren wurden zu Tischuhren. In den 50er Jahren stieg Dieter Brief in die Fußtapfen seines Vaters. Seine Lehrzeit beendete er 1957, vier Jahre darauf legte er die Meisterprüfung ab. Im Jahre 1962 übernahm er dann den Familienbetrieb. Ende der 60er Jahre wurde das Familienunternehmen Konsum-Kommissionshändler. Dienstleistungsverträge mit allen Uhrenherstellern der DDR, aber auch mit ausländischen Firmen existierten. Der Uhrmachermeister nahm Goldschmuckreparaturen und Gravuraufträge an. In der Marktstraße 9 wurde repariert und verkauft, meist jedoch gebastelt. Schlimm wurde die Lage in den 80er Jahren. Die Hersteller konnten oft nicht liefern. Engpässe bei Armbanduhren traten auf. Dieter Brief kaufte beim Maschinenbauhandel (MBH) Ersatzteile und baute die Uhren dann selbst zusammen. Manchmal kaufte der Uhrmachermeister sogar im Gebrauchtwarenhaus alte Bestecke auf, nur um sein eigenes Abgabesoll an Silber gegenüber dem Staat zu erfüllen. Mittlerweile ist die fünfte Generation im Geschäft tätig. Der Uhrmacher Holger Brief bestand 1991 seine Meisterprüfung und arbeitet gemeinsam mit Vater Dieter im Geschäft. Es kam schon vor, dass Kunden aus Leipzig eine Standuhr aus Großmutters Zeiten zur Reparatur brachten und Vater und Sohn Brief beim Öffnen der Uhr im Gehäuse die Gravur vom Firmengründer August Brief entdeckten.

Laden mit Firmenfahrzeug Anfang der 30er Jahre

Steffen Kramer

Fachdrogerie

Zwenkau · Leipziger Straße 31-33

Der Leipziger Drogist Alfred Kramer fand in Zwenkau seine Chance zu einer beruflichen Selbstständigkeit. Er konnte dort ein Haus kaufen und am 20. Mai 1933 eine gemischte Drogerie eröffnen. Sein Fachgeschäft bot Drogen, Kosmetik, Farben, Weine und Liköre sowie Pflanzenschutzmittel an.

Ladenfront 1983

Im Zweiten Weltkrieg stand seine Frau Maria allein im Geschäft. Erst Ende 1948 kehrte Alfred Kramer aus sowjetischer Kriegsgefangenschaft heim. Maria hatte schwere Jahre durchlebt. So fuhr sie nach dem Krieg mit dem Handwagen von Zwenkau nach Schkeuditz, um Samen einzukaufen. Die fleißigen Geschäftleute hatten es auch in der Folgezeit nie leicht. Kramers waren immer rein privat und wollten ihre Unabhängigkeit nie und nimmer preisgeben. Im Jahre 1969 übernahm der Drogist Steffen Kramer nach einem problematischen Tauziehen mit den sozialistischen Behörden die Drogerie. Gemeinsam mit seiner Schwester Simone Erler hatte er schon im elterlichen Betrieb gearbeitet. Nach dem Tod der Mutter 1974 stieg auch Steffens Ehefrau Karin mit ins Familienunternehmen ein. Schnell hatte sich die Industriekauffrau eingefuchst. Kramers kümmerten sich ständig darum, ein umfassendes Angebot für all ihre Kunden bereitzuhalten. Gesundheitspflegemittel wurden besorgt und ein Foto-Labor betrieben sie ebenfalls. „Zu Kramers" kamen viele Kunden aus den Dörfern sowie dem nahegelegenen Krankenhaus. In den Mittagspausen suchten die Angestellten der kleinen Betriebe täglich nach den begehrten Bückwaren. Vor allem waren Kramers für ihre freundliche Art bekannt. Das Jahr 1984 war für die privaten Unternehmer ein besonders strenges Jahr. Der Staat zapfte alle nur möglichen Quellen an und schöpfte Gelder ab. Das Familienunternehmen wurde gezwungen, alle geschäftlichen Verbindlichkeiten auf einmal zu begleichen. Nur der Familienzusammenhalt machte dies möglich. Kramers behielten ihre Unabhängigkeit und überstanden die sozialistische Planwirtschaft und die stürmischen Anfangszeiten der Marktwirtschaft.

Seit dem 3. Oktober 1999 leitet Karin Kramer die Fachdrogerie allein. Reines Pflichtbewusstsein ließ sie nach dem plötzlichen Tode ihres Mannes das Geschäft weiterführen. So setzt Karin Kramer auch die Tradition der stets freundlichen Bedienung in der kleinen Zwenkauer Drogerie fort.

Fa. Auerbach, Vorbereitung auf lose Warenlieferung (S. 208)

Arno Müller Lebensmittel

Zwenkau · Leipziger Straße 45

Inh. Ralf Philipp

In dem 1872 errichteten Haus in der Leipziger Straße 45 befand sich einstmals ein Kürschnergeschäft und später eine Trinkstube für Kutscher. Die Trinkstube wandelte der Lebensmittelhändler Arno Müller 1930 in eine Ladenstube um. Arno schuf sich mit seiner Frau Elisabeth ein großräumiges und modernes Kolonialwaren- und Feinkostgeschäft, das der Edeka-Einkaufsgenossenschaft angehörte.

Leipziger Straße um 1906

Nach dem Krieg schaffte Arno von nah und fern Gemüse und Obst heran. Vertragliche Lieferungen von Bauernwirtschaften sorgten ständig für Frischware. Überall im Hof befanden sich Ställe für alle möglichen Haustiere. Tochter Inge wurde penibel geschult und streng gemaßregelt, wenn sie Zigarren nicht ordentlich verpackte oder Tüten nicht fachgerecht verschloss. Dafür sitzen die gelernten Handgriffe bis heute. Geld zählen „Ohne Null, von Groß nach Klein" klappt auch noch. Nur, dass es heute nicht mehr so oft so viel zu zählen gibt. Für Müllers war 1953 ein schwarzes Jahr. Die Behörden versuchten massiv, das Familienunternehmen zu enteignen. Durch die Aufregung und Anspannung starb Arno am 31. Mai 1953. Ein neuer Gewerbeschein wurde nicht ausgestellt. Das Geschäft wurde zur HO-Verkaufsstelle. Inge arbeitete weiter als Verkäuferin im Laden. Ihr Filialleiter war Dieter Philipp, den sie 1959 heiratete. Verkauft wurden Lebensmittel, wie Konserven, Nudeln, Reis und Grieß, Sirup und Säfte sowie das komplette DDR-Standardangebot an Obst und Gemüse: Äpfel, Weiß- und Rotkohl, Kartoffeln, Zwiebeln, Schwarzwurzeln und Möhren. Dabei führten Dieter und Inge den HO-Laden, als ob er ihr Eigentum wäre. Besonders bei der „Versorgung der Bevölkerung" mit Obst und Gemüse oder den alljährlichen Einkellerungs-Kartoffel-Aktionen engagierten sich Philipps sehr stark. Bei der notwendigen Lagerwirtschaft zahlte sich ihr 80 qm großer Keller aus. Die HO-Verkaufsstelle erwirtschaftete einen Jahresumsatz von 3,5 Mio Mark. Durch einen beachtlichen Umbau konnten 1972 die Verkaufsräume nochmals vergrößert werden. Nach Dieters Tod 1985 führte Inge die Filiale. Vier Jahre später erhielt sie das Geschäft zurück und übertrug die Leitung an Ralf Philipp. Schon lange vor seiner Ausbildung zum Kaufmann stand ihr Sohn als kleiner Junge vor dem Haus und handelte mit Bonbons. Heute verkauft er in seinem Spar-Markt mehr als nur Süßwaren. Heiß begehrt ist der Imbiss im Geschäft.

Innenansicht aus den 30er Jahren

Konfektionshaus Richard Pfeifer

Inh. Klaus Pfeifer

Zwenkau · Leipziger Straße 11

Der Zwenkauer Kürschner und Mützenmacher Richard Pfeifer erwarb in der Leipziger Straße 11 ein kleines Grundstück mit einem Lehmhäuschen und eröffnete dort am 3. März 1879 mit Ehefrau Lina sein Geschäft. Richard fertigte Mützen und Pelzkappen, die Lina verkaufte. Das Nachbarhaus konnte 1898 erworben werden und bald stand ein größerer Laden für das erweiterte Angebot zur Verfügung. Mitte der 20er Jahre übergab Richard das Geschäft an seinen Sohn, den Kaufmann Paul Pfeifer. Dieser entwickelte das Textilgeschäft zum Konfektionshaus und hatte dabei schwer mit den Folgen von Inflation und Wirtschaftskrise zu kämpfen. Pfeifers handelten mit Herren- und Damenkonfektionen, mit Knabengarderobe, Sport- und Turnbekleidung sowie mit Berufsbekleidung für sämtliche Gewerke und Gewerbe. Paul und Elisabeth heirateten 1936. Aus Kundenmaterial fertigten Pfeifers elegante Kleider, Mäntel, Kostüme und Blusen an. Krieg und Gefangenschaft hielten Paul Pfeifer sechs Jahre von Zwenkau fern, während Elisabeth mit ihrer Schwägerin und dem Hausmädchen den Laden am Leben hielt. Ab 1946 baute Paul Pfeifer das ausgeplünderte Geschäft wieder auf. Mit Richards Schablonen zur Herstellung von Mützen und organisiertem Material begann der Neustart. Die Kunden gaben eigenen Stoff ab und wählten zwischen Schiffer-, Ski- und anderen Mützen. Auch Zubehörteile fehlten. Zulieferbetriebe für Knöpfe, Kordeln und Seide waren rar. Der Tauschhandel blühte. Mit dem Kurs auf die „Schaffung der Grundlagen des Sozialismus" in der DDR sollte auch das private Konfektionshaus enteignet werden. Der Aufstand vom 17. Juni 1953 vereitelte dieses Vorhaben jedoch und Pfeifers konnten ihr Privatgeschäft behalten. Die Geschäftsleute gingen 1960 einen Kommissionshandelsvertrag mit der HO ein, um leichter an Waren zu kommen. Im August 1975 verstarb Paul Pfeifer. Klaus, der älteste der beiden Söhne, beantragte den Gewerbeschein. Der Großhandelskaufmann freute sich mit seiner Frau Gerda auf das eigene Geschäft. Am 24. Dezember 1975 erhielt der Geschäftsmann in spe von der Stadt überraschend eine Absage. Klaus Pfeifer erhob Einspruch und beschwerte sich in Berlin. Unter Auflagen konnte er den Laden übernehmen. Nach einer Renovierung sollten Kurzwaren verkauft werden. Im März 1976 erstrahlte das Geschäft in neuem Glanz und die Gewerbeerlaubnis wurde erteilt. Klaus Pfeifer nahm die Kindermoden aus dem Sortiment und profilierte sich in Richtung Herrenausstatter. Kurzwaren wurden zwar geführt, dominierten das Angebot aber nie. Nach der Wende lösten Pfeifers, als eines der ersten Geschäfte in Zwenkau, ihren Kommissionsvertrag. Die Zeit der Warenengpässe war passé. Im Mai 1990 präsentierte sich das Konfektionshaus Pfeifer als erstes neueröffnetes Privatgeschäft in Zwenkau. Speziell für die Damen wurde ein Bereich mit Unterwäsche, Nacht- und Bettwäsche geschaffen. Bis heute gilt Pfeifers Leitspruch: „Wir bleiben was wir waren: Das Haus der guten Qualitäten."

Umzugswagen mit Berufsbekleidung Mitte der 30er Jahre

Möbelhaus Scheibner

Zwenkau · Bahnhofstraße 31

Der Tischlermeister Johann Friedrich Elias Scheibner machte sich am 14. Oktober 1866 in Großdalzig selbstständig. Sein Startkapital waren eine bestandene Meisterprüfung und sechs Kinder. Johann werkelte in beengten Verhältnissen, bis er 1877 in Zwenkau, in der Bahnhofstraße ein Grundstück, die sog. „Mördergrube", billig erwerben konnte. Im Jahre 1903 ging die Tischlerei, mit dazugehöriger Polsterei, an Sohn Wilhelm Scheibner über. Meister Wilhelm richtete ein Ladengeschäft ein und baute ein Hofgebäude mit Lagerräumen. Es begann eine stete Entwicklung, die durch den Ersten Weltkrieg jäh unterbrochen wurde. Nur das Sarggeschäft ging noch und die Last des Betriebes ruhte auf den Schultern der Ehefrau Frieda. Erst nach der Inflation war ein Neuanfang möglich. Die Tischlerei wurde auf Maschinenbetrieb umgestellt. Es galt die Devise: „Lieber ein missratenes Stück zerhackt, als die Kundschaft vor den Kopf gestoßen." Die Söhne Hans und Heinz stiegen mit ins Familiengeschäft ein. Seit 1926 arbeitete Hans als Kaufmann und seit 1929 Heinz als Tischlermeister. In zwei Schaufenstern präsentierte Hans die Ausstellungsstücke. Die geschmackvolle Dekoration wurde 1939 anlässlich eines Schaufensterwettbewerbs in der Fachpresse gewürdigt. Im gleichen Jahr wurde die Unternehmensentwicklung abermals gestoppt. Aus Gesellen wurden Soldaten. Wilhelm stand wieder allein in der Werkstatt. Die Möbellieferungen aus den Fabriken hörten langsam auf. Es folgten Lebensmittelrationierung, Erliegen des Geschäftsverkehrs und der Luftkrieg. Bomben zerstörten die Ladeneinrichtung völlig und ließen an den Gebäuden über 500 Fensterscheiben zersplittern. Söhne und Gesellen befanden sich bis 1949 in russischer Kriegsgefangenschaft. Die Beschlagnahme des für den Neuanfang bestimmten Holzvorrats durch die Amerikaner verkraftete Wilhelm nicht. Er starb im August 1945. Nur langsam lief der Betrieb wieder an. Der Bedarf an neuen Einrichtungsgegenständen war enorm, konnte aber kaum befriedigt werden. Holz, Nägel, Schrauben und Möbelbeschläge fehlten. So kam es vor, dass der Chef das eigene Wohnzimmer verkauft hatte. Unter der Leitung von Hans Scheibner blühte der Möbelhandel in den 50er Jahren wieder auf. Ab 1956 setzte Heinz Scheibner das Tischlerhandwerk fort. Hans führte das Möbelgeschäft bis 1976. Die Kinder wollten oder durften die Handelstradition nicht fortsetzen. Der Konsum zog in den lang begehrten Laden ein. Dieter hatte 1973 von seinem Vater die Werkstatt übernommen und fertigte serienmäßig Wohnzimmer-Anbauwände. Küchenmöbel im Landhausstil gesellten sich dazu. Nach der Wende konnte Dieter das Möbelgeschäft wieder in eigener Regie fortführen. Scheibners spezialisierten sich auf den Handel und die Montage von Einbauküchen sächsischer Qualitätshersteller. Die Tischlerei wird für Sonderanfertigungen und Änderungen weiterbetrieben. In der Familie gibt es wieder einen Tischler – Sohn Jens und einen Kaufmann – Tochter Kerstin Bachhoffer, die „Das Haus der guten Küchen" seit August 2000 führt und in altbewährter Weise verspricht: „Fabrikschund wird bei uns nicht verkauft – handwerkliche Qualität ist unser Aushängeschild".

Abkürzungstafel

AG	Aktiengesellschaft
agra	Landwirtschaftsausstellung der DDR
BV-ARAL	Benzol-Vertrieb-Aral
ČSSR	Tschechoslowakische Sozialistische Republik
DDR	Deutsche Demokratische Republik
DEWAG	Deutsche Werbe- und Anzeigen-Gesellschaft
DHfK	Deutsche Hochschule für Körperkultur und Sport
DRK	Deutsches Rotes Kreuz
DTSB	Deutscher Turn- und Sportbund
e.G.	eingetragene Genossenschaft
FDGB	Freier Deutscher Gewerkschaftsbund
GbR	Gesellschaft des bürgerlichen Rechts
Gebr.	Gebrüder
GfM	Gesellschaft fortschrittlicher Möbelhandelsunternehmen im Einkauf und Marketing
GHG	Großhandelsgesellschaft
GmbH	Gesellschaft mit beschränkter Haftung
GPG	Gärtnerische Produktionsgenossenschaft
GST	Gesellschaft für Sport und Technik
HO	Staatliche Handelsorganisation der DDR
K.S.	Königlich Sächsisch
Kfz	Kraftfahrzeug
KG	Kommanditgesellschaft
LPG	Landwirtschaftliche Produktionsgenossenschaft
MMM	Messe der Meister von Morgen
NVA	Nationale Volksarmee
OHG	Offene Handelsgesellschaft
PGH	Produktionsgenossenschaft des Handwerks
RFT	Rundfunk- und Fernsehtechnik
SED	Sozialistische Einheitspartei Deutschlands
SMAD	Sowjetische Militäradministration in Deutschland
TU	Technische Universität
VE	Volkseigen
VEB	Volkseigener Betrieb
WASAG	Westfälisch-Anhaltinische-Sprengstoff-Aktiengesellschaft
ZBE	Zwischenbetriebliche Einrichtung

Literatur- und Quellenverzeichnis

Alltag in Ruinen. Leipzig 1945 - 1949. Leipzig 1995.

Beiträge zur Geschichte der Stadt Dommitzsch. Teil II. Dommitzsch 1998.

Bergschicker Heinz: Deutsche Chronik 1933-1945. Berlin 1981.

Chronik der Firma Carl Müller Eilenburg 1835-1935. Eilenburg 1935.

Chronik des 20. Jahrhunderts. Chronik Verlag 1999.

Der Deutsche Einzelhandel in Staat und Wirtschaft. Düsseldorf 1926.

Der kleine Drache. Nr. 5. Leipzig 1988.

Döbeln 1871 - 1999. Beucha 1999.

Drogerie Dornig 1892-1992. Grimma 1992.

Enzyklopädie des Handels. EDEKA – älteste Einkaufsgenossenschaft des Lebensmitteleinzelhandels. Köln 1994.

Festschrift anlässlich des Jubiläums zur Gründung der Gärtnerei Frenzel vor 180 Jahren. Grimma 1995.

Festschrift zum Heimatfest Böhlitz-Ehrenberg. Böhlitz-Ehrenberg 1936.

Genossenschaftsrecht und Modernisierung. 130 Jahre Gesetzgebung im Wandel der Zeit. Berlin 1997.

Geschichte der DDR. Berlin 1984.

Heimatkalender der Stadt Delitzsch für das Jahr 1958. Delitzsch 1958.

Historisches rund um Grünau. Leipzig 1988.

Jubiläumsfirmen des Handwerkskammerbezirkes Leipzig. Leipzig 1925/26.

Klank Gina, Griebsch Gernot: Lexikon Leipziger Straßennamen. Leipzig 1995.

Kroker, E.: Handelsgeschichte der Stadt Leipzig. Leipzig 1925.

Landesverein Sächsischer Heimatschutz Dresden. Mitteilungen Heft 7 bis 8. Dresden 1925.

Leipziger Kalender. Illustriertes Jahrbuch und Chronik. Leipzig 1925.

Leipziger Jahrbuch 1940. Leipzig 1939.

Leipziger Handel. Amtliches Firmen- und Bezugsquellenverzeichnis. Leipzig 1946.

Leipzig-Südwest. Aus der Geschichte eines Stadtbezirkes. Erster Teil. Leipzig 1990.

Literatur- und Quellenverzeichnis

Leipzig-Plagwitz. Aus der Geschichte des Vorortes und seiner Industrie. Leipzig 1986.

Leipziger Wirtschaftshandbuch. (3 Bände) Leipzig 1927-1930.

Leipzig. Fotografien 1867 bis 1929. Leipzig 1991.

Leipzig Stadt der Wa(h)ren Wunder. 500 Jahre Reichsmesseprivileg. Leipzig 1997.

Leipziger Bürgerportraits, Band 1, Leipzig 1993.

Publikationsreihe Waldstraßenviertel von Pro Leipzig.

Rosenthal Michael: M. Oelsner Leipzig. Zur Geschichte einer Musikalienhandlung. Leipzig 1985.

Samhaber Ernst: Kaufleute wandeln die Welt. Die Geschichte des Handels von den Anfängen bis zur Gegenwart. Frankfurt am Main 1978.

Unternehmen mit Tradition. 110 Jahre Konsum Wurzen. Festzeitung zum Jubiläum. Wurzen 1996.

Zimmermann Kurt: Die Lebensmittel-Association zu Eilenburg. 1850-1853. Eilenburg 1992.

100 Jahre J.C. Hanisch. Erinnerungsausgabe 1936.

150 Jahre J.C. Hanisch. Erinnerungsausgabe 1986.

110 Jahre Konsum Leipzig. Ein Unternehmen behauptet sich. Leipzig 1994.

50 Jahre Kaffee Richter Kaffee-Großrösterei Leipzig 1929.

40 Jahre volkseigenes Warenhaus Leipzig "Centrum" 1948-1988. Leipzig 1988.

Fa. Pfeifer, Mey-Kragen Mitte der 30er Jahre (S.247)

Der herzliche Dank des Herausgebers für die materielle Unterstützung zur Publikation dieses Buches gilt den Unternehmen und Privatpersonen:

Horten Kaufhof Warenhaus AG, Filiale Leipzig · Karstadt AG, Filiale Leipzig · mhm möbelhaus markranstädt · Edeka SB Handelsgesellschaft Sachsen/Thüringen mbH · Tankstelle Ost, Gerhard Beyreuther · Juwelier Roll · Auto Seyffarth KG · Buchhandlung Franz-Mehring-Haus · Erselius Warenhandelsgesellschaft mbH · Herrn Jürgen Herold · Möbel Weber · Mützen-Friedrich · Alt-Connewitzer Blumenhaus · Arno Müller Lebensmittel · Baby & Kids · Fa. Brigitte Köhler · Drogerie Bräutigam · Foto-Geuther · Kristall Lorenz Porzellan OHG · Georg Dornig sen. · Harro Faßbinder · Kreuz-Drogerie · Kunth Hüte · Brausen´s Frischkost-Markt · Messer Müller · Photo Kühnemann · Herrn Rainer Pinder · Photo Pippig · Radio Hellmuth · Reißmann´s Frischmarkt · Richter Mode für den Herrn · Rosmarie Gerhardt Lebensmittel · Schuh Jubisch · Schuheck Eißner · Uhren Schulze · Winter & Müller GbR · Schuhhaus Zeidler · Herrn Rolf Steiger · Drogerie Linke · Leder-Kleemann · Kerstin Pfennig · Uhren-Eckert

Flora Drogerie in Colditz, Schaufensterdekoration in den 30er Jahren (S. 132)

Fa. Schmiedel, erstes Firmenfahrzeug, 30er Jahre (S. 156)